資治通鑑綱目

第八册

公元七一四年至公元八一八年

（宋）朱熹　赵师渊　编撰　　李孝国 等　注解

中国书店

图书在版编目（CIP）数据

资治通鉴纲目 /（宋）朱熹，（宋）赵师渊编著. —北京：中国书店，2021.3

ISBN 978-7-5149-2689-7

Ⅰ. ①资… Ⅱ. ①朱… ②赵… Ⅲ. ①中国历史—古代史—编年体 Ⅳ. ① K204.3

中国版本图书馆 CIP 数据核字（2020）第 232986 号

责任编辑： 辛　迪
策划编辑： 董立平
封面设计： 肖晋兴

资治通鉴纲目

〔宋〕朱熹　赵师渊 等 / 编撰　李孝国 等 / 注解

出　版： 中国书店
地　址： 北京市西城区琉璃厂东街 115 号
邮　编： 100050
发　行： 全国新华书店经销
印　刷： 运河（唐山）印务有限公司
开　本： 700 mm × 1000 mm 1/16
版　次： 2021 年 3 月第 1 版第 1 次印刷
印　张： 252.75
字　数： 3999 千字
书　号： ISBN 978-7-5149-2689-7

定　价： 598.00 元（全十册）

第八册　目录

卷四十三

起甲寅唐玄宗开元二年，尽丁亥[1]唐玄宗天宝六载**凡三十四年**。

甲寅**二年**（公元714年）

春，正月，定内外官出入恒式[2]制选京官有才识者，除都督、刺史；有政迹者，除京官。使出入常均[3]，永为恒式。

以卢怀慎检校黄门监[4]。

置左、右教坊[5]旧制，雅俗之乐皆隶太常，上以太常礼乐之司，不应典倡优杂伎，乃更置左、右教坊，以教俗乐。又选乐工、宫女数百人自教之，谓之"皇帝梨园弟子"。礼部侍郎张廷珪、酸枣尉袁楚客皆上疏，以上"春秋鼎盛，宜崇经术，迩端士[6]，尚朴素，深以悦郑声、好游猎为戒"。上虽不能用，欲开言路，咸嘉赏之。

胡氏曰：玄宗不以太常典倡优，是也；乃更置坊院，盛选宫女而自教之，则是以天子而典倡优矣，而可乎？夫以颜子亚圣之资，夫子尚以"放郑声"为戒，况玄宗乎？大臣之责，务引其君以当道[7]，以格其非心，而防其微渐者也，姚崇于是昧[8]其所职矣。

沙汰僧尼中宗以来，贵戚争营寺度僧，富户强丁[9]削发避役。姚崇上言："佛图澄不能存赵，鸠摩罗什不能存秦[10]，齐襄、梁武未免祸殃，何用妄度奸人，使坏正法？"上从之。沙汰万二千余人，禁创寺、铸佛、写经，百官之家毋与僧尼、道士往还。

1　丁亥：即公元747年。
2　恒式：固定的制度。
3　常均：常法。
4　黄门监：古官名，玄宗改门下省为黄门省，其长官侍中即为黄门监。
5　教坊：古官署名，掌俳优杂技，教习俗乐，以宦官为教坊使。
6　端士：端庄正直之人。
7　当道：合于正道。
8　昧：违背。
9　强丁：壮丁。
10　佛图澄不能存赵，鸠摩罗什不能存秦：西域佛图澄大师未能使后赵国运长久，鸠摩罗什也无法使后秦免于覆亡。

胡氏曰：人之与人类也，无不得相见之理，惟罪人则人之所弃，而夷狄者中国之所绝也。今不使百官与僧尼、道士往还，是夷狄待之，罪人畜之，然则曷若使之衣巾冠带而齿[1]于平民乎？

以薛讷同紫微黄门三品，将兵击契丹初，营州都督治柳城，以镇抚奚、契丹。武后之世，都督赵文翙失政[2]，奚、契丹攻陷之。或言："靺鞨、奚、霫以唐不建营州，无所依投[3]，故且附突厥。"并州长史薛讷奏请复置营州。上亦欲讨契丹，姚崇等谏，不听，遂以讷同三品，将兵击契丹，群臣乃不敢言。

范氏曰：姚崇等以其君讨契丹为是邪，当成之；为非邪，当争之，不可微谏而止也。明皇既不听谏，又益甚之，遂相薛讷而使之将兵，崇等乃不敢言，则是人君可以威胁群臣而遂其非也。然则君有大过，将何以止之？夫人臣谏而不听，则当去位。苟不能强谏，而视其君之过举，至于天下咸怨，则曰："非我不谏，君不能用我也。"始则择利以处其身，终则引谤[4]以归其君，此不忠之大者也。使君骄其臣，而轻于用武，天下不胜其弊，崇之罪也。

二月朔，太史奏日食不应太史奏太阳应亏不亏，姚崇表贺[5]，请书史册，从之。

突厥同俄围北庭[6]，都护郭虔瓘击斩之突厥默啜遣其子同俄围北庭，虔瓘击斩之。突厥请悉军中资粮以赎同俄，闻其已死，恸哭而去。

复置十道按察使或上言："按察使徒烦扰公私，请精简刺史、县令，停按察使。"姚崇以为："今止择十使，犹患未尽得人，况天下三百余州，县多数倍，安得皆称其职乎？"乃止。

范氏曰：姚崇之辩，虽能折议者之言，然亦未为得也。夫天子择一相而任

1 齿：引为同类。
2 失政：政治混乱。
3 依投：投奔某一处所，以求安身。
4 引谤：招来毁谤。
5 表贺：上表庆贺。
6 北庭：唐方镇名，属陇右道，以其治所在北庭都护府，节度使例兼北庭都护，故通称北庭。辖今阿尔泰山以西，咸海以东，天山以北和巴里坤湖周围地区。

之，一相择十使而使之，十使者择刺史、县令而置之。贤者举之，不肖者去之，则君不劳而天下治矣。故任相者，天子之事也；选使者，相之职也；察吏者，使之责也。吏非其人，则是相之不才也，退之而已矣。崇不论此，乃以为刺史、县令不可遍择，岂宰相之体乎？

以徐恀为恭陵令上思徐有功用法平，以其子恀为恭陵令。窦孝谌之子光禄卿希瑊等请以己官爵让恀，以报其德，由是恀累迁申王府司马。

贬刘幽求为睦州[1]刺史，钟绍京为果州[2]刺史或告太子少保刘幽求、詹事钟绍京有怨望语，按问，不服。姚崇、卢怀慎等言于上曰："幽求等皆功臣，乍就闲职，不无沮丧。若令下狱，虑惊远听[3]。"乃皆贬之。时紫微侍郎王琚行边未还，坐党，贬泽州刺史。

黜涪州[4]刺史周利贞等十三人以利贞等天后时酷吏，比周兴等情状差轻，放归草泽，终身勿齿[5]。

三月，贬韦安石、韦嗣立、赵彦昭、李峤为诸州别驾御史中丞姜晦以宗楚客等改中宗遗诏，当时宰相韦安石、韦嗣立、赵彦昭、李峤不能匡正，令监察御史郭震奏弹，贬之。晦又奏："安石检校定陵[6]，盗隐[7]官物。"下州征赃，安石愤恚而卒。

毁天枢毁武后所作天枢，镕其铜铁，历月不尽。先是，韦后亦于天街[8]作石台颂德，至是并毁之。

夏，五月，罢员外、检校官以岁饥，悉罢员外、试、检校官，自今非战功及别敕，毋得注拟。时薛王业之舅王仙童侵暴百姓，御史弹奏，业为之请，敕覆按之。姚崇、卢怀慎奏御史言是，上从之。申王成义奏以府录事为参

1　睦州：古州名，辖今浙江省建德、淳安、桐庐等市县地。
2　果州：古州名，辖今四川省南充、蓬安、西充、营山、岳池等市县地。
3　远听：身在远方的听闻。
4　涪州：古州名，辖今重庆市涪陵、南川、武隆、长寿等区县地。
5　勿齿：不录用。
6　检校定陵：监督修造定陵工程。
7　盗隐：盗窃隐藏。
8　天街：帝都的街市。

军，崇等不可，事亦寝。由是贵戚束手，请谒不行。

魏知古罢知古本起小吏，姚崇荐之，以至为相。崇意轻之，请知古知东都选事，遣吏部尚书宋璟于门下过官[1]，知古衔之。崇二子分司东都，有所请托。知古归，悉以闻。他日，上问崇："卿子何官？才性[2]何如？"崇揣知上意，对曰："臣三子，两在东都，为人多欲而不谨，是必以事干知古，臣未及问之耳。"上问："安从知之？"对曰："知古微时，臣尝卵而翼之[3]。臣子愚，以为知古容其为非，故敢干之耳。"上于是以崇为无私，而薄知古，欲斥之，崇固请曰："臣子无状，陛下赦之，已幸；苟逐知古，累圣政矣。"上久乃许之。知古竟罢为工部尚书。

六月，以宋王成器等为诸州刺史宋王成器、申王成义，上兄也；岐王范、薛王业，上弟也；豳王守礼，从兄也。上素友爱，近世帝王莫能及。初即位，为长枕大被，与兄弟同寝。听朝罢，多从诸王游。在禁中，拜跪如家人礼，饮食起居，相与同之。业尝疾，上亲为煮药，火爇上须，左右惊救之。上曰："但使饮此而愈，须何足惜？"成器尤恭慎，未尝及时政、妄交结，上愈信重之，故谗间无自而入。然专以声色、饮博、游猎、畜养娱乐之，不及以政。群臣以成器等地逼[4]，请循故事出刺外州，乃以成器领岐州，成义领豳州，守礼领虢州，范领济州，业领同州，到官但领大纲，州务皆委上佐。是后诸王领州者并准此。

范氏曰：文王孝于王季，故友于兄弟，睦于太姒[5]，故慈于子孙，以及其家邦，至于鸟兽、草木无不被泽者，推其心而已矣。先王未有孝而不友、友而不慈者也。至于后世帝王，或能于此，则不能于彼，何哉？不能举斯心加诸彼而已。成器辞位以授明皇，故明皇笃于兄弟之爱，盖成器之行有以养其友爱之心

---

1 于门下过官：唐制，门下省审核吏部、兵部六品以下的官员，称于门下过官。
2 才性：才能和禀性。
3 卵而翼之：鸟用羽翼护卵，孵出小鸟，比喻养育或庇护。
4 地逼：地位接近天子。
5 太姒：即周文王妻，武王母。

也。苟能充是心，则仁不可胜用矣。然至于为人父，则以谗杀其子；为人夫，则以孽[1]黜其妻；为人君，则以非罪[2]殄灭其臣下，是皆不能充其类也。苟不能充其类，则其为善，岂不出于利心[3]哉？

秋，七月，焚珠玉、锦绣于殿前上以风俗侈靡，制："乘舆服御、金银器玩，令有司销毁，以供军国之用；其珠玉、锦绣，焚于殿前。后妃以下，皆毋得服。"敕："百官所服带及酒器、衔[4]、镫，三品以上听饰以玉，四品以金，五品以银，余皆禁之。妇人从其夫、子。自今天下更毋得采珠玉，织锦绣等物。"罢两京织锦坊。

司马公曰：明皇之始欲为治，能自刻厉节俭如此，晚节犹以奢败。甚哉，奢靡之易以溺人也！《诗》云："靡不有初，鲜克有终[5]。"可不慎哉！

其后有胡人上言："海南多珠翠奇宝。"因言市舶[6]之利，又欲往师子国[7]求灵药医妪[8]。上命监察御史杨范臣往求之。范臣奏曰："陛下前年焚珠玉、锦绣，示不复用。今所求者，何以异于所焚者乎？彼市舶与商贾争利，殆非王者之体。胡药之性，中国多不能知，况于胡妪，岂宜置之宫掖？夫御史，天子耳目之官，必有军国大事，臣虽触冒炎瘴[9]，死不敢辞。此特胡人眩惑[10]求媚，无益圣德。"上遽引咎，慰谕而罢之。

康熙御批：人主崇尚节俭，自是美德。第当近情平易，不可矫激[11]太甚，如唐明皇以珠玉、锦绣焚之殿前矣。未几，复遣使求珠翠奇宝，何前后之判然

1　孽：罪恶，罪过。
2　非罪：强加之罪，无罪。
3　利心：利欲之心。
4　衔：马嚼子。
5　靡不有初，鲜克有终：事情容易有个好开头，但很少能始终如一。靡，无。初，开始。克，能。
6　市舶：古代中国对中外互市商船的通称，亦指海外贸易。
7　师子国：古国名，又作执师子国，即今斯里兰卡，因国人善驯狮子，故名。
8　医妪：擅长医术的老妇人。
9　炎瘴：南方湿热致病的瘴气。
10　眩惑：迷惑。
11　矫激：奇异偏激，违逆常情。

不侔[1]耶？锐始者，必鲜终，人情大抵然也。

薛讷击契丹，败绩。诏削其官爵讷与监门将军杜宾客、定州刺史崔宣道等将兵六万击契丹。宾客以为："士卒盛夏负甲赍粮，深入寇境，难以成功。"讷曰："盛夏草肥，羔犊孳息[2]，因粮于敌，正得天时。一举灭虏，不可失也。"行至滦水[3]山峡中，契丹伏兵遮其前后，击之，唐兵大败，死者什八九。讷与数十骑突围得免，宣道将后军亦走。讷归罪于宣道，制斩之。免讷死，削其官爵。

襄王重茂薨于房州，谥曰殇皇帝。

作兴庆宫[4]宋王成器等请献兴庆坊宅为离宫，许之。仍赐成器等宅，环于宫侧。又于宫西南置楼，西曰"花萼相辉"，南曰"勤政务本"。

八月，出宫人初，民间讹言上采女子以充掖庭。上闻之，令有司具车牛[5]于崇明门，选后宫无用者，载还其家，讹言乃息。

吐蕃入寇，以薛讷为陇右防御使，击之吐蕃众十万寇临洮，至渭源[6]，掠牧马。命薛讷、郭知运、王晙率兵击之。初，鄯州都督杨矩以九曲[7]之地与吐蕃。其地肥饶，吐蕃就之畜牧，因以入寇。矩悔惧[8]，自杀。

以武后鼎铭[9]颁告中外太子宾客薛谦光以武后鼎铭有云"上玄降鉴[10]，方建隆基[11]"，为上受命之符，献之。姚崇表贺，请宣示史官，颁告中外。

司马公曰：日食不验，太史之过也；而君臣相贺，是诬天也。采偶然之文

---

1 判然不侔：判然，形容差别特别分明。不侔，不等同，不一致。
2 孳息：繁殖生息。
3 滦水：古水名，即今河北省东北部滦河。
4 兴庆宫：宫殿名，故址位于今陕西省西安市和平门外兴庆公园，本名隆庆，避玄宗讳，改名兴庆宫。
5 具车牛：具，准备，备办。车牛，指牛车，旧时交通运载工具。
6 渭源：古县名，治所位于今甘肃省定西市渭源县东北渭河北岸。
7 九曲：古地名，即今青海省海南藏族自治州共和县东南黄河曲流处。其地水草肥美，宜于畜牧。
8 悔惧：后悔而畏惧。
9 鼎铭：鼎上铸刻的铭文。
10 降鉴：俯察。
11 隆基：大业，皇业。此借指玄宗之名"李隆基"。

以为符命，小臣之谄也；而宰相实之，是侮其君也。以姚崇之贤，犹不免是，惜哉！

敕诸州修常平仓法敕以岁稔[1]，令诸州修常平仓法，“江、岭、淮、浙、剑南下湿，不堪贮积，不用此例”。

冬，十月，薛讷与吐蕃战于武街，大破之吐蕃复寇渭源，薛讷、王晙率兵御之。吐蕃十万屯大来谷[2]，晙选勇士七百，衣胡服，夜袭之，多置鼓角于其后。前军遇敌大呼，后人鸣鼓角应之。虏以为大军至，惊惧，自相杀伤，死者万计。虏大溃，追至洮水，又败之。前后杀获数万人。丰安军[3]使王海宾战死，以其子忠嗣为尚辇奉御，养之宫中。命左骁卫郎将尉迟瑰使吐蕃，宣慰金城公主。吐蕃亦遣其大臣请和，用敌国礼，上不许。自是连岁犯边。

以郭知运为陇右节度大使领鄯、秦、河、渭、兰、临、武、洮、岷、廓、叠、宕十二州。

十二月，立子嗣真为鄫王，嗣谦为皇太子上长子嗣真母曰刘华妃，次子嗣谦母曰赵丽妃。丽妃以倡进[4]，有宠，故立之。

胡氏曰：母正则子重，母贤则子良。以天子而纳倡优，又立其子为储贰，其轻宗庙、慢神器甚矣！嗣谦之死，盖不待武妃、林甫之谋，而轻贱不正，其势有所必至矣。

置幽州节度经略大使领幽、易、平、妫、檀、燕六州。

乙卯**三年**（公元715年）

春，正月，以卢怀慎为黄门监怀慎清谨俭素，不营资产，俸、赐随散亲旧，妻子不免饥寒，所居不蔽风雨。姚崇谒告十余日，政事委积，怀慎不能

1　岁稔：年成丰熟。
2　大来谷：古地名，位于今甘肃省定西市渭源县西北，临洮县东南。
3　丰安军：唐代边军名，初隶于关内道，天宝后由朔方节度使统领，治今宁夏回族自治区中卫市沙坡头区南。
4　以倡进：以歌舞妓身份上位。

决，惶恐入谢，上曰："朕以天下事委姚崇，以卿坐镇雅俗[1]耳。"崇既出，须臾裁决俱尽，颇有得色，顾谓紫微舍人齐瀚曰："我为相可比何人？"瀚未对，崇曰："何如管、晏[2]？"瀚曰："管、晏之法，虽不能施于后，犹能没身[3]。公所为法，随复更之，似不及也。"崇曰："然则竟何如？"瀚曰："可谓救时之相耳。"崇喜，投笔曰："救时之相，岂易得乎？"怀慎自以其才不及崇，每事推之，时人谓之"伴食宰相"。

司马公曰：夫不肖用事，为其僚者，爱身保禄而从之，不顾国家之安危，是诚罪人也。贤智[4]用事，为其僚者，愚惑以乱其治，专固[5]以分其权，媢疾[6]以毁其功，愎戾[7]以窃其名，是亦罪人也。崇，唐之贤相，怀慎与之同心，以济太平之政，夫何罪哉？《秦誓》所谓"寔能容之"者，怀慎之谓矣。

贬御史大夫宋璟为睦州刺史坐监朝堂杖人，杖轻故也。

夏，四月，以薛讷为凉州大总管，郭虔瓘为朔州大总管初，突厥可汗默啜衰老昏虐，其葛逻禄、胡禄屋诸部降唐者前后万余帐，制皆以河南地处之。遣薛讷居凉州，郭虔瓘居并州，勒兵以备默啜。

山东大蝗山东蝗，民不敢杀，拜祭之。姚崇遣御史督州县捕而瘗之。议者以为蝗多，除不可尽，崇曰："今河南、北之人流亡殆尽，岂可坐视？借使除之不尽，犹胜养以成灾。"上乃从之。卢怀慎以为杀蝗太多，恐伤和气，崇曰："昔楚庄吞蛭而愈疾[8]，孙叔杀蛇而致福，奈何不忍于蝗，而忍人之饥、死乎？若使杀蝗有祸，崇请当之。"

秋，七月朔，日食。

---

1 雅俗：雅正的风气。
2 管、晏：即管仲、晏婴。
3 没身：终身。
4 贤智：贤人智士。
5 专固：固执，独断专行。
6 媢疾：嫉妒。
7 愎戾：执拗乖僻。
8 吞蛭而愈疾：吞吃了水蛭，他的病就痊愈了。

九月，置侍读官上谓宰相曰：“朕每读书有疑，无从质问[1]。可选儒士入内侍读。”卢怀慎荐太常卿马怀素，以为左散骑常侍，与右散骑常侍褚无量更日侍读，听肩舆、乘马于宫中。以无量羸老[2]，为造腰舆[3]，使内侍舁之，亲送迎之，待以师傅之礼。

遣薛讷讨突厥。

郴州[4]刺史刘幽求卒幽求自杭[5]徙郴，愤恚，道卒。

以郭虔瓘为安西四镇经略大使以郭虔瓘为安西大都护，经略四镇。虔瓘请募关中兵万人诣安西，皆给递驮[6]熟食，许之。将作大匠韦凑上疏曰：“今西域服从，虽或时小有盗窃，旧镇兵足以制之。关中常宜充实，以强干弱枝。顷年以来，征行略尽，岂宜更募骁勇，远资荒服？又万人征行六千余里，咸给递驮、熟食，道次[7]州县，将何以供？秦、陇之西，户口渐少，凉州以往，沙碛悠然。傥稽[8]天诛，所损甚大；纵令必克，其获几何？”时姚崇亦以为不然。既而虔瓘卒无功。虔瓘复奏奴八人有战功，请除游击将军。卢怀慎曰：“虔瓘恃功侮法，不可许也。”上从之。

西域八国请降初，监察御史张孝嵩奉使廓州[9]，听以便宜从事。拔汗那者，古乌孙也，内附岁久，吐蕃攻之，其王奔安西求救。孝嵩遂率旁侧戎落[10]兵万余人，出龟兹西数千里，下数百城，传檄诸国，威震西域。大食等八国请降，勒石纪功而还。

冬，十二月，贬崔日知为歙县[11]丞京兆尹崔日知贪暴不法，御史大夫李

1　质问：询问以正其是非。
2　羸老：衰弱的老人。
3　腰舆：手挽的便舆，高仅及腰，故名。
4　郴州：古州名，辖今湖南省永兴县以南的耒水流域和蓝山、嘉禾、临武、宜章等县地。
5　杭：杭州，古州名，辖今浙江省杭州、海宁、余杭、富阳四市及临安县地。
6　递驮：沿路供给马、牛、驴等以驮运兵器什物。
7　道次：途中。
8　稽：延迟。
9　廓州：古州名，辖今青海省海东市化隆回族自治县及尖扎县等地。
10　戎落：戎族聚居地，也泛指西北少数民族地区。
11　歙县：古县名，治所即今安徽省黄山市歙县。

杰将纠之，日知反构杰罪。侍御史杨玚廷奏曰：“若纠弹[1]之司，使奸人得而恐愒[2]，则御史台可废矣。”上遽命杰视事，贬日知为歙县丞。

以韦玢为冀州刺史尚书左丞韦玢以郎官多不举职[3]，请汰之。寻敕出玢为小州刺史。姚崇言：“玢以奉公贬黜，议者皆谓郎官谤伤[4]，恐后来左、右丞指以为戒，则省事[5]何从而举？”乃除冀州。

以突骑施部将苏禄为金方道经略大使突骑施守忠既死，部将苏禄颇善绥抚，十姓部落稍稍归之，有众二十万，据有西方。遣使入见，故有是命。

丙辰**四年**（公元 716 年）

春，正月，杀尚衣奉御长孙昕昕，皇后妹夫也，与御史大夫李杰不协，于里巷伺而殴之。杰自诉，上大怒，命于朝堂杖杀，以谢百僚。

胡氏曰：高宗有言：“虽太子有罪，亦不可赦。”近于公矣，而失父子之恩，使太子不免于绌死。玄宗以重刑加诸后党之轻罪，亦近于公矣，而伤夫妇之义，使皇后不免于废杀。故几者，动之微，不可不慎也。

以郿王嗣真为安北大都护，陕王嗣昇为安西大都护二王皆不出阁[6]。诸王遥领节度自此始。

以倪若水为汴州刺史上欲重都督、刺史，选京官才望者为之，然当时犹轻外任。扬州采访使班景倩入为大理少卿，过大梁，若水饯之，望其行尘久之，谓官属曰：“班生此行，何异登仙！”上尝遣宦官诣江南取鵁鶄、鸂鶒[7]等，欲置苑中，所至烦扰。若水言：“今农桑方急，而罗捕[8]禽鸟，水陆传送，

---

1 纠弹：举发弹劾。
2 恐愒：亦作“恐喝”“恐曷”，恫吓威胁。
3 举职：尽职，称职。
4 谤伤：诽谤中伤。
5 省事：台省之事。
6 出阁：内阁官员出任外职。
7 鵁鶄、鸂鶒：鵁鶄，即池鹭。鸂鶒，水鸟名，形大于鸳鸯，而多紫色，好并游，俗称紫鸳鸯。
8 罗捕：搜索捕捉。

道路观者，岂不以陛下为贱人而贵鸟乎？”上手敕谢之，纵散其鸟。

山东复大蝗山东蝗复大起，姚崇又命捕之。倪若水谓：“蝗乃天灾，非人力所及，宜修德以禳之。刘聪时尝捕埋之，为害益甚。”拒不从命。崇牒[1]若水曰：“刘聪伪主，德不胜妖。今日圣朝，妖不胜德。古之良守[2]，蝗不入境。若其修德可免，彼岂无德致然？”因敕使者察捕蝗者勤惰以闻，由是不至大饥。

召新除[3]县令试理人[4]策或言于上曰：“今岁选叙[5]太滥，县令非才。”上悉召至殿庭，试理人策。惟韦济词理[6]第一，擢为醴泉令。余二百人不入第[7]，且令之官。四十五人放归学问。吏部侍郎卢从愿、李朝隐皆坐左迁。从愿、朝隐典选称职。高宗之世，马载、裴行俭在吏部最有名，时人称“前有马、裴，后有卢、李”。

夏，六月，太上皇崩。

拔曳固[8]斩突厥默啜以降初，突厥默啜北击拔曳固，大破之，恃胜轻归，不复设备。拔曳固迸卒[9]颉质略自柳林突出，斩之。时子将[10]郝灵荃使突厥，得其首。拔曳固、回纥、同罗、霫、仆固五部皆来降。突厥立默棘连为毗伽可汗，以阙特勒为左贤王，专典兵马。

秋，八月，迁中宗于别庙[11]太常博士陈贞节、苏献以太庙七室已满，请迁中宗神主于别庙，奉睿宗神主祔太庙，从之。

突厥降户叛，命薛讷等追讨之突厥默啜既死，突骑施苏禄复自立为可汗，毗伽可汗患之。默啜时，牙官[12]暾欲谷年七十余，多智略，国人信服之，

1　牒：原指简札，此指传送文书。
2　良守：贤能的州郡长官。
3　新除：新拜官。
4　理人：治理百姓。
5　选叙：选拔人才授以官职。
6　词理：文词的义理。
7　入第：进入等第，合格。
8　拔曳固：亦作拔也古，铁勒诸部之一，分布于今蒙古国东南乔巴山一带。
9　迸卒：溃败的士兵。
10　子将：古官名，隶属于大将之下，掌布列行阵、金鼓及部署卒伍的副将、偏将。
11　别庙：太庙之外另立的庙。
12　牙官：古官名，副武官。亦泛指下属小官。

毗伽乃召以为谋主。突厥降户处河曲者多叛归之。并州长史王晙上言："此属徒以其国丧乱，故相率来降。若彼安宁，必复叛去。乃是畜养使为间谍，日月滋久[1]，奸诈愈深。愿集兵众，徙之内地，渐变旧俗，皆成劲兵。虽一时暂劳，然永久安靖[2]。"疏奏，未报，降户果叛。命朔方大总管薛讷讨之。王晙亦引并州兵追击，破之。单于副都护张知运不设备，为虏所擒。将军郭知运邀击破之，张知运乃得逃。上以其丧师，斩之。毗伽谋入寇，暾欲谷曰："唐主英武，民和年丰，未有间隙。我众新集，且当息养数年，始可观变而举。"毗伽又欲筑城，立寺观，暾欲谷曰："突厥人徒不及唐之百一，所以能与为敌者，正以随逐水草，射猎为业，人皆习武，强则进兵，弱则窜伏故也。若变旧俗，必为所灭。释、老之法，教人仁弱[3]，非用武争胜之术，不可崇也。"乃止。

冬，十月，葬桥陵[4]。

十一月，黄门监卢怀慎卒怀慎疾亟，上表荐宋璟、李杰、李朝隐、卢从愿，上深纳之。既薨，家无余蓄[5]，惟老苍头请自鬻[6]以办丧事。

以源乾曜同平章事。十二月，以宋璟为西京留守姚崇无居第[7]，寓居罔极寺。以病谒告，上遣使问之，日数十辈。源乾曜奏事称旨，上曰："此必姚崇之谋。"或不称旨，则曰："何不与姚崇议之？"乾曜请迁崇于四方馆[8]，仍听家人入侍疾。崇固辞，上曰："设四方馆，为官吏也。使卿居之，为社稷也。恨不可使卿居禁中耳，此何足辞？"崇子彝、异颇受赂遗，为时所讥。又崇所亲信主书赵诲受赂，事觉，当死，崇复营救，上不悦。会曲赦京城，特敕杖诲，流岭南。崇由是请避位，荐广州都督宋璟自代。上将幸东都，以璟为刑部

---

1 滋久：愈久。
2 安靖：安定平静。
3 仁弱：仁爱懦弱。
4 桥陵：唐睿宗李旦的陵墓，位于今陕西省渭南市蒲城县西北丰山上。
5 余蓄：节余的积蓄。
6 自鬻：自卖其身。
7 居第：住宅。
8 四方馆：古官署名，为东、西、南、北四方少数民族各设使者，掌管往来及互相贸易等事，隶中书省。

尚书、西京留守，遣内侍杨思勖迎之。璟风度凝远[1]，人莫测其际。在途，不与思勖交言。思勖素贵幸，归诉于上，上嗟叹良久，益重璟。

范氏曰：昔申枨以欲不得为刚，璟所以能刚，其惟无欲乎？明皇以此重之，可谓能知贤矣。

闰月，姚崇、源乾曜罢，以宋璟为黄门监，苏颋同平章事璟为相，务在择人，随材授任，使百官各称其职，刑赏无私，犯颜正谏。上甚敬惮，虽不合意，亦曲从之。突厥默啜自武后世为中国患，朝廷旰食，倾天下之力不能克。郝灵荃得其首，自谓不世之功，璟以天子好武功，恐好事者竞生心徼幸，痛抑其赏，逾年始授郎将。灵荃恸哭而死。

范氏曰：宋璟可谓贤相矣，见其始而知其终，沮其胜而忧其败。明皇卒以黩武，至于大乱，何其智之明欤！其可谓贤相矣。

璟与颋相得甚厚。璟每论事，则颋助之。璟尝谓人曰："吾与苏氏父子[2]同居相府，仆射宽厚，诚为国器，若献可替否，则黄门过其父矣。"上尝令璟及颋制皇子名及国邑[3]之号，又令别制一佳名号进之。璟、颋奏曰："七子均养，著于《国风》。今制名号各三十余，混同以进，以彰陛下覆焘[4]无偏之德。"上甚善之。姚、宋相继为相，崇善应变成务[5]，璟善守法持正。二人志操不同，然协心辅佐，使赋役宽平，刑罚清省[6]，百姓富庶。唐世贤相，前称房、杜，后称姚、宋，它人莫得比焉。二人每进见，上辄为之起，去则临轩[7]送之。及李林甫为相，虽宠任过于姚、宋，然礼遇殊卑薄[8]矣。

范氏曰：三公坐而论道，天子所与共天位、治天职者也，故其礼不可不

1　凝远：凝重深远。
2　苏氏父子：即苏颋与其父仆射苏瓌。
3　国邑：即封国。
4　覆焘：施恩，加惠。
5　成务：成就事业。
6　清省：清平省约。
7　临轩：到窗前。轩，窗。
8　卑薄：低劣微薄。

尊，其任不可不重。自尧、舜至于三代，尊礼辅相，《诗》《书》著矣。汉承秦敝，崇君卑臣，然犹宰相进见，天子御坐为起，在舆为下，所以体貌大臣，而风厉其节也。开元[1]之初，明皇励精政治，优礼故老，姚、宋是师。天宝[2]以后，宴安骄侈，倦求贤俊，委政群下。彼小人者，唯利是就，不顾国体，巧言令色[3]，以求亲昵，人主甘之，薄于礼而厚于情，是以林甫得容其奸。故人君不体貌大臣，则贤者日退而小人日进矣。

紫微舍人高仲舒博通典籍，齐澣练习时务，姚、宋每坐二人以质所疑，既而叹曰："欲知古，问高君；欲知今，问齐君。可以无缺政矣。"广州请为璟立遗爱碑，璟请禁之，以革谄谀之风。于是它州皆不敢立。山人[4]范知璇献所为文，璟判之曰："观其《良宰论》，颇涉谄谀。文章若高，宜从举选[5]，不可别奏。"

罢十道按察使。

始制郎、御史、起居、遗、补不拟[6]旧制，六品以下官皆委尚书奏拟[7]，是岁始更此制。

丁巳**五年**（公元717年）

春，正月，太庙四室坏。帝行幸东都上将幸东都，会太庙四室坏，上素服避殿，以问宋璟、苏颋，对曰："陛下三年之制未终，遽尔行幸，恐未契[8]天心，故灾异为戒。愿且停之。"姚崇曰："太庙屋材，皆苻坚时物，朽腐

---

1 开元：唐玄宗李隆基第一个年号，存续时间为公元713至741年。
2 天宝：唐玄宗李隆基第二个年号，存续时间为公元742至756年。
3 巧言令色：形容花言巧语，虚伪讨好。巧言，花言巧语。令色，讨好的表情。
4 山人：即隐士。
5 举选：指科举。
6 起居、遗、补不拟：起居、遗、补，古官名，即起居郎、拾遗、补阙。不拟，任命由皇帝亲自负责，不再由尚书省拟意见上奏。
7 奏拟：拟出具体意见上奏。
8 契：符合。

而坏，适与行会[1]，何足异也？百司供拟[2]已备，不可失信。但迁神主于太极殿，更修太庙耳。”上大喜，从之。命崇五日一朝，入阁供奉，恩礼更厚，有大政辄访焉。褚无量言：“隋文帝富有天下，岂取苻氏旧材以立太庙？此特谀臣之言。愿陛下克谨[3]天戒，纳忠谏，远谄谀。”上弗听，遂幸东都。

胡氏曰：长君之恶，其罪小；逢[4]君之恶，其罪大。姚崇于是，其逢也甚矣。大臣以道事君，固如是耶？因是见唐有天下，不自建庙，而因隋故屋，非礼亦大矣。太宗营缮甚众，而忽于所当先。贤于王珪[5]，能几何哉？

上过崤谷[6]，道隘不治[7]，欲免河南尹及知顿使[8]官，宋璟曰：“陛下方事巡幸，今以此罪二臣，臣恐将来民受其弊。”上遽命释之。璟曰：“陛下罪之，而以臣言免之，是臣代陛下受德也。请令待罪朝堂而后赦之。”上从之。

二月，复置营州奚、契丹内附，贝州刺史宋庆礼请复营州。制置营州都督于柳城，使庆礼筑之，三旬而毕。庆礼清勤[9]严肃，开屯田八十余所，招安[10]流散，数年之间，仓廪充实，市邑浸繁。

秋，七月，放太常卿姜皎归田初，上微时，与姜皎亲善，及诛窦怀贞等，皎预，有功，由是宠遇特厚，出入卧内，至与后妃连榻[11]宴饮。宋璟言：“皎权宠太盛，非所以安之。”上以为然，因下制曰：“西汉诸将以权贵不全，南阳故人以优闲自保。皎宜放归田园，勋、封如故。”

1　会：碰上。
2　供拟：供给，供应。
3　克谨：能够谨慎对待。
4　逢：迎合。
5　王珪：唐太宗李世民时的宰相名。
6　崤谷：古地名，即崤山山谷，位于今河南省洛阳市洛宁县北。
7　道隘不治：道路狭窄，没有得到很好的维护。
8　知顿使：古官名，掌皇帝出巡时安排途中食宿之所，由大臣担任，为临时性的，也称置顿使。
9　清勤：清廉勤恳。
10　招安：说之使归附。
11　连榻：并榻，多形容关系密切。

以张嘉贞为天兵军大使嘉贞上言："突厥降者散居太原以北，请宿重兵以镇之。"乃置天兵军于并州，集兵八万。

以明堂为乾元殿太常少卿王仁惠奏："则天明堂穷极奢侈，不合古制，密迩宫掖，人神杂扰[1]。"制复以为乾元殿，正至[2]受贺，季秋大享[3]，复就圆丘。

九月，复旧官名，令史官随宰相入侍，群臣对仗奏事贞观之制，中书、门下及三品官入奏事，必使谏官、史官随之，有失则匡正，美恶必记之。诸司皆正衙[4]奏事，御史弹百官，服豸冠[5]，对仗读弹文。故大臣不得专君，而小臣不得为谗慝。及许敬宗、李义府用事，政多私僻，奏事官多俟仗下[6]，于御座前屏人密奏。监奏御史及待制官[7]远立以俟其退，谏官、史官皆随仗出，仗下后事，不复预闻。武后以法制群下，谏官、御史得以风闻言事[8]，互相弹奏，于是多以险诐相倾[9]。宋璟欲复贞观之政，制："自今事非的须秘密者，皆令对仗奏闻，史官自依故事。"

谪孙平子为都城尉伊阙人孙平子上言："《春秋》讥鲁跻僖公[10]，今迁中宗于别庙而祀睿宗，正与鲁同。兄臣于弟，犹不可跻，况弟臣于兄乎？若以兄弟同昭[11]，则不应出兄置于别庙。愿下群臣博议，迁中宗入太庙。"太常博士陈贞节、冯宗、苏献以为："七代之庙，不数兄弟。殷代或兄弟四人相继为君，若数以为代，则无祖祢之祭矣。今睿宗之室当亚高宗，故为中宗特立别庙，非跻睿宗于中宗之上也。平子诬罔圣朝，渐不可长。"然时论多是平子，故议久

1　杂扰：杂糅。
2　正至：《资治通鉴》为"冬至、元日"，冬至和正月初一。
3　季秋大享：季秋，秋季的第三个月，即农历九月。大享，合祀先王的祭礼。
4　正衙：正式朝会听政的处所。
5　豸冠：獬豸冠，古代执法官吏的帽子，以其形类獬角而得名。獬豸，传说中的一种独角兽，似羊非羊，似鹿非鹿。
6　仗下：皇帝视朝毕，所列仪仗兵卫退下。
7　待制官：朝廷选京官五品以上，更宿中书、门下省，以备咨询政事，称待制官。
8　风闻言事：古时御史等任监察职务的官员可以根据传闻进谏或弹劾官吏。
9　相倾：相互竞争，彼此排挤。
10　跻僖公：鲁文公将其父鲁僖公之位升到鲁闵公之上。跻，升，登。
11　同昭：在宗庙中昭穆的顺序相同。

不决。献，颋之从祖兄也，故颋卒从其议。平子论之不已，谪都城尉。

冬，十二月，诏访逸书[1]秘书监马怀素奏："省中书颇散缺，请选学士整比校补[2]。"从之。于是搜访逸书，选吏缮写[3]，命国子博士尹知章等二十二人于乾元殿前编校刊正，以褚无量为之使。无量卒，国子祭酒元行冲代之。九年，上其录[4]，凡四万八千卷。

戊午**六年**（公元718年）

春，正月，禁恶钱[5]敕钱重二铢四分以上乃得行。敛人间恶钱镕之，更铸如式。宋璟请出太府钱二万缗，以平价买百姓不售之物，可充官用，庶使良钱流布人间。其后敕太府及府县出粟十万石粜[6]之，以敛人间恶钱，送少府销毁。

征嵩山处士卢鸿为谏议大夫，不受。

夏，四月，敕度郑铣、郭仙舟为道士河南参军郑铣、朱阳[7]丞郭仙舟投匦[8]献诗，敕曰："观其文理，乃崇道法，至于时用[9]，不切事情。宜从所好。"度为道士。

秋，八月，令州县岁十二月行乡饮酒礼[10]。

胡氏曰：物有本末，事有终始，知所先后，则近道矣。乡饮酒者，古乡礼也。然必先制民之产，使安土乐业，急政暴赋[11]无施于其间，设为庠序学校，教以人伦，且与其贤能，出长[12]而入治之，然后礼乐可行。乡饮酒者，其一条

1　逸书：泛指散佚失传的书籍。
2　整比校补：整比，整理排比。校补，考订并补正。
3　缮写：誊写，抄写。
4　录：目录。
5　恶钱：质料低劣的钱币。
6　粜：卖出谷物。
7　朱阳：古县名，治所位于今河南省三门峡市卢氏县东南。
8　投匦：武则天时铸铜匦四个，列置于朝堂上，受纳上书。后代指臣民向皇帝上书。
9　时用：为当世所用。
10　乡饮酒礼：周时乡学三年业成大比，考其德行道艺优异者，荐于诸侯。将行之时，由乡大夫设酒宴以宾礼相待，谓之"乡饮酒礼"，历朝沿用。
11　急政暴赋：急政，催征赋税。暴赋，繁重的赋税。
12　出长：长进。

也。人道所急，有冠，有婚，有丧，有祭，有燕，有射，有乡饮酒，其缓急则又有序矣。今独举乡饮酒而行之，他皆不及焉，安能有益于百姓哉？只为繁文末节[1]而已矣。

始加赋以给官俸[2]唐初，州县官俸，皆令富户掌钱出息以给之[3]，多破产者。秘书少监崔沔请计州县官俸，于百姓常赋之外，微有所加以给之。从之。

冬，十一月，帝还西京。

吐蕃请和吐蕃奉表请和，乞舅甥亲署誓文，及令彼此宰相皆著[4]名其上。

以李邕、郑勉为远州刺史，李朝隐为大理卿，陆象先为河南尹宋璟奏："邕、勉并有才略文词，但好是非改变，若全引进[5]，则咎悔必至；若长弃捐，则才用可惜，请以为渝、峡[6]刺史。""大理卿元行冲不称职，请以朝隐代之。象先闲于政体，宽不容非[7]，请以为河南尹[8]。"皆从之。

己未**七年**（公元 719 年）

夏，四月，祁公王仁皎卒仁皎，后父也。其子驸马都尉守一请用窦孝谌例，筑坟高五丈一尺，上许之。宋璟、苏颋以为："准令[9]，一品坟高一丈九尺，其陪陵[10]者高出三丈。窦太尉坟，议者颇讥其高大。至韦庶人崇其父坟，以自速祸，岂可复踵为之？臣等所以再三进言者，欲成中宫之美耳。"上说曰："朕每欲正身率下[11]，况于妻子，何敢私之？卿能固守典礼，垂法[12]将来，诚所

1 繁文末节：过分繁琐的仪式和礼节。亦比喻琐碎多余的事情。文，规定，仪式。节，礼节。
2 官俸：官吏的俸禄、薪水。
3 掌钱出息以给之：掌管公廨本金，借贷产生利息后来支付。
4 著：写，署。
5 引进：引荐，推荐。
6 渝、峡：渝州、峡州。渝州，古州名，辖今重庆市巴南区和江津、璧山、永川等市县地。
7 宽不容非：为政宽厚却不能容忍为非作歹。
8 河南尹：古官名，唐改洛州长史置，通制府务，河南牧缺则行其事，为河南府实际长官。
9 准令：依照法令。
10 陪陵：把臣子的灵柩葬在皇帝坟墓的近旁。
11 正身率下：端正自身，为下属表率。
12 垂法：垂示法则。

望也。”

五月朔，日食上素服以俟变，撤乐减膳，命中书、门下察系囚，赈饥乏，劝农功。宋璟奏曰：“陛下勤恤人隐[1]，此诚苍生之福。然臣闻：‘日食修德，月食修刑。’亲君子，远小人，绝女谒，除谗慝，所谓修德也。君子耻言浮于行，苟推至诚以行之，不必数下制书也。”

秋，八月，敕五服并从礼传[2]右补阙卢履冰言：“礼，父在，为母服周年。则天改服三年，今请从旧。”上下其议。褚无量是履冰议。敕自今五服并依《丧服传》文，然士大夫议论犹不息，行之各从其意。无量叹曰：“圣人岂不知母恩之厚乎？厌降[3]之礼，所以明尊卑、异戎狄也。俗情肤浅，一紊其制，谁能正之？”

九月，徙宋王宪为宁王宪，成器改名也。上尝从复道中见卫士食毕而弃其余于窦，怒，欲杀之。宪谏曰：“陛下窥人过失而杀之，臣恐人人不自安。且陛下恶弃食者，为食可以养人也。今以余食杀人，无乃失其本乎？”上大悟，遽释之。是日，宴饮极欢，上自解红玉带以赐之。

以突骑施苏禄为忠顺可汗。

庚申**八年**（公元720年）

春，正月，宋璟、苏颋罢上以王仁琛藩邸故吏，墨敕与五品官。宋璟曰：“仁琛向缘旧恩，已获优改[4]，又是后族，须杜舆言[5]。乞下吏部检勘，苟无负犯[6]，请依资稍优注拟。”从之。宁王宪奏选人薛嗣先请授微官，璟奏：“嗣先

1　勤恤人隐：勤恤，忧悯，关怀。人隐，人民的痛苦。
2　礼传：指《礼记》。
3　厌降：古丧礼，母亡，子服三年丧。父在母亡，则减一年，称厌降。
4　优改：晋升官职。
5　舆言：舆论。
6　负犯：违法乱纪。

以懿亲[1]之故，固应微假官资[2]。然自大明[3]临御，斜封、墨敕一皆杜绝。望付吏部，不出正敕[4]。”从之。先是，朝集使往往赍货入京师，将还，多迁官。璟奏一切勒还[5]，以革其弊。璟又疾负罪而妄诉不已[6]者，悉付御史台治之，人多怨之者。会天旱，优人[7]作魃[8]状戏于上前，问魃：“何为出[9]？”对曰：“奉相公处分。”又问：“何故？”对曰：“负冤者三百余人，相公悉以系狱，故不得不出尔。”上心以为然。时江淮间恶钱尤甚，璟使监察御史萧隐之括[10]之。隐之严急烦扰，怨嗟盈路，于是贬隐之官，罢璟、颋，弛钱禁，而恶钱复行矣。

胡氏曰：恶钱之弊，不可不革。其失在所遣使人严急烦扰，而以之罢宰相，何也？玄宗外虽重璟，心实厌之。优人中伤，安知非杨思勖之徒怀宿憾[11]而惎[12]，使为之乎？姚崇、张说善于迎合，故罢而复用；宋璟、苏颋介然守正，故斥而不复。甚哉，君子之难合也！史论贤相，姚、宋并称。姚非宋公比也，安得齐名？必也张九龄乎，乃可与璟同日而语矣。

以源乾曜、张嘉贞同平章事初，嘉贞为天兵军使，入朝，有告其奢僭赃贿者，按验无状。上欲反坐告者，嘉贞奏曰：“今若罪之，恐塞言路，使天下之事无由上达。”其人遂得减死。上以嘉贞为忠，用之。

夏，五月，复置十道按察使。

以源乾曜为侍中，张嘉贞为中书令乾曜上言：“形要之家[13]，多任京官，

---

1 懿亲：至亲，也特指皇室宗亲、外戚。
2 官资：官吏的资历职位。
3 大明：指君主。
4 正敕：皇帝的正式命令。
5 勒还：勒令原职遣还。
6 负罪而妄诉不已：明明有罪却没完没了地四处告状。
7 优人：古代以乐舞、戏谑为业的艺人。
8 魃：旱魃，传说中造成旱灾的鬼怪。
9 出：降临制造旱灾。
10 括：搜查。
11 宿憾：旧日结下的仇恨。
12 惎：忌恨，憎恶。
13 形要之家：出身于权贵之家。

使俊乂之士沉废[1]于外。臣三子皆在京，请出其二。”上从之。于是出者百余人。嘉贞吏事强敏[2]，刚躁[3]自用，引进苗延嗣、吕太一、员嘉静、崔训，与论政事。四人颇招权，时人语曰：“令公四俊，苗、吕、崔、员。”

六月，瀍、谷溢漂溺几二千人。

朔方大使王晙诱杀突厥降户仆固勺磨突厥降户散居受降城侧，朔方大使王晙言其阴引突厥，谋陷军城[4]，诱仆固都督勺磨而杀之。拔曳固诸部闻之，皆惧。并州长史张说引二十骑，持节，即其部落慰抚之，因宿其帐下。副使李宪以虏情难信，驰书止之。说复书曰：“吾肉非黄羊，必不畏食；血非野马，必不畏刺。此吾效死之秋也。”诸部由是遂安。

冬，十月，流裴虚己于新州上禁约诸王，不使与群臣交结。驸马都尉裴虚己与岐王范游宴，私挟谶纬，坐流新州，离其婚。上待范如故，谓左右曰：“吾兄弟自无间，但趋竞[5]之徒强相托附耳。吾终不以此责兄弟也。”

十一月，突厥寇凉州先是，王晙奏请西发拔悉密[6]，东发奚、契丹，掩毗伽于稽落水[7]上。毗伽大惧，暾欲谷曰：“不足畏也。拔悉密在北庭，与奚、契丹相去绝远[8]，势不相及。且拔悉密轻而好利，得晙之约，必喜而先至。晙与张嘉贞不相悦，奏请多不相应，必不敢出兵。拔悉密独至，击而取之，易耳。”既而拔悉密果发兵逼突厥牙帐，朔方、奚、契丹兵不至。拔悉密退，毗伽欲击之，暾欲谷曰：“此属去家千里，将死战，未可击也。不如以兵蹑之。”先分兵间道围北庭，因纵兵击拔悉密，拔悉密败走北庭，不得入，尽为突厥所虏。暾欲谷还，出赤亭，掠凉州，河西节度使杨敬述遣裨将卢公利邀之，大败。毗

1　沉废：埋没在下层，不被起用。
2　强敏：干练机敏。
3　刚躁：刚强急躁。
4　军城：唐代设兵戍守的城镇。
5　趋竞：奔走钻营，争名夺利。
6　拔悉密：古突厥部落，游牧于蒙古杭爱山中部与南西伯利亚的唐努山一带。
7　稽落水：古水名，亦作独逻河、独乐河，即今蒙古国土拉河。
8　绝远：极其辽远。

伽由是大振，尽有默啜之众。

辛酉**九年**（公元721年）

春，正月，改蒲州为河中府，置中都。

二月，以宇文融为劝农使[1]监察御史宇文融上言："天下户口逃移[2]，巧伪甚众。请加检括。"源乾曜赞成之。敕有司议招集流移[3]、按诘[4]巧伪之法以闻。制："州县逃亡户口听百日自首，或于所在附籍[5]，或牒归故乡，各从所欲。过期不首，谪徙边州。"以融充使。奏置劝农判官十人，分行天下。其新附客户[6]，免六年赋调。使者竞为刻急[7]，州县承风劳扰，百姓苦之。阳翟尉皇甫憬上疏言之，坐贬。州县希旨，虚张[8]其数，或以实户[9]为客，凡得户八十余万，口亦如之。

突厥遣使求和突厥毗伽遣使求和。上赐书，谕以："曩昔[10]和亲，华、夷安逸。默啜无信，数寇边鄙，人怨神怒，陨身丧元[11]。今可汗复蹈前迹，掩袭甘、凉。随遣求好[12]，国家天覆海容，不追往咎[13]。可汗果有诚心，则共保遐福。不然，无烦使者徒尔[14]往来。若其侵边，亦有以待。可汗其审图[15]之。"

夏，四月，敕举县令敕京官五品以上，外官刺史、四府[16]上佐举县令一

1 劝农使：古官名，掌劝课天下力田之事。
2 逃移：逃亡迁移。
3 流移：流离失所的人。
4 按诘：审问。
5 附籍：加入本地户籍。
6 客户：泛指由外地迁来的住户。
7 刻急：苛刻严峻。
8 虚张：夸大。
9 实户：实际户数。
10 曩昔：从前。
11 陨身丧元：陨身，亡身，死亡。丧元，掉头颅，亦泛指献出生命。
12 随遣求好：随后遣使求和。
13 天覆海容，不追往咎：如上天无不覆盖，如大海容纳一切，不追究从前的过错。
14 徒尔：徒然，枉然。
15 审图：周密谋划，仔细考虑。
16 四府：即京兆、河南、河中、太原四府。

人，视其政善恶，为举者赏罚。

六月，罢中都蒲州刺史陆象先政尚宽简，吏民有罪，晓谕遣之。尝谓人曰："天下本无事，但庸人扰之耳。苟清其源，何忧不治？"

秋，七月，兰池州胡[1]康待宾反，王晙等擒斩之初，兰池州胡康待宾诱诸降户同反，攻陷六胡州[2]，有众七万。命朔方大总管王晙、太仆卿王毛仲、天兵军节度大使张说共讨之。晙攻待宾，擒之，集四夷酋长腰斩之。先是，叛胡潜与党项通谋，攻银城、连谷[3]，张说将步骑万人出合河关[4]掩击，大破之。党项更与胡战，胡众溃。说安集党项，使复其居业。阿史那献以党项翻覆，请并诛之，说曰："王者之师，当伐叛柔服[5]，岂可杀已降耶？"因奏置麟州[6]以抚其余众。

九月朔，日食。

康待宾余党复叛，贬王晙为梓州[7]刺史待宾之反，诏河西、陇州节度大使郭知运与王晙讨之。晙言："朔方兵自有余力，请敕知运还。"未报，知运已至，由是与晙不协。晙所招降者，知运纵兵击之。虏以晙为卖己，由是复叛。晙遂坐贬。

梁文献公姚崇卒崇遗令[8]曰："佛以清净慈悲为本，而愚者写经造像，冀以求福。昔周毁经、像而修甲兵，齐崇塔庙[9]而弛刑政，一朝合战，齐灭周兴。汝曹勿效儿女子终身不寤。追荐[10]冥福，道士见僧获利，效其所为，尤不可延

1　兰池州胡：兰池州的胡人。兰池州，古州名，唐党项羁縻州，治今宁夏银川市辖灵武市西南。
2　六胡州：古州名，唐朝在灵、夏二州南界设鲁、丽、含、塞、依、契六州，用唐人为刺史，以处突厥降户，谓之六胡州，治所位于今内蒙古鄂尔多斯市鄂托克旗和鄂托克前旗境。
3　银城、连谷：银城，古县名，治所位于今陕西省榆林市神木县境。连谷，古县名，治所位于今陕西省榆林市神木县北。
4　合河关：古关隘名，又名合水关，位于今陕西省榆林市神木县东黄河岸边。
5　柔服：安抚顺服者。
6　麟州：古州名，辖今陕西省榆林市神木县地。
7　梓州：古州名，辖今四川省三台、中江、盐亭、射洪等县地。
8　遗令：临终前的告诫、嘱咐。
9　塔庙：佛塔。
10　追荐：诵经礼忏，超度死者。

之于家。永为后法！”

以张说同三品。

以王君㚟为河西、陇右节度大使君㚟与郭知运皆以骁勇著名，为虏所惮。至是，知运卒，君㚟自麾下代之。

冬，十一月，罢诸王、都督、刺史，召还。

新作蒲津桥[1]。

安州别驾刘子玄卒子玄即知几也，以字行。初，著作郎吴兢撰《则天实录》，言宋璟激张说，使证魏元忠事，后说修史见之，谬曰：“刘五殊不相借[2]。”兢起对曰：“此兢所为。史草[3]具在，不可使明公枉怨[4]死者。”同僚皆失色。其后说阴祈兢改数字，兢曰：“若徇公请，则此史不为直笔，何以取信于后？”

造新历及黄道游仪[5]太史言《麟德历》浸疏[6]，日食屡不效。上命僧一行更造新历，梁令瓒造黄道游仪以候七政[7]。遣太史监[8]南宫说等于河南、北平地测日晷及极星[9]。夏至日中，立八尺之表[10]，同时候之。阳城晷长一尺四寸八分弱，夜视北极，出地高三十四度十分度之四。浚仪岳台[11]晷长一尺五寸微强，极高三十四度八分。南至朗州[12]，晷长七寸七分，极高二十九度半。北至蔚州，晷长二尺二寸九分，极高四十度。南北相距三千六百八十八里九十步，晷差一尺

1　蒲津桥：古桥名，原称河桥，唐代改称，位于今山西省运城市辖永济市西南蒲州镇与陕西省渭南市大荔县朝邑镇间的黄河上。
2　刘五殊不相借：即刘知几在修史时一点都不帮我的忙。刘五，即刘知几。
3　史草：史书的草稿。
4　枉怨：错怪。
5　黄道游仪：古天文仪器名，用它观测天象时可以直接测量出日、月、星辰在轨道的座标位置。
6　疏：粗略，不周密。
7　候七政：候，观测。七政，天文术语，指日、月和金、木、水、火、土五星。
8　太史监：古官名，掌天文历法等。
9　日晷及极星：日晷，太阳投射的影子。极星，北极星。
10　表：古代测日影的标杆。
11　岳台：唐时为天文测日影的地方之一，位于今河南省开封市西。
12　朗州：古州名，唐时辖今湖南省常德、桃源、汉寿、沅江等市县地。

五寸三分，极差十度半。又南至交州，晷出表南三寸三分。八月海中南望老人星[1]下，众星粲然，皆古所未名，大率去南极二十度以上皆见。

壬戌**十年**（公元722年）

春，正月，帝如东都。

夏，四月，以张说兼知朔方军节度使置朔方节度使，领单于都护府，夏、盐等六州，二军，三受降城，以宰相张说兼领之。

范氏曰：宰相之职，无不总统，而节制[2]一道，此开元之乱制也。夫宰相，百官之首。名且不正，则何以正百官矣？自古官制之紊，未有如开元者也。

五月，伊、汝水溢漂溺数千家。

六月，博州河决。

制增太庙为九室增太庙为九室，迁中宗还太庙。

范氏曰：天子七庙，而祖功宗德[3]。其庙不毁，则无世数[4]。自古以来，未之有改也。明皇治为九庙，过其制矣。夫礼不可多也，不可寡也。三代之礼，所以为后世之法者尽矣，唐制何所取乎？

秋，安南[5]乱，遣内侍杨思勖讨平之。

杖秘书监姜皎，流之钦州初，上之诛韦氏也，王皇后颇预密谋。及即位，色衰爱弛。武惠妃阴怀倾夺[6]之志。上密与皎谋，以后无子，废之。皎泄其言，上怒。张嘉贞希旨构成其罪，云皎妄谈休咎，杖而流之，卒于道。敕：

1　老人星：南部天空的一颗星，亮度仅次于天狼星，我国南方可以看到它在近地平线处出现。古人认为它象征长寿，也称它为寿星。
2　节制：指挥管辖。
3　祖功宗德：祖有功而宗有德。古代王朝尊始祖或开国之君为祖；有开创之功，其后有德之君则尊为宗。
4　世数：世系的辈数。
5　安南：古地名，唐改交州都督府置，简称安南府、安南，辖今云南省红河、文山、广南等县以南，南抵越南平治天省界，东至广西那坡、靖西、龙州、宁明等县边境。
6　倾夺：竞争，争夺。

“宗戚自非至亲，毋得往还[1]。卜、相、占、候之人，不得出入百官之家。”

北庭节度使张嵩击吐蕃，大破之吐蕃围小勃律王没谨忙，谨忙求救于嵩。嵩遣副使张思礼将蕃汉步、骑四千，倍道合击，大破之，斩、获数万。自是累岁[2]吐蕃不敢犯边。

张说巡边，讨康待宾余党，平之。奏罢边兵二十万人康待宾余党康愿子反，自称可汗。张说发兵追讨，擒之，其党悉平。徙残胡五万余口于许、汝、唐[3]、邓、仙[4]、豫等州，空河南、朔方千里之地。先是缘边戍兵，常六十余万，说以时无强寇，奏罢二十余万，使还农。上以为疑，说曰：“臣久在疆场，具知其情。将帅苟以自卫及役使营私而已。若御敌制胜，不必多拥冗卒[5]，以妨农务。”上乃从之。

始募兵充宿卫初，诸卫府兵，自成丁从军，六十而免，其家不免杂徭，浸以贫弱，逃亡略尽，百姓苦之。张说建议：“请召募壮士充宿卫，不问色役，优为之制[6]，逋逃者必争出应募。”上从之。旬日得精兵十三万，分隶诸卫，更番[7]上下。兵农之分，自此始矣。

范氏曰：唐制，诸卫府有为兵之利，而无养兵之害，田不井而兵犹藏于民，最为近古而便于国者也。开元之时，其法浸隳。张说不究其所以而轻变之。兵农既分，卒不能复，则说之为也。夫三代之法出于圣人，及其末流，亦未尝无弊，救之者，举其偏以补其弊而已。若并其法废之，而以私意为一切苟简之制，此后世所以多乱也。

---

1 往还：往来，来往。
2 累岁：历年，连年。
3 汝、唐：即汝州、唐州。汝州，古州名，辖今河南省汝州、平顶山二市及汝阳、郏县、宝丰、襄城、叶县、鲁山等县地。唐州，古州名，辖今河南省泌阳、唐河、方城、社旗、桐柏等县地。
4 仙：仙州，古州名，辖今河南省叶县、襄城、方城、西平、舞阳等县及平顶山、舞钢二市地。
5 冗卒：多余的士兵。
6 不问色役，优为之制：不须负担各种劳役，制定一些优待他们的制度。色役，由官府佥派人户去各级品官和官衙担任仆役的差役。
7 更番：轮流替换。

冬，十月，复以乾元殿为明堂。

十一月，初令宰相共食实封三百户。

十二月，以永穆公主适王钧敕以永穆公主下嫁，资送如太平公主故事。僧一行谏曰：“武后惟太平一女，故资送特厚，卒以骄败，奈何以为法乎？”上遽止之。

癸亥**十一年**（公元723年）

春，正月，帝北巡。诏潞州给复五年。以并州为太原府，置北都。

二月，张嘉贞罢张说与嘉贞不平，会嘉贞弟嘉祐赃发，说劝嘉贞素服待罪于外，遂左迁幽州刺史。初，广州都督裴伷先下狱，上与宰相议其罪，嘉贞请杖之，说曰：“刑不上大夫，为其近君，且所以养廉耻也。盖士可杀不可辱。臣向巡北边，闻姜皎杖于朝堂，皎官登三品，亦有微功，奈何以皂隶待之？事往不可追，岂宜复蹈[1]前失？”上深然之。嘉贞不悦，退谓说曰：“何论事之深也？”说曰：“宰相时来则为之。若大臣皆可笞辱，行[2]及吾辈矣。此言非为伷先，乃为天下士君子也。”嘉贞无以应。

祭后土于汾阴初，上将幸晋阳，张说言于上曰：“汾阴脽上，有汉后土祠，其礼久废。陛下宜因巡幸修之，为农祈谷。”上从之。

贬王同庆为赣[3]尉坐为平遥[4]令广为储偫，烦扰故也。

以张说兼中书令。

罢天兵、大武等军。

三月，帝至西京。

夏，四月，以王晙同三品，兼朔方军节度大使。

五月，置丽正书院上置丽正书院，聚文学之士，或修书，或侍讲，以张

1　蹈：遵循。
2　行：推行。
3　赣：古县名，治所位于今江西省赣州市西南。
4　平遥：古县名，治所即今山西省晋中市平遥县。

说为使。有司供给优厚。中书舍人陆坚以为无益徒费，欲奏罢之。说曰："自古帝王于无事之时莫不崇宫室，广声色。今天子独延礼文儒[1]，发挥典籍，所益者大，所损者微。陆子之言，何不达[2]也？"

秋，八月，敕州县安集逃户敕："前令检括逃人，虑成烦扰。宜令所在州县安集，遂其生业。"

尊献祖、懿祖[3]，祔于太庙宣帝为献祖，光帝为懿祖。

冬，始置长从宿卫命尚书左丞萧嵩与京兆、蒲、同、岐、华州长官选府兵及白丁一十二万，谓之"长从宿卫"，一年两番，州县毋得役使[4]。

十二月，贬王晙为蕲州[5]刺史。

改政事堂为中书门下张说奏改之，列五房[6]于其后，分掌庶政。

甲子**十二年**（公元724年）

春，三月，以杜暹为安西副大都护初，监察御史杜暹因按事至突骑施，突骑施馈之金，暹固辞，左右曰："君寄身异域，不宜逆其情。"乃受之，埋于幕下。出境，移牒[7]令取之，虏大惊，追之不及。及安西都护阙[8]，暹自给事中居母忧，诏起为之。

夏，五月，停按察使。

复以宇文融为劝农使制："听逃户自首，辟所在闲田，随宜收税，毋得

1　延礼文儒：延揽并礼待博学的儒生。
2　达：理解，明白。
3　献祖、懿祖：献祖，即唐高祖李渊四代祖李熙，谥号宣帝。懿祖，即李渊三代祖李天赐，谥号光帝。
4　一年两番，州县毋得役使：每年分为两班，轮流值勤，地方州县不得再向这些人征发其他徭役。
5　蕲州：古州名，辖今湖北省蕲春、浠水、罗田、英山、黄梅、武穴等县市地。
6　五房：分管行政事务的五个部门，一曰吏房，二曰枢机房，三曰兵房，四曰户房，五曰刑礼房。
7　移牒：以正式公文通知平行机关或人。
8　阙：待补的官额，即缺额。

差科[1]。征役租调，一皆蠲免[2]。”遣宇文融巡行州县，议定赋役。

六月，制选台阁名臣为诸州刺史上以山东旱，命选台阁名臣出为刺史。初，张说引崔沔为中书侍郎。故事，承、宣制皆出宰相，侍郎署位[3]而已。沔曰：“设官分职，上下相维[4]，各申所见，事乃无失。侍郎，令之贰也，岂得拱默而已？”由是事多异同，说因是出之。

秋，七月，以杨思勖为辅国大将军溪州[5]蛮覃行璋反。以思勖为招讨使，击擒之，故有是命。

废皇后王氏姜皎既得罪，王皇后愈忧畏[6]不安，上犹豫不决者累岁。后兄守一以后无子，使僧明悟为后祭南、北斗，剖霹雳木[7]，书天、地字及上名，佩之。事觉，废为庶人，守一赐死。废后寻卒，后宫思慕[8]不已，上亦悔之。

八月，以宇文融为御史中丞融为御史中丞，乘驿周流[9]天下，事无大小，州先牒上劝农使，然后申中书。省司亦待融指挥，然后处决。上将大攘四夷，急于用度[10]，融以岁终所增缗钱数百万悉进入宫，由是有宠。议者多言烦扰，上令百寮议之。公卿畏之，皆不敢言。户部侍郎杨玚独抗议[11]，以为：“括客免税[12]，不利居人。征籍外[13]田税，使百姓困弊，所得不补所失。”未几，出为华州刺史。

冬，十一月，帝如东都。

群臣请封禅时张说首建封禅之议，而源乾曜不欲为之，由是与说不平。

1　差科：差役和赋税。
2　蠲免：免除。
3　署位：只是负责签署的职位。
4　相维：相连。
5　溪州：古州名，辖今湖南省永顺、保靖、古丈、龙山等县地。
6　忧畏：担心害怕。
7　霹雳木：被雷击毁的树木。
8　思慕：思念。
9　周流：周游。
10　用度：费用，开支。
11　抗议：持论正直，对错误意见表示反对。
12　括客免税：清查隐漏的户口，对自首的人免除租庸徭役。
13　籍外：不在籍的隐漏户口。

乙丑十三年（公元 725 年）

春，二月，以宇文融兼户部侍郎制以所得客户税钱均充所在常平仓本，又委使司[1]与州县议作劝农社，使贫富相恤，耕耘以时。

更命长从宿卫为彍骑总十二万人，分隶十二卫，六番。

选诸司长官为诸州刺史上自选诸司长官有声望者十一人为刺史，命宰相、百官饯于洛滨[2]，供张甚盛，自书《十韵诗》赐之。左丞杨承令在行中[3]，意怏怏，上怒，贬睦州别驾。

三月，禁锢酷吏来俊臣等子孙。

夏，四月，更集仙殿为集贤殿上与中书门下及礼官、学士宴于集仙殿。上曰："仙者，凭虚[4]之论，朕所不取。贤者，济理[5]之具。今与卿曹合宴，宜更名曰集贤。"其书院官，五品以上为学士，六品以下为直学士，以张说知院事，右散骑常侍徐坚副之。

遣使如突厥张说以大驾东巡，恐突厥乘间入寇，议加兵守边，召兵部侍郎裴光庭谋之。光庭曰："封禅者，告成功也。今将升中[6]于天，而戎狄是惧，非所以昭盛德也。突厥屡求和亲，未许，今遣一使征其大臣从封泰山，彼必欣然承命。突厥来，则戎狄君长无不偕来，可以偃旗卧鼓[7]矣。"说即奏行之。上遣中书直省袁振谕旨于突厥，小杀[8]与阙特勒[9]、暾欲谷环坐帐中，置酒，谓振曰："吐蕃，狗种；奚、契丹，本突厥奴也，皆得尚主。突厥求婚独不许，何也？且吾亦知入蕃公主皆非天子女，今岂问真伪？但屡请不获，愧见诸蕃耳。"振许为之奏请。小杀乃遣其大臣阿史德颉利发入贡，因扈从东巡。其后颉利发

---

1 使司：古官署名，即劝农使司，掌劝课天下力田之事。
2 洛滨：洛水之滨。
3 行中：安排出任刺史的人员之中。
4 凭虚：虚构。
5 济理：协助治理。
6 升中：帝王祭天上告成功。
7 偃旗卧鼓：原指行军时隐蔽行踪，不让敌人觉察，现比喻事情终止或声势减弱。
8 小杀：即毗伽可汗。
9 阙特勒：亦作阙特勤，毗伽可汗之弟。

辞归，厚赐而遣之。竟不与婚。

秋，九月，禁奏祥瑞上谓宰臣曰："《春秋》不书祥瑞，惟记有年。"敕自今州县毋得更奏祥瑞。

冬，十月，作水运浑天[1]成水运浑天，上具列宿，注水激轮，令其自转，昼夜一周。别置二轮，络[2]在天外，缀以日月，逆天而行，淹速合度[3]。置木匮[4]为地平，令仪半在地下。又立二木人，每刻击鼓，每辰击钟，机械皆藏匮中。

十一月，封泰山车驾发东都，百官、四夷从行。有司辇载供具，数百里不绝。上备法驾至山足[5]，御马登山，与宰相及祠官俱登。问礼部侍郎贺知章曰："前代玉牒之文，何故秘之？"对曰："或密求神仙，故不欲人见。"上曰："吾为苍生祈福耳。"乃出玉牒宣示群臣。于是亲祀昊天上帝于山上，群臣祀五帝百神于山下。明日，祭皇地祇于社首。又明日，御帐殿[6]，受朝觐，赦天下，封泰山神为天齐王。张说多引两省吏及所亲摄事[7]，礼毕推恩，往往超入五品，而不及百官。中书舍人张九龄谏，不听。又扈从士卒，但加勋而无赐物。由是中外怨之。

胡氏曰：玄宗于是侈心未彰，方降诏音[8]，不奏祥瑞，其意亦可尚矣。张说无故建议东封，以启骄怠之源，忠贤爱君，果如是乎？而明皇自谓"吾为苍生祈福"者，则亦惑之甚矣。夫福非可求而取之之物也。百姓之所谓福，曰寿、富、康、宁而已。上好俭则民财丰，节力役则民力裕，养生送死无憾，则四海皆跻乎仁寿之域，此在人君行与不行之间耳。苟能行之，则苍生之福，朝祈而夕至，又何必千乘万骑、泥金检玉，而谒[9]之于天乎？

1　水运浑天：即水运浑天仪，也称漏水浑天仪，简称浑天仪，天文仪器。
2　络：连接。
3　淹速合度：运行的速度符合规定，非常准确。
4　木匮：木柜。匮，柜子。
5　山足：山脚。
6　帐殿：古代帝王出行，休息时以帐幕为行宫，称帐殿。
7　摄事：治事，理事。
8　诏音：诏命。
9　谒：禀告，陈述。

以王毛仲为开府仪同三司初，隋末，国马[1]皆为盗贼、戎狄所掠，唐初才得牝牡[2]三千匹于赤岸泽[3]，徙之陇右，命太仆张万岁掌之。万岁善于其职，自贞观至麟德[4]，马蕃息及七十万匹。垂拱以后，潜耗太半。上初即位，牧马有二十四万匹，以王毛仲为闲厩使[5]，张景顺副之。至是，有马四十三万。上之东封，以数万匹从，色别为群，望之如云锦。加毛仲开府仪同三司。

车驾还，诣孔子宅。

至宋州宴从官于宋州。上谓张说曰："怀州刺史王丘饩牵[6]之外，一无他献。魏州崔沔供帐无锦绣，示我以俭。济州裴耀卿表数百言，莫非规谏，且曰：'人或重扰[7]，则不足以告成[8]。'朕尝置之座隅[9]。如三人者，不劳人以市恩，真良吏矣。"顾谓刺史寇泚曰："比亦屡有以酒馔不丰诉于朕者，知卿不借誉[10]于左右也。"自举酒赐之。由是以丘为尚书左丞，沔为散骑侍郎，耀卿为定州刺史。

十二月，帝还东都。

分吏部为十铨，亲决试判[11]上疑吏部选试[12]不公，御史中丞宇文融密奏请分为十铨，以礼部尚书苏颋等十人掌之，试判将毕，遽召入禁中决定，尚书、侍郎皆不得预。左庶子吴兢表言："陛下曲受谗言，不信有司，非居上临人、推诚感物之道。昔汉之贤相尚不对钱谷之数，不问斗死之人，况万乘之君，岂得下行铨选[13]之事乎？"上虽不即从，明年复故。

---

1 国马：国家所饲养的马。
2 牝牡：公马和母马。
3 赤岸泽：古地名，位于今陕西省渭南市大荔县西南。
4 麟德：唐高宗李治的年号，存续时间为公元664至665年。
5 闲厩使：古官名，专掌舆辇牛马和雕、鹘、鹞、鹰、狗五坊。
6 饩牵：指猪、牛、羊等牲畜，也泛指粮、肉等食品。
7 重扰：增加困扰。
8 告成：上报所完成的功业。
9 座隅：座位旁边。
10 借誉：借重他人或其他事物以博取声誉。
11 试判：唐代选拔人才的考试项目之一，考察其审定文字的能力以断定其文理是否优长。
12 选试：古代选拔官吏所进行的考试。
13 铨选：选才授官。古代举士与选官相一致，士获选，即为官。至唐，试士属礼部，试吏属吏部，以科目举士，以铨选举官。举官又分两途，吏部主文选，兵部主武选。

大有年东都斗米十五钱，青、齐五钱，粟三钱。

丙寅**十四年**（公元726年）

春，正月，命张说修五礼张说奏："今之五礼，贞观、显庆[1]两书不同，或未折衷。望与学士讨论删改。"从之。

夏，四月，以李元纮同平章事元纮以清俭著，故用为相。

张说罢上召河南尹崔隐甫，欲用之，张说薄其无文，奏拟金吾大将军。说有才智而好贿，百官白事有不合者，好面折之。恶宇文融之为人，且患其权重，融所建白，多抑之。于是隐甫、融及御史中丞李林甫共奏说"引术士占星[2]，徇私纳赂"。敕源乾曜等于御史台鞫之，事颇有状[3]。上使高力士视说，还奏："说蓬首垢面，席藁[4]待罪。"上意怜之。力士因言说有功于国，上以为然，但罢中书令。

岐王范卒，赠谥惠文太子。

范氏曰：太子，君之贰，将以畀宗庙、社稷之重，非官爵也，而以为赠，何哉？不正之礼，不足为法也。

五月，户部奏今岁户口之数户七百六万九千五百六十三，口四千一百四十一万九千七百一十二。

秋，七月，河南、北大水。

八月，魏州河溢。

以杜暹同平章事。

冬，十月，黑水靺鞨[5]遣使入见黑水靺鞨遣使入见。上以其国为州，置长史。勃海王武艺闻之，曰："黑水不我告[6]，而请吏于唐，是必与唐谋攻我

1　显庆：唐高宗李治的年号，存续时间为公元656至661年。
2　占星：观察星象来推断吉凶。
3　有状：有根据，有凭据。
4　席藁：坐卧藁上，古人请罪的一种方式，因借指请罪。藁，指用禾秆编成的席子。
5　黑水靺鞨：古代东北地区的民族，因最初发展于黑水沿岸而得名。黑水，即黑龙江。
6　不我告：不告诉我。

也。”遣其弟门艺将兵击之。门艺曰：“黑水请吏于唐，而我击之，此亡国之势也。”武艺强遣之，门艺弃众来奔，武艺表请杀之。上密遣门艺诣安西，报云“已流岭南”。武艺知之，上表曰：“大国当示人以信，岂得为此欺诳？”上以鸿胪少卿李道邃等漏泄，皆坐左迁，暂遣门艺诣岭南以报之。

司马公曰：王者所以服四夷，威信而已。门艺以忠获罪而自归，天子当察其枉直[1]而赏罚之，为政之体也。若不能讨，则当正以门艺之无罪告之。今威不能服武艺，恩不能庇门艺，顾[2]为欺诳，以取困于小国，乃罪鸿胪之漏泄，不亦可羞哉？

丁卯**十五年**（公元727年）

春，正月，吐蕃入寇，王君㚟追击至青海西，破之初，吐蕃自恃其强，致书用敌国礼，上怒，张说言曰：“吐蕃无礼，诚宜诛夷，但连兵十年，甘、凉、河、鄯不胜其弊。今其悔过求和，愿听款服以纾边人。”上曰：“俟与君㚟议之。”说退，谓源乾曜曰：“君㚟勇而无谋，常思侥幸，吾言必不用矣。”及君㚟入朝，果请深入讨之。会吐蕃寇甘州，焚掠而归，君㚟勒兵蹑其后，及于青海之西，乘冰而渡，破其后军，获其辎重羊马万计而还。君㚟以功迁左羽林大将军。上由是益事边功[3]。

夏，五月，作十王宅、百孙院上附苑城[4]为十王宅，以居皇子，不复出阁。虽开府置官属，及领藩镇，惟侍读时入授书，自余岁时通名而已[5]。及诸孙浸多，又置百孙院。太子亦不居东宫，常在乘舆所幸之别院。

夏至，赐贵近[6]丝，人一綟[7]上命妃嫔以下宫中育蚕，以知女功。至是，

---

1 枉直：是非曲直。
2 顾：反而。
3 边功：守卫、开拓或治理边疆所立下的功勋。
4 附苑城：附，挨着。苑城，皇宫内苑。
5 自余岁时通名而已：其余王府属官，则只是在每年的一定时间前来通报姓名请安。
6 贵近：显贵的近臣。
7 綟：丝麻的计量单位。

以其丝赐贵近。

秋，七月，冀州河溢。

许文宪公苏颋卒。

九月，吐蕃陷瓜州吐蕃攻陷瓜州，执刺史田元献及王君㚟之父，进攻玉门。使谓君㚟曰："将军忠勇许国，何不一战？"君㚟登城，西望而泣，竟不敢出兵。吐蕃毁瓜州城而去。

盗杀王君㚟初，回纥、契苾、思结、浑四部度碛[1]徙居甘、凉之间，以避默啜。王君㚟微时，往来其间，为所轻。及为河西节度，以法绳之，四部耻怨[2]，密遣使诣东都自诉。君㚟遽奏四部谋叛，上遣中使往察之，诸部竟不得直[3]。于是流其酋长回纥承宗等于岭南。承宗族子护输合众报仇，会君㚟邀击吐蕃于肃州，护输伏兵杀之。

突厥遣使入贡吐蕃之寇瓜州也，遗突厥毗伽可汗书，欲与之俱入寇。毗伽献其书，上嘉之，听于西受降城互市。岁赍缣帛数十万匹就市戎马，由是国马益壮。

冬，十月，帝还西京。

以萧嵩为河西节度副大使时王君㚟新败，河陇震骇。嵩以裴宽为判官，与君㚟判官牛仙客俱掌军政，人心浸安。仙客本鹑觚[4]小吏，以才干为君㚟腹心。嵩又奏建康军使张守珪为瓜州刺史，率余众筑故城。板干[5]才立，吐蕃猝至。守珪于城上置酒作乐，虏疑有备，不敢攻而退。守珪纵兵击之，虏败走。守珪乃修复城市，收合流散，皆复旧业。朝廷嘉其功，以为瓜州都督。吐蕃大将悉诺逻威名甚盛，嵩纵反间于其国，云与中国通谋，赞普诛之。由是少衰。

1　度碛：穿越沙漠。
2　耻怨：以之为耻并怨恨。
3　不得直：不能得到公正对待。
4　鹑觚：古县名，治所位于今甘肃省平凉市灵台县东北。
5　板干：古代筑城或筑墙的用具。干，夹板两旁支撑的木柱。

戊辰**十六年**（公元 728 年）

春，正月，岭南獠反，命杨思勖讨平之岭南獠反，陷四十余城，思勖捕斩之。思勖用兵，所向有功，然性残酷，所得俘虏，或生剥其面，或揧[1]去头皮，蛮夷惮之。

以宇文融充九河使融请用《禹贡》九河故道开稻田，并回易[2]陆运钱，官收其利。兴役不息，事多不就。

二月，以张说兼集贤院学士说虽罢政事，专文史之任，朝廷每有大事，上常遣中使访之。

改彍骑为羽林飞骑。

秋，八月，行《开元大衍历》。

金吾将军杜宾客破吐蕃于祁连城[3]。

冬，十一月，以萧嵩同平章事。

十二月，立长征兵分番、酬勋法[4]敕："长征兵无有还期，人情难堪[5]。宜分五番，岁遣一番，还家洗沐[6]。五年酬勋五转[7]。"

制户籍三岁一定，分为九等。

己巳**十七年**（公元 729 年）

春，三月，朔方节度使、信安王祎攻吐蕃，拔石堡城[8]初，吐蕃陷石堡城，留兵据之，侵扰河右。上命朔方节度使、信安王祎与河西、陇右同议攻取。诸将咸以为石堡险远难攻，祎不听，引兵深入，急攻拔之。分兵据要害，

---

1 揧：拽，拉。
2 回易：更改，变换。
3 祁连城：古地名，位于今甘肃省张掖市民乐县南。
4 长征兵分番、酬勋法：对到远地征伐的士兵采取分批换防、奖励功勋的办法。长征，到远地征伐。
5 人情难堪：人的感情所难以忍受的。
6 洗沐：借指休假。
7 五年酬勋五转：五年中给予提高勋级五等的回报。
8 石堡城：古地名，本吐蕃铁仞城，位于今青海省西宁市湟源县西南哈喇库图城附近的石城山。

拓地千余里。上大悦，更命曰振武军。

限明经、进士及第，每岁毋过百人国子祭酒杨玚奏："流外出身，每岁二千余人，而明经、进士不能居其什一，则是服勤道业[1]之士不如胥史[2]之得仕也。臣恐儒风浸坠，廉耻日丧。若以出身人太多，则应诸色[3]裁损。"又奏："主司帖试明经[4]，不求大指，专取难知，问以孤经绝句或年月日。请自今并帖平文[5]。"上甚然之。

夏，四月，禘于太庙唐初，祫则序昭穆，禘则各祀于其室。至是，太常少卿韦绦等奏："如此则禘与常飨不异，请序昭穆。"从之。

五月，复置按察使。

杜暹、李元纮、源乾曜罢，以宇文融、裴光庭同平章事，萧嵩兼中书令张说、张嘉贞、李元纮、杜暹相继为相，源乾曜以清谨自守，唯诺署名而已。元纮、暹议事异同，更相奏列[6]，上不悦，贬暹荆州长史，元纮曹州刺史，乾曜罢为左丞相。以融、光庭平章事，嵩兼中书令，遥领河西。

秋，八月，以帝生日为千秋节八月五日，上以生日宴百官于花萼楼下。丞相源乾曜、张说表请以是日为千秋节，布于天下，咸令宴乐，移社就之[7]。

范氏曰：太宗不以生日宴乐，以为父母劬劳之日也。乾曜等以人主生日为节，又移社以就之。夫节者，阴阳气至之候，不可为也；社者，国之大祀，不可移也。明皇享国既久，骄心浸生，乾曜与说不能以义正君，又为谄首[8]以逢迎之。而后世犹以二人为名臣，不亦异乎？

1　道业：善行，美德。因其可以化导他人，故称。
2　胥史：胥吏，办理文书的小官吏。
3　诸色：各类人。
4　主司帖试明经：主司，科举的主试官。帖试，将所考经书内容掐头去尾，中间只留一行，在这一行中留出几个字，类似于现在考试中的填空题。明经，以经义取士。同理，以诗赋取士者为进士。
5　平文：一般的经文。
6　更相奏列：轮流在唐玄宗面前罗列对方的不是。
7　移社就之：将祭祀土地神的日子移到千秋节。
8　谄首：逢迎顺服。

工部尚书张嘉贞卒嘉贞不营家产，有劝其市田宅者，曰："吾贵为将相，何忧寒馁[1]？比见朝士广占良田，身没之日，适足为无赖子弟酒色之资，吾不取也。"

禁私卖铜、铅、锡敕以人间多盗铸钱，始禁私卖铜、铅、锡及以铜为器皿，其采铜、铅、锡者，官为市取[2]。

贬宇文融为汝州刺史融性精敏，应对辩给，以治财赋[3]得幸，广置诸使，竞为聚敛，由是百官浸失其职，而上心益侈[4]，百姓苦之。在相位，谓人曰："使吾居此数月，则海内无事矣。"信安王祎以军功有宠，融疾之，使御史李寅弹之。祎闻之，先以白上。明日，寅奏果入，上怒，融坐贬。既而国用不足，上复思之。会有飞状[5]告融赃贿、隐没官钱事，坐流岩州[6]，道卒。然是后言财利以取贵仕[7]者皆祖[8]之。

冬，十月朔，日食不尽如钩。

庚午**十八年**（公元730年）

春，正月，以裴光庭为侍中。

二月，初令百官休日选胜行乐[9]初令百官于春月旬休，选胜行乐，自宰相至员外郎凡十二筵，各赐钱五千缗。或御花萼楼，邀其归骑[10]留饮，迭使起舞，尽欢而去。

夏，四月，筑西京外郭九旬而毕。

---

1 寒馁：饥寒。
2 官为市取：由官方收购。
3 财赋：财货赋税。
4 侈：放纵。
5 飞状：匿名诉状。
6 岩州：古州名，辖今广西玉林市西、南及贵港市南境地。
7 贵仕：显贵的官位。
8 祖：效法。
9 休日选胜行乐：休日，休沐日，假日。选胜行乐，选择风景胜地游玩并设宴行乐。
10 归骑：借指游玩归来的官员。

以裴光庭兼吏部尚书先是选司注官，惟视其人之能否。或不次超迁，或老于下位，有出身二十余年不得禄者。光庭始奏用循资格，各以罢官若干选而集，官高者选少，卑者选多，无问能否，选满则注，非负谴者，有升无降[1]。庸愚皆喜，谓之“圣书”，而才俊之士无不怨叹。宋璟争之，不能得。

六月，以忠王浚领河北道行军元帅，率十八总管讨奚、契丹浚即陕王嗣昇，更封改名也。初，契丹王李邵固遣可突干入贡，李元纮不礼焉。张说曰：“可突干狡而狠，专其国政久矣，人心附之。今失其心，必不来矣。”至是，可突干弑邵固，叛降突厥。制以忠王浚领元帅，御史大夫李朝隐、京兆尹裴伷先副之，率十八总管以讨奚、契丹。命浚与百官相见，张说谓人曰：“吾尝观太宗画像，雅类[2]忠王，此社稷之福也。”然浚竟不行。

洛水溢溺千余家。

冬，十月，吐蕃遣使入贡吐蕃兵数败而惧，乃求和亲。忠王友皇甫惟明因奏事，从容言和亲之利，上曰：“赞普尝遗吾书悖慢，此何可舍[3]？”对曰：“赞普当开元初，年尚幼稚，安能为此？殆边将诈为之，欲以激怒陛下耳。夫边境有事，则将吏得以因缘[4]盗匿官物，妄述功状，以取勋爵。此皆奸臣之利，非国家之福也。兵连不解，日费千金，河西、陇右由兹困弊。陛下诚命一使，往视公主，因与赞普相约结，使之稽颡称臣，永息边患，岂非御夷狄之长策乎？”上悦，命惟明与内侍张元方使于吐蕃。赞普大喜，遣其大臣论名悉猎随惟明入贡，遂复款附。

是岁，天下奏死罪二十四人。

胡氏曰：以文观之，九州之大，一岁死罪止于如此，几于刑措矣。以实论

1　用循资格，各以罢官若干选而集，官高者选少，卑者选多，无问能否，选满则注，非负谴者，有升无降：采用依照年资升迁之制，官吏各根据任职期满罢官后经过铨选的次数而集于吏部，官职高的需经过的铨选次数少，官职低的需经过的铨选次数多，不管能力如何，达到规定的铨选次数就注拟官职，只要不获罪，只有升级没有降级。负谴，获罪，被谪。

2　雅类：很像。

3　此何可舍：怎么可以放弃对他的打击。

4　因缘：勾结。

之，玄宗方以奢汰[1]逸乐教有邦[2]，则讼狱[3]曲直，安得一一辨白？无乃慕刑措之名，有当死而幸免者乎？然则奸猾逋诛[4]，而平人冤抑[5]者众矣。

辛未**十九年**（公元731年）

春，正月，王毛仲有罪，赐死初，毛仲以严察干力[6]有宠，百官附之辐凑。毛仲嫁女，上问："何须？"毛仲顿首谢曰："臣万事已备，但未得客。"上曰："知卿所不能致者，一人耳，必宋璟也。朕为汝召客。"明日，诏宰相与诸达官诣之。日中，璟乃至，先执酒西向拜谢，饮不尽卮，遽称腹痛而归。其刚直之操，老而弥笃如此。毛仲与龙武将军葛福顺为婚，吏部侍郎齐澣言于上曰："福顺典禁兵，不宜与毛仲为婚。且毛仲小人，宠过生奸，不早为之所，恐成后患。"上然其言。澣曰："君不密则失臣。愿陛下密之。"退以语大理丞麻察，察遽奏之。上怒，制："澣、察交构将相，离间君臣。"皆贬岭南。由是毛仲骄恣日甚，福顺倚其势，多为不法。毛仲求兵部尚书不得，怏怏，上由是不悦。时上宠任宦官，往往为三品将军，门施棨戟[7]。奉使所过，赂遗少者千缗。京城第舍，郊畿田园，参半[8]皆宦官矣。杨思勖、高力士尤贵幸，毛仲视之若无人。毛仲妻产子三日，上命力士赐之甚厚，且授儿五品官。毛仲抱儿示力士曰："此岂不堪作三品耶？"力士归奏之，上大怒曰："昔诛韦氏，此贼心持两端，今日乃敢以赤子怨我！"力士因言："北门奴，官太盛，不早除之，必生大患。"上恐其党惊惧为变，贬毛仲、福顺等于远州，追赐毛仲死。自是宦官势盛，力士尤为上所宠信，表奏皆先呈之，小事即决，势倾内外。

---

1 奢汰：同"奢泰"，奢侈。
2 有邦：指诸侯，亦泛指国家。
3 讼狱：诉讼。
4 逋诛：逃避诛罚。
5 平人冤抑：平人，平民，百姓。冤抑，冤屈，冤枉。
6 严察干力：严察，严厉苛察。干力，堪任其事的能力。
7 门施棨戟：府门前排列棨戟的仪仗。棨戟，一种有套的或油漆的木戟，古代官吏出行时用作仪仗。
8 参半：半数。

以《诗》《书》赐吐蕃吐蕃使者称公主求《毛诗》《春秋》《礼记》。正字[1]于休烈上疏曰："东平王，汉之懿亲，求《史记》、诸子，汉犹不与，况吐蕃，国之寇仇，今资之以书，使知权略，愈生变诈，非中国之利也。"裴光庭等奏："吐蕃久叛新服，因其有请，赐以《诗》《书》，庶使渐陶[2]声教，化流无外[3]。休烈徒知书有权略、变诈之语，不知忠、信、礼、义皆从书出也。"遂与之。

帝躬耕[4]于兴庆宫侧尽三百步。

三月，置太公庙[5]令两京、诸州各置太公庙，以张良配享[6]，选古名将以备十哲，以二、八月上戊[7]致祭，如孔子礼。

司马公曰：经纬天地之谓文，戡定[8]祸乱之谓武，自古不兼斯二者而称圣人，未之有也。岂孔子专文而太公专武乎？自生民以来，未有如孔子者，岂太公得与抗衡哉？古者有发[9]，命大司徒教士以车甲，羸股肱，决射御，受成献馘[10]，莫不在学，欲其先礼义而后勇力也。自孙、吴[11]以降，皆以勇力相胜，狙诈相高，岂足数于圣贤之门而谓之武哉？使太公有神，必羞与之同食矣。

冬，十二月，帝如东都。

杀巂州都督张审素或告巂州都督张审素赃污[12]，制遣监察御史杨汪按之。总管董元礼杀告者，以兵围汪，谓曰："善奏则生，不然则死。"会救兵至，击斩之。汪遂奏审素谋反，审素坐斩。

浚苑中洛水六旬而罢。

---

1 正字：古官名，与校书郎同主雠校典籍，刊正文章。
2 陶：陶冶。
3 化流无外：使教化流传，无远不至。
4 躬耕：古代帝王亲自率领大臣在籍田举行耕种仪式以劝农。
5 太公庙：供奉姜太公的庙。
6 配享：功臣祔祀于帝王宗庙。
7 上戊：农历每月上旬之戊日。
8 戡定：平定。
9 发：举事，发难。
10 羸股肱，决射御，受成献馘：裸露大腿、手臂，比赛射箭和驾驭战车，接受已定的计谋，进献敌人的左耳。羸，通"裸"。馘，古代战争割取敌人的左耳，用以计数报功。
11 孙、吴：即孙武、吴起。
12 赃污：贪污受贿。

壬申**二十年**（公元 732 年）

春，正月，遣信安王祎将兵击奚、契丹，大破之以信安王祎为行军总管，户部侍郎裴耀卿副之，与幽州节度赵含章分道击奚、契丹。含章与虏遇，虏望风遁去。平卢[1]先锋将乌承玼言于含章曰："二虏，剧贼也，非畏我而遁，乃诱我耳。宜按兵以观其变。"含章不从，与战，大败。承玼别引兵出其右，击虏，破之。祎等大破奚、契丹，可突干远遁，奚酋[2]李诗琐高率五千余帐来降。祎乃引兵还。

二月朔，日食。

夏，四月，宴百官于上阳东洲[3]醉者肩舆以归，相属于路。

敕裴光庭、萧嵩分押左、右厢兵。

秋，八月朔，日食。

九月，《开元礼》成初，命张说与诸学士刊定五礼。说薨，萧嵩继之。请依上元[4]敕，父在，为母齐衰三年，从之。至是，书成，上之，号曰《开元礼》。

冬，十一月，祀后土于汾阴。十二月，还西京初，萧嵩奏："自祠后土以来，年谷屡丰，宜因还京赛祠[5]。"上从之。是岁，天下户七百八十六万一千二百三十六，口四千五百四十三万一千二百六十五。

癸酉**二十一年**（公元 733 年）

春，正月，遣大门艺讨勃海，不克初，勃海靺鞨王武艺遣将寇登州[6]，杀刺史。至是，上遣大门艺发幽州兵讨之，无功而还。武艺怨门艺，密遣客刺

1 平卢：唐方镇名，即淄青，治所位于今山东省潍坊市辖青州市境内，辖今除临清、聊城附近数县外山东全省，西至河南省濮阳，南至安徽省萧县、江苏省铜山、沭阳。
2 奚酋：奚族的首领。
3 上阳东洲：上阳宫的东洲。上阳宫，宫殿名，位于今河南省洛阳市西洛水北岸，玄宗时宫女被谪常置于此。
4 上元：唐高宗李治的年号，存续时间为公元 674 至 676 年。
5 赛祠：再次祭祀以示酬谢。
6 登州：古州名，辖今山东省龙口、栖霞、乳山以东地。

之，不死。

三月，裴光庭卒太常博士孙琬议："光庭用循资格，失劝奖[1]之道，请谥曰'克'。"其子讼之，赐谥"忠献"。

以韩休同平章事上问萧嵩可以代光庭者，嵩欲荐散骑常侍王丘，丘让于韩休。嵩言之，上以为相。休为人峭直，不干荣利。始嵩以为恬和[2]易制，故引之。及与共事，守正不阿，嵩渐恶之。宋璟叹曰："不意韩休乃能如是！"上或宴乐游猎，小有过差，辄谓左右曰："韩休知否？"言终，谏疏[3]已至。左右曰："韩休为相，陛下殊瘦于旧，何不逐之？"上叹曰："吾貌虽瘦，天下必肥。萧嵩奏事常顺指，既退，吾寝不安；休常力争，既退，吾寝乃安。吾用休，为社稷耳，非为身也。"有供奉[4]侏儒黄䲡，上常凭之以行，宠赐甚厚。一日晚入，上怪之，对曰："向逢捕盗官与臣争道，臣掀之坠马，故晚。"因下阶叩头，上曰："但使外无章奏，汝亦无忧。"有顷，京兆奏其状，上即叱出，杖杀之。

闰月，幽州副总管郭英杰与契丹战，败死。

夏，六月，制选人有才行者，委吏部临时擢用时虽有此制，而有司以循资格便于己，犹踵行之。是时，官自三师以下一万七千六百八十六员，吏自佐史以上五万七千四百一十六员，而入仕之途甚多，不可胜纪。

秋，七月朔，日食。

冬，十月，左丞相宋璟致仕，归东都。

萧嵩、韩休罢。以裴耀卿同平章事，起复张九龄同平章事休数与嵩争论于上前，面折嵩短，嵩因乞骸骨，上曰："朕未厌卿，卿何为遽去？"对曰："陛下未厌臣，故臣得从容引去；若已厌臣，首领且不保，安能自遂？"

1　劝奖：劝勉鼓励。
2　恬和：安静平和。
3　谏疏：直言劝谏的奏章。
4　供奉：以某种技艺侍奉帝王的人。

因泣下，上亦为之动容，乃皆以为丞相，罢政事。时九龄居母丧，自韶州[1]入见，求终丧[2]，不许。

胡氏曰：宰相师表[3]百僚，其进必以礼，退必以义，然后人心服而政教行。当是时，朝廷非有金革危急之事，而起九龄于衰服之中。九龄非有无所避焉之义，而释齐麻[4]于岩廊[5]之上，上下交失也，而在九龄则尤甚矣。且辞而不起，当身居苫次[6]，今乃远诣京师，辞又不力，九龄于是乎失正[7]矣。《春秋》责备贤者，是以君子惜之。

分天下为十五道，置采访使京畿、都畿[8]、关内、河南、河东、河北、陇右、山南东西、剑南、淮南、江南东西、黔中、岭南，凡十五道，各置采访使，以六条检察非法。两畿以中丞领之，余皆择贤刺史领之。惟变革旧章，乃须报可，自余听便宜从事，先行后闻。

以杨慎矜知太府出纳[9]杨政道之子崇礼为太府卿二十余年，前后莫能及，至是，以户部尚书致仕。上问宰相："崇礼诸子，谁能继其父者？"以慎矜对，乃擢为监察御史，知太府出纳，称职，上甚悦之。慎矜奏诸州所输布帛有渍污[10]穿破者，皆下本州征折估钱[11]，转市轻货[12]，征调始繁矣。

甲戌**二十二年**（公元 734 年）

春，正月，帝如东都。

---

1 韶州：古州名，辖今广东省乳源、曲江、翁源以北地区。
2 终丧：服满父母去世后三年之丧。
3 师表：做表率。
4 齐麻：借指丧服。
5 岩廊：借指朝廷。
6 苫次：指居亲丧的地方。
7 失正：失其正道。
8 都畿：古地名，即都畿道，辖今河南省洛宁、渑池二县以东，巩义、新密二市及襄城县以西，嵩县、鲁山、叶县以北，济源、孟州二市以南地区。
9 出纳：古官名，掌钱物进出。
10 渍污：污染，弄脏。
11 折估钱：折价款。
12 轻货：绢、帛一类比较轻的物品。

二月，秦州地震压死四千余人，遣萧嵩赈恤之。

夏，五月，以裴耀卿为侍中，张九龄为中书令，李林甫同三品张九龄请不禁铸钱，敕百官议之。裴耀卿等曰："一启此门，恐小人弃农逐利，而滥恶[1]更甚。"秘书监崔沔曰："若税铜折役，计估度庸[2]，则官冶可成，而私铸无利矣。且钱之为物，贵以通货[3]，利不在多，何待私铸然后足用乎？"左监门录事参军[4]刘秩曰："夫人富不可以赏劝，贫不可以威禁。若许私铸，贫者必不能为之。臣恐贫者益贫而役于富，富者益富而逞其欲也。"上乃止。秩，子玄之子也。林甫柔佞多狡数[5]，深结宦官及妃嫔家，伺候上动静，无不知之，由是每奏对，常称旨。时武惠妃宠倾后宫，生寿王清，太子浸疏薄[6]。林甫乃因宦官言于惠妃，愿尽力保护寿王，妃德[7]之，阴为内助。

帝芟麦于苑中上种麦苑中，率太子以下亲往芟之，谓曰："此所以荐[8]宗庙，不敢不亲，且欲使汝曹知稼穑艰难耳。"

以裴耀卿为江、淮、河南转运使，置河口输场[9]初，上以关中久雨谷贵，将幸东都，召耀卿谋之。对曰："关中，帝业所兴，当百代不易。但地狭谷少，故乘舆时幸东都以宽之。臣闻贞观、永徽之际，禄廪[10]不多，岁漕关东一二十万石，足以周赡。今用度浸广，运数倍于前，犹不能给，故使陛下数冒寒暑，以恤西人[11]。今若使司农租米悉输东都，而转漕以实关中，则关中有数年

1　滥恶：恶劣，质量低劣。
2　税铜折役，计估度庸：折劳役为收铜，计算估价物品的价格和雇工的费用，最终确定铜钱的价值。
3　通货：交换商品。
4　左监门录事参军：古官名，即太子左监门率府录事参军。太子左监门率府，古官署名，掌东宫诸门禁卫。录事参军，王、公、大将军的属员，掌总录众曹文簿，举弹善恶。
5　柔佞多狡数：柔佞，伪善谄媚。狡数，狡诈的权术。
6　疏薄：疏远淡薄。
7　德：感激。
8　荐：献，祭。
9　河口输场：河口，古地名，位于今河南省郑州市辖荥阳市东北，古汴河注入黄河处。输场，转运物资的货场。
10　禄廪：用作官俸的粟米，官俸。
11　西人：古时对山西、陕西人的称呼。

之储，而无水旱之忧矣。且吴人不习河漕[1]，所在停留，遂生隐盗。臣请于河口置仓，使吴船至彼输米而去，官自雇载，分入河、洛，于三门[2]东、西各置一仓，至者贮纳[3]，水险则止，水通则下。或开山路，车运而过，则无复留滞，省费巨万矣。”上深然其言。至是，以耀卿为江、淮、河南转运使，于河口置输场，场东置河阴仓，西置柏崖仓，三门东置集津仓，西置盐仓，凿漕渠十八里，以避三门之险。先是，舟运江、淮之米至东都含嘉仓[4]，僦车[5]陆运三百里至陕，率两斛用十钱。耀卿令江、淮舟运悉输河阴仓，更用河舟运至含嘉仓及太原仓[6]，自太原仓入渭输关中。凡三岁运米七百万斛，省僦车钱三十万缗。或说耀卿献之，耀卿曰："此公家赢缩[7]之利耳，奈何以市宠[8]乎？"悉奏以为市籴钱。

以方士张果为银青光禄大夫初，张果自言有神仙术，尧时为侍中，多往来恒山中，相州刺史韦济荐之。上遣玺书迎入禁中，以为光禄大夫，号通玄先生，厚赐遣归。后卒，好事者以为尸解[9]，上由是颇信神仙。

冬，十二月朔，日食。

幽州节度使张守珪斩契丹王屈烈及可突干时可突干连年为边患，守珪屡击破之。可突干困迫，遣使诈降，守珪使管记王悔就抚之。悔至而契丹初无降意，密遣人引突厥，谋杀悔。悔知之，以衙官[10]李过折与可突干争权不协，说使图之。过折夜勒兵，斩屈烈及可突干，率众来降。上美守珪之功，欲以为相，张九龄曰："宰相代天理物，非赏功之官也。"上曰："假以名而不使任其

1　河漕：河运。
2　三门：古地名，位于今河南省三门峡市西黄河北岸，今已成水库。
3　贮纳：收入储存。
4　含嘉仓：唐东都洛阳的粮仓，位于今河南省洛阳市隋唐故城内皇城外的东北方。
5　僦车：雇车。
6　太原仓：古粮仓名，位于今河南省三门峡市陕县老城西南。
7　赢缩：偏指盈利。
8　市宠：博取别人的喜爱或恩宠。
9　尸解：指修道者遗弃形骸而成仙，为道家用语。
10　衙官：原指刺史的属官，后泛指下属小官。

职，可乎？”对曰：“惟器与名，不可以假人，君之所司[1]也。守珪才破契丹，即以为相，若尽灭奚、突厥，将以何官赏之？”乃以为羽林大将军兼御史大夫，赐二子官，赏赉甚厚。

突厥杀其毗伽可汗毗伽为其大臣梅录啜所毒而死，子登利可汗立。

置病坊[2]禁京城丐[3]者，置病坊以廪之。

乙亥**二十三年**（公元735年）

春，正月，帝耕籍田，御楼酺宴上耕籍田，九推乃止，公卿以下皆终亩[4]。上御五凤楼酺宴。时命三百里内刺史、县令各率所部音乐集楼下较胜负。怀州刺史以车载乐工数百，皆衣文绣。鲁山[5]令元德秀惟遣乐工数人，连袂[6]歌《于蒍》。上曰：“怀州之人，其涂炭乎？”立以刺史为散官。德秀性介洁[7]质朴，士大夫服其高。

三月，张瑝、张琇杀殿中侍御史杨汪以复父仇，敕杖杀之初，汪既杀张审素，审素二子瑝、琇皆幼，坐流岭表。寻逃归，手杀汪于都城，系表于斧，言父冤状，欲之江外[8]杀与汪同谋者，为有司所得。议者多言：“二子稚年孝烈[9]，宜加矜宥[10]。”张九龄亦欲活之，裴耀卿、李林甫以为坏法不可，上然之。乃下敕曰：“国家设法，期于止杀。各伸为子之志，谁非徇孝[11]之人？辗转相

1　所司：职责。
2　病坊：收养贫病平民的机构。
3　丐：乞丐，以乞讨为生的人。
4　终亩：耕尽全部田亩。古代于立春日天子行始耕之仪，公卿以下亦耕数锹，然后庶民尽耕之。
5　鲁山：古县名，治所即今河南省平顶山市鲁山县。
6　连袂：手拉着手，比喻一起，一同。
7　介洁：耿介高洁。
8　江外：江南。从中原人看来，地在长江之外，故称。
9　稚年孝烈：稚年，少年，幼年。孝烈，孝义节烈。
10　矜宥：怜悯原谅。矜，怜悯，怜惜。
11　徇孝：遵守孝道。

仇，何有限极[1]？宜付河南府杖杀。”士民怜之，为作哀诔[2]，敛钱[3]葬之。

胡氏曰：复仇固人之至情，以立臣子之大义也。仇而不复，则人道灭绝，天理沦亡矣。瑝、琇忿其父死之冤，亡命报之，其失在不讼于司寇，其志亦可矜矣。宋璟欲宥之，岂非为此乎？而裴、李之言，何其戾[4]哉？但以非司寇而擅杀当之，仍矜其志，则免死而流放之可尔。若直杀之，是杨氏以一人而当张氏三人之命，不亦颇乎？

秋，七月，加咸宜公主实封千户唐初，公主实封止三百户，太平公主至五千户，率以七丁为限[5]。开元以来，皇妹千户，皇女半之，以三丁为限。或言其太薄，上曰：“百姓租赋非我所有，战士出死力，赏不过束帛，女子何功而享多户？且欲使之知俭啬[6]耳。”至是，以武惠妃女咸宜公主将下嫁，始加至千户。于是诸公主皆加至千户。

冬，闰十月朔，日食。

十二月，册寿王妃杨氏妃，故蜀州司户玄琰之女也。

以契丹涅礼为松漠都督李过折既杀可突干，诏以为契丹王。至是，为其臣涅礼所杀。上赦涅礼，因以为都督，且赐书责之曰：“卿之蕃法[7]，多无义于君长。过折，卿之王，有恶辄杀，为此王者不亦难乎？卿今为王，亦应防虑[8]后事，岂得取快目前也？”

丙子二十四年（公元736年）

春，正月，敕听逃户[9]自首敕：“天下逃户尽今年内自首，有旧业者还本

---

1 限极：极限。
2 哀诔：哀悼死者的文章。
3 敛钱：自动凑集或募捐钱财。
4 戾：乖张。
5 以七丁为限：每户最多不超过七个成人。
6 俭啬：节俭。
7 蕃法：蕃人的做法。
8 防虑：因有所顾虑而提防。
9 逃户：古代为逃避赋役流亡外地而无户籍的人。

贯，无者俟进止[1]。逾限不首，搜配[2]诸军。”

突骑施寇北庭，都护盖嘉运击破之。

二月，颁《令、长新戒》。

皇太子更名瑛诸皇子皆更之，忠王浚改曰玙。

三月，敕礼部侍郎掌贡举旧制，考功员外郎掌贡举，有进士陵侮之。议者以员外郎位卑，不能服众，敕委礼部侍郎。

夏，四月，张守珪使讨击使[3]安禄山讨奚、契丹，败绩张守珪使平卢讨击使安禄山讨奚、契丹，败绩。守珪奏请斩之，禄山临刑呼曰：“大夫欲灭奚、契丹，奈何杀禄山？”乃更执送京师。张九龄批曰：“昔穰苴诛庄贾，孙武斩宫嫔[4]。守珪军令若行，禄山不宜免死。”上惜其才，赦之。九龄固争曰：“失律[5]丧师，不可不诛。且其貌有反相，不杀必为后患。”上曰：“卿勿以王夷甫识石勒，枉害忠良。”竟赦之。禄山本营州杂胡，初名阿荦山，母再适安氏，冒其姓。后其部落破散，遂与安氏子思顺逃来，狡黠善揣人情[6]，守珪爱之，养以为子。又有史窣干者，与禄山同里闬，亦以骁勇闻，守珪奏为果毅，累迁将军。后入奏事，上与语，悦之，赐名思明。

胡氏曰：祸福若有定数，若由人事。今置毒于前，食则死，不食则生，生死系乎食与不食，则人事为近矣。故古之圣人必修人事，其于天命，曰：“我不敢知。”使明皇外任贤相，内无蛊惑，虽有禄山焉攸乱？然禄山败军，其罪应诛，九龄直以军法争论，其理自胜，乃言未来之事，断其后患，故玄宗得以拒之。苏子[7]曰：“齐桓公不杀敬仲[8]，楚成王不杀重耳，汉高祖不杀刘濞，晋武

1　进止：命令，圣旨。
2　搜配：寻找到后分配给。
3　讨击使：古官名，唐朝边镇武官，位在军镇大使下。
4　穰苴诛庄贾，孙武斩宫嫔：春秋时齐国穰苴杀了骄横的监军庄贾，吴国孙武杀了不听命令的宫女。
5　失律：行军无纪律，也指出战失利。
6　人情：人心。
7　苏子：指苏轼。
8　敬仲：即春秋时齐国大臣管仲，姬姓，管氏，名夷吾，字仲，谥敬。

不杀刘渊，苻坚不杀慕容垂，明皇不杀安禄山，皆盛德事也。”愚以谓彼五人者，皆贤而无罪，何名而杀？禄山则有死罪矣，明皇不能按法行辟[1]，而愎谏养奸，何得为盛德耶？

增宗庙笾豆数，加母党服上因籍田赦，命有司议增宗庙笾豆之数及服纪未通者[2]。太常卿韦縚奏请宗庙每坐笾豆十二。兵部侍郎张均、职方郎中韦述曰：“圣人知孝子之情深而物类[3]之无限，故为之节制，同归于古。今取甘肥，皆充祭用，既逾于制，其何限焉？若以今之珍馔[4]，平生所习，求神无方，何必泥古[5]？则簠簋[6]可去而盘盂杯桉[7]当御矣，韶濩[8]可息而箜篌筝笛[9]当奏矣。既非正物，后嗣何观？君子爱人以礼，不求苟合，况在宗庙，敢忘旧章？”太子宾客崔沔曰：“祭祀之兴，肇于太古[10]，茹毛饮血，则有毛血之荐；未有麴糵[11]，则有玄酒[12]之奠。施及后王，礼物渐备，然以神道致敬，不敢废也。国家清庙礼馔[13]，用周制也。园寝[14]上食，遵汉法也。职贡来祭，致远物也。有新必荐，顺时令也。躬稼[15]所收，搜狩所获，荐而后食，尽诚敬也。若此至矣，复何加焉？但当申敕有司，无或简怠[16]，不必加笾豆之数也。”上固欲增之，縚又奏每室加笾豆各六，实以新果珍羞[17]，从之。縚又奏：“请加外祖父母为大功九月，姨舅

1 行辟：即“行大辟”，诛杀。
2 服纪未通者：服制标准不合理的问题。
3 物类：物的种类。
4 珍馔：珍美的食物。
5 泥古：拘泥古代的制度或说法，不知结合具体情况加以变通。
6 簠簋：簠与簋，两种盛黍稷稻粱的礼器。
7 盘盂杯案：盘盂，圆盘与方盂的并称，用于盛物。杯案，酒杯和桌子。
8 韶濩：汤时音乐名。
9 箜篌筝笛：均为乐器名。
10 太古：最古的时代，人类尚未开化的时代。
11 麴糵：酒曲。
12 玄酒：古代祭礼中当酒用的清水。
13 礼馔：按照礼法进献食物。
14 园寝：建在帝王墓地上的庙。
15 躬稼：亲身务农。
16 简怠：怠慢。
17 珍羞：珍贵的美味。

皆小功五月，堂舅、堂姨、舅母并加至袒免[1]。”崔沔曰：“正家之道，不可以贰；总一定义，理归本宗[2]。是以内有齐、斩，外皆缌麻，尊名[3]所加，不过一等，此先王不易之道也。愿守八年明旨[4]，一依古礼，以为成法。”韦述曰：“传曰：‘禽兽知母而不知父。学士、大夫则知尊祖矣。’然则母党比于本族，不可同贯[5]明矣。今若外祖及舅加服一等，堂舅及姨列于服纪[6]，废礼徇情，所务者末。苟可加也，亦可减也。先王之制，谓之彝伦，奉以周旋[7]，犹恐失坠；一紊其叙，庸可止乎？请依《仪礼·丧服》为定。”礼部员外郎杨仲昌曰：“昔子路有姊之丧而不除，孔子曰：‘先王制礼，行道之人，皆不忍也。’子路除之。此则圣人援事抑情之明例也。”敕：“姨、舅既服小功，舅母不得全降，宜服缌麻，堂姨、舅宜服袒免。”

秋，八月，张九龄上《千秋金鉴录》千秋节，群臣皆献宝镜。九龄以为以镜自照见形容，以人自照见吉凶，乃述前世兴废之源，为书五卷，谓之《千秋金鉴录》，上之。上赐书褒美。

冬，十月，帝还西京先是，敕以来年二月还西京，会宫中有怪，上召宰相议西还。裴耀卿、张九龄以农收未毕，请俟仲冬[8]。李林甫潜知上旨，独留，言曰：“长安、洛阳，陛下东西宫耳，往来行幸，何更择时？借使妨农，但应蠲所过租税而已。臣请宣示有司，即日西行。”从之。上过陕州，以刺史卢奂有善政，题赞[9]于厅事而去。

十一月，赐朔方节度使牛仙客爵陇西县公仙客前在河西，能节用度，

1　袒免：袒衣免冠。古代丧礼，凡五服以外的远亲，无丧服之制，唯脱上衣，露左臂，脱冠扎发，用宽一寸布从颈下前部交于额上，又向后绕于髻，以示哀思。
2　正家之道，不可以贰；总一定义，理归本宗：治家之道，对待一家人不能够有两样，要有一个总的原则，使道理有所本。
3　尊名：崇高的名声。
4　明旨：对帝王旨意的美称。
5　同贯：并列，一样。
6　服纪：服丧的范围。
7　周旋：运转。
8　仲冬：冬季的第二个月，即农历十一月。
9　题赞：题写赞语或赞文。

勤职业，仓库充实，器械精利。上嘉之，欲加尚书，张九龄曰：“不可。尚书，古之纳言。唐兴以来，惟旧相及扬历[1]中外有德望者乃为之。仙客本河湟使典[2]，今骤居清要，恐羞朝廷。”上曰：“然则但加实封可乎？”对曰：“封爵所以劝有功也。边将实仓库，修械器，乃常务耳，不足为功，欲赏其勤，赐之金帛可也。裂土封之，恐非其宜。”上默然。李林甫曰：“仙客，宰相才也，何有[3]于尚书？九龄书生，不达大体。”上悦。明日，复以仙客实封为言，九龄固执如初，上怒，变色曰：“卿嫌仙客寒微，如卿有何阀阅？”九龄曰：“臣岭海[4]孤贱，不如仙客生于中华。然臣出入台阁，典司[5]诰命有年矣。仙客边隅[6]小吏，目不知书，若大任之，恐不惬众望。”林甫退而言曰：“苟有才识，何必辞学[7]？天子用人，何有不可？”乃赐仙客爵，食实封三百户。

胡氏曰：玄宗方相张九龄，而肆辩摧折之如此者，九龄非可轻也，直缘释服[8]居位，人主意其重利禄而好贵势，可以制指[9]尔。是故古之君子，不苟就，不俯从，使去就、从违之重，在我而不在人，在义而不在利，庶乎招不来、麾不去，足以取信于其上也。

裴耀卿、张九龄罢为左、右丞相，以李林甫兼中书令，牛仙客同三品初，上欲以李林甫为相，问于张九龄。九龄对曰：“宰相系国安危。陛下相林甫，臣恐异日为庙社之忧。”上不从。是时上在位岁久，渐肆奢欲，怠于政事，而九龄遇事，无细大，皆力争之。

胡氏曰：忠爱其君者，必思纳诸无过之地，而不计一身之安危；不忠不爱

1 扬历：显扬其所经历。
2 河湟使典：河湟地区的小官。使典，胥吏，小官。
3 何有：哪里会在乎。
4 岭海：指两广地区，其地北倚五岭，南临南海，故名。
5 典司：主管，主持。
6 边隅：边境。
7 辞学：文章学识。
8 释服：除去丧服，谓除丧。
9 制指：支配，使唤。

者，惟其身之营[1]，使君荒怠昏乱而不恤也。九龄可谓爱君矣。然以违拂[2]对顺从，则有恭与不恭之似；以恣肆对儆戒，则有乐与不乐之殊。惟聪明睿智之君，则知违拂之为恭，而顺从之为大不恭也；知儆戒之可乐，而知恣肆之有大不乐也。若明皇稍有持盈守成[3]，恐及危溢[4]之心，使九龄常立于朝，则放心[5]必收，祸乱必弭。乌乎，九龄可谓古之大臣[6]矣。

上之在藩[7]也，赵丽妃生太子瑛，皇甫德仪生鄂王瑶，刘才人生光王琚。及即位，幸武惠妃，生寿王瑁，丽妃等爱皆弛，太子与瑶、琚以母失职，有怨望语。驸马都尉杨洄尚咸宜公主，常伺三子过失以告惠妃。惠妃泣诉于上，上大怒，欲皆废之。九龄曰："陛下享国长久，子孙蕃昌[8]，天下之人方以为庆。今三子皆已成人，不闻大过，奈何一旦以无根[9]之语废之乎？且太子天下本，不可轻摇。昔晋献公听骊姬之谗，杀恭世子，三世[10]大乱。汉武帝信江充之诬，罪戾太子，京城流血。晋惠帝用贾后之谮，废愍怀太子，中原涂炭。隋文帝纳独孤后之言，黜太子勇，立炀帝，遂失天下。由此观之，不可不慎。陛下必欲为此，臣不敢奉诏。"上不悦。林甫退而私谓宦官之贵幸者曰："此主上家事，何必问外人？"上犹豫未决。惠妃密使官奴[11]谓九龄曰："有废必有兴，公为之援，宰相可长处[12]。"九龄叱之，以其语白上，上为之动色[13]。故讫[14]九龄罢相，太

1　营：谋求。
2　违拂：违背，不顺从。
3　持盈守成：保持已成的盛业。
4　危溢：危险自满。
5　放心：放纵之心。
6　大臣：官职尊贵之臣。
7　藩：藩国，分封的王。
8　蕃昌：繁衍昌盛。
9　无根：没有依据。
10　三世：三代。
11　官奴：没入官府的奴隶。
12　长处：长期担任。
13　动色：脸上显出受感动的表情。
14　讫：截止。

子得无动。

范氏曰：明皇三子之废，系于李林甫之一言；其得未废，系于张九龄之未罢。相贤，则父子得以相保；相佞，则天性灭为仇雠。置相可不慎哉？

林甫日夜短九龄于上，上浸疏之。林甫引萧炅为户部侍郎。炅素不学，尝读“伏腊”为“伏猎”。中书侍郎严挺之言于九龄曰：“省中岂容有‘伏猎侍郎’？”乃出炅刺岐州，故林甫怨挺之。上积前事，以耀卿、九龄阿党，并拜丞相，罢政事。而以林甫为中书令，牛仙客同三品，领节度[1]如故。贬挺之为洺州刺史。上即位以来，所用之相，姚崇尚通[2]，宋璟尚法，张嘉贞尚吏，张说尚文，李元纮、杜暹尚俭，韩休、张九龄尚直，各其所长也。九龄既得罪，朝廷之士皆容身保位，无复直言。林甫欲蔽主擅权，明谓诸谏官曰：“今明主在上，群臣将顺之不暇，乌用多言？诸君不见立仗马[3]乎？食三品料，一鸣辄斥去。悔之何及！”补阙杜暹尝奏书言事，黜为下邽令。自是谏争[4]路绝矣。仙客既为林甫所引进，专给唯诺而已。林甫城府深密，人莫窥其际，好以甘言啖[5]人，而阴中伤之，不露辞色。凡为上所厚者，始则亲结[6]之，及位势[7]稍逼，辄以计去之，虽老奸巨猾，无能逃其术者。

丁丑**二十五年**（公元737年）

春，正月，置玄学[8]博士每岁依明经举。

---

1 节度：古官名，即节度使，授职时赐给双旌双节，总揽一道或数州的军、民、财政，所辖区内各州刺史均为其下属。
2 通：调解各方面的关系。
3 立仗马：作仪仗的马队，亦比喻官员之尸位者。
4 谏争：直言指出他人的过错，并规劝其改正。
5 啖：用利益引诱人。
6 亲结：亲近结交。
7 位势：地位与权势。
8 玄学：玄远之学，亦称形而上学，对《老子》《庄子》和《周易》等的研究和解说。

二月，立明经问义、进士试经法敕曰："进士以声韵为学，多昧[1]古今；明经以帖诵[2]为功，罕穷旨趣。自今明经问大义十条，对时务策三首，进士试大经[3]十帖。"

河西节度使崔希逸袭吐蕃，破之初，希逸遣使谓吐蕃边将乞力徐曰："两国通好，今为一家，何必置兵，妨人耕牧？请皆罢之。"乞力徐曰："常侍[4]忠厚，言必不欺。然朝廷未必专以边事相委，万一奸人交斗其间，掩吾不备，悔之何及？"希逸固请，乃刑白狗为盟，各去守备。于是吐蕃西击勃律[5]，勃律来告急。上命吐蕃罢兵，吐蕃不奉诏，上甚怒。会希逸傔人[6]孙诲入奏事，言吐蕃无备，请掩击，必大获。上命内给事赵惠琮与诲往察事宜。惠琮至，矫诏令希逸袭之。希逸不得已，发兵，至青海西，与吐蕃战，大破之，乞力徐脱身走。惠琮及诲皆受厚赏。吐蕃复绝朝贡。希逸自念失信，愧恨[7]而卒。

夏，四月，杀监察御史周子谅，贬张九龄为荆州长史子谅弹牛仙客非宰相才，上怒甚，命㩧[8]于殿庭，绝而复苏，仍杖之朝堂，流瀼州，至蓝田而死。李林甫言："子谅，九龄所荐也。"乃贬九龄荆州长史。

范氏曰：古之杀谏臣者，必亡其国，明皇亲为之，其大乱之兆乎？开元之初，谏者受赏；及其末也，而杀之。非独此也，始抑外戚，焚珠玉，诋[9]神仙，禁言祥瑞。其终也，惑女宠，极奢侈，求长生，悦禨祥。一人之身而相反如此，由有所陷溺[10]其心故也，可不戒哉？

1　昧：不明白。
2　帖诵：帖试和诵经。
3　大经：国子监教课及进士考试经书，按长短分大、中、小三级，唐以《礼记》《春秋左氏传》为大经。
4　常侍：即崔希逸，兼任右散骑常侍。
5　勃律：南亚古国名，位于今克什米尔东部拉达克地区，扼印度次大陆、中亚细亚和青藏高原之间的交通要道。
6　傔人：随从佐吏，随身的差役。
7　愧恨：惭愧悔恨。
8　㩧：击。
9　诋：污蔑，毁谤。
10　陷溺：比喻深深陷入错误的泥淖而无法自拔。

废太子瑛、鄂王瑶、光王琚而杀之杨洄又谮太子、鄂王、光王潜构异谋。上召宰相谋之，李林甫对曰："此陛下家事，非臣等所宜豫。"上意乃决，使宦者宣制于宫中，废为庶人，寻赐死。瑶、琚皆好学有才识，死不以罪，人皆惜之。

康熙御批：人主信任谗佞，不能自保其子，如汉武帝巫蛊之篇，每不忍观，况一日杀三子乎？奸邪之害人家国，亦憯毒[1]之至哉！

五月，流夷州[2]刺史杨濬于古州濬坐赃当死，上命杖之，流古州。左丞相裴耀卿上疏曰："决杖[3]赎死，恩则甚优；解体受笞[4]，事颇为辱。止可施之徒隶，不当及于士人。"上从之。

募丁壮[5]长充边军敕以方隅底定[6]，令中书门下量军镇闲剧[7]利害，审计兵防定额，召募丁壮长充边军，增给田宅，务加优恤[8]。

诏选宗子[9]补官。

秋，七月，大理寺奏有鹊来巢。赐李林甫爵晋国公，牛仙客豳国公大理少卿徐峤奏："今岁天下断死刑五十八。狱院[10]由来杀气太盛，鸟雀不栖，今有鹊巢其树。"于是百官以刑措表贺。上归功宰辅，故有是命。

范氏曰：明皇一日杀三子，而宰相以刑措受赏。谗谀得志，天理灭矣，能无乱乎？

行和籴法[11]，停江、淮运先是，西北多宿重兵，地租、营田皆不能赡[12]，始用和籴之法。有彭果者献策，请推之关中。敕以谷贱伤农，命增时价什二三，

1 憯毒：残忍狠毒。
2 夷州：古州名，辖今贵州省凤冈、绥阳、湄潭等县地。
3 决杖：处以杖刑。杖刑，用大荆条或棍棒抽击人的背、臀或腿部。
4 解体受笞：被打得肢体损伤。
5 丁壮：健壮的人，指青壮年。
6 方隅底定：方隅，四方，也指国家的边疆。底定，平定，安定。
7 闲剧：清闲或繁忙。
8 优恤：优待照顾。
9 宗子：皇族子弟。
10 狱院：指大理寺的官署。
11 和籴法：对粮食供应进行国家管理的一种方法，在丰收的年份或者粮食盛产区，政府用低价收购粮食，来避免粮食歉收的时候出现饥荒。
12 赡：足够供给。

和籴东、西畿粟各数百万斛，停今年江、淮运租[1]。自是关中蓄积羡溢[2]，车驾不复幸东都矣。

冬，十月，开府仪同三司、广平文贞公宋璟卒。

十二月，惠妃武氏薨，追谥贞顺皇后妃，攸止之女也。初，上欲以妃为后，或上言："武氏乃不共戴天之仇，岂可以为国母？且妃既有子，若登宸极，太子必危！"上乃止。至是薨，赠贞顺皇后。

复以明堂为乾元殿命将作大匠康訔素往东都，毁明堂。訔素言："毁之劳人，请去上层，仍旧为乾元殿。"从之。

戊寅**二十六年**（公元738年）

春，正月，以牛仙客为侍中。

以王玙为祠祭使[3]上颇好鬼神，以太常博士王玙为祠祭使，祈祷或焚纸钱，类巫觋，习礼者羞之。

胡氏曰：古者祭必用币，所以交神，犹人之相见，有贽以为礼，非利之也。后世淫祀既众，于是废币帛而用楮泉[4]，是以贿交于神也。使神而果神也，夫岂可贿？使其不神而可贿也，又安用事？虽然，王玙行之而世以为羞，则当时犹未尽用也。今举四海用之，而未有革之者，不亦悲乎！

令天下州、县、里皆置学。

夏，六月，立忠王玙为太子，改名"亨"李林甫数劝上立寿王瑁。上以忠王玙年长，孝谨好学，意欲立之，犹豫不决，常忽忽不乐[5]。高力士请其故，上曰："汝揣我何意？"力士曰："得非以郎君[6]未定耶？"上曰："然。"对曰："但推长而立，谁复敢争？"上曰："汝言是也。"由是遂定。玙将受册

1　运租：运送的租税。
2　羡溢：富裕，丰足。
3　祠祭使：古官名，掌祭祀，监察诸色祭官。
4　楮泉：祭祀时焚化的纸钱。泉，古代钱币的名称。
5　忽忽不乐：形容若有所失而不高兴的样子。忽忽，心中空虚恍惚的情态。
6　郎君：唐代宫中内臣对太子的称谓。

命，仪注[1]有中严、外办[2]及绛纱袍，玙嫌与至尊同称，表请易之。于是停中严，改办曰“备”，易绛纱袍为朱明服[3]。故事，太子乘辂[4]至殿门。至是，玙不就辂，步而入。寻更名绍，又更名亨。

孙甫曰：太子瑛之废，虽由武妃、林甫，亦张说之过也。初，忠王出见百官，说有貌类太宗之言。盖昭成[5]方娠时，说侍读东宫，知其异事，谓王当受天命，故因事言之，以广于众耳。说事明皇，情义至厚，言从计行，于忠王岂无密议也？使明皇之意已移，嬖宠之言易入，说无以逃其过矣。

突骑施杀其可汗苏禄初，苏禄廉俭，攻战所得，悉与诸部分之，由是众乐为用。既尚唐公主，突厥、吐蕃亦各以女妻之，用度浸广，遂不复分，由是诸部离心。酋长莫贺达干夜袭苏禄，杀之。都摩度立苏禄之子骨啜为吐火仙可汗，以收其余众。

秋，九月朔，日食。

贬王昱为高要尉初，吐蕃陷安戎城而据之，其地险要，唐屡攻之，不克。剑南节度使王昱筑两城于其侧，运资粮以逼之。吐蕃大发兵救安戎城，昱众大败，脱身走，资仗皆没。由是贬死。

册南诏为云南王南诏之先，本哀牢夷[6]，地居姚州西，东南接交趾，西北接吐蕃。蛮语谓王曰“诏”。先有六诏，莫能相一[7]，历代因之以分其势。蒙舍最在南，故谓之南诏。至皮逻阁[8]浸强大，而五诏微弱，乃赂王昱，求合六诏为一。朝廷许之，赐名归义。于是以兵威胁服群蛮，遂破吐蕃，徙居太和城[9]，

1　仪注：制度，仪节。
2　中严、外办：中严，中庭戒备，古代帝王元旦朝会或郊祀等大典的仪节之一。外办，警卫宫禁。
3　朱明服：红花金条纱衣。
4　辂：古代的大车，多指帝王用的。
5　昭成：即昭成顺圣皇后窦氏，唐睿宗李旦的德妃，唐玄宗李隆基的生母。
6　哀牢夷：古哀牢国的主要族群，即今傣泰民族的先民，居住于今云南省保山市怒江以西。
7　相一：统一，彼此一致。
8　皮逻阁：南诏第四代王。
9　太和城：古地名，位于今云南省大理市北太和村，本河蛮所筑。

卒为边患。

冬，十月，作行宫于两都间凡千余间。

置龙武军分羽林置龙武军，以万骑营隶焉。

己卯二十七年（公元 739 年）

夏，六月，贬张守珪为括州刺史幽州将赵堪、白真陁罗矫节度使张守珪之命，使平卢军使乌知义邀叛奚余党，知义不从，白真陁罗矫称制指[1]以迫之。知义出师，与虏遇，先胜后败。守珪隐其败状，以克获闻。事颇泄，上令内谒者监[2]牛仙童往察之。守珪重赂仙童，归罪于白真陁罗，逼令缢死。众宦官疾仙童，发其事。上怒，杖杀之，守珪坐贬。

秋，八月，碛西节度使盖嘉运击突骑施，擒其可汗骨啜突骑施吐火仙可汗与莫贺达干相攻。莫贺达干遣使告碛西节度使盖嘉运，嘉运引兵击之，擒吐火仙，取交河公主，悉收散发[3]之民数万，以与拔汗那王，威震西陲[4]。

追谥孔子为文宣王先是，祀先圣先师，周公南向，孔子东向坐。制："自今孔子南向坐，被王者之服，释奠用宫悬。"赠弟子为公、侯、伯。

冬，十二月，更定禘、祫之制初，睿宗丧既除，祫于太庙。自是三年一祫，五年一禘。是岁夏既禘，冬又当祫，太常以为祭数则渎[5]，请停祫祭，自是通计五年一祫、一禘。从之。

庚辰二十八年（公元 740 年）

春，正月，荆州长史张九龄卒上虽以九龄忤旨逐之，然爱重其人，每宰相荐士，辄问曰："风度得如九龄不？"

1　制指：圣旨的意思。
2　内谒者监：古官名，属内侍省，掌仪法、宣奏、承敕令及外命妇名帐等事。
3　散发：披头散发。
4　西陲：西面边疆。
5　渎：轻慢，对人不恭敬。

三月朔，日食。

以阿史那昕为十姓可汗。

夏，六月，以盖嘉运为河西、陇右节度使嘉运来献捷，上嘉其功，故有是命。嘉运恃恩，流连[1]不时发。裴耀卿曰："嘉运诚勇烈[2]有余，然言气[3]矜夸，恐难成事。且将军受命，凿凶门[4]而出。今乃酣宴朝夕，殆非忧国、爱人之心。乞速遣进途[5]，严加训励[6]。"上乃趣嘉运行。已而竟无功。

冬，十月，吐蕃寇安戎城，发关中兵救之初，剑南节度使张宥，文吏，不习军旅，悉以军政委团练副使章仇兼琼。兼琼入奏事，盛言安戎城可取，上悦之。以宥为光禄卿，兼琼为节度使。兼琼潜与安戎城中吐蕃结谋，开门纳唐兵，尽杀吐蕃将卒，使监察御史许远将兵守之。至是，吐蕃寇安戎，发关中兵救之，吐蕃引去。

十一月，立莫贺达干为突骑施可汗莫贺达干闻立阿史那昕，怒曰："首诛苏禄，我之谋也。今立史昕，何以赏我？"遂率诸部叛。上乃立莫贺达干为可汗，使统突骑施之众，命嘉运招谕之。莫贺达干竟击昕，杀之。

是岁户口之数户八百四十一万二千八百，口四千八百一十四万三千六百。西京、东都米斛直钱不满二百，绢匹亦如之。海内富安，行者万里不持寸兵[7]。

辛巳二十九年（公元741年）

春，正月，立赈饥法制曰："承前[8]饥馑，皆待奏报，然后开仓。道路悠

---

1 流连：耽于游乐而忘归。
2 勇烈：勇猛刚烈。
3 言气：言辞声气。
4 凶门：古代将军出征时，凿一扇向北的门，由此出发，如办丧事一样，以示必死的决心，称"凶门"。
5 进途：赶路。
6 训励：教诲勉励。
7 寸兵：短小的武器。连短小的武器都不带，意指社会很安定，不需要带任何武器。
8 承前：从前。

远，何救悬绝[1]？自今委州县及采访使给讫奏闻[2]。”

夏，闰四月，得玄元皇帝[3]像上梦玄元皇帝云：“吾像在京城西南百余里。”遣使求，得之于盩厔，迎置兴庆宫。

范氏曰：人之有梦，盖其心之动也。昔高宗恭默思道，诚心求贤，故梦帝赉之良弼[4]。明皇怠于庶政，志求神仙，惑方士之言，自以老子其祖也，感而见于梦，亦其诚之形也。自是迂怪[5]日闻，谄谀成俗，奸宄得志，而天下之理乱矣。人君心术，可不慎哉？

吐蕃入寇吐蕃四十万入寇，至安仁军，骑将臧希液率众五千击破之。

秋，七月，突厥杀其登利可汗初，登利从叔二人分典兵马，号左、右杀。登利恶其专，诱右杀斩之，自将其众。左杀判阙特勒攻登利，杀之。骨咄叶护自立为可汗。上以突厥内乱，命羽林将军孙老奴招谕回纥、葛逻禄、拔悉密等部落。

洛水溢溺死者千余人。

八月，以安禄山为营州都督禄山倾巧，善事人，人多誉之。上左右至平卢者，禄山皆厚赂之，由是上益以为贤。又赂采访使张利贞，利贞盛称之，上乃以为营州都督，充平卢军使[6]。

胡氏曰：以利合者，小人之事也。夫惟君子不可以货取，故人主必昭俭德以照临[7]百官，清心寡欲，不殖货利，而用君子立乎朝廷，则宠赂之门自塞矣。明皇自入宇文融之说，殚天下以自奉，故使禄山专以货宝[8]交结左右，蒙养[9]奸慝。所以治国者不以利为利，为其生患之若此也。孟子对梁王以“何必曰利”，

1　悬绝：相差很远的地方。
2　给讫奏闻：先行赈济完毕，然后再上奏报告。
3　玄元皇帝：即老子。
4　良弼：贤能的辅臣。
5　迂怪：迂阔怪诞。
6　军使：古官名，掌军中的赏功罚罪。
7　照临：从上面照察，比喻察理。
8　货宝：财货。
9　蒙养：潜心修养。语本《易·蒙》：“蒙以养正，圣功也。”

为其末流[1]，至于弑君篡国而犹不止也。

冬，十一月，太尉、宁王宪薨，追谥曰让皇帝宪薨，上哀惋特甚，曰：“天下，兄之天下也，固让于我，为唐太伯，常名不足以处之。”乃谥曰让皇帝。其子汝阳王琎表述先志，固让，不许。

十二月，吐蕃陷石堡城。

壬午**天宝元年**（公元742年）

春，正月，以安禄山为平卢节度使是时，天下声教所被之州三百三十一，羁縻之州[2]八百，置十节度、经略使以备边。安西节度抚宁西域，治龟兹城。北庭节度防制突骑施、坚昆，治北庭都护府。河西节度断隔吐蕃、突厥，治凉州。朔方节度捍御突厥，治灵州。河东节度与朔方掎角以御突厥，治太原府。范阳节度临制奚、契丹，治幽州。平卢节度镇抚室韦、靺鞨，治营州。陇右节度备御吐蕃，治鄯州。剑南节度西抗吐蕃，南抚蛮獠，治益州。岭南五府经略绥静夷獠，治广州。此外又有长乐经略，福州领之；东莱守捉[3]，莱州领之；东牟守捉，登州领之。凡镇兵四十九万人，马八万余匹。开元之前，每岁供边兵衣粮，费不过二百万；天宝之后，益兵浸多，每岁用衣千二十万匹，粮百九十万斛，公私劳费，民始困苦矣。

范氏曰：海内之地非不广也，财非不多也，人君不能清静恭俭以持太平，于其安也而劳之，于其富也而刻[4]之，是以天下之祸常基于安、富之时，乱已成而犹不悟也。岂非好大多欲，任失其人之咎欤？

穿三门运渠。

1 末流：颓风弊俗。
2 羁縻之州：古代在边远少数民族地区所置之州，以情况特殊，因其俗以为治，有别于一般州县。
3 守捉：唐制，军队戍守之地，较大者称军，小者称守捉，其下则有城有镇。各机构皆有使。
4 刻：刻薄。

群臣请加尊号陈王府参军田同秀言："玄元皇帝告以'藏灵符在尹喜故宅'。"上遣使求，得之。群臣上表，以："宝符潜应年号，请于尊号加'天宝'字。"从之。

二月，享玄元皇帝于新庙。越三日，享太庙。越二日，合祀天地于南郊。

改官名侍中、中书令为左、右相，丞相改为仆射。东、北都皆为京，州为郡，刺史为太守。

以田同秀为朝散大夫时人皆疑宝符同秀所为也。间[1]一岁，清河人崔以清复言："见玄元皇帝云：'藏符在武城紫微山。'"敕使往掘，亦得之。东京留守王倕知其诈，按问，果首服。奏之，上亦不深罪也。

范氏曰：明皇崇老喜仙，故其大臣谀，小臣欺，盖度其可为而为之也。不惟信而惑之，又赏以劝之，则小人孰不欲为奸罔[2]哉？昔汉文一为新垣平所诈，而终身不复言神明之事，可谓能补过矣。

三月，以韦坚为江、淮租庸转运使[3]初，宇文融既败，言利者稍息。及杨慎矜得幸，于是韦坚、王铁之徒，竟以利进。百官有事权[4]者，稍稍别置使以领之，旧官充位而已。坚，太子之妃兄也，督江、淮租运，岁增巨万。上以为能，故擢任之。王铁亦以善治租赋为户部员外郎。

以卢绚、严挺之为员外詹事李林甫为相，凡才望、功业出己右者，必百计去之。尤忌文学之士，或佯与之善而阴陷之，世谓林甫"口有蜜，腹有剑"。上尝陈乐于勤政楼下，垂帘观之。兵部侍郎卢绚谓上已起，垂鞭按辔，横过楼下。绚风标清粹[5]，上目送之。林甫知之，乃召绚子弟谓曰："交、广藉

1　间：间隔。
2　奸罔：欺诈，欺诈诬罔的事情。
3　转运使：古官名，主管运输事务。
4　事权：处理事情的职权。
5　风标清粹：风标，形容优美的姿容神态。清粹，清秀。

才[1]，上欲以尊君为之。若惮远行，则当左迁。姑以宾、詹分务东洛[2]，何如？”绚惧，请之，乃除华州刺史。未几，托其有疾，除员外詹事。上又尝问林甫："严挺之可用，今安在？”挺之时为绛州刺史。林甫退，召挺之弟，谕以“上意甚厚，盍称疾求还，可以见上”。挺之从之。林甫以其奏白上云：“挺之老疾，宜且授以散秩[3]，以便医药。”上叹吒[4]久之。亦以为员外詹事。

秋，七月朔，日食。

牛仙客卒，以李适之为左相。

突厥阿布思来降初，突厥拔悉密、回纥、葛逻禄三部共攻骨咄叶护，杀之，立拔悉密为颉跌可汗，回纥、葛逻禄自为左、右叶护。突厥余众共立判阙特勒之子为乌苏可汗。朔方节度使王忠嗣说拔悉密等使攻之，乌苏遁去。突厥西叶护阿布思等率余众千余帐相次来降。突厥遂微。

癸未**二年**（公元743年）

春，正月，安禄山入朝安禄山入朝，上宠待甚厚，谒见无时[5]。禄山奏言：“去秋营州虫食苗，臣焚香祝天云：‘臣若操心[6]不正，事君不忠，愿使虫食臣心。若不负神祇，愿使虫散。’即有群鸟从北来，食虫立尽。请宣付[7]史官。”从之。李林甫领吏部尚书，日在政府[8]，选事悉委侍郎宋遥、苗晋卿。时选人集者以万计，遥、晋卿以御史中丞张倚得幸于上，擢其子奭为首。禄山言于上。上召入面试之，奭手持试纸，终日不成一字，时人谓之“曳白[9]”。于是三人皆坐贬。

---

1 藉才：借助人才治理。
2 姑以宾、詹分务东洛：暂且到东都洛阳担任太子宾客、太子詹事的官职。
3 散秩：闲散而无一定职守的官位。
4 叹吒：由于愤激而慨叹。
5 无时：不定时，随时。
6 操心：所执持的心志。
7 宣付：明令交付。
8 政府：宰相治理政务的处所。
9 曳白：卷纸空白，只字未写。谓考试交白卷。

三月，追尊周上御大夫[1]为先天太皇，皋繇[2]为德明皇帝。

范氏曰：老子之父，书传无见焉。取方士附会之说，而追尊加谥，不亦诬乎！皋陶作士[3]，而作史者以为大理，既不经矣，又以为李氏所出而尊之，尤非其族类也。唐之先祖出于陇西狄道，非有世次可考，而必托之上古以耀于民，非礼之礼，适所以为后世笑也。

广运潭成，加韦坚左散骑常侍坚引浐水[4]抵苑东望春楼下为潭，以聚江、淮运船，役夫匠[5]通漕渠，发人丘垄，自江、淮至京城，民间愁怨。二年而成。上幸楼观之，坚以新船数百艘，扁榜[6]郡名，各陈珍宝，仍进轻货及百牙盘食[7]。上置宴，竟日而罢。加坚常侍，吏卒褒赏有差。赐其潭名“广运”。

甲申**三载**（公元744年）

春，正月，改“年”曰“载”。

二月，海贼寇台州，遣河南尹裴敦复讨平之。

以安禄山兼范阳节度使河北黜陟使[8]席建侯称禄山公直，李林甫、裴宽亦顺旨[9]称誉其美，由是禄山之宠益固。

夏，五月，河西军击突骑施，斩莫贺达干，更立骨咄禄为可汗。

秋，突厥乱，册回纥骨力裴罗为怀仁可汗拔悉密攻斩突厥乌苏可汗，国人立其弟为白眉可汗。于是突厥大乱，敕王忠嗣出兵乘之，破其左厢十一

1　周上御大夫：即老子的父亲李乾，曾担任周朝的上御大夫。
2　皋繇：偃姓，字庭坚，尧、舜时期之政多出其手，行五刑五教，后代担任理官，以业为姓，改为李姓。
3　作士：古官名，掌刑法。
4　浐水：古水名，关中八川之一，源出今陕西省西安市蓝田县西南秦岭山中，西北流至西安市东入灞水。
5　夫匠：服役的工匠。
6　扁榜：匾额，挂在厅堂、轩斋或亭榭上的题字横额。
7　牙盘食：指珍馐，亦特指盛于牙盘中的祭品。
8　黜陟使：古官名，对官吏进行考察，将其政绩情况上报更高一级部门，并提出推荐或贬黜的建议。
9　顺旨：曲意逢迎。

部。会回纥、葛逻禄共攻拔悉密颉跌伊施可汗，杀之。回纥骨力裴罗自立为骨咄禄毗伽阙可汗，遣使言状。上册拜裴罗为怀仁可汗。于是怀仁南据突厥故地，旧统药逻葛等九姓，又并拔悉密、葛逻禄，凡十一部，各置都督。每战，则以二客部为先。

九月，以杨慎矜为御史中丞初，上以慎矜知御史中丞事。时李林甫专权，公卿之进，有不出其门者，必以罪去之。慎矜固辞不受。至是，林甫以慎矜屈附[1]于己，复以为中丞。

冬，十二月，贬裴宽为睢阳[2]太守户部尚书裴宽素为上所重，李林甫忌之。刑部尚书裴敦复击台、明[3]海贼还，受请托，广序[4]军功。宽微奏其事。林甫以告敦复，敦复言宽亦尝以亲故为属，林甫曰："君速奏之，勿后于人。"敦复乃赂女官[5]杨太真之姊，使告之。裴宽由是坐贬。

始祀九宫贵神[6]初，术士苏嘉庆言："遁甲术[7]有九宫贵神，典司水旱，请立坛于东郊，祀以四孟月。"从之。礼在太清宫[8]、太庙上，所用牲玉[9]，皆侔天地。

初令百姓十八为中[10]，二十三成丁。

乙酉**四载**（公元745年）

春，正月，帝闻空中神语上谓宰臣曰："朕于宫中为坛，为百姓祈福。

---

1 屈附：屈服依附。
2 睢阳：古郡名，辖今河南省柘城、夏邑以北，睢县以东，山东省曹县、单县以南，安徽省砀山县以北地。
3 明：明州，古州名，辖今浙江省宁波、鄞县、慈溪、奉化等市县和舟山群岛。
4 广序：夸大。
5 女官：高级的宫女，有一定的品秩，并且有俸禄。
6 九宫贵神：官方祭祀的九位正神，主司风雨、水旱、雹疫、灾害诸事。九神分别为太一、天一、招摇、轩辕、咸池、青龙、太阴、天符、摄提。
7 遁甲术：古代术数名，其法以十干的乙、丙、丁为三奇，以戊、己、庚、辛、壬、癸为六仪，三奇六仪分置九宫，而以甲统之，视其加临吉凶，以为趋避。遁是隐藏，遁甲有九遁，包括天遁、地遁、人遁、风遁、云遁、龙遁、虎遁、神遁、鬼遁。
8 太清宫：道教观名。太清，相传为神仙居处。
9 牲玉：供祭祀用的牺牲和玉器。
10 中：即中男，十六岁以上未成丁的男子。

自草黄素[1]置案上，俄飞升天，闻空中语云：‘圣寿延长。’又炼药成，置坛上，及夜欲收，又闻空中语云：‘药未须收，此自守护。’”群臣表贺。

范氏曰：明皇假于怪神以罔[2]天下，言之不怍[3]，而居之不疑，何以使其臣下不为欺乎？是率[4]天下而欺己也。

回纥怀仁可汗死回纥怀仁可汗击突厥白眉可汗，杀之，传首京师。于是北边晏然。回纥斥地愈广，尽有突厥故地。怀仁卒，子磨延啜立，号葛勒可汗。

二月，以朔方节度使王忠嗣兼河东节度使忠嗣少勇敢，及镇方面，专以持重安边为务，常曰：“太平之将，但当抚循、训练士卒，不可疲中国之力以邀功名。”军中日夜思战，忠嗣多遣间谍，见可胜，然后兴师，故出必有功。既兼两道节制，自朔方至云中，边陲数千里，要害之地，悉置城堡，斥地各数百里。边人以为自张仁亶之后，将帅皆不及。

秋，七月，册寿王妃韦氏。八月，以杨太真为贵妃初，武惠妃薨，后宫无当意[5]者。或言寿王妃杨氏之美，上见而悦之，乃令妃自以其意乞为女官，号太真。更为寿王娶郎将韦昭训女。潜内[6]太真宫中，不期岁，宠遇如惠妃，宫中号曰“娘子”，凡仪体皆如皇后。至是，册为贵妃。赠其父玄琰兵部尚书，以从兄铦为殿中少监[7]，锜为驸马都尉，三姊皆赐第京师，宠贵赫然[8]。杨钊者，贵妃之从祖兄也，不学无行，为宗党所鄙，从军于蜀，贪不能归，新政[9]富民鲜于仲通常资给之。仲通颇读书，有才智，章仇兼琼引为采访支使，委以心腹，尝从容谓仲通曰：“今吾独为上所厚，苟无内援，李林甫必见危。

1　自草黄素：亲自在黄色的绢上写字。黄素，黄色的绢。
2　罔：蒙蔽。
3　怍：惭愧。
4　率：带领。
5　当意：称意，合意。
6　内：接入，接纳。
7　殿中少监：古官名，殿中省的次官，分掌皇帝膳食、医药、冕服、宫廷祭祀张设、汤沐、灯烛、洒扫以及马匹、舆辇等事务。
8　赫然：兴盛貌，显赫貌。
9　新政：古县名，治所位于今四川省南充市仪陇县西南。

闻杨妃新得幸，子能为我结之，吾无患矣。”仲通因言钊本末。钊仪观[1]甚伟，言辞敏给[2]，兼琼见之大悦，即辟为推官[3]。使献春彩[4]于京师，赆[5]蜀货直万缗，钊大喜过望。至长安，见诸妹，分以遗之，曰：“此章仇公所赠也。”于是诸杨日夜誉兼琼，且言钊善樗蒲，引之见上，得出入禁中，授金吾兵曹参军。

范氏曰：明皇杀三子，纳子妇，用李林甫为相，使族灭无罪之人，三纲[6]绝矣，其何以为天下乎？

九月，以韦坚为刑部尚书，杨慎矜为租庸转运使坚以通漕有宠，遂有入相之志。又与李适之善，林甫由是恶之，故迁以美官，实夺之权也。

安禄山讨奚、契丹，破之禄山欲以边功市宠，数侵掠奚、契丹。奚、契丹各杀所尚公主以叛，禄山讨破之。

冬，安禄山奏立李靖、李勣庙禄山奏：“臣讨契丹，至北平郡[7]，梦先朝名将李靖、李勣从臣求食。”遂命立庙。又奏：“荐奠[8]之日，庙梁产芝[9]。”

以王𫓶为京畿采访使初，𫓶为户口色役使[10]，敕赐百姓复除，𫓶奏征其辇运[11]之费，广张[12]钱数，使市轻货，百姓所输，乃甚于不复除。旧制，戍边者免其租庸，六岁而更[13]。时边将耻败，士卒死者皆不申牒[14]，贯籍[15]不除。王𫓶皆以为

---

1 仪观：容貌，仪容。
2 敏给：敏捷。
3 推官：古官名，节度使、观察使、团练使、防御使、采访处置使下皆设一员，位次于判官、掌书记，掌推勾狱讼之事。
4 春彩：唐代贡赋的一种。
5 赆：送别时赠给的财物。
6 三纲：君为臣纲、父为子纲、夫为妻纲，合称三纲。
7 北平郡：古郡名，辖今河北省迁西、唐山等县市以东，抚宁县、昌黎县以西，长城以南地区。
8 荐奠：祭奠，祭祀的仪式，即向鬼神敬献祭品。
9 产芝：长出了灵芝草。
10 户口色役使：古官名，掌管稽核田亩、户口、徭役等事。
11 辇运：运输。
12 广张：夸大，扩大。
13 六岁而更：六年轮换一次。
14 申牒：用公文向上呈报。
15 贯籍：户口册。

避课[1]，六岁之外，悉征其租庸，有并征三十年者，民无所诉。上在位久，用度日侈，又不欲数于左、右藏取之。铁知上旨，岁贡额外钱帛百亿万，贮于内库，以供宴、赐，曰："此皆不出于租庸调。"上以铁为能富国，益厚遇之。中外叹怨。至是，以为御史中丞、京畿采访使。杨钊侍宴禁中，专掌樗蒲、文簿，钩校[2]精密，上赏其强明[3]，曰："好度支郎[4]！"诸杨数征[5]此言于上，又以属王铁。铁因奏充判官[6]。

丙戌**五载**（公元746年）

春，正月，贬韦坚为缙云[7]太守，皇甫惟明为播川[8]太守李适之性疏率[9]，李林甫尝谓之曰："华山有金矿，采之可以富国。上未之知也。"他日，适之言之。上以问林甫，对曰："臣久知之。但华山，陛下本命，王气所在，凿之非宜，故不敢言。"上以林甫为爱己，谓适之曰："自今奏事，宜先与林甫议之。"适之由是束手[10]，而与韦坚益亲，林甫愈恶之。初，太子之立，非林甫意，林甫恐异日为己祸，欲动摇之。陇右节度使皇甫惟明尝为忠王友，时破吐蕃，入献捷，见林甫专权，劝上去之。林甫知之，使杨慎矜密伺其所为。会正月望夜[11]，太子出游，与坚相见，坚又与惟明会于景龙观。慎矜遂告坚与惟明谋立太子，收下狱。林甫使慎矜等鞫之。上亦疑坚与惟明有谋，而不显其罪，皆

1　避课：逃避赋税。
2　钩校：查对，查考。
3　强明：强干精明。
4　度支郎：古官名，也称度支郎中，为尚书省度支曹长官，掌贡税租赋的统计、调拨、支出等。
5　征：证明，验证。
6　判官：古官名，为长官的佐吏，协理政事，或备差遣。唐朝节度使、观察使、按抚使、度支使、营田使、招讨使、经略使等均置判官。
7　缙云：古郡名，由括州改称，辖今浙江省天台山、仙都山以南的灵江、瓯江、飞云江流域。
8　播川：古郡名，由播州改称，辖今贵州省遵义市、遵义县及桐梓县地。
9　疏率：爽朗直率。
10　束手：表示无计可施。
11　望夜：农历十五日之夜。

贬之，亲党坐者数十人。太子表请与妃离婚。

以王忠嗣为河西、陇右、朔方、河东节度使忠嗣始在朔方、河东，每互市，高估马价，诸胡闻之，争以马求市。由是胡马少，唐兵益壮。忠嗣杖四节，控制万里，天下劲兵重镇皆在掌握，与吐蕃战于青海、积石[1]，皆大捷。又讨吐谷浑于墨离军[2]，虏其全部而归。

夏，四月，李适之罢韦坚等既贬，适之惧，自求散地，罢政事。其子卫尉少卿霅尝召客，客畏李林甫，无一人敢往者。初，适之与林甫有隙，适之领兵部尚书，林甫使人发兵部铨曹[3]奸利事，收吏六十余人付京兆。京兆尹萧炅使法曹吉温鞫之。温置吏于外，先取二重囚讯之，号呼之声所不忍闻。吏闻之大惧，引入皆自诬服，顷刻狱成。敕诮责前后知铨[4]侍郎及判南曹[5]郎官而宥之。始太子文学[6]薛嶷荐温才，上召见，顾嶷曰："是一不良人[7]，朕不用也。"及林甫欲除不附己者，求治狱吏，炅荐温于林甫，林甫大喜。温，顼之兄子也。又有罗希奭者，为吏深刻，林甫引为殿中侍御史。二人皆随林甫所欲，深浅锻练[8]成狱，无能自脱者。时人谓之"罗钳吉网"。

以陈希烈同平章事希烈以讲老、庄得进，专用神仙、符瑞媚于上。李林甫以希烈柔佞易制，故引以为相。政事一决于林甫，希烈但给唯诺。故事，宰相午后六刻[9]乃出，林甫奏，今太平无事，巳时[10]即还第，机务皆决于私家。主书抱成案[11]诣希烈书名而已。

---

1 积石：即积石山，今青海东南部阿尼玛卿山。
2 墨离军：唐置，属河西节度使，驻地位于今甘肃省酒泉市瓜州县北。
3 铨曹：主管选拔官员的部门。
4 知铨：主管量材授官、选拔官吏。
5 判南曹：主管南曹事务。南曹，兵部下属机构，因在选曹之南，故谓此名，负责审核官吏的档案和政绩，并向上级呈报。
6 太子文学：古官名，太子东宫属官，知经籍，侍奉文章。
7 不良人：唐代官府负责侦缉逮捕的小吏。
8 锻练：罗织罪名，陷人于罪。
9 午后六刻：即中午十二点半。
10 巳时：上午九时到十一时。
11 成案：已处理的案卷。

五月朔，日食。

秋，七月，敕左降[1]官日驰十驿以流、贬人在道逗留，故有是敕。自是左降官多不全[2]矣。

加岭南经略使张九章三品，以王翼为户部侍郎杨贵妃方有宠，每乘马，则高力士执辔授鞭。织绣之工，专供贵妃院者七百人，中外争献珍玩。九章、翼所献精美，九章加三品，翼为户部侍郎。民间歌之曰："生男勿喜女勿悲，君今看女作门楣[3]。"妃欲得生荔枝，岁命岭南驰驿致之。尝以妒悍[4]不逊，送归铦第，上遂不食。及夜，力士奏请迎妃归院，遂开禁门[5]而入。后复以忤旨遣归，吉温因宦官言于上曰："陛下何爱宫中一席之地，使之就死，而辱之于外舍邪？"上亦悔之，遣中使赐以御膳。妃对使者涕泣曰："金玉珍玩，皆陛下所赐，惟发者，父母所与。"乃剪发一缭而献之。上遽召还，宠待益深。

冬，杀骁卫兵曹柳勣、赞善大夫[6]杜有邻有邻女为太子良娣，其长女为勣妻。勣性狂疏[7]，好功名，喜结交豪俊。淄川[8]太守裴敦复、北海太守李邕皆与定交。勣与妻族不协，欲陷之，为飞语[9]告有邻妄称图谶，交构东宫，指斥[10]乘舆。林甫令吉温鞫之，乃勣首谋，遂与有邻皆杖死。太子亦出良娣为庶人。

丁亥**六载**（公元747年）

春，正月，杀北海太守李邕及皇甫惟明、韦坚等，王琚、李适之自

1　左降：贬官。多指京官降职到州郡。
2　不全：小命不保。
3　门楣：门户上的横木。旧时富贵之家门楣高大，因以"门楣"喻门第。
4　妒悍：嫉忌而凶暴。
5　禁门：宫门。
6　赞善大夫：古官名，太子东宫属官，掌传令，讽过失，赞礼仪，以经教授诸郡王。
7　狂疏：放荡不检，狂放不羁。
8　淄川：古郡名，由淄州改称，辖今山东省邹平、高青、淄博及桓台、博兴部分地。
9　飞语：又称蜚语，没有根据的话。
10　指斥：指摘，斥责。

杀江华[1]司马王琚性豪侈，与李邕皆自谓耆旧，久在外，意怏怏。李林甫恶其负材使气，欲因事除之，因别遣罗希奭按邕与裴敦复，皆杖死。邕才艺出众，卢藏用常语之曰："君如干将、莫邪，难与争锋，然终虞缺折[2]耳。"邕不能用。林甫又奏分遣御史赐皇甫惟明、韦坚等死。希奭所过，杀迁谪[3]者。李适之仰药，琚自缢。适之子霅迎丧至东京[4]，林甫令人诬告杀之。给事中房琯坐与适之善，贬宜春[5]太守。林甫恨韦坚不已，遣使于循[6]河及江、淮州县求坚罪，收系纲典船夫，征剥逋负，延及邻伍[7]，死者甚众，至林甫卒乃止。

除绞、斩条上慕好生之名，令应绞、斩者，皆重杖[8]，流岭南。其实有司率杖杀之。

令天下为嫁母[9]服三载。

令士通一艺以上皆诣京师上欲广求天下之士，命通一艺以上皆诣京师。李林甫恐草野之士对策斥其奸恶，建言："举人卑贱，恐有俚言[10]污浊圣听。"乃令郡县精加试练[11]，送省覆试[12]，具名闻奏[13]。既而至者皆试以诗、赋、论，遂无一人及第者。林甫乃以野无遗贤，上表称贺。

以安禄山兼御史大夫禄山体肥，腹垂过膝，外若痴直[14]，内实狡黠。令

---

1 江华：古郡名，由道州改称，辖今湖南省新田、道县、宁远、江永、江华瑶族自治县等地。
2 缺折：缺损断折。
3 迁谪：贬官。
4 东京：即东都洛阳。
5 宜春：古郡名，由袁州改称，辖今江西省宜春、萍乡、新余、芦溪、上栗、分宜等市县及万载县南部一小部分地区。
6 循：沿着。
7 收系纲典船夫，征剥逋负，延及邻伍：逮捕管理漕运的官吏及船夫无数，又严厉地追究拖欠赋税的人，并且牵连到街坊邻里。
8 重杖：从重杖打。
9 嫁母：父亡母再嫁者之称。
10 俚言：不高雅的文辞。
11 试练：检试。
12 覆试：考试分二场，第一场称初试，第二场称覆试。
13 闻奏：臣下将事情向帝王报告。
14 痴直：憨厚耿直。

其将刘骆谷留京师，诇[1]朝廷指趣[2]。岁献俘虏、杂畜、奇禽、异兽、珍玩之物，不绝于路。其在上前，应对敏给，杂以诙谐。上尝戏指其腹曰："此胡腹中何所有，其大乃尔？"对曰："更无余物，正有赤心耳。"上悦。又尝命见太子，禄山不拜，左右趣之拜，禄山曰："太子何官？"上曰："此储君也。朕千秋万岁后，代朕君汝者也。"禄山曰："臣愚，向者惟知有陛下一人，不知乃更有储君。"不得已，然后拜。上以为信然[3]，益爱之。上尝宴勤政楼，为禄山于御座东间设金鸡障[4]，置榻使坐其前。命杨铦姊弟皆与禄山叙兄弟。禄山得出入禁中，因请为贵妃儿。上与贵妃共坐，禄山先拜贵妃。上问何故，对曰："胡人先母而后父。"上悦。

夏，四月，王忠嗣解河东、朔方节度李林甫以忠嗣功名日盛，恐其入相，忌之。安禄山潜蓄异志，托以御寇，筑雄武城[5]，请忠嗣助役，欲留其兵。忠嗣先期而往，不见禄山而还。数奏禄山必反，林甫益恶之。忠嗣固辞河东、朔方节度，许之。

冬，十月，帝如骊山温泉，名其宫曰"华清"。

将军董延光攻吐蕃石堡城，不克。十一月，以哥舒翰充陇右节度使，贬王忠嗣为汉阳太守王忠嗣以部将哥舒翰为大斗军副使，李光弼为河西兵马使[6]。翰本突骑施别部酋长，光弼，契丹王楷洛之子也，皆以勇略[7]为忠嗣所重。每岁积石军麦熟，吐蕃辄来获之，无能御者。翰先伏兵于其侧，虏至，断其后，夹击之，无一人得返，自是不敢复来。上欲使忠嗣攻吐蕃石堡城，忠嗣上言："石堡险固，吐蕃举国守之，非杀数万人不能克。臣恐所得不如所亡，不如厉兵秣马，俟其有衅，然后取之。"上意不快。将军董延光请行，上

1　诇：侦察，刺探。
2　指趣：意向，意图。
3　信然：确实如此。
4　金鸡障：画金鸡为饰的坐前遮挡物。
5　雄武城：古地名，位于今河北省承德市兴隆县南。
6　兵马使：古官名，唐朝藩镇自置部队的统率官，职权尤重的称兵马大使、都知兵马使。
7　勇略：勇敢而有谋略。

命忠嗣分兵助之。忠嗣不得已奉诏，而不尽如其所欲。李光弼曰："大夫[1]以多杀士卒之故，不欲成延光之功。虽迫于制书，实夺其谋也。何以知之？今以数万众授之，而不立重赏，士卒安肯为之尽力乎？然此天子之意也，彼无功，必归罪于大夫。大夫何爱数万段帛，不以杜其谗口乎？"忠嗣曰："今以数万之众争一城，得之未足以制敌，不得亦无害于国，故忠嗣不欲为之。忠嗣今受责天子，不过以一将军归宿卫，其次不过黔中上佐[2]，忠嗣岂以数万人之命易一官乎？"光弼曰："大夫能行古人之事，非光弼所及也。"延光过期不克，言忠嗣沮挠军计[3]，上怒。李林甫因使人告忠嗣欲拥兵奉太子。敕征忠嗣入朝，委三司[4]鞫之。上闻哥舒翰名，召见，悦之，以为陇右节度使。而诏三司曰："吾儿居深宫，安得与外人通谋？此必妄也。但劾忠嗣沮挠军功。"翰之入朝也，或劝多赍金帛以救忠嗣，翰曰："若直道尚存，王公必不冤死。如其将丧，多赂何为？"三司奏忠嗣罪当死。翰力陈其冤，上感寤，贬忠嗣汉阳太守。

范氏曰：王忠嗣可谓贤将矣，不为无益害有益，不以所得易所亡，不顾一身之危而惜士卒之命，其可谓贤将矣。然忠嗣知石堡之不可取，莫若固守前议，均之得罪，不亦直乎？既黾勉[5]奉诏，而复挠其谋，使谗人得以借口，岂忠嗣思之未至邪？

李林甫屡起大狱，以杨钊有掖庭之亲，乃引以为援，事有微涉东宫者，皆指擿[6]，使之奏劾，付罗希奭、吉温鞫之。钊因得逞其私志，所挤陷[7]诛夷者数百家。幸太子仁孝谨静[8]，张垍、高力士常保护于上前，故林甫终不能间也。

1　大夫：即王忠嗣，王忠嗣曾兼任御史大夫。
2　黔中上佐：贬到黔中做一个小官。上佐，部下属官的通称。
3　沮挠军计：沮挠，阻挠。军计，军事计划。
4　三司：唐以御史大夫、中书、门下为三司，主理刑狱。
5　黾勉：努力，勉力。
6　指擿：指出、挑出缺点错误。
7　挤陷：陷害。
8　谨静：安静自守，谨言慎行。

杀户部侍郎杨慎矜慎矜为上所厚，李林甫浸忌之。慎矜与王鉷父，中表兄弟也，故引鉷入台。及鉷迁中丞，慎矜犹名之[1]，鉷意不平，慎矜不之觉也，尝与之私语谶书。慎矜与术士史敬忠善，敬忠言天下将乱，劝慎矜于临汝[2]山中买庄避乱。林甫知鉷与慎矜有隙，诱使图之。鉷乃遣人以飞语告："慎矜，隋炀帝孙，与凶人往来，家有谶书，谋复祖业。"上大怒，收慎矜系狱，命杨钊、卢铉同鞫之。使吉温捕敬忠于汝州。敬忠与温父善，温幼时，敬忠尝抱抚之。及捕获，温不与语，锁其颈，驱之马前，使吏诱之曰："杨慎矜已款服，惟须子一辨，解意[3]则生，不然必死。"敬忠求纸，温不答。敬忠恳请哀切，乃令答辨。还鞫慎矜，引以为证。慎矜皆引服[4]，惟搜谶书不获。使卢铉入长安搜其家，铉袖谶书入暗中，出诟曰："逆贼深藏秘记。"以示慎矜，叹曰："吾不蓄谶书，此何从在吾家哉？吾应死而已。"于是兄弟皆赐死，妻子流岭南，连坐者数十人。

十二月，以天下岁贡[5]赐李林甫命百官阅岁贡物于尚书省，悉以车载赐李林甫。上或时不视朝，百司悉集林甫第门，台省为空。林甫子岫为将作监，颇以满盈为惧，尝从林甫游后园，指役夫言曰："大人久处钧轴[6]，怨仇满天下，一朝祸至，欲为此，得乎？"林甫不乐，曰："势已如此，将若之何？"先是，宰相皆以德度自处，驺从[7]不过数人，林甫自以多结怨，常虞刺客，出则步骑百余人为左右翼，金吾静街[8]，前驱[9]在数百步外。居则重关复壁，如防大敌，一夕屡徙床，虽家人莫知其处。

1　名之：直呼其名。
2　临汝：古郡名，由汝州改称，辖今河南省汝州、平顶山二市及汝阳、宝丰、鲁山、叶县、襄城等县地。
3　解意：理解意思。
4　引服：认罪，服罪。
5　岁贡：古代诸侯或属国每年向朝廷进献礼品。
6　钧轴：钧以制陶，轴以转车。合称用以比喻国家政务重任。
7　驺从：古代贵族官僚出门时骑马的侍从。
8　静街：净街，谓在街道上戒严，禁止通行。
9　前驱：前导，先头部队。

以高仙芝为安西四镇节度使仙芝本高丽人，从军安西，骁勇善骑射，累官四镇节度副使。小勃律王及其旁二十余国皆附吐蕃，贡献不入，讨之，不克。制以仙芝为行营节度使，讨之。自安西行百余日，至连云堡[1]，破之。遣将军席元庆将千骑前行，谓曰："小勃律闻大军至，其君臣百姓必走山谷，第呼取出缯帛，称敕赐之。大臣至，尽缚之以待我。"元庆如其言。仙芝至，斩其附吐蕃者数人，急遣元庆往斫娑夷藤桥[2]。甫毕，而吐蕃救至。娑夷即弱水，不能胜草芥。藤桥阔尽一矢力[3]，修之期年乃成。仙芝虏小勃律王及吐蕃公主而还。上以仙芝为安西四镇节度使。仙芝署封常清判官，任以军事。自唐兴以来，边帅皆用忠厚名臣，不久任，不遥领，不兼统，功名著者，往往入为宰相。其四夷之将，虽才略如阿史那社尔、契苾何力，犹不专大将之任，皆以大臣为使以制之。及开元中，天子有吞四夷之志，为边将者十余年不易，始久任矣。皇子则庆、忠诸王，宰相则萧嵩、牛仙客，始遥领矣。盖嘉运、王忠嗣专制数道，始兼统矣。李林甫欲杜边帅入相之路，以胡人不知书，乃奏言："文臣为将，怯当矢石；不若用寒族[4]、胡人。胡人则勇决习战，寒族则孤立无党，陛下诚以恩洽其心，彼必能为朝廷尽死。"上悦其言，始用安禄山。至是，诸道节度使尽用胡人，精兵咸戍北边，天下之势偏重，卒使禄山倾覆天下，皆出于林甫专宠固位之谋也。

范氏曰：明皇蔽于吞灭四夷，欲求一切之功，是以林甫得以行其计。人君苟不能以义制欲，迷而不复，何所不至哉！

---

1 连云堡：古地名，位于今阿富汗东北部喷赤河南源附近。
2 娑夷藤桥：娑夷，古水名，位于今巴控克什米尔的吉尔吉特西北，为印度河支流。藤桥，娑夷水上之桥，为当时从中原前往吐蕃必经之路。
3 阔尽一矢力：桥长大概只够一支箭射出去的距离。
4 寒族：寒微的家族。

卷四十四

起戊子唐玄宗天宝七载，尽戊戌[1]唐肃宗乾元元年**凡十一年**。

戊子**七载**（公元748年）

夏，四月，以高力士为骠骑大将军力士承恩[2]岁久，中外畏之，太子亦呼之为兄，诸王公呼之为翁，驸马辈直谓之爷，自李林甫、安禄山辈皆因之以取将相。然性和谨[3]少过，不敢骄横，故天子终亲任之，士大夫亦不疾恶[4]也。初，上自东都还，李林甫、牛仙客知上厌巡幸，乃增近道粟、赋及和籴以实关中。数年，蓄积稍丰。上谓力士曰："朕不出长安近十年，天下无事，朕欲悉以政事委林甫何如？"对曰："天子巡狩，古之制也。且天下大柄，不可假人，彼威势既成，谁敢复议之者？"上不悦，力士顿首谢罪，上意乃解。力士自是亦不敢深言天下事矣。

胡氏曰：力士虽曰恭谨，然其罪亦大矣。力士审[5]能为明皇忠计者，密主张九龄而去李林甫，佐佑[6]王忠嗣而去安禄山，论功较绩，夫孰与让[7]？既不能然，反使安、李因己以取将相，他日虽有大柄假人、拥兵太重之说，亦安能回二人已盛之势哉？不谨于大而谨于小，知所以保身，而不知所以保国，此固小人之事，于力士何责焉？以当时得誉于士大夫而无疾恶之者，故不可不辨也。

五月，群臣上尊号。

赐安禄山铁券。

以贵妃从兄杨钊判度支事钊善窥上意所爱恶而迎之，以聚敛骤迁，岁中领十五使[8]，恩幸日隆。

1　戊戌：即公元758年。
2　承恩：蒙受恩泽。
3　和谨：谦和谨慎。
4　疾恶：憎恶。
5　审：的确，果然。
6　佐佑：辅助，支持。
7　让：责备。
8　岁中领十五使：一年之中，就一身兼领十五个使职。

苏冕[1]曰：设官分职，各有司存。政有恒而易守，事归本而难失，经远之理，舍此奚据？洎[2]奸臣广言利以邀恩，多立使以示宠，使上心荡而益奢，人情怨而成祸。宇文融首唱其端，杨慎矜、王铁继遵其轨，杨国忠终成其乱。仲尼[3]云：宁有盗臣，而无聚敛之臣。诚哉是言！

冬，十一月，以贵妃姊为国夫人[4]贵妃姊三人，皆有才色[5]，上呼之为姨，出入宫掖，并承恩泽，势倾天下。至是，封韩、虢、秦国夫人。与铦、锜五家，凡有请托，府县承迎[6]，峻于制敕[7]。四方赂遗，惟恐居后；上所赐与，五家如一。竞开第舍，极其壮丽，一堂之费，动逾千万。既成，见他人有胜己者，辄毁而改为。虢国尤为豪荡[8]。

改会昌县[9]**曰昭应**或言玄元皇帝降于华清宫之朝元阁故也。

十二月，哥舒翰筑神威军、应龙城[10]由是吐蕃不敢近青海。

云南王归义卒子阁罗凤嗣。

己丑**八载**（公元749年）

春，二月，帝率群臣观左藏，赐杨钊金紫是时州县殷富[11]，仓库积粟帛，动以万计。钊请令粜变为轻货输京师，屡奏帑藏充牣，古今罕俦[12]。故上率

1　苏冕：唐代史学家，著有《古今国典》一百卷，《会要》四十卷。这部《会要》开创了典制断代史的先河，记载了从唐高祖到唐代宗九朝的典章制度，而且流行于当时。
2　洎：等到。
3　仲尼：即孔子。
4　国夫人：命妇的一种封号。大唐外命妇之制，诸王母、妻及妃，文武官一品及国公母、妻，为国夫人。
5　才色：才华和姿色。
6　承迎：欢迎，接待。
7　峻于制敕：比皇帝所下的命令还要严厉。
8　豪荡：强横放荡。
9　会昌县：古县名，治所即今陕西省西安市临潼区，因县境有会昌山得名。
10　神威军、应龙城：神威军，哥舒翰置，驻所位于今青海省海北州海晏县西。应龙城，古地名，位于今青海省青海湖龙驹岛海心山上。
11　殷富：殷实富足。
12　罕俦：少可相比。

群臣观之，赐钊紫衣、金鱼[1]。上由是视金帛如粪壤[2]，赏赐无限极。

夏，四月，杀咸宁[3]太守赵奉璋奉璋告李林甫罪二十条，未达，林甫讽御史逮捕以为妖言，杖杀之。

胡氏曰：自古杀忠谏者必亡。人君以此，犹亡其国，宰相以此，岂不亡其家与身乎？然奉璋官非谏臣，职非御史，出位[4]而言，其死自取之也。

五月，停折冲府[5]上下鱼书[6]先是，折冲府皆有木契[7]、铜鱼，朝廷征发，下敕书、契、鱼，都督、郡府参验[8]皆合，然后遣之。自募置彍骑，府兵日坏，死亡不补，器械耗散略尽。府兵入宿卫者，谓之侍官，言其为天子侍卫也。其后本卫多以假人[9]，役使如奴隶，长安人羞之，至以相诟病。其戍边者，又多为边将苦使，利其死而没其财。由是应为府兵者皆逃匿，至是无兵可交。李林甫遂奏停折冲府上下鱼书，是后府兵徒有官吏而已。彍骑之法，天宝以后，稍亦变废，应募者皆市井负贩、无赖子弟，未尝习兵。时承平日久，议者多谓中国兵可销，于是民间挟兵器者有禁。子弟为武官，父兄摈不齿[10]。猛将、精兵皆聚于西北边，中国无武备矣。

六月，加圣祖[11]及诸帝、后号、谥太白山人李浑等上言，见神人言金星洞有玉板石记圣主福寿之符，命王𫟹求，获之。上以符瑞相继，上圣祖号曰大道玄元皇帝，高祖谥曰神尧，太宗曰文武，高宗曰天皇，中宗曰孝和，睿宗曰

1　金鱼：鱼袋的一种，金饰，用以盛放金鱼符。金鱼符，隋唐时朝廷颁发的符信，雕木或铸铜为鱼形，刻书其上，剖而分执之，以备符合为凭信，所以明贵贱，应征召。唐制，三品以上的官员佩金鱼符。
2　粪壤：粪土。
3　咸宁：古郡名，由丹州改称，辖今陕西省延安市宜川县地。
4　出位：越位，超越本分。
5　折冲府：即唐代府兵制基层军府，分上、中、下三等，上府一千二百人，中府一千人，下府八百人，所属的兵士通称卫士。
6　鱼书：朝廷任免州郡长官时所赐颁的鱼符和敕书。
7　木契：木制的符信或凭证。
8　参验：考察检验，比较验证。
9　本卫多以假人：宿卫的府兵多雇人顶替。
10　摈不齿：被排斥瞧不起。
11　圣祖：即老子李耳。

玄真，帝曰大圣皇帝，后曰顺圣皇后。

范氏曰：尧、舜、禹、汤、文、武之君，谥号惟一而已，既称天以诔之，则子孙不可得而改也。高宗不师古昔[1]，始改祖宗旧谥。天宝以后，增加复重，至繁而不可纪。夫祖宗苟有高世之功德，则曰文、曰武足矣。若其无功德而子孙妄加之，则是诬之，而使天下后世以为讥玩[2]也。故夫孝子慈孙之欲显其亲，莫若使名副其实而不浮，则天下心服之矣，未闻以谥号繁多为贵也。唐之典礼[3]，不经甚矣。

哥舒翰攻吐蕃石堡城，拔之哥舒翰率兵六万攻吐蕃石堡城。其城三面险绝[4]，惟一径可上，吐蕃但以数百人守之，贮粮食，积木石。唐兵前后屡攻之，不能克。翰进攻数日不拔，召裨将高秀岩、张守瑜欲斩之，二人请三日期拔之。士卒死者数万。顷之，翰又遣兵于赤岭西开屯田，以谪卒[5]二千戍应龙城。吐蕃大集[6]，戍者尽没。

群臣请加尊号凡十二字。

始禘、祫于太清宫。

庚寅**九载**（公元750年）

春，正月，群臣请封西岳[7]，许之。

二月，以姚思艺为检校进食使[8]时诸贵戚竞以进食相尚，上命宦官姚思艺为检校进食使。水陆珍羞数千盘，一盘费中人十家之产。

关中旱，西岳祠灾。制罢封祀[9]。

1 古昔：古时候。
2 讥玩：讥讽轻慢。
3 典礼：制度礼仪。
4 险绝：极险。
5 谪卒：古代因罪而被遣送戍边的士卒。
6 大集：大汇聚。
7 封西岳：到西岳华山筑坛祭天。
8 进食使：古官名，掌所进水陆珍馐。进食，进奉食物。
9 封祀：封禅。

夏，四月，流宋浑于潮阳[1]初，吉温因李林甫得进，及杨钊恩遇浸深，温遂去林甫而附之，为画代林甫执政之策。御史中丞宋浑，林甫所厚也，求得其罪，使钊奏而逐之，以翦其心腹。林甫不能救也。

五月，赐安禄山爵东平郡王唐将帅封王自此始。

秋，八月，以安禄山兼河北道采访处置使[2]。

求殷、周、汉后，废韩、介、酅公处士崔昌上言："国家宜承周、汉，以土代火。魏、周、隋皆闰位[3]，不当以其子孙为二王后。"事下公卿集议[4]。集贤院学士卫包上言："集议之夜，四星聚于尾，天意昭然[5]。"上乃命求殷、周、汉后为三恪[6]，废韩、介、酅公。

冬，十月，得妙宝真符山人王玄翼上言见玄元皇帝言宝仙洞有妙宝真符，命张均等求，得之。时上尊道教，慕长生，故所在争言符瑞。李林甫等皆请舍宅为观，以祝圣寿，上悦。

范氏曰：秦始皇、汉武帝皆雄才之主，及为玄士所欺玩[7]，无异于婴儿。人君惟恭俭寡欲，则邪谄无自而入矣。其心一有所蔽，鲜不为惑也。明皇不正其心，故小人争为幻以惑之，其神明精爽既夺矣。此所以养成大乱也。

安禄山入朝禄山屡诱奚、契丹，饮以莨菪酒[8]，醉而坑之，动数千人，函首以献，前后数四。至是请入朝。上命有司先为起第于昭应。禄山至戏水[9]，杨钊兄弟姊妹皆往迎之。上幸望春宫以待之，禄山献奚俘八千人。上命考课之日，书上上考。前此听禄山于上谷铸钱五垆[10]，禄山乃献钱样千缗。

1　潮阳：古郡名，由潮州改称，辖今广东省平远、梅县、揭西、惠来等县以东地区。
2　采访处置使：古官名，可罢免州刺史，除变革旧制须先报可，其余皆得自行处理，先行后奏。
3　闰位：非正统的帝位。
4　集议：共同评议。
5　昭然：很明显的样子。
6　三恪：王朝新立，封前代三王朝的子孙，给以王侯名号，称三恪，以示敬重。
7　欺玩：欺罔玩忽。
8　莨菪酒：药酒名，主治催奶。
9　戏水：古水名，位于今陕西省西安市临潼区东，源出骊山，北流经古戏亭东，又北入渭。
10　垆：古时酒店里安放酒瓮的土台子。

制追复张易之兄弟官爵杨钊，张易之之甥也，奏乞雪易之兄弟。制引易之兄弟迎中宗于房陵之功，复其官爵，仍官其子。

赐杨钊名国忠钊以图谶有“金刀”，请改之也。

南诏反，陷云南郡[1]杨国忠德鲜于仲通，荐为剑南节度使。仲通性褊急，失蛮夷心。故事，南诏常与妻子俱谒都督，过云南，太守张虔陀皆私之，又多所征求。南诏王阁罗凤忿怨[2]，发兵反，攻陷云南，杀虔陀，取夷州三十二[3]。

辛卯**十载**（公元751年）

春，正月，免驸马程昌裔官杨氏五宅夜游，与广平公主从者争西市门，杨氏奴挥鞭及公主衣，公主坠马。昌裔下扶之，亦被数鞭。公主泣诉于上，上为之杖杀杨氏奴。明日，免昌裔官，不听朝谒。

为安禄山起第于亲仁坊命有司为安禄山起第于亲仁坊，敕令但穷壮丽，不限财力，令中使护作[4]，敕之曰：“胡眼大，勿令笑我！”禄山置酒新第，上命宰相赴之，日遣诸杨与之游宴。禄山生日，上及贵妃赐予甚厚。后三日，召入禁中，贵妃以锦绣为大襁褓裹之，使宫人以彩舆[5]舁之。上闻，问故，左右以贵妃洗禄儿对。上赐贵妃洗儿金银钱，复厚赐禄山，尽欢而罢。自是禄山出入宫掖，通宵不出，颇有丑声闻于外，上亦不疑也。

范氏曰：明皇不信其子，而宠胡人以为戏，至使出入宫禁而不疑，亵慢神器亦极矣。岂天夺其明，将启戎狄以乱华欤？何其惑之甚也！

高仙芝入朝，加开府仪同三司初，吐火罗叶护遣使表称：“朅师[6]王亲附吐蕃，困苦小勃律。”诏发安西兵讨之。仙芝遂破朅师，虏其王。又伪与石

---

1 云南郡：古郡名，由嶲州改称，辖今四川省西昌市、越西县等市县地。
2 忿怨：怨恨。
3 夷州三十二：原来归附于唐朝的西南夷三十二州。
4 护作：主持并监督某项工程。
5 彩舆：彩轿。
6 朅师：古西域国名，亦作羯师国，位于今巴基斯坦北部之奇特拉尔。

国约和，引兵袭之，虏其王及部众以归，掠得瑟瑟[1]十余斛，黄金五,六橐驼，皆入其家。至是，入朝献俘[2]，加开府仪同三司。寻以仙芝为河西节度使，代安思顺。思顺讽群胡割耳、剺面请留己，制复留之。

以安禄山兼河东节度使户部郎中吉温见禄山有宠，约为兄弟，说禄山曰："李丞相虽以时事亲三兄[3]，必不肯以兄为相。兄若荐温于上，温即奏兄堪大任，共排林甫，出之，为相必矣。"禄山悦其言，数称温才于上。会禄山领河东，因奏温为副使，知留后，以大理司直张通儒为判官，委以军事。林甫与禄山语，每揣知其情，先言之，禄山惊服。每见，虽盛冬，常汗沾衣。林甫引与坐于中书厅，抚以温言，自解披袍[4]以覆之。禄山忻荷[5]，言无不尽，谓林甫为十郎。既归范阳，刘骆谷每自长安来，必问："十郎何言？"得美言则喜。或但云"语安大夫[6]，须好检校"，辄反手据床曰："噫嘻，我死矣！"

胡氏曰：禄山之惮林甫，诚以林甫智术足以御之也。若林甫明以禄山兵多势大，将生变乱，开悟上意，移之他镇，消未然之患，则身虽多罪，亦有可赎，乃姑欲示以精神，胁以气势，使之畏己而已，其罪可胜言哉？

禄山既兼领三镇，日益骄恣，自以曩时不拜太子，见上春秋高，颇内惧。又见武备堕弛[7]，有轻中国之心。孔目官[8]严庄、掌书记[9]高尚因为之解图谶，劝之作乱。禄山养同罗、奚、契丹降者八千余人，谓之"曳落河"。曳落河者，胡言壮士也，皆骁勇善战，一可当百。又畜战马数万匹，分遣商胡贩鬻[10]诸

1　瑟瑟：碧色宝石。
2　献俘：古代一种军礼，凯旋时以所获俘虏献于宗庙，显示战功。
3　以时事亲三兄：因为时局不得不亲近三兄您。时事，局势，时局。三兄，指安禄山。
4　披袍：披风。
5　忻荷：十分感激。
6　安大夫：即安禄山。安禄山兼任御史大夫，因称"安大夫"。
7　武备堕弛：武备，军备，武装力量、军事装备等。堕弛，废弃懈怠。
8　孔目官：古官名，官府衙门里的高级吏人，掌管狱讼、帐目、遣发等事务。
9　掌书记：古官名，节度使属官，掌朝觐、聘问、慰荐、祭祀、祈祝之文及号令、升纳之事。
10　贩鬻：贩卖。

道，岁入数百万。以尚、庄、通儒及将军孙孝哲为腹心，史思明、安守忠、李归仁、蔡希德、牛廷玠、向润容、李庭望、崔乾祐、尹子奇、何千年、武令珣、能元皓、田承嗣、田干真、阿史那承庆为爪牙。尚，本名不危，颇有辞学，薄游[1]河朔，贫困不得志，常叹曰："高不危当举大事而死，岂能啮草根求活邪？"禄山引置幕府，出入卧内。尚典笺奏[2]，庄治簿书。承嗣为前锋兵马使，治军严整。尝大雪，禄山按行诸营，至承嗣营，寂若无人，入阅[3]士卒，无一人不在者，禄山以是重之。

夏，四月，剑南节度鲜于仲通讨南诏蛮，败绩。制复募兵以击之仲通将兵八万讨南诏。南诏王阁罗凤遣使谢罪，请还所俘掠，城云南而去。仲通不许，囚其使，进军至西洱河，与战，大败，士卒死者六万人，仲通仅以身免。杨国忠掩其败状，仍叙其战功。阁罗凤遂北臣于吐蕃，吐蕃号曰东帝。阁罗凤刻碑于国门，言己不得已而叛唐，且曰："我世世事唐，受其封赏，后世容复归唐，当指碑以示唐使者，知吾之叛非本心也。"制募兵以击之。人闻云南多瘴疠，莫肯应募。杨国忠遣御史分道捕人，枷送军所。旧制，百姓有勋者免征役，国忠奏先取高勋[4]。于是行者愁怨，父母妻子送之，所在哭声振野[5]。

高仙芝击大食[6]，败绩高仙芝之虏石国王也，石国王子逃诣诸胡，告仙芝欺诱贪暴之状，诸胡皆怒，潜引大食，欲共攻四镇。仙芝将兵三万击之，深入七百余里，与战，大败，士卒死亡略尽。将军李嗣业劝仙芝宵遁，别将段秀实诟之曰："避敌先奔，无勇也；全己弃众，不仁也。幸而得达，独无愧乎？"嗣业执其手谢之，留拒追兵，收散卒，得俱免。还至安西，言于仙芝。以秀实兼都知兵马使，为己判官。

---

1 薄游：为薄禄而宦游于外。
2 笺奏：书札和奏章。
3 阅：察看，视察。
4 先取高勋：只许功劳大的免除兵役。高勋，大功勋。
5 振野：野外震动。
6 大食：即阿拉伯帝国，疆域东起印度河及葱岭，西抵大西洋沿岸，北达高加索山脉、里海以及法国南部，南至阿拉伯海与撒哈拉沙漠。

秋，八月，武库火烧兵器三十七万。

安禄山讨契丹，大败安禄山将三道兵六万以讨契丹，以奚骑二千为乡导，过平卢千余里，遇雨，弓弩筋胶皆弛。奚复叛，与契丹合，夹击唐兵，杀伤殆尽。禄山独与麾下二十骑走入师州[1]。归罪于左贤王哥解、兵马使鱼承仙而斩之。平卢兵马使史思明惧，逃入山谷。禄山还至平卢，麾下皆亡。史思明出见禄山，禄山喜，执其手曰："吾得汝，复何忧！"思明退，谓人曰："向使早出，已与哥解并斩矣。"

冬，十一月，以杨国忠领剑南节度使。

壬辰**十一载**（公元752年）

春，二月，以粟、帛、库钱易恶钱先是，江、淮多恶钱，贵戚、大商[2]往往以良钱一易恶钱五，载入长安，市井不胜其弊。故李林甫奏请禁之，官为易取[3]，期一月不输官者罪之。于是商贾不以为便，遮杨国忠马自言，国忠为言于上。乃更命非铅、锡所铸及穿穴[4]者，皆听用之。

三月，安禄山击契丹禄山击契丹，欲以雪去秋之羞。初，突厥阿布思来降，上厚礼之，赐姓名李献忠，累迁朔方节度副使，赐爵奉信王。献忠有才略，不为安禄山下，禄山恨之。至是，奏请献忠俱击契丹。献忠恐为禄山所害，乃率所部叛归漠北，禄山遂顿兵不进。

改吏、兵、刑部为文、武、宪部。

夏，户部侍郎、京兆尹王𫟹伏诛𫟹权宠日盛，领二十余使，宅旁为使院[5]，文案盈积，吏求署一字，累日不得前，虽李林甫亦畏避之。然𫟹事林甫谨，林甫虽忌其宠，不忍害也。𫟹弟户部郎中銲，凶险不法，召术士任海川，

1　师州：古州名，为羁縻州，领契丹、室韦部落，治所位于今北京市房山区境内。
2　大商：大商人。
3　易取：兑换。
4　穿穴：穿孔。
5　使院：节度使出征、入朝，或死而未有后代，皆有留后摄其事，称节度留后。节度留后治事之官署，称使院。

问："我有王者之相否？"海川惧，亡匿。铁恐事泄，捕得，托以他事杖杀之。王府司马韦会话之私庭[1]，铁又使长安尉贾季邻收系杀之。铎所善邢縡与龙武万骑谋作乱，有告之者。上以告状[2]面授铁，使捕之。铁意铎在縡所，先遣人召之。日晏[3]，乃命季邻等捕縡，縡率其党格斗。会高力士引禁军至，击斩縡，捕其党，皆擒之。国忠白上："铁必预谋。"上以铁任遇深，不应同逆[4]，李林甫亦为之辨解。上乃命特原铎不问，使国忠讽铁表请罪之。铁不忍，上怒。会陈希烈极言铁大逆当诛，敕希烈与国忠鞫之。仍以国忠兼京兆尹。于是任海川、韦会等事皆发。狱具[5]，铁赐自尽，铎杖死于朝堂。有司籍其第舍，数日不能遍。铁宾佐[6]莫敢窥其门，独采访判官[7]裴冕收其尸葬之。

范氏曰：夫利，百物之所生，而天地之所以养人也。专之必壅，壅则所害者多，故君子不尽利以遗民，所以均天地之施也。圣王宁损己以益人，不损人而益己。记曰："与其有聚敛之臣，宁有盗臣。"是以兴利之臣鲜不祸败，自桑弘羊以来未有令终者也。必若公刘[8]之厚民，管仲之富国，李悝之平粜[9]，耿寿昌之常平[10]，不为掊克[11]，上下皆济，则身享其荣，后嗣蒙其庆[12]矣。吉凶祸福之效如此，可不戒哉？

以安思顺为朔方节度使初，李林甫以陈希烈易制，引为相，政事常随林甫左右。晚节遂与林甫为敌，林甫惧。会李献忠叛，林甫乃请解朔方节制[13]，且

---

1 私庭：私家，私人地方。
2 告状：举报信。
3 日晏：天色已晚。
4 同逆：共同叛逆。
5 狱具：罪案已定。
6 宾佐：幕宾佐吏。
7 采访判官：古官名，采访使属官，分判尚书六行事及州郡簿书，后改为观察判官。
8 公刘：古代周部落的杰出首领，带领百姓致力于耕种，采掘矿石，改进生产工具和武器，为后来周人的发展奠定了基础。
9 平粜：官府在丰收时用平价买进谷物，以待荒年卖出。
10 常平：古代一种调节米价的方法，筑仓储谷，谷贱时增价而籴，谷贵时减价而粜。
11 掊克：聚敛，搜刮。
12 庆：福泽。
13 节制：即节度使。

荐河西节度使安思顺自代，故有是命。

五月，以杨国忠为御史大夫、京畿采访使初，李林甫以国忠微才，且贵妃之族，故善遇之。国忠以林甫荐王鉷为大夫，不悦，遂深探邢縡狱，令引林甫交私事状，陈希烈、哥舒翰从而证之。上由是疏林甫，擢国忠为大夫，凡鉷所领使务[1]皆归之。国忠贵震天下，始与林甫为仇敌矣。

秋，八月，帝复幸左藏杨国忠奏有凤凰见左藏屋，出纳判官魏仲犀见之。遂以仲犀为殿中侍御史，国忠属吏率以凤凰优得调[2]。

冬，十一月，李林甫卒南诏数寇边，蜀人请杨国忠赴镇[3]，林甫奏遣之。国忠将行，泣言："必为林甫所害。"上曰："卿暂到蜀区处军事，朕屈指待卿，还当入相。"林甫时已有疾，忧懑不知所为。国忠至蜀，上遣中使召还。至昭应谒林甫，拜于床下。林甫流涕谓曰："林甫死矣。公必为相，以后事累公。"国忠谢不敢当，汗流覆面。林甫遂卒。上晚年自恃承平，以为天下无复可忧，遂深居禁中，专以声色自娱，悉委政事于林甫。林甫媚事左右，迎合上意，以固其宠；杜绝言路，掩蔽聪明，以成其奸；妒贤疾能，排抑胜己，以保其位；屡起大狱，诛逐[4]贵臣，以张其势，自皇太子以下畏之侧足。凡在相位十九年，养成天下之乱，而上不之寤也。

以杨国忠为右相，兼文部尚书国忠为人强辩[5]，而轻躁无威仪。既为相，裁决机务，果敢不疑，攘袂扼腕，公卿以下，颐指气使，莫不震慑。凡领四十余使。台省官有时名[6]、不为己用者，皆出之。或劝陕郡[7]进士张彖谒之，彖曰："君辈倚杨右相如泰山，吾以为冰山耳。若皎日[8]既出，君辈得无失所恃乎？"

1　使务：即使职，某某使。
2　优得调：得到优先升迁。
3　赴镇：上任。
4　诛逐：诛戮，贬斥。
5　强辩：能言善辩。
6　时名：当时的声名或声望。
7　陕郡：古郡名，由陕州改称，辖今河南省三门峡市、陕县、灵宝及山西省芮城、平陆等县地。
8　皎日：明亮的太阳。

遂隐居嵩山。

以吉温为御史中丞杨国忠荐之也。温诣范阳辞安禄山，禄山令其子庆绪送至境，为温控马出驿[1]数十步。温至长安，凡朝廷动静，辄报禄山，信宿而达。

哥舒翰、安禄山、安思顺入朝翰素与禄山、思顺不协，上常和解之，使为兄弟。至是，俱入朝。上使高力士宴之于城东，禄山谓翰曰："公与我族类颇同，何得不相亲？"翰曰："古人云：'狐向窟嗥[2]，不祥。'为其忘本故也。兄苟见亲[3]，翰敢不尽心？"禄山以为讥其胡也，大怒，骂翰曰："突厥敢尔！"翰欲应之，力士目翰，乃止，自是为怨愈深。

癸巳**十二载**（公元753年）

春，正月，杨国忠注选人于都堂[4]国忠欲收人望，建议："文部选人，无问贤不肖，选深者[5]留之，依资据阙注官[6]。"滞淹者翕然称之。凡所施置[7]，皆曲徇时人所欲，故颇得众誉。故事，兵、吏部尚书知政事者，选事悉委侍郎以下，三注三唱[8]，仍过门下省审，自春及夏乃毕。至是，国忠欲自示精敏，乃遣令史先于私第密定名阙[9]。召左相陈希烈及给事中、诸司长官皆集尚书都堂唱注[10]，一日而毕，曰："今左相、给事中俱在座，已过门下矣。"其间资格差缪[11]甚众，无敢言者。于是门下不复过官，侍郎但掌试判而已。京兆尹鲜于仲通

---

1 控马出驿：牵着马送出驿站大门。
2 狐向窟嗥：狐狸向着自己的洞窟嚎叫。
3 见亲：被亲近。
4 都堂：唐尚书省居中，东有吏、户、礼三部，西有兵、刑、工三部，尚书省的左右仆射总辖各部，称为都省，其总办公处称为都堂。
5 深者：资历深的。
6 依资据阙注官：依照声望和职位空缺的情况任命职位。
7 施置：处置，安排。
8 三注三唱：经过三次考试，每次考试均中选。
9 名阙：官职任用名单。
10 唱注：提名确定。
11 差缪：错误，差错。

讽选人，请为国忠刻颂[1]，立于省门。制仲通撰其辞，上为改定数字，仲通以金填之。

二月，追削李林甫官爵，剖其棺杨国忠说安禄山使阿布思部落降者诣阙诬告李林甫与阿布思谋反，上信之，下吏按问。林甫婿谏议大夫杨齐宣惧为所累，证成之。时林甫尚未葬，制削官爵，子孙皆流岭南、黔中，近亲及党与坐贬者五十余人。剖棺抉含珠，褫金紫[2]，更以小棺，如庶人礼葬之。赐希烈、国忠爵许、魏国公，赏其成林甫之狱也。

夏，五月，复以魏、周、隋后为三恪杨国忠欲攻李林甫之短故也。卫包、崔昌皆坐贬官。

秋，八月，以哥舒翰兼河西节度使禄山以李林甫狡猾逾己，故畏服之。及杨国忠为相，视之蔑如也，由是有隙。国忠屡言禄山有反状，上不听。陇右节度使哥舒翰击吐蕃，拔洪济、大漠门[3]等城，悉收九曲部落。国忠欲厚结翰，与共排安禄山，奏以翰兼河西节度，赐爵西平郡王。是时，中国盛强，自安远门[4]西尽唐境几万二千里，闾阎相望，桑麻翳野[5]，天下称富庶者无如陇右。翰每遣使入奏，常乘白橐驼，日驰五百里。

冬，十月，帝如华清宫杨国忠素与虢国夫人通，至是往来无度，或并辔走马，不施障幕[6]，道路掩目[7]。三夫人从幸华清，会于国忠第，车马仆从充溢数坊，锦绣珠玉，鲜华[8]夺目。国忠谓客曰："吾本寒家[9]，一旦缘椒房至此，未知

1　为国忠刻颂：为杨国忠撰写赞颂之辞，并刻成碑。
2　抉含珠，褫金紫：挑出了口中所含的珍珠，解下金印，脱掉紫绶。抉，挑出。褫，脱去，解下。
3　洪济、大漠门：洪济，古城名，位于今青海省海南藏族自治州贵德县一带。大漠门，古城名，位于今青海省海南藏族自治州共和县东南。
4　安远门：即开远门，唐长安外郭城西面偏北的一门，故址位于今陕西省西安市西郊。
5　闾阎相望，桑麻翳野：村落相望，桑麻布满田野。闾阎，平民居住的地方。翳，遮蔽，掩盖。
6　障幕：帷幕。
7　掩目：捂住眼睛，意指不敢看。
8　鲜华：鲜艳华丽。
9　寒家：寒微的家庭。

税驾[1]之所。然终不能致令名，不若且极乐[2]耳。”杨氏五家队，各为一色衣以相别。五家合队，粲若云锦[3]。国忠仍以剑南旌节[4]引于其前。国忠子暄举明经，荒陋[5]不及格。礼部侍郎达奚珣畏国忠，遣其子邀国忠马白之，然亦未敢落也，国忠怒曰：“我子何患不富贵，乃令鼠辈相卖？”策马不顾而去。珣惧，遂置暄上第。

以中书舍人宋昱知选事前进士刘乃遗昱书曰：“禹、稷、皋陶同居舜朝，犹曰载采有九德，考绩亦九载[6]。近代主司，察言于一幅之判[7]，观行于一揖之间，何古今迟速不侔之甚哉？借使周公、孔子今处铨廷[8]，考其辞华[9]，则不及徐、庾[10]，观其利口[11]，则不若啬夫，何暇论圣贤之事业乎？”

甲午**十三载**（公元754年）

春，正月，安禄山入朝是时，杨国忠言禄山必反，且曰：“陛下试召之，必不来！”上使召之，禄山即至，见上泣曰：“臣本胡人，陛下宠擢[12]至此，为国忠所疾，臣死无日矣！”上怜之，赏赐巨万。由是国忠之言不能入矣。太子亦言禄山必反，上不听。

加安禄山左仆射上欲加安禄山同平章事，已令太常张垍草制，杨国忠曰：“禄山虽有军功，目不知书，岂可为宰相？制书若下，恐四夷轻唐。”上

1 税驾：解驾，停车，谓休息或归宿。税，通“脱”。
2 极乐：尽情娱乐。
3 粲若云锦：像云锦一样绚烂夺目。云锦，一种高级提花丝织物，色彩鲜艳，花纹瑰丽如彩云。
4 旌节：古代使者所持的节，以为凭信。
5 荒陋：粗野浅陋。
6 载采有九德，考绩以九载：吸收人们九种美善的德行，用九年的时间考察一个人的能力。
7 察言于一幅之判：根据一篇文章就判定一个人的文字水平。
8 铨廷：指吏部。吏部专司考核、选拔官吏，故称。
9 辞华：文辞的华美。
10 徐、庾：即南北朝时的徐陵和庾信。
11 利口：口齿伶俐。
12 宠擢：宠爱提拔。

乃以禄山为仆射。唐初，诏敕皆中书门下官有文者为之。乾封[1]以后，始召文士[2]草诸文辞，常于北门候进止，时人谓之“北门学士”。上即位，始置翰林院，密迩禁廷[3]，延文章之士，下至僧、道、书、画、琴、棋、数术之工皆处之，谓之“待诏”。刑部尚书张均及弟垍皆翰林院供奉。

范氏曰：中书、门下，出纳王命之司也，故诏敕行焉。明皇始置翰林，而其职始分。既发号令，预谋议[4]，则自宰相以下，进退轻重系之矣，岂特取其词艺[5]而已哉？释、老之徒，方外[6]之士；书、画、琴、棋、数术，艺伎[7]以事上，而不与士齿者也，而使与文学之臣杂处，非所以育材养贤也。上失其制，下怀其利，为之者不亦可羞哉？

胡氏曰：陟降[8]多士，皆当出于中书，设有私徇[9]，小则诘责，大则黜削可也，不当疑其事而分其权。翰林初置，人材与杂流[10]并处，其后杂流不入，专处忠贤。然有天子私人之目，“内相”之称，则非王政[11]设官之体矣。王者无私而有私人，相无不统而有内相，是与大臣自设形迹[12]为异同[13]也，而可乎哉？

以安禄山为闲厩群牧使[14]禄山求兼领群牧总监，密遣亲信选健马堪战者数千匹别饲之。

二月，复加圣祖及诸帝、后号、谥上亦加尊号至十四字。

以杨国忠为司空。

1　乾封：唐高宗李治的年号，存续时间为公元 666 至 668 年。
2　文士：读书人，文人。
3　禁廷：宫廷。
4　谋议：谋划计议。
5　词艺：文词的才艺。
6　方外：世外，超然于世俗礼教之外。
7　艺伎：即技艺。
8　陟降：升降。
9　私徇：犹徇私，曲从私情。
10　杂流：旧时对手艺工人的蔑称。
11　王政：王道仁政。
12　形迹：规矩，礼法。
13　异同：不同，不一致。
14　闲厩群牧使：闲厩，古代皇家养牲口的地方。群牧使，古官名，负责主管群牧。

三月，安禄山归范阳安禄山奏所部将士讨奚、契丹等勋效[1]甚多，乞超资[2]加赏，除将军者五百余人，中郎将者二千余人。禄山欲反，故先以此收众心也。禄山辞归范阳，上解御衣以赐之。禄山惊喜，恐杨国忠奏留之，疾驱出关，乘船而下，昼夜兼行，日数百里。自是有言禄山反者，上皆缚送之，由是人无敢言者。初，上令高力士饯禄山还，上问："禄山慰意[3]乎？"对曰："观其意怏怏，必知欲命为相而中止也。"上以告国忠，国忠曰："此议他人不知，必张垍兄弟告之也。"上怒，贬均、垍官。

夏，六月朔，日食，不尽如钩。

胡氏曰：以数[4]言之，日中则昃。今明皇享国既久，乃将晦[5]之时也。以义言之，谪见[6]则食。今明皇昏蔽[7]其德，乃蚀尽之象也。先是十七年，日食不尽如钩，为用宇文融也。自十八年至天宝五载十七年间，日食且十，天于明皇，丁宁之意勤矣，而恐惧修德，咸无传焉。故自六年至十二年，寂无告戒。若欲绝之而犹未忍也，至是日食不尽如钩，为宠杨太真也。凡欲非一端，而货色[8]尤甚。徇于货色，必疏贤人，此昏之所由也；远色贱货，必亲贤人，此明之所自也。成汤不迩声色，不殖货利，故能立贤无方[9]，日新其德。明皇诚能仰观于天，俯求于己，知太阳侵食[10]之咎不在乎他，革而正之，其变乱为治，易危为安，犹反手[11]耳。

剑南留后李宓击南诏，败没宓击南诏，阁罗凤诱之深入，至太和城，闭壁不战。宓粮尽，士卒瘴疫、饥死什七八，乃引还，蛮追击之，全军皆

1 勋效：功勋。
2 超资：越级。
3 慰意：满意。
4 数：气数，命运。
5 晦：晚，昏暗。
6 谪见：古代迷信认为异常的天象是上天对人的谴责，出现灾变的征候谓之"谪见"。
7 昏蔽：蒙蔽。
8 货色：财货和女色。
9 无方：不拘一格。
10 侵食：侵占吞食。
11 反手：翻转手掌，比喻事情极容易办。

没。杨国忠隐其败，更以捷闻，益发中国兵讨之。前后死者几二十万人，无敢言者。

范氏曰：壅蔽之为害深矣。明皇信一杨国忠，丧师二十万而不知，其不亡岂不幸哉？国忠欺蔽[1]如此，而举朝亦无一人敢以实告其君者，盖在位皆小人也。当是时，明皇享国四十余年，自以为有万世之安，而不知祸乱将发于朝莫[2]，由置相非其人也，可不戒哉！

胡氏曰：杨国忠、鲜于仲通开南诏之隙，丧师几二十万；高仙芝击大食，丧师三万；安禄山讨奚、契丹，丧师六万。前此杨思勖讨叛蛮，所杀又十一万。夫为天养人者，天子之职也，将帅杀之如此，而明皇不知，失职久矣，其能免乎？

上尝谓高力士曰："朕今老矣，朝事[3]付之宰相，边事付之诸将，夫复何忧？"力士对曰："臣闻云南数丧师，又边将拥兵太盛，陛下将何以制之？臣恐一旦祸发，不可复救，何谓无忧也？"上曰："卿勿言，朕徐思之。"

范氏曰：明皇之言未为失也，其失者任非其人也。诚使相如姚、宋[4]，将如王忠嗣，复何忧哉？而以奸猾为贤良，是以祸乱已成而不自知也。力士非有深谋远虑，忠义过人，盖朝廷无贤，百官失职，至于宦者言天下之事，亦可以悟矣。而曾不之省[5]，以及于乱，不亦宜哉！

秋，八月，陈希烈罢，以韦见素同平章事杨国忠忌陈希烈，希烈累表辞位。上欲以吉温代之，国忠以温附安禄山，奏言不可。以见素和雅易制，荐之。

关中大饥自去岁水旱相继，关中大饥。上忧雨伤稼，国忠取禾之善者献

1　欺蔽：欺骗蒙蔽。
2　朝莫：同"朝暮"，不久。
3　朝事：朝廷的政事。
4　姚、宋：即姚崇、宋璟。
5　曾不之省：竟然还不反思。

之，曰："雨虽多，不害稼也。"上以为然。扶风太守房琯言所部水灾，国忠使御史推之。是岁，天下无敢言灾者。高力士侍侧，上曰："淫雨[1]不已，卿可尽言。"对曰："自陛下以权假宰相，赏罚无章，阴阳失度，臣何敢言？"上默然。

冬，闰十一月，贬韦陟为桂岭[2]尉，吉温为澧阳[3]长史河东太守韦陟文雅有盛名，杨国忠恐其入相，使人告陟赃污，事下御史。陟赂中丞吉温，使求救于安禄山，复为国忠所发。贬陟桂岭尉，温澧阳长史。安禄山为温讼冤，且言国忠谗疾[4]，上两无所问。

户部奏郡县、户口之数郡三百二十一，县千五百三十八，户九百六十一万九千二百五十四，口五千二百八十八万四百八十八。

胡氏曰：有盛必有衰，有成必有坏，天地盈虚[5]，与时消息，而况于人乎？或谓自古人主养民，至千万户则止矣，是以数言，亦然亦不然也。然者，以汉文、景而武帝继之，以隋高祖而炀帝继之，以明皇而禄山出焉。不然者，尧、舜、禹、启，太平三百余年，周成、康、昭、穆，太平亦二百余年，计其生齿[6]，岂止千万户而已哉？养之既至，教之又备，无札瘥[7]、兵革之祸，王者代天理物，于是为尽矣。明皇户口虽多，而身自毁之，祸乱稍平，几去其半，徒以内有一杨太真、外有一李林甫而致之。乌乎，可不鉴哉？

乙未**十四载**（公元755年）

春，二月，安禄山请以蕃将代汉将，从之禄山使副将何千年入奏，请以蕃将三十二人代汉将。韦见素谓杨国忠曰："禄山久有异志，今又有此请，

1　淫雨：下个不停的雨，过量的雨。
2　桂岭：古县名，治所位于今广西贺州市东北，以境内桂岭为名。
3　澧阳：古郡名，辖今湖南省澧县、临澧、安乡、石门、慈利、张家界、桑植等县市地。
4　谗疾：谗害嫉妒。
5　盈虚：盈满或虚空，谓发展变化。
6　生齿：人数。亦指人口，人民。
7　札瘥：因疫疠、疾病而死。

其反明矣。”明日入见，上迎谓曰：“卿等疑禄山邪？”见素因极言禄山反已有迹，所请不可许，上不悦，竟从禄山之请。他日，国忠、见素言于上曰：“臣有策，可坐消禄山之谋。若除禄山平章事，召诣阙，以贾循、吕知诲、杨光翙分领范阳、平卢、河东节度，则势自分矣。”上从之。已草制而不发，更遣中使辅璆琳以珍果赐禄山，潜察其变。璆琳受禄山厚赂，还，盛言禄山无二心。上谓国忠等曰：“朕推心[1]待之，必无异志！朕自保之，卿等勿忧也。”事遂寝。

哥舒翰入朝翰入朝得疾，遂留京师，家居不出。

秋，七月，安禄山表请献马，遣中使谕止之禄山自归范阳，朝廷每遣使者至，皆称疾不出迎，盛陈武备，然后见之，无复人臣礼。杨国忠日夜求禄山反状。禄山子庆宗尚宗女，在京师，密报禄山，禄山愈惧。上以其子成婚，手诏召禄山观礼。禄山辞疾不至，表献马三千匹，每匹执控夫[2]二人，遣蕃将二十二人部送[3]。河南尹达奚珣疑有变，奏：“请谕禄山以进马宜俟至冬，官自给夫，无烦本军。”于是上稍寤，始有疑禄山之意。会辅璆琳受赂事泄，上托以他事扑杀之。遣中使冯神威赍手诏谕禄山，如珣策。禄山踞床不拜，曰：“马不献亦可。十月当诣京师。”寻遣还，亦无表。

胡氏曰：明皇至是知禄山之必反，而不为之备，可谓迷而不悟矣。或曰：禄山兵精，虽为之备，亦安能御之乎？曰：颜杲卿、张巡之徒，以一县一郡尚能仓卒[4]立功，况据四海全盛之势乎？苟变易其思虑，澡雪[5]其精神，搜兵择将，立有区处，比其称兵，尚在数月之后，纵河北俶扰[6]，亦安有播迁之辱哉？盖其蛊惑之深，神志昏夺[7]，以至于此，可不戒哉？可不惧哉！

1　推心：以诚相待。
2　执控夫：即马夫。
3　部送：押送囚犯、官物、畜产等。
4　仓卒：亦作“仓猝”，匆忙急迫。
5　澡雪：洗涤使之清洁，洗涤。
6　俶扰：开始扰乱，动乱。
7　昏夺：昏乱，神志迷糊。

八月，免百姓今载[1]租庸。

冬，十月，帝如华清宫。

十一月，安禄山反。遣封常清如东京募兵以御之禄山专制三道，阴蓄异志，殆将十年，以上待之厚，欲俟上晏驾，然后作乱。会杨国忠屡言禄山且反，数以事激之，欲其速反以取信于上，禄山由是决意遽反，独与严庄、高尚、阿史那承庆密谋。会有奏事官[2]自京师还，禄山诈为敕书示诸将曰："有密旨，令禄山将兵入朝讨杨国忠。"众愕然相顾，莫敢异言[3]。于是发所部兵及奚、契丹，凡十五万，反于范阳。命贾循守范阳，吕知诲守平卢，高秀严守大同，大阅誓众[4]，引兵而南，步骑精锐，烟尘千里。时承平久，百姓不识兵革，河北州县望风瓦解。北京[5]以闻，上未信。及闻禄山定反[6]，乃召宰相谋之。杨国忠扬扬[7]有得色曰："今反者独禄山耳，将士皆不欲也。不过旬日，必传首诣行在。"上以为然。安西节度使封常清入朝，上问以讨贼方略，常清大言："请诣东京开府库，募骁勇，挑马棰[8]渡河，计日[9]取逆胡之首献阙下。"上悦，以为范阳、平卢节度使，乘驿诣东京募兵，旬日得六万人。乃断河阳桥[10]，为守御之备。

帝还京师。安庆宗伏诛。以郭子仪为朔方节度使。

以张介然为河南节度使领陈留等十三郡。诸郡当贼冲[11]者，皆置防御使。

十二月，以高仙芝为副元帅，统诸军屯陕以荣王琬为元帅，高仙芝副之，统诸军东征。出内府钱帛于京师募兵十一万，号曰"天武军"，旬日而集，

---

1 今载：今年。
2 奏事官：地方上派遣入朝奏事的官员。
3 异言：持异议。
4 誓众：誓师，告戒众人。
5 北京：指太原府，位于今山西省太原市西南。
6 定反：确定造反。
7 扬扬：也作"洋洋"，得意的样子。
8 马棰：马鞭。
9 计日：形容短暂，为时不远。
10 河阳桥：古桥名，即河桥，位于今河南省焦作市辖孟州市西南黄河上，为黄河南北交通要道之一。
11 冲：交通要道。

皆市井子弟也。仙芝以五万人发京师，遣宦者边令诚监其军，屯于陕。

禄山陷灵昌[1]**及陈留，杀张介然**禄山自灵昌渡河，以絙约败船及草木横绝河流[2]，一夕冰合，遂陷灵昌郡。张介然至陈留才数日，禄山至，授兵乘城，众恼惧，不能守。太守郭纳以城降。禄山入北郭[3]，闻安庆宗死，恸哭，曰："我何罪而杀我子？"陈留将士降者万人，皆杀之，以快其忿。斩张介然于军门。以其将李廷望为节度使，守陈留。

制朔方、河西、陇右兵赴行营[4]。

禄山陷荥阳[5]**，杀其太守崔无诐。**

封常清与贼战于武牢[6]**，败绩。禄山遂陷东京，留守李憕、御史中丞卢奕死之**禄山以田承嗣、安忠志、张孝忠为前锋。常清所募兵皆白徒[7]，屯武牢以拒贼，贼以铁骑蹂之，再战皆败。禄山陷东京，常清再战城中，又败，乃西走。河南尹达奚珣降于禄山。留守李憕谓御史中丞卢奕曰："吾曹荷国重任，虽知力不敌，必死之！"奕许诺。憕收残兵数百，欲战，皆溃。憕坐府中，奕先遣妻子怀印[8]间道走长安，朝服坐台中，禄山使人执之，及采访判官蒋清皆杀之。奕骂禄山，数其罪，顾贼党曰："凡为人当知逆顺[9]。我死不失节，夫复何恨！"奕，怀慎之子也。禄山以其党张万顷为河南尹。

高仙芝退保潼关，河南多陷封常清率余众至陕，谓高仙芝曰："常清连日血战，贼锋不可当。且潼关无兵，若贼豕[10]突入关，则长安危矣。陕不可守，不如引兵先据潼关以拒之。"仙芝乃趋潼关，修完守备。禄山使其将崔乾祐屯

---

1 灵昌：古郡名，由滑州改称，辖今河南省滑县、延津、长垣等县地。
2 约败船及草木横绝河流：捆系破船和杂草树木，横断河流。败船，破船。横绝，横断。
3 北郭：古代城邑外城的北部。
4 行营：出征时的军营，亦指军事长官的驻地办事处。
5 荥阳：古郡名，由郑州改称，辖今河南省管城、荥阳、原武、阳武、新郑、中牟等县地。
6 武牢：古关隘名，又称汜水关、成皋关、古崤关，洛阳东边门户，位于今河南省郑州市辖荥阳市西北。
7 白徒：未经训练的兵卒，临时征集的壮丁。
8 怀印：带着大印。
9 逆顺：逆与顺。多指臣民的顺与不顺，情节的轻与重，境遇的好与不好，事理的当与不当等。
10 贼豕：对叛乱之人的蔑称。

陕，临汝、弘农[1]、济阴[2]、濮阳[3]、云中[4]郡皆降于禄山。是时，朝廷征兵未至，关中恼惧。会禄山方谋称帝，留东京不进，故朝廷得为之备，兵亦稍集。

东平太守、吴王祇起兵讨贼禄山以张通晤为睢阳太守，东略地，郡县官多望风降走，惟东平太守嗣吴王祇、济南[5]太守李随起兵拒之。郡县之不从贼者，皆倚吴王为名。祇，祎之弟也。单父尉贾贲率吏民击斩通晤，有众二千。诏以祇为灵昌太守、河南都知兵马使。

以永王璘为山南节度使，颍王璬为剑南节度使二王皆不出阁，以江陵、蜀郡[6]长史源洧、崔圆副之。

制太子监国上议亲征，制太子监国，谓宰相曰："朕在位垂五十载，去秋已欲传位太子，值水旱相仍[7]，不欲以余灾遗子孙。不意逆胡横发[8]，朕当亲征，且使之监国。事平之日，朕将高枕无为矣。"杨国忠大惧，退谓三夫人曰："太子素恶吾家，若一旦得天下，吾与姊妹并命在旦暮矣。"使说贵妃衔土[9]请命于上，事遂寝。

平原[10]太守颜真卿起兵讨贼初，真卿知禄山且反，因霖雨完城浚濠[11]，料丁壮[12]，实仓廪。禄山以其书生，易之。及反，牒[13]真卿将兵防河津[14]，真卿遣平原

1 弘农：古郡名，由虢州改称，辖今河南省西部灵宝、栾川以西、伏牛山以北地。
2 济阴：古郡名，由曹州改称，辖今山东省菏泽市及定陶、东明、成武、金乡、单县等地。
3 濮阳：古郡名，由濮州改称，辖今河南省滑县、濮阳、范县，山东省郓城、鄄城等市县。
4 云中：古郡名，由云州改称，辖今山西省长城以南、桑干河以北地区。
5 济南：古郡名，由齐州改称，辖今山东省济南、淄博、禹城、临邑、章丘、济阳、邹平、高青、桓台、齐河等市县地。
6 江陵、蜀郡：江陵，古郡名，由荆州改称，辖今湖北省荆门市以南，石首市以北，枝江县以东，潜江市以西地区。蜀郡，古郡名，由益州改称，辖今四川、重庆、贵州、云南等省市大部，湖北省西北部及甘肃省小部分地区。
7 相仍：相继，连续不断。
8 不意逆胡横发：不料逆贼安禄山突然谋反。不意，不料。横发，突然发生。
9 衔土：口含泥土，古代臣下请求死罪的一种表示。
10 平原：古郡名，由德州改称，辖今山东省德州、陵县、平原、宁津及河北省吴桥、东光、交河等市县地。
11 完城浚濠：完城，修缮城墙。浚濠，疏通护城河。
12 料丁壮：统计能作战的壮丁。料，计量。
13 牒：发文。
14 河津：黄河边的渡口。

司兵[1]李平间道奏之。上始闻河北郡县皆从贼，叹曰："二十四郡，曾无一人义士邪？"及平至，大喜曰："朕不识颜真卿作何状，乃能如是？"真卿使亲客[2]密怀购贼牒[3]诣诸郡，由是诸郡多应者。召募勇士，旬日至万余人，谕以举兵讨禄山，继以涕泣，士皆感愤[4]。禄山使其党段子光赍李憕、卢奕、蒋清首徇河北诸郡，至平原，真卿执之，腰斩以徇。取三人首，续以蒲身[5]，棺敛葬之，祭哭受吊。禄山以刘道玄摄景城[6]太守，清池[7]尉贾载、盐山[8]尉穆宁共斩之，得其甲仗五十余船，携其首谒长史李玮。玮收严庄宗族，悉诛之，送道玄首至平原。真卿召载、宁及清河尉张澹诣平原计事。饶阳[9]太守卢全诚据城不受代。河间司法李奂杀禄山所署长史王怀忠。李随杀禄山所署博平[10]太守马冀，各有众数千或万人，共推真卿为盟主，军事皆禀焉。禄山使张献诚将兵万人围饶阳。

杀高仙芝、封常清，以哥舒翰为副元帅边令诚数以事干仙芝，仙芝不从。令诚入奏事，遂言："常清以贼摇众，而仙芝弃陕地数百里，又盗减粮赐[11]。"上大怒，遣令诚赍敕即军中斩仙芝及常清。初，常清既败，三遣使奉表陈贼形势，上皆不之见。常清乃自驰诣阙，至渭南，敕削其官爵，令还军自效。常清草遗表曰："臣死之后，望陛下不轻此贼，无忘臣言！"时朝议皆以为禄山狂悖，不日授首，故常清云然。令诚至潼关，先引常清，宣敕示之。常清以表附令诚上之。常清既死，乃谓仙芝曰："大夫亦有恩命[12]。"仙芝遽下，

1　平原司兵：平原郡的司兵。司兵，古官名，掌军防、门禁、田猎、烽候、驿传诸事。
2　亲客：亲近的宾客。
3　购贼牒：悬赏捕杀叛军的文告。
4　感愤：有所感触而愤慨。
5　蒲身：用蒲草做的人身。
6　景城：古郡名，由沧州改称，辖今天津市海河以南，静海县和河北省青县、泊头市以东，东光县及山东省宁津、乐陵、无棣等市县以北地区。
7　清池：古县名，治所位于今河北省沧州市沧县东南。
8　盐山：古县名，治所位于今河北省沧州市辖黄骅市西南。
9　饶阳：古郡名，由深州改称，辖今河北省饶阳、安平、辛集及深州等县市地。
10　博平：古郡名，由博州改称，辖今山东省茌平、高唐、聊城及临清、夏津部分地。
11　盗减粮赐：盗减，偷盗使减少。粮赐，粮食和赏赐。
12　恩命：帝王颁发的升官、赦罪之类的诏命。

令诚宣敕。仙芝曰：“我遇敌而退，死则宜矣。谓我盗减粮赐则诬也。”时士卒在前，大呼称枉，其声震地，遂斩之。上以哥舒翰有威名，且素与禄山不协，召见，拜兵马副元帅，将兵八万以讨禄山。翰以疾固辞，上不许，以田良丘为行军司马，蕃将火拔归仁等将部落以从，并仙芝旧卒，号二十万，军于潼关。翰病，不能治事，悉以军政委良丘。良丘复不敢专决，使王思礼主骑，李承光主步，无所统一。翰用法严而不恤，士卒皆懈弛，无斗志。

禄山遣兵寇振武[1]。郭子仪使兵马使李光弼、仆固怀恩击破之，进围云中，拔马邑。

常山太守颜杲卿起兵讨贼，河北诸郡皆应之禄山之至藁城[2]也，常山太守颜杲卿力不能拒，与长史袁履谦往迎之。禄山辄赐杲卿金紫，质其子弟，使仍守常山。又使其将李钦凑将数千人守井陉口，以备西军。杲卿归途中，指其衣谓履谦曰：“何为着此？”履谦悟其意，乃阴与杲卿谋起兵讨禄山。至是将起兵，冯虔、贾深、崔安石、翟万德、张通幽等皆预其谋。又遣人语太原尹王承业，密与相应。会从弟真卿自平原遣甥卢逖潜告杲卿，欲连兵断禄山归路，以缓其西入之谋。时禄山遣高邈诣幽州征兵未还，杲卿以禄山命召李钦凑，使率众受犒[3]，醉而斩之，悉散井陉之众。贼将高邈、何千年适至，皆擒之。千年谓杲卿曰：“此郡应募乌合，难以临敌。宜深沟高垒，勿与争锋，俟朔方军至，并力齐进，传檄赵、魏[4]，断燕蓟要膂[5]，彼则成擒矣。今且宜声云李光弼兵出井陉，因使人说张献诚云：‘足下所将多团练[6]之兵，难以当山西劲兵。’献诚必解围遁去。此亦一奇也。”杲卿悦，用其策。献诚果遁去，兵皆

1 振武：唐方镇名，辖今内蒙古境内乌加河、黄河以北，清水河、凉城、卓资等县及四子王旗以西，至乌拉特后旗地，黄河南岸准格尔旗及陕西省神木、府谷二县地。
2 藁城：古县名，治所位于今河北省石家庄市藁城区西南。
3 受犒：接受犒劳。
4 赵、魏：赵郡、魏郡。赵郡，古郡名，由赵州改称，辖今河北省赵县、元氏、高邑、栾城、临城、柏乡等县地。魏郡，古郡名，辖今河北省大名、磁县、涉县、武安、临漳、肥乡、魏县、丘县、成安、广平、馆陶，河南省滑县、浚县、内黄及山东省冠县等地。
5 燕蓟要膂：燕蓟，又名幽蓟或幽燕，为燕蓟节度使辖区，治今北京市西部，包括燕、蓟等十一州，是防备契丹人的重镇。要膂，腰和脊骨，比喻重要部位。
6 团练：也叫乡团、民团、团勇，旧时官绅编练的地方武装。

溃。杲卿乃使人入饶阳城，慰劳将士。于是河北诸郡响应，凡十七郡皆归朝廷，兵合二十余万。其附禄山者，唯范阳、卢龙、密云[1]、渔阳、汲、邺[2]六郡而已。杲卿又密使人入渔阳招贾循。郏城[3]人马燧说循曰："禄山负恩悖逆，终归夷灭。公若以范阳归国，倾其根柢[4]，此不世之功也。"循然之，犹豫不时发[5]。别将牛润容知之，以告禄山，禄山召循，杀之。马燧亡入西山[6]，隐者徐遇匿之，得免。禄山欲攻潼关，至新安[7]，闻河北有变而还。

吐蕃赞普乞梨苏死子娑悉立。

丙申**十五载**（公元756年）

肃宗皇帝至德元载。

春，正月，安禄山僭号[8]禄山自称大燕皇帝，改元圣武，以达奚珣为侍中，张通儒为中书令，高尚、严庄为中书侍郎。

以李随为河南节度使，许远为睢阳太守。

贼将史思明陷常山，颜杲卿死之。复陷九郡，进围饶阳杲卿使其子泉明献李钦凑首及何千年、高邈于京师。张通幽泣请曰："兄陷贼，乞与泉明偕行，以救宗族。"杲卿哀而许之。至太原，通幽欲自托于王承业，乃教之留泉明，更其表，多自为功，毁短杲卿，别遣使献之。杲卿起兵才八日，守备未完，史思明、蔡希德引兵皆至城下。杲卿告急于承业，承业拥兵不救。杲卿昼夜拒战，粮尽矢竭，城遂陷。贼执杲卿及袁履谦等送洛阳。承业使者至京师，拜承业羽林大将军，麾下受官爵者以百数。征颜杲卿为卫尉，朝命未至，而常

1　卢龙、密云：卢龙，古郡名，安禄山置，辖今河北省陡河流域以东、长城以南地区。密云，古郡名，由檀州改称，辖今北京市密云、怀柔、平谷等区地。
2　邺：邺郡，古郡名，由相州改称，辖今河南省安阳、鹤壁、汤阴、林州、内黄、河北省临漳、成安、磁县等市县地。
3　郏城：古县名，治所即今河南省平顶山市郏县。
4　根柢：草木的根，也比喻事物的根基。柢，即根。
5　时发：及时举事。
6　西山：北京市西部诸山的总称。
7　新安：古地名，即新安戍，位于今山西省临汾市翼城县境内。
8　僭号：冒用帝王的称号。

山已陷矣。杲卿至洛阳，禄山数之曰：“我奏汝为判官，不数年，超至太守，何负于汝而反？”杲卿骂曰：“汝本营州牧羊羯奴[1]，天子擢汝为三道节度使，恩幸无比，何负于汝而反？我世为唐臣，禄位皆唐有，虽为汝所奏，岂从汝反邪？我为国讨贼，恨不斩汝，何谓反也？臊羯狗，何不速杀我？”禄山大怒，并履谦缚而呙之。二人比死[2]，骂不绝口。颜氏死者三十余人。思明既克常山，引兵击诸郡之不从者，于是邺、广平、巨鹿、赵、上谷、博陵、文安[3]、魏、信都等郡复为贼守。卢全诚独不从，思明等围之。李奂将七千人、李玮遣其子祀将八千人救之，皆为思明所败。

胡氏曰：杲卿拒贼，河北皆应，若贾循事就，贼巢既倾，真可不逾旬时，坐平大憝[4]矣。曾未十日，反败于贼，是何也？明皇保奸弃贤，杀戮谏士，天固不使得忠义之报也。故制治[5]保邦，必慎于未然之前；若车奔航[6]沉，则人力有所不得施矣。

又曰：致乱者，李林甫、杨国忠也，而受祸轻；许国[7]者，颜杲卿也，而得祸重，此浅识[8]之士所以疑天理之或僭[9]也。夫天之于人，安能数数[10]然较其善恶之长短轻重，尺寸铢两而报之哉？要之人有正理，必当为善，而不可为恶。天有常道，为善者必佑，为恶者必罚，此则终古不可易者。若杲卿家祸，盖亦百一[11]，固君子之不幸也。幸不幸，命也。有性[12]焉，君子不谓命也。

以李光弼为河东节度使上命郭子仪罢围云中，还朔方，益发兵进取东京。选良将分兵先出井陉，以定河北。郭子仪荐光弼，以为河东节度使，分朔

1　羯奴：羯族的奴隶。
2　比死：将死。
3　文安：古郡名，由莫州改称，辖今河北省保定、任丘二市及清苑、文安等县地。
4　大憝：极为人所怨恶的人。
5　制治：统治，治理政务。
6　航：船。
7　许国：将一身奉献给国家，报效国家。
8　浅识：见识肤浅。
9　僭：差失，过分。
10　数数：迫切貌。
11　百一：百中之一，言极难得。
12　性：人的本性。

方兵万人与之。

禄山遣其子庆绪寇潼关，哥舒翰击却之。

二月，李光弼入常山，执贼将安思义，遂与史思明战，大败之李光弼将蕃、汉步骑万余人、太原弩手三千人出井陉，至常山。常山团练兵执安思义出降。光弼召思义问计，且曰："汝策可取，当不杀汝！"思义曰："大夫士马远来疲弊，猝遇大敌，恐未易当。不如移军入城，早为备御，先料[1]胜负，然后出兵。胡骑虽锐，不能持重，苟不获利，气沮心离，于时乃可图矣。思明先锋来晨必至，而大军继之，不可不留意也。"光弼悦，释其缚，即移军入城。思明闻常山不守，立解饶阳之围，合二万余骑直抵城下。光弼以五百弩于城上齐发射之，贼稍却。乃出弩手千人，分为四队，使其矢发发相继，贼不能当，乃退。有村民告贼步兵五千自饶阳来，至九门[2]南逢壁。光弼遣步骑各二千，匿旗鼓，并水潜行[3]，遇贼方饭，纵兵掩击，杀之无遗。思明闻之失势，退入九门。时常山九县，七附官军，惟九门、藁城为贼所据。光弼遣裨将张奉璋以兵五百戍石邑[4]，余皆三百人戍之。

真源[5]令张巡起兵雍丘讨贼先是，谯郡[6]太守杨万石以郡降安禄山，逼真源令张巡为长史，使西迎贼。巡至真源，率吏民哭于玄元皇帝庙，起兵讨贼，乐从者数千人。巡选精兵千人，西至雍丘，与贾贲合。初，雍丘令令狐潮以县降贼，引精兵攻雍丘。贲出战败死，巡力战却贼，因兼领贲众。潮复与贼将李怀仙等四万余众奄至城下，众惧，巡曰："贼兵精锐，有轻我心。今出其不意击之，彼必惊溃。贼势少折，然后城可守也。"乃使千人乘城，自率千人分数

1　料：估量，揣度。
2　九门：古县名，治所位于今河北省石家庄市藁城区西北。
3　并水潜行：沿河水悄悄地进军。
4　石邑：古县名，治所位于今河北省石家庄市西南。
5　真源：古县名，治所位于今河南省周口市鹿邑县东。
6　谯郡：古郡名，由亳州改称，辖今安徽省亳州、涡阳、蒙城及河南省鹿邑、永城等市县地。

队，开门突出[1]。巡身先士卒，直冲贼阵，人马辟易[2]，贼遂退。明日复进，蚁附攻城。巡束蒿灌脂[3]，焚而投之，贼不得上。积六十余日，大小三百余战，带甲而食，裹疮[4]复战，贼遂败走。巡乘胜追之，获胡兵二千人而还，军声大振。

以李光弼为河北节度使。

加颜真卿河北采访使。真卿击魏郡，拔之先是，清河[5]客李萼年二十余，为郡人乞师于真卿曰："公首唱大义，河北诸郡恃公以为长城。今清河，公之西邻，国家平日聚江、淮、河内钱帛于彼，以赡北军，今有布三百余万匹，帛八十余万匹，钱三十余万缗，粮三十余万斛。昔讨默啜，甲兵[6]皆贮其库，今有五十余万事[7]。户七万，口十余万。窃计财足以三平原之富，兵足以倍平原之强。公诚资以士卒，抚而有之，以二郡为腹心，则余郡如四支，无不随所使矣。"真卿曰："吾兵新集未练，何暇及邻？然子之请兵，欲何为乎？"萼曰："清河非力不足而借公之师也，亦以观大贤之明义[8]耳。今仰瞻高意，未有决辞定色[9]，仆何敢遽言所为乎？"真卿奇之，欲与之兵。众以为萼年少轻虑[10]，必无所成，真卿不得已辞之。萼就馆，复为书说真卿曰："清河去逆效顺，奉粟帛、器械以资军，公乃不纳而疑之。仆回辕[11]之后，清河不能孤立，必有所系托[12]，将为公西面之强敌，公能无悔乎？"真卿大惊，遽诣其馆，以兵六千借之。送至境，执手别，因问之曰："兵已行矣，可以言子之所为乎？"萼曰："闻朝廷遣程千里将精兵十万出嶂口[13]，贼据险拒之，不得前。今当引兵先击魏

---

1 突出：冲出。
2 辟易：退避，避开。
3 束蒿灌脂：束蒿，一束蒿草，用于燃火。灌脂，浸满油脂。
4 裹疮：同“裹创”，包扎伤口。
5 清河：古郡名，由贝州改称，辖今河北省清河县、山东省临清市及武城、夏津等县地。
6 甲兵：铠甲和兵器。
7 事：量词，件，副。
8 明义：显示忠义。
9 今仰瞻高意，未有决辞定色：现在看您的意思，还没有下定决心。高意，敬称他人心意。
10 轻虑：谋虑不周，谋虑短浅。
11 回辕：回去。
12 系托：依附。
13 嶂口：古地名，位于今河南省安阳市西，一说位于今河北省邯郸市西。

郡，执其守将，分兵开崞口，以出千里之师，因讨汲、邺以北至于幽陵[1]，然后率诸同盟，合兵十万，南临孟津，分兵循河，据守要害，制其北走之路。计官军东讨者不下二十万，河南义兵西向者亦不减十万。公但当表朝廷坚壁勿战，不过月余，贼必有内溃相图之变矣。”真卿曰：“善！”命参军李择交等将其兵会清河、博平兵五千人军于堂邑[2]。禄山所署魏郡太守袁知泰逆战，大败，遂克魏郡，军声大振。

以贺兰进明为河北招讨使[3]时北海[4]太守贺兰进明亦起兵，真卿以书召之并力，进明将步、骑五千渡河，真卿陈兵逆之，相揖[5]，哭于马上，哀动行伍。进明屯平原城南，真卿每事咨之，由是军权稍移于进明，真卿不以为嫌。复以堂邑之功让之，进明奏其状，取舍任意。敕加进明河北招讨使，择交等微进资级[6]，清河、博平有功者皆不录。进明攻信都郡，久之，不克。参军第五琦劝进明厚以金帛募勇士，乃克之。

胡氏曰：真卿先进明起兵，又为河北采访使，进明乃所部也，要与并力可也，咨其计画[7]可也，军权稍移则过矣。让以堂邑之功，则又甚矣。真卿为是，得非惩常山之败乎？愚谓二公过犹不及。方杲卿送俘京师也，张通幽请行以救宗族，杲卿若知其情，宜语之曰：“君兄陷贼，君正应留此，相与协力破贼，乃可以自湔[8]。今行未有益也。”如此，则奸谋沮矣。杲卿既失之，真卿乃务下己[9]以济国事，然进明未尝有可咨之策，而以不情[10]与之；未尝预堂邑之战，而

1　幽陵：古地名，亦名幽州，相当于今天北京市、河北北部及辽宁一带。
2　堂邑：古县名，治所位于今山东省聊城市冠县东。
3　招讨使：古官名，战时临时设置，常以大臣、将帅或节度使等兼任，掌招降讨叛，军中急事不及奏报，可便宜行事。
4　北海：古郡名，由青州改称，辖今山东省潍坊、寿光、青州、临朐、昌乐、昌邑、广饶等市县。
5　相揖：拱手行礼。
6　资级：资格和品级。
7　计画：谋划，计策。
8　自湔：为自己洗清罪责。湔，洗雪耻辱，清除过失、罪责等。
9　下己：让自己屈居人下。
10　不情：不近人情，不合情理。

以众人之功归之；不与郭、李犄角，而进明是让[1]，真卿忠义奋发，而功烈不就者，盖始乎此矣。

夏，四月，郭子仪、李光弼与史思明战于九门，败之，进拔赵郡李光弼与史思明相守四十余日。思明绝常山粮道，城中乏草，马食荐藉[2]。光弼遣使告急于子仪，子仪引兵自井陉出，四月至常山，与光弼合蕃、汉步骑共十余万，与思明等战于九门城南。思明大败，中郎将浑瑊射其将李立节，杀之。思明收余众奔赵郡，如博陵，以博陵降官军，尽杀郡官。河朔之民苦贼残暴，所在屯结，多至二万人，少者万人，各为营以拒贼。及郭、李军至，争出自效，攻赵郡。城降，士卒多虏掠，光弼坐城门，悉收还之，民大悦。子仪生擒四千人，皆舍之，斩禄山太守郭献璆。光弼进围博陵，十日不拔，引兵还。

以来瑱为颍川太守杨国忠问将于左拾遗张镐及萧昕，镐、昕荐瑱，以为颍川太守。前后破贼甚众，人谓之“来嚼铁”。

以刘正臣为平卢节度使平卢军将刘客奴、董秦、王玄志同谋杀吕知诲，遣使逾海[3]与颜真卿相闻，请取范阳以自效。真卿遣判官以衣、粮助之。真卿时惟一子颇，才十余岁，使诣客奴为质。朝廷闻之，以客奴镇平卢，赐名“正臣”，秦及玄志拜官有差。

以虢王巨为河南节度使贼围南阳，太常卿张垍荐虢王巨有勇略，上征吴王祗还，以巨代之。引兵出蓝田，贼解围走。

五月，郭子仪、李光弼与史思明战于嘉山[4]，大破之，复河北十余郡郭子仪、李光弼还常山，史思明收散卒数万踵其后。子仪选骁骑更挑战三日，贼疲乃退。子仪乘之，又败之于沙河[5]。禄山复使蔡希德将步、骑二万人北就思明，又使牛廷玠发范阳等郡兵合五万余人。子仪至恒阳[6]，深沟高垒以待之，贼

1 进明是让：让给贺兰进明。
2 荐藉：草席。
3 逾海：跨过海路。
4 嘉山：古山名，位于今河北省保定市曲阳县东北。
5 沙河：古水名，又名泒水，即今河北省潴龙河支流大沙河。
6 恒阳：古县名，治所即今河北省保定市曲阳县。

来则守，去则追之，昼则耀兵，夜斫其营，贼不得休息。数日，子仪、光弼议曰："贼倦矣，可以出战。"战于嘉山，大破之，斩首四万级，捕虏千余人。思明奔博陵，光弼就围之，军声大振。于是河北十余郡皆杀贼守将而降，渔阳路再绝，贼往来者，多为官军所获。贼众家在渔阳者，无不摇心[1]。禄山大惧，召高尚、严庄诟之曰："汝教我反，以为万全。今守潼关数月不能进，北路已绝，诸军四合，万全何在？"尚、庄惧，数日不敢见。田乾真说禄山曰："自古帝王经营大业，皆有胜败，岂能一举而成？尚、庄皆佐命元勋，一旦绝之，诸将谁不内惧？"禄山即置酒酣宴，待之如初。遂议弃洛阳，走归范阳，计未决。

六月，哥舒翰与贼战于灵宝[2]，大败，贼遂入关是时，天下以杨国忠召乱，莫不切齿。王思礼密说哥舒翰，使抗表请诛国忠，翰曰："如此，乃翰反，非禄山也。"或说国忠："朝廷重兵尽在翰手，翰若援旗西指[3]，于公岂不危哉？"国忠大惧，募万人屯灞上，令所亲杜乾运将之，名为御贼，实备翰也。翰闻之，亦恐为国忠所图，乃表请灞上军隶潼关，召乾运斩之。国忠益惧。会有告贼将崔乾祐在陕，兵不满四千，皆羸弱无备，上遣使趣翰进兵复陕、洛[4]。翰奏曰："禄山久习用兵，岂肯无备？是必羸师以诱我，若往，正堕其计中。且贼远来，利在速战；官军据险，利在坚守。况贼势日蹙，将有内变，因而乘之，可不战擒也。要在成功，何必务速？今诸道征兵，尚多未集，请且待之。"郭子仪、李光弼亦请："引兵北取范阳，覆其巢穴，贼必内溃。潼关大军惟应固守以弊之，不可轻出。"国忠疑翰谋己，言于上，以贼方无备，而翰逗留，将失机会。上以为然，续遣中使趣之，项背相望[5]。翰不得已，抚膺恸哭，引兵

1　摇心：心神不定。
2　灵宝：古县名，治所位于今河南省三门峡市辖灵宝市东北。
3　援旗西指：指挥军队西上京城。
4　陕、洛：即陕郡、洛阳。
5　项背相望：原指前后相顾，后多形容行人拥挤，接连不断。项，颈项。

出关，遇贼于灵宝西原[1]。乾祐先据险，南薄山，北阻河，隘道[2]七十里。翰使王思礼等将精兵五万居前，庞忠等将余兵十万继之，翰以兵三万登河北阜[3]望之，鸣鼓以助其势。乾祐所出兵不过万人，什什伍伍[4]，散如列星，或疏或密，或前或却，官军望而笑之。兵既交，贼偃旗如欲遁者，官军懈，不为备。贼乘高下木石，击杀士卒甚众。道隘，士卒如束，枪槊不得用[5]。翰以毡车[6]驾马为前驱，欲以冲贼。日过中[7]，东风暴急[8]，乾祐以草车数十乘塞毡车之前，纵火焚之。烟焰所被，官军不能开目，妄自相杀，谓贼在烟中，聚弓弩射之。日暮，矢尽，乃知无贼。乾祐遣精骑自后击之，官军大败。后军自溃，河北军望之亦溃。翰独与麾下百余骑走入关。乾祐进攻潼关，克之。翰至关西驿[9]，揭榜[10]收散卒，欲复守潼关。蕃将火拔归仁等执以降贼，俱送洛阳。禄山问翰曰："汝常轻我，今定何如？"翰伏地对曰："臣肉眼不识圣人。"禄山以翰为司空。谓归仁不忠，斩之。于是河东、华阴、冯翊、上洛[11]防御使皆弃郡走。

范氏曰：国忠既激禄山，使之速反以信其言，又促哥舒翰出兵潼关，恐其不利于己，动为身计，不顾社稷。然所以求全者，适足以自族[12]也。夫小人利于己而不利于人则为之，害于国而不害于家则为之，自以为得计矣，而不知害于国则亦害于家，不利于人则亦不利于己。是以自古小人之败，必至于家、国俱亡，此先王所以戒小人之不可用也。明皇以天下安危寄之一相，而其人如

1 西原：古地名，位于今河南省三门峡市辖灵宝市西北。
2 隘道：险要狭窄的道路。
3 河北阜：河，黄河。北阜，北面的山岗。
4 什什伍伍：三五成群。
5 士卒如束，枪槊不得用：士兵都束手束脚，枪、槊等长兵器都无法施展。
6 毡车：以毛毡为篷的车子。
7 过中：过半，意为开始偏西。
8 暴急：突然变大。
9 关西驿：古驿站名，位于今陕西省渭南市辖华阴市东。
10 揭榜：张贴文告。
11 华阴、冯翊、上洛：华阴，古郡名，由华州改称，辖今陕西华县、华阴、潼关三县市及渭南市北部地。冯翊，古郡名，由同州改称，辖今陕西韩城市、洛川县以南，宜君、蒲城二县以东，渭河以北地区。上洛，古郡名，由商州改称，辖今陕西丹江上游、河南熊耳山西北洛河上游地区。
12 自族：自招族灭。

此，安得不倾覆乎？

帝出奔蜀哥舒翰麾下来告急，上不时召见，及暮，平安火[1]不至，上始惧，召宰相谋之。杨国忠首唱幸蜀之策，上然之，乃御楼下制，云欲亲征，闻者皆莫之信。以崔光远为西京留守，边令诚掌宫闱管钥。既夕[2]，命龙武大将军陈玄礼整比[3]六军，厚赐钱帛，选闲厩马九百余匹。黎明，上独与贵妃姊妹、皇子、妃主、皇孙及亲近宦官、宫人出延秋门，妃主、皇孙之在外者，皆委之而去。

范氏曰：古者天子巡守，必载庙主而行。明皇既不能率其民人城守以待勤王之师，必不得已而避寇，犹当告庙谕众，为备而动，则不至于颠沛矣。乃以天子之尊，独与其所爱脱身而逃，委其子孙皆碎贼手。自是以后，天下有变，则人主先为出计，自明皇始。其可丑也夫！

上过左藏，国忠请焚之，上曰："贼来无所得，必更敛于百姓。不如与之，无重困赤子[4]。"是日，百官犹入朝，门既启，则宫人乱出，中外大扰，不知上所之，四出逃匿。光远遣其子东见禄山，令诚亦以管钥献之。上既过便桥，杨国忠即使人焚桥。上曰："人各避贼求生，奈何绝其路？"留高力士扑灭之。至咸阳望贤宫，日向中，上犹未食，民献粝饭，杂以麦豆，皇孙辈争以手掬食[5]之，须臾而尽。

范氏曰：上下之等，以势相扶而已矣。天子以一身而寄天下之上，合而从之则为君，离而去之则为匹夫。明皇享国几五十年，一旦失国出奔，不四十里而已无食。天子之贵，四海之富，其可恃乎？

1　平安火：唐代每三十里置一堠，每日初夜举烽火报无事，谓之"平安火"。
2　既夕：天黑以后。
3　整比：整理排比。
4　重困赤子：重困，加重困苦。赤子，比喻百姓，人民。
5　掬食：两手捧着吃。

有老父[1]郭从谨进言曰："禄山包藏祸心固非一日，有告其谋者，陛下往往诛之，使得逞其奸逆，致陛下播越。是以先王务延访忠良以广聪明，盖为此也。臣犹记宋璟为相，数进直言，天下赖以安。自顷以来，在廷之臣以言为讳，阙门之外，陛下皆不得知。草野之臣，必知有今日久矣。但九重严邃[2]，区区之心，无路上达。事不至此，臣何由得睹陛下之面而诉之乎？"上曰："此朕之不明，悔无所及！"慰谕而遣之。命军士散诣村落求食。夜将半，乃至金城县[3]。县民皆走，驿中无灯，人相枕藉而寝，贵贱无以复辨。

次于马嵬。杨国忠及贵妃杨氏伏诛明日，至马嵬驿，将士饥疲，皆愤怒。陈玄礼以祸由杨国忠，欲诛之，因李辅国以告太子，未决。会吐蕃使者二十余人遮国忠马诉以无食，军士呼曰："国忠与胡虏[4]谋反。"追杀之，以枪揭其首于驿门外[5]，并杀韩国、秦国夫人。上闻喧哗，出门慰劳，令收队，军士不应。上使高力士问之，玄礼对曰："国忠谋反，贵妃不宜供奉[6]。愿陛下割恩[7]正法。"上曰："朕当自处之。"入门，倚杖倾首而立久之。京兆司录韦谔，见素之子也，前言曰："今众怒难犯，安危在晷刻，愿陛下速决。"因叩头流血。上曰："贵妃常居深宫，安知国忠反谋？"高力士曰："贵妃诚无罪。然将士已杀国忠，而贵妃在陛下左右，岂敢自安？愿陛下审思之。将士安，则陛下安矣！"上乃命力士引贵妃于佛堂缢杀之，舆尸置驿庭[8]，召玄礼等入视之。玄礼等乃免胄释甲，顿首谢罪，军士皆呼万岁。于是始整部伍为行计。国忠妻子及虢国夫人走陈仓，县令薛景仙诛之。

康熙御批：唐明皇耽于逸乐[9]，任用杨国忠，以致仓卒出奔，军士愤怨，是

1　老父：对老人的尊称。
2　严邃：森严，幽深。
3　金城县：古县名，治所位于今陕西省咸阳市辖兴平市西。
4　胡虏：秦汉时称匈奴为胡虏，后世用为与中原敌对的北方部族之通称。
5　以枪揭其首于驿门外：把头颅挂在枪上插于驿门外示众。揭，公示。
6　供奉：奉养，供给。
7　割恩：弃绝私恩。
8　驿庭：驿站的庭院。
9　逸乐：闲适安乐。

其素所逸乐者，即取祸之道也。历观史册，比比皆是矣。

发马嵬，留太子东讨贼明日，将发马嵬，朝臣惟韦见素一人。乃以韦谔为御史中丞，充置顿使。将士皆曰："国忠将吏皆在蜀，不可往。"谔曰："不如且至扶风[1]，徐图去就。"众以为然，上乃从之。父老遮道请留，上命太子宣慰之。父老曰："至尊既不肯留，某等愿率子弟从殿下东破贼，取长安。若殿下与至尊皆入蜀，使中原百姓谁为之主？"须臾聚至数千人。太子不可，涕泣跋马[2]欲西。建宁王倓与李辅国执鞚[3]谏曰："逆胡犯阙，四海分崩，不因人情，何以兴复？殿下不如收西北守边之兵，召郭、李[4]于河北，与之并力东讨逆贼，克复二京，削平四海，使社稷危而复安，宗庙毁而更存，扫除宫禁，以迎至尊，岂非孝之大者？何必区区温凊，为儿女之恋乎？"广平王俶亦劝太子留。父老共拥太子马，不得行。太子乃使俶驰白上，上曰："天也。"命分后军二千人及飞龙厩[5]马从太子，谕之曰："太子仁孝，可奉宗庙。汝曹善辅佐之。"又使谕太子曰："汝勉之，勿以吾为念。西北诸胡，吾抚之素厚，汝必得其用。"且宣旨欲传位太子，太子不受。俶、倓，皆太子之子也。

帝至扶风上至扶风，士卒流言不逊，陈玄礼不能制。会成都贡春彩十余万匹至，上命陈之于庭，召将士谕之曰："朕衰耄[6]，托任失人，致逆胡乱常，须远避其锋。卿等苍猝从朕，不得别父母妻子，跋涉至此，劳苦至矣。朕甚愧之。蜀路阻长[7]，郡县褊小[8]，人马众多，或不能供。今听卿等各还家，朕独与子孙、中官前行入蜀，亦足自达。今日与卿等诀别，可共分此彩以备资粮。若归见父母及长安父老，为朕致意，各好自爱也。"因泣下沾襟，众皆哭曰："臣

1　扶风：古郡名，由岐州改称，辖今陕西省麟游、乾县以西及秦岭以北地区。
2　跋马：勒马使回转。
3　执鞚：牵马。鞚，带嚼口的马笼头。
4　郭、李：即郭子仪、李光弼。
5　飞龙厩：唐代御厩名。
6　衰耄：衰老，年老糊涂。
7　阻长：道路艰险而遥远。
8　褊小：窄小。

等死生从陛下，不敢有贰！”上良久曰：“去留听卿。”自是流言始息。

太子至平凉太子既留，未知所适。建宁王倓曰：“殿下昔尝为朔方节度大使，将吏岁时致启[1]，倓略识其姓名。今河西、陇右之众，皆败降贼，父兄子弟多在贼中，或生异图。朔方道近，士马全盛。裴冕衣冠名族，必无贰心，速往就之，此上策也。”众皆曰：“善！”通夜[2]驰三百余里，至彭原[3]，太守李遵出迎，献衣及糗粮，遂至平凉。阅监牧[4]马得数万匹，又募士得五百余人，军势稍振。

帝至河池，以崔圆同平章事圆奉表迎车驾，具陈蜀土丰稔，甲兵全盛。上大悦，即以为相。

陈仓令薛景仙杀贼将，克扶风而守之。

贼将孙孝哲陷长安禄山不意上遽西幸，止崔乾祐兵，留潼关凡十日。遣孙孝哲将兵入长安，杀妃主、皇孙数十人，刳其心以祭安庆宗。搜捕百官、宫女送洛阳。王侯将相扈从车驾、家留长安者，诛及婴孩。陈希烈以晚节失恩怨上，与张均、张垍等皆降于贼。禄山以希烈、垍为相，自余朝士皆授之官。于是贼势大炽，西胁汧陇，南侵江汉，北割河东之半。既克长安，贼将日夜纵酒，专以声色宝贿[5]为事，无复西出之意，故上得安行入蜀。太子北行，亦无追逼[6]之患。

郭子仪、李光弼引兵入井陉。刘正臣袭范阳，不克郭子仪、李光弼闻潼关不守，引兵入井陉，留王俌守常山。刘正臣将袭范阳，未至，史思明击败之。

帝至普安[7]，以房琯同平章事上之发长安也，群臣多不知。至咸阳，谓高

1　致启：来信禀报。
2　通夜：整夜，通宵。
3　彭原：古郡名，由宁州改称，辖今甘肃省西峰市及宁县、正宁等县地。
4　监牧：古官署名，掌牧马、牛、羊等事，以供国家之需。
5　宝贿：宝贵的财货。
6　追逼：追赶逼迫。
7　普安：古郡名，由剑州改称，辖今四川省梓潼、剑阁二县及江油市东北地。

力士曰："朝臣谁当来？谁不来？"对曰："张均、张垍受恩最深，且连戚里[1]，是必先来。时论皆谓房琯宜为相，陛下不用，又禄山尝荐之，恐或不来。"上曰："事未可知。"及琯至，上问均兄弟，对曰："臣率与偕来，逗遛不进，观其意，似有所蓄[2]而不能言也。"上顾力士曰："朕固知之矣！"即日以琯为相。初，陈希烈罢相，上许以垍代之，垍拜谢。既而不用，故垍怀怏怏。

秋，七月，太子即位于灵武，尊帝为上皇天帝。以裴冕同平章事初，太子至平凉，朔方留后杜鸿渐、水陆运使魏少游、判官崔漪、卢简、李涵相与谋曰："平凉散地，非屯兵之所。灵武兵食完富，若迎太子至此，北收诸城兵，西发河陇劲骑，南向以定中原，此万世一时也。"乃使涵奉笺[3]于太子，且籍朔方士马、甲兵、谷帛、军资之数以献之。会河西司马裴冕至平凉，亦劝太子之朔方。鸿渐自迎太子于平凉北境，说以兴复之计。少游盛治宫室帷帐，皆仿禁中，饮膳备水陆[4]。太子至，悉命撤之。至是，冕、鸿渐等上太子笺，请遵马嵬之命，不许。笺五上，太子乃许之。是日，即位于灵武，尊帝为上皇天帝，大赦，改元。以杜鸿渐、崔漪并知中书舍人事，裴冕为中书侍郎、同平章事。

范氏曰：肃宗以太子讨贼，遂自称帝，此乃太子叛父，何以讨禄山也？唐有天下几三百年，由汉以来享国最为长久。然三纲不立，无父子、君臣之义，见利而动，不顾其亲，是以上无教化，下无廉耻。古之王者，必正身、齐家以率天下。其身不正，未有能正人者也。唐之父子不正，而欲以正万事，难矣！其享国长久，亦曰幸哉？

胡氏曰：玄宗既有传位之命，太子非真叛也。其失在玄宗命不亟行，而裴冕诸人急于荣贵[5]，是以致此咎也。使肃宗著于父子、君臣之义，岂为诸人所移？得以移之，则其心有以求之尔。唐高祖、睿、玄之逼，不见几故也；而太

1　戚里：亲戚。
2　蓄：藏。
3　奉笺：奉上信笺。
4　饮膳备水陆：所备的饮食，水中、陆上的美食都很齐全。
5　荣贵：荣华富贵。

宗、明、肃之恶，欲速见小利故也。父不父，子不子，岂非后世之大鉴[1]欤?

时文武官不满三十人，披草莱[2]，立朝廷，制度草创，武人骄慢[3]。大将管崇嗣在朝堂，背阙[4]而坐，言笑自若，监察御史李勉奏弹之，系于有司，上特原之，叹曰："吾有李勉，朝廷始尊。"张良娣性巧慧[5]，能得上意，从上来朔方。良娣每寝，常居上前。上曰："御寇[6]非妇人所能。"良娣曰："苍猝之际，妾以身当之，殿下可从后逸去。"至灵武，产子三日，起缝战士衣。上止之，对曰："此非妾自养[7]之时！"上以是益怜之。

上皇制以太子充天下兵马元帅，诸王分总天下节制上皇制以太子为兵马元帅，永王璘、盛王琦、丰王珙分领诸道节度都使。琦、珙皆不出阁，惟璘赴江陵。先是，四方闻潼关失守，莫知上所之，及是制下，始知乘舆所在。

上皇至巴西[8]，以崔涣同平章事，韦见素为左相。

贼兵寇扶风，薛景仙击破之。

安禄山遣高嵩使河陇，大震关[9]使郭英乂斩之禄山遣其将高嵩以敕书、缯彩诱河陇将士，英乂斩之。

李泌至灵武初，京兆李泌幼以才敏[10]著闻，玄宗欲官之，不可，使与太子为布衣交。杨国忠恶之，奏徙蕲春[11]，后隐居颍阳[12]。上自马嵬遣使召之，谒见于

1 大鉴：重要的鉴戒。
2 草莱：野草，杂生的草。
3 骄慢：傲慢。
4 背阙：背对着宫阙。
5 巧慧：乖巧聪慧。
6 御寇：抗击敌寇。
7 自养：自奉，自给。
8 巴西：古郡名，由绵州改称，辖今四川省罗江上游，潼河以西，江油、绵阳间的涪江流域。
9 大震关：古关隘名，故址位于今甘肃省天水市清水县东北小陇山。相传汉武帝至此遇雷震，故名。
10 才敏：才思敏捷。
11 蕲春：古郡名，由蕲州改称，辖今湖北省蕲春、浠水、罗田、英山、黄梅、武穴等县市地。
12 颍阳：古县名，治所位于今河南省郑州市辖登封市西南。

灵武。上大喜，出则连辔[1]，寝则对榻，如为太子时。事无大小皆咨之，言无不从。上欲以泌为右相，泌固辞曰："陛下待以宾友，则贵于宰相矣。何必屈其志？"上乃止。

胡氏曰：邺侯[2]，帝之故人也，力辞相位，何也？无乃其心有所不可于帝欤？总丱[3]游从，遽相屈伏[4]，既非素交[5]之道；乘危传袭[6]，又相承奉[7]，均蒙不正之责。此泌所以重当辅弼，而轻为宾友者也。

河西、安西皆遣兵诣行在上命河西节度副使李嗣业将兵五千赴行在。嗣业与节度使梁宰谋，且缓师以观变，绥德[8]府折冲段秀实让嗣业曰："岂有君父告急，而臣子晏然不赴者乎？特进常自谓大丈夫，今日视之，乃儿女子耳！"嗣业大惭，即白宰发兵，以秀实自副，将之诣行在。上又征兵于安西，行军司马李栖筠发兵七千，励以忠义而遣之。

改扶风为凤翔郡。

上皇至成都从官、六军至者千三百人而已。

贼将令狐潮围雍丘，张巡击走之令狐潮攻雍丘。潮与张巡有旧，于城下相劳苦[9]如平生。潮因说巡曰："天下事去矣，足下坚守危城，欲谁为乎？"巡曰："足下平生以忠义自许，今日之举，忠义何在？"潮惭而退。围守四十余日，朝廷声问不通。潮闻上皇已幸蜀，复以书招巡。大将六人，白巡以："兵势不敌，且上存亡不可知，不如降贼。"巡佯许诺。明日，堂上设天子画像，率将士朝之，人人皆泣，引六将于前，责以大义，斩之，士心益劝[10]。城中矢尽，巡缚藁为人千余，被以黑衣，夜缒城下。潮兵争射之，得矢数十万。其

---

1 连辔：骑马同行。
2 邺侯：即李泌，后累封至邺县侯。
3 总丱：古时儿童束发为两角，称总丱。也借指童年。
4 屈伏：屈服，屈身事人。
5 素交：真诚纯洁的友情，旧交。
6 传袭：传授承袭。
7 承奉：承命奉行。
8 绥德：古县名，治所位于今陕西省榆林市清涧县西北。
9 劳苦：慰劳。
10 劝：勉励。

后复夜缒人，贼笑，不设备。乃以死士五百斫潮营，潮军大乱，焚垒而遁，追奔十余里。潮益兵围之，巡使郎将雷万春于城上与潮相闻，语未绝，贼弩射之，面中六矢而不动。潮疑其木人，使谍问之，乃大惊，遥谓巡曰："向见雷将军，方知足下军令矣。然其如天道何？"巡谓之曰："君未识人伦，焉知天道？"未几出战，擒贼将十四人，斩首百余级，贼乃夜遁。自是巡数破贼军，分别其众，凡胡兵悉斩之，胁从者皆令归业[1]。旬日间，民去贼来归者万余户。

胡氏曰：人伦、天道，同条共贯[2]，秦、汉以后，学者不能知也，而巡之言及此，则巡之才识，岂特能驭军守城而已乎？

常山诸将讨杀太守王俌河北诸郡犹为唐守，常山太守王俌欲降贼，诸将怒，因击球[3]纵马践杀之。时信都太守乌承恩麾下有朔方兵三千人，诸将遣宗仙运迎承恩镇常山，承恩辞以无诏命。仙运说承恩曰："常山地控燕蓟，路通河洛，有井陉之险，足以扼其咽喉。将军若以国家为念，移据常山，则洪勋盛烈[4]，孰与为比？若疑而不行，又不设备，常山既陷，信都岂能独全？"承恩不从。仙运又曰："将军不纳鄙夫[5]之言，必惧兵少故也。令人不聊生，咸思报国，竞相结聚[6]，屯据乡村，若悬赏招之，不旬日，十万可致也。若舍要害以授人，居四通[7]而自安，譬如倒持剑戟，取败之道也。"承恩竟疑不决。

以颜真卿为工部尚书初，真卿闻李光弼下井陉，即敛军还平原。及闻郭、李西入，始复区处河北军事，以蜡丸达表[8]于灵武。以真卿为尚书兼御史大夫，领使如故，并致赦书，亦以蜡丸达之。真卿颁下诸郡，又遣人颁与河南、江、淮。由是诸道始知上即位于灵武，徇国之心益坚矣。

1 归业：回归原来的正业。
2 同条共贯：长在同一枝条上，比喻事理相通，脉络连贯。条，枝条。贯，钱串。
3 击球：打马球。
4 洪勋盛烈：盛大的功业。
5 鄙夫：自称的谦词。
6 结聚：集结聚合。
7 四通：与四方相通。
8 以蜡丸达表：用蜡丸密封奏章送达。

八月，以郭子仪为灵武长史，李光弼为北都留守，并同平章事子仪等将兵五万自河北至灵武，灵武军威始盛，人有兴复之望矣。光弼以景城、河间兵五千赴太原。先是，河东节度使王承业军政不修，朝廷遣侍御史崔众交其兵，寻遣中使诛之。众侮易[1]承业，光弼素不平。至是，敕交兵于光弼，众见光弼，不为礼，又不时交兵，光弼怒，收斩之，军中股栗。其后，上谓李泌曰："今子仪、光弼已为宰相，若克两京，平四海，则无官以赏之，奈何？"对曰："古者有功则锡以茅土，传之子孙。太宗欲复古制，大臣议论不同而止，由是赏功以官。夫以官赏功有二害：非才则废事，权重则难制。向使禄山有百里之国，亦惜之以遗子孙而不反矣。为今计，莫若疏[2]爵土以赏功臣，则虽大国不过二三百里，可比今之小郡，岂难制哉？"上曰："善。"

回纥、吐蕃遣使请助讨贼。

上皇以第五琦为江淮租庸使[3]贺兰进明遣参军第五琦入蜀奏事。琦言："今方用兵，财赋为急。财赋所产，江、淮居多。乞假臣一职，可使军无乏用。"上皇悦，以为租庸使。

史思明陷九门。

上皇遣使奉册宝[4]如灵武灵武使者至蜀，上皇喜曰："吾儿应天顺人，吾复何忧！"制："自今改制、敕为诰，表疏[5]称太上皇。军国事皆先取皇帝进止，仍奏朕知。俟克复上京[6]，朕不复预事。"命韦见素、房琯、崔涣奉传国宝及玉册诣灵武传位。

史思明陷藁城。

禄山取长安乐工、犀象[7]诣洛阳初，上皇每酺宴，先设太常雅乐，继以

1　侮易：欺凌，轻视。
2　疏：分赐，分给。
3　租庸使：古官名，主理地方税收。
4　册宝：册书和传国宝玺。
5　表疏：泛指奏章。
6　上京：古代对国都的通称。
7　犀象：犀牛和大象。

鼓吹、胡乐、散乐、杂戏，又出宫人舞《霓裳羽衣》。又教舞马百匹，衔杯上寿。又引犀象入场，或拜或舞，安禄山见而悦之。至是，命搜捕送洛阳，宴其群臣于凝碧池，盛奏众乐。梨园弟子往往歔欷泣下，贼皆露刃睨[1]之。乐工雷海清不胜悲愤，掷乐器于地，西向恸哭，禄山怒，肢解之。

司马公曰：圣人以道德为丽，仁义为乐，故虽茅茨土阶，恶衣菲食[2]，不耻其陋，惟恐奉养之过，以劳民费财。明皇恃其承平，不思后患，岂知大盗在旁，已有窥窬之心，卒致銮舆播越，生民涂炭。乃知人君崇华靡以示人，适足为大盗之招也。

禄山闻向日[3]百姓乘乱多盗库物，既得长安，命大索[4]三日，并其私财尽掠之。民间骚然，益思唐室。民间相传太子北收兵来取长安，日夜望之，或时相惊曰："太子大军至矣！"则皆走，市里为空。贼望见北方尘起，辄惊欲走。京畿豪杰往往杀贼官吏，遥应官军。诛而复起，相继不绝，贼不能制。至是，西门之外率为敌垒，贼兵力所及者，南不出武关，北不过云阳，西不过武功。江、淮奏请贡献之蜀、之灵武者，皆自襄阳取上津[5]路抵扶风，道路无壅，皆薛景仙之功也。

九月，史思明陷赵郡、常山。

以广平王俶为天下兵马元帅，李泌为侍谋军国元帅长史建宁王倓英果有才略，从上自马嵬北行，屡逢寇盗，自选骁勇居上前后，血战以卫上，军中皆属目[6]。上欲以为元帅，李泌曰："建宁诚元帅才，然广平，兄也。若建宁功成，岂可使广平为吴太伯乎？"上曰："广平冢嗣也，何必以元帅为重？"

1 睨：斜着眼看。
2 茅茨土阶，恶衣菲食：用茅草盖屋顶，以泥土砌台阶，使用粗劣的衣服、饮食，形容生活俭朴。
3 向日：往日。
4 大索：大肆搜查。
5 上津：古县名，治所位于今湖北省十堰市郧西县西北。
6 属目：注视。

泌曰："广平未正位[1]东宫。今天下艰难，众心所属在于元帅。若建宁大功既成，陛下虽欲不以为储副，同立功者其肯已乎？太宗、上皇即其事也。"乃以广平王俶为元帅，诸将皆属。倓闻之，谢泌曰："此固倓之心也。"上与泌出行军，军士指之，窃言曰："衣黄者，圣人也；衣白者，山人也。"上闻之，以告泌曰："艰难之际，不敢相屈以官，且衣紫袍以绝群疑[2]。"泌不得已，受之。上笑曰："既服此，岂可无名称？"出怀中敕，以泌为侍谋军国元帅府行军长史。泌固辞，上曰："朕非敢相臣[3]，以济艰难耳。俟贼平，任行高志。"泌乃受。泌又言于上曰："诸将畏惮天威，在陛下前敷陈[4]军事，或不能尽所怀，万一小差，为害甚大。乞先令与臣及广平熟议，臣与广平从容奏闻，可者行之，不可者已之。"上许之。时军旅务繁，四方奏报，自昏至晓无虚刻[5]，上悉使送府。泌先开视[6]，有急切者及烽火重封通进[7]，余则待明[8]。禁门钥契[9]，悉委俶与泌掌之。

同罗叛，遣郭子仪发兵讨破之初，同罗、突厥从安禄山反者屯长安苑中，其酋长阿史那从礼率五千骑，窃厩马二千匹，逃归朔方，谋邀结诸胡，盗据[10]边地。上遣使宣慰之，降者甚众。至是，说诱九姓、六州[11]诸胡数万，将寇朔方。上命郭子仪诣天德军[12]发兵讨之。左武锋使仆固怀恩之子玢兵败降虏，既而逃归，怀恩斩之。将士股栗，无不一当百，遂破同罗。

遣使征兵回纥上虽用朔方之众，欲借兵于外夷以张军势，以豳王守礼之子承寀为敦煌王，与仆固怀恩使回纥以请兵，又发拔汗那兵，且使转谕城郭诸

1 正位：正式登位、就职。
2 群疑：众人的疑惑。
3 相臣：把你当臣子对待。
4 敷陈：铺叙，详加论列。
5 虚刻：空闲的时候。
6 开视：打开看。
7 重封通进：重新封好，向上呈递。通进，向上呈递。
8 待明：等到天亮再奏报。
9 钥契：钥匙和符信。
10 盗据：割据，强占。
11 六州：归降的突厥人被分别安置在丰、胜、灵、夏、朔、代六州，谓之河曲六州。
12 天德军：公元 754 年唐于大同川西筑城，置大安军，次年城成，改名天德军，驻所位于今内蒙古自治区巴彦淖尔市乌拉特前旗东北阿拉奔北古城，已淹没于乌梁素海。

国，许以厚赏，使从安西兵入援。

帝如彭原李泌劝上且幸彭原，俟西北兵将至，进幸扶风以应之。于时庸调亦集，可以赡军，上从之。至彭原，廨舍隘狭[1]，上与张良娣博，打子声闻于外。李泌言诸军奏报停壅[2]。上乃潜令刻干树鸡[3]为子，不欲有声。良娣以是怨泌。

范氏曰：明皇播迁于蜀，肃宗越[4]在草莽，宗庙焚毁，社稷丘墟，此痛心尝胆[5]之时也，而于军旅之中，与妇人嬉戏，岂非以位为乐乎？肃宗之志不及远矣，享国不永，此其兆与？

宝册[6]至自成都韦见素等至自成都，奉上宝册，上不肯受，曰："比[7]以中原未靖，权总百官，岂敢乘危遽为传袭？"群臣固请，上不许。置于别殿，朝夕事之，如定省之礼。

胡氏曰：置玺别殿，事之如定省者，虚文也；身为皇帝，先欲建中宫，又欲建太子，犹曰："不敢乘危传袭。"吾谁欺，欺天乎？

上以见素本附杨国忠，意薄之。素闻房琯名，虚心待之。琯见上言时事，辞情[8]慷慨，上为改容。由是军国事多谋于琯，琯亦以天下为己任，知无不为，诸相拱手避之。上皇赐张良娣七宝鞍，李泌曰："今四海分崩，当以俭约示人，良娣不宜乘此，请撤其珠玉，付库吏[9]以赏战功。"上遽从之。建宁王倓泣于廊下，上惊问之，对曰："臣比忧祸乱未已，今陛下从谏如流，不日当见陛下迎上皇还长安，是以喜极而悲耳。"上又谓泌曰："良娣，上皇所念，朕欲使正

1　廨舍隘狭：廨舍，官署。隘狭，险要狭窄。
2　停壅：停滞积压。
3　树鸡：又名耳子、云耳、木耳、木蛾、木菌，是一种自然生长或人工载培在各种朽木上的真菌。
4　越：更加。
5　尝胆：比喻刻苦自励，发愤图强。
6　宝册：帝王用于上尊号或册立、册封的诏册。
7　比：近来。
8　辞情：话语和文辞的情感。
9　库吏：泛指管理仓库的官吏。

位中宫何如？”对曰：“陛下在灵武，以群臣望尺寸之功，故践大位，非私己[1]也。至于家事，宜待上皇之命，不过晚岁月之间耳。”良娣由是恶泌及倓。上尝从容与泌语及李林甫，欲敕诸将克长安日，发其冢，焚骨扬灰。泌曰：“陛下方定天下，奈何仇死者？彼枯骨何知？徒示圣德之不弘耳。且方今从贼者，皆陛下之仇也，若闻此举，恐阻其自新之心。”上不悦曰：“此贼昔日百方危朕，奈何矜之？”对曰：“臣岂不知此？顾以上皇春秋高，闻陛下此敕，必以为用韦妃之故[2]，万一感愤成疾，是陛下以天下之大，不能安君亲也。”言未毕，上流涕被面，曰：“朕不及此。”

胡氏曰：林甫之罪，不可胜诛矣。肃宗若数其蒙蔽专擅，妒疾忠贤，养成祸乱，致上皇播越、宗社涂炭，按诛王敦故事，跽而斩之，以伸天下之愤，何不可之有？顾独憾其危己，是以天子而仇匹夫，不亦褊乎？天下，大物也，非器足以容，必不胜任。肃宗虽克复两京，而遂失河北，岂非器小而然耶？

制谏官言事勿白宰相初，李林甫为相，谏官言事，皆先白宰相，退则又以所言白之御史，言事须大夫同署[3]。至是，敕尽革其弊，开谏诤之途。又令宰相分直政事笔承旨[4]，旬日而更，惩林甫及杨国忠之专权故也。

冬，十月朔，日食，既。

胡氏曰：肃宗始初清明[5]，未有大过，而谪见于天，若是其大，何也？人主之德莫加乎孝，其刚莫先乎无欲，其明莫要乎知君子、小人之辨。肃宗乘危取位，爱张良娣，任李辅国，杀其贤子，使李泌不敢自安，则三者皆失之矣。是以功业不遂，而祸乱继作。天之示人，岂有一毫之僭乎？使其克谨天戒以正厥事，则虽有其象而无其应矣。

1　私己：自私，利己。
2　韦妃之故：唐肃宗李亨为太子时，李林甫因陷害太子妃韦氏之兄韦坚，迫使李亨不得不与太子妃韦氏离婚，韦氏不得不削发为尼，因此二人结下怨仇。
3　同署：一起签名。
4　分直政事笔承旨：分别在政事堂主持政事，接受圣旨。
5　清明：神志清晰，清察明审。

加第五琦山南等道度支使[1]琦请以江淮租庸市轻货，溯江、汉而上，至洋川，令汉中王瑀陆运至扶风以助军，上从之。琦作榷盐法[2]，用以饶[3]。

以房琯为招讨、节度等使，与贼战于陈涛斜[4]**，败绩**房琯喜宾客，好谈论，多引拔知名之士，而轻鄙[5]庸俗，人多怨之。北海太守贺兰进明诣行在，上命琯以为御史大夫，琯以为摄御史大夫。进明入谢，上怪之。进明因言与琯有隙，且曰："晋用王衍为三公，祖尚浮虚，致中原板荡。今房琯专为迂阔大言以立虚名，所引用[6]皆浮华之党，真王衍之比也。陛下用为宰相，恐非社稷之福。且琯在南朝[7]佐上皇，使陛下与诸王分领诸道节制，仍置陛下于沙塞[8]空虚之地，又布私党于诸道，使统大权。其意以为上皇一子得天下，则己不失富贵，此岂忠臣所为乎？"上由是疏之。琯请自将兵复两京，上许之。琯请以李揖为司马，刘秩为参谋，悉以戎务[9]委之，曰："贼曳落河[10]虽多，安能当我刘秩？"二人皆书生，不闲军旅。遇贼将安守忠于咸阳之陈涛斜，琯效古法，用车战，以牛车二千乘，马、步夹之。贼顺风鼓噪，牛皆震骇，纵火焚之，人畜大乱，死伤四万余人。上大怒，李泌为之营救，上乃宥之，待琯如初。

范氏曰：房琯有高志、虚名而无实才，肃宗既疏之，而犹以为将帅，是不知其臣也。琯以谗见疏，而犹以讨贼为己任，是不量其君也。君不知其臣，臣不量其君，而欲成天下之务，未之闻也。且肃宗任琯，而琯任刘秩，君臣不知人如此，夫安得不败乎？

史思明攻陷河北诸郡，饶阳裨将张兴死之史思明陷河间、景城，李

---

1 度支使：古官名，专掌财政。
2 榷盐法：对盐就场专卖的制度。
3 用以饶：国用因此充足。
4 陈涛斜：古地名，亦名陈陶斜、咸阳斜，位于今陕西省咸阳市东。
5 轻鄙：小看，轻视。
6 引用：任用。
7 南朝：即成都的朝廷。
8 沙塞：沙漠边塞。
9 戎务：军务。
10 曳落河：突厥语，壮士，健儿。

奂、李暐皆死。使两骑赍尺书[1]以招乐安，即时举郡降。又使其将康没野波攻平原，颜真卿力不敌，弃郡走。思明攻清河、博平，皆陷之。进围信都，乌承恩以城降。

胡氏曰：承恩始以无诏命，不从常山诸将之请，善矣。确守[2]此志，要结邻援，相与击贼，万一不捷，死于其位，上也。至于力屈，则近有李、郭可从。曾不是图[3]，乃举城降贼，何见理之不明，而执义之不坚欤？是故从常山之请，诚不若固信都之守；而下思明之拜，则尤不若用仙运之说矣。惜乎，承恩之智，昧于轻重、可否之差也！

饶阳裨将张兴力举千钧，性复明辩。贼攻饶阳，弥年[4]不能下。及诸郡皆陷，思明并力围之，外救俱绝，城陷，擒兴，谓曰："将军真壮士，能与我共富贵乎？"兴曰："兴，唐之忠臣，固无降理。今数刻之人[5]耳，愿一言而死。"思明曰："试言之。"兴曰："主上待禄山，恩如父子，群臣莫及，不知报德，乃兴兵指阙[6]，涂炭生人，大丈夫不能翦除凶逆，乃北面为之臣乎？且足下所以从贼，求富贵耳。譬如燕巢于幕[7]，岂能久安？何如乘间取贼，转祸为福，长享富贵，不亦美乎？"思明怒，锯杀[8]之，骂不绝口，以至于死。禄山初以卒三千人授思明，使定河北。至是，河北皆下之，郡置防兵三千，杂以胡兵镇之。思明还博陵。

永王璘反，上皇遣淮南节度使高适等讨之初，上皇命诸子分总节制。谏议大夫高适谏，以为不可。上皇不听，以璘领四道节度都使，镇江陵。时江

1　尺书：书信。
2　确守：坚持。
3　曾不是图：竟然这些都不考虑。
4　弥年：经年，终年。
5　数刻之人：没有多少时间好活的人。
6　指阙：攻打都城。
7　燕巢于幕：燕子把窝做在帐幕上，比喻处境非常危险。
8　锯杀：用锯子锯死。

淮租赋山积[1]于江陵。璘召募勇士数万人，日费巨万。子玚有勇力，好兵，薛璆等为之谋主，以为："今天下大乱，惟南方完富[2]，宜据金陵，保有江表，如东晋故事。"上闻之，敕璘归蜀，璘不从。上乃以高适为淮南节度使，来瑱为淮南西道节度使，与江东节度使韦陟共图璘。璘遂引舟师沿江东下。吴郡太守李希言平牒[3]璘诘之，璘怒，遣其将浑惟明袭吴郡，季广琛袭广陵，破其兵于当涂。江淮大震。高适与来瑱、韦陟会于安陆，结盟誓众以讨之。

回纥遣葛逻支将兵入援。十一月，与郭子仪合击同罗，破之。

十二月，安禄山遣兵陷颍川，执太守薛愿、长史庞坚，杀之禄山遣兵攻颍川，城中兵少，无蓄积[4]，太守薛愿、长史庞坚悉力拒守。期年，救兵不至，至是城陷。执愿、坚送洛阳，杀之。上问李泌："今敌强如此，何时可定？"对曰："臣观贼所获子女、金帛，皆输之范阳，此岂有雄据四海之志邪？今独虏将[5]或为之用，中国之人惟高尚等数人，自余皆胁从耳。以臣料之，不过二年，天下无寇矣。"上曰："何故？"对曰："贼之骁将，不过史思明、安守忠、田乾真、张忠志、阿史那承庆等数人而已。今若令李光弼自太原出井陉，郭子仪自冯翊入河东，则思明、忠志不敢离范阳、常山，守忠、乾真不敢离长安，是以两军絷[6]其四将也。从禄山者，独承庆耳。愿敕子仪勿取华阴，使两京之道常通。陛下军于扶风，与子仪、光弼互出击之，彼救首则击其尾，救尾则击其首，使贼往来数千里，疲于奔命。我常以逸待劳，贼至则避其锋，去则乘其弊，不攻城，不遏路[7]。来春复命建宁为范阳节度大使，并塞[8]北出，与光弼南北犄角，以取范阳，覆其巢穴，贼退则无所归，留则不获安。然后大军四合而攻之，必成擒矣。"上悦。张良娣与李辅国相表里，皆恶泌。建宁王

---

1 山积：像山那样高高堆积着，指东西极多。
2 完富：殷实，富庶。
3 平牒：古代职衔相等的方镇平等地互通文牒。
4 蓄积：积聚储存的财物。
5 虏将：敌将。
6 絷：绊，束缚。
7 遏路：切断往来的道路。
8 并塞：靠近边塞。

倓谓泌曰："先生举倓于上，得展臣子之效。无以报德，请为先生除害。"泌曰："何也？"倓以良娣为言，泌曰："此非人子所言，愿王置[1]之。"倓不从。

张巡移军宁陵，与贼将杨朝宗战，大破之令狐潮、李庭望攻雍丘，数月不下。筑城于雍丘之北，以绝其粮援。贼常数万人，而张巡众才千余，每战辄克。河南节度使、虢王巨屯彭城，假巡先锋使。是月，鲁[2]、东平、济阴陷于贼。贼将杨朝宗率马、步二万将袭宁陵，断巡后。巡遂拔雍丘，东守宁陵以待之。始与睢阳太守许远相见。是日，朝宗亦至，巡、远与战，昼夜数十合，大破走之，斩首万余级。敕以巡为河南节度副使。以将士有功，遣使诣虢王巨，请空名告身[3]及赐物，巨唯与折冲、果毅告身三十通，不与赐物。巡移书责巨，巨竟不应。

于阗王胜将兵入援胜闻乱，使弟曜摄国事，自将兵五千入援。上嘉之，以为殿中监。

吐蕃陷威戎[4]等军凡陷军七、城三。

丁酉**肃宗皇帝至德二载**（公元757年）

春，正月，上皇以李麟同平章事，命崔圆赴彭原。

安庆绪杀禄山禄山自起兵以来，目渐昏，至是不复睹物。又病疽[5]，性益躁暴[6]，左右使令[7]小不如意，动加棰挞[8]，或时杀之。严庄虽贵，用事，亦不免棰挞。阉竖李猪儿被挞尤多，左右人不自保。既而嬖妾生子庆恩，欲以代庆绪。庆绪惧，庄谓之曰："事有不得已者，时不可失。"庆绪从之。又谓猪儿曰：

1　置：搁置，放在一边。
2　鲁：鲁郡，古郡名，改鲁州置，辖今山东省济宁、曲阜、泰安、莱芜、汶上、宁阳、泗水、邹城等地。
3　空名告身：未填姓名的补官文凭。告身，古代授官的文凭。
4　威戎：即威戎军，属陇左节度使，驻所位于今青海省海北藏族自治州门源回族自治县金巴台古城。
5　病疽：长毒疮。
6　躁暴：暴躁，急躁。
7　使令：供使唤的人。
8　棰挞：拷打。

“汝不行大事，死无日矣！”猪儿亦许诺。庄与庆绪夜持兵立帐外，猪儿执刀直入帐中，斫禄山腹，禄山扪[1]枕旁刀不获，曰：“必家贼也！”遂死。庄宣言禄山疾亟，立庆绪为太子，褒伪号，尊禄山为太上皇，然后发丧。庆绪性昏懦，言辞无序，庄不令见人。庆绪日纵酒为乐，兄事[2]庄，以为御史大夫，事无大小，皆取决焉。

杀建宁王倓上谓李泌曰：“广平为元帅逾年，今欲命建宁专征[3]，又恐势分。立广平为太子，何如？”对曰：“戎事交切，须即区处。至于家事，当俟上皇。不然，后代何以辨陛下灵武即位之意邪？”泌出，以告广平王俶。俶入，固辞曰：“陛下犹未奉晨昏[4]，臣何心敢当储副？”上赏慰[5]之。李辅国本飞龙小儿[6]，粗闲书计[7]，上委信之。辅国外恭谨而内狡险，见张良娣有宠，阴附之。建宁王倓数于上前诋讦[8]二人罪恶，二人谮之曰：“倓恨不得为元帅，谋害广平王。”上怒，赐倓死。于是广平王俶内惧，谋去辅国及良娣。泌曰：“王不见建宁之祸乎？但尽人子之孝，良娣妇人，委曲顺之，亦何能为？”

胡氏曰：肃宗为太子，厄[9]于林甫二十年，其愤悱危困[10]多矣，亲见其父惑于宦、女，听谗杀子，曾不知戒？方在播越，巨寇犹存，已袭危亡之迹。其所以克取旧物者，得非天未厌唐，而忠贤是赖乎？不然，无自而有兴复之理也。

帝如保定[11]上闻安西、北庭及拔汗那、大食诸国兵至凉、鄯[12]，乃幸保定。

史思明等寇太原，李光弼击破之史思明等引兵十万寇太原。李光弼麾下精兵皆赴朔方，余众不满万人，诸将皆惧，议修城以待之。光弼曰：“太原

---

1 扪：摸，按。
2 兄事：像对待兄长一样对待。
3 专征：受命自主征伐。
4 晨昏：“晨昏定省”之略语，谓朝夕慰问奉侍。
5 赏慰：赏赐并安慰。
6 飞龙小儿：唐时泛指飞龙厩中服杂役者。
7 粗闲书计：粗闲，粗通。书计，文字与筹算，六艺中六书九数之学。
8 诋讦：诋毁攻击。
9 厄：受困。
10 愤悱危困：愤悱，愤慨怨恨。危困，危急困穷。
11 保定：古郡名，辖今甘肃省泾川、灵台、镇原三县地。
12 凉、鄯：即凉州、鄯州。

城周四十里，贼垂至而兴役[1]，是先自困也。”乃率士民于城外凿壕以自固，作墼[2]数十万，众莫知所用。及贼攻城，光弼用以增垒，城坏辄补，月余不下。思明乃选骁锐为游兵，戒之曰：“我攻其北，则汝潜趋其南，有隙则乘之。”而光弼军令严整，虽寇所不至，警逻[3]亦不少懈，贼不得入。光弼募军中有小技皆取之，人尽其用。得钱工三[4]，善穿地道。贼为梯冲土山以攻城，光弼为地道以迎之，近城辄陷。又作大炮飞巨石，一发辄毙二十余人。贼死者什二三，乃退营于数十步外。光弼遣人诈为约降，而穿地道周贼营中。至期，遣裨将将数千人出如降状，贼皆属目，俄而营中地陷，死者千余人，贼众惊乱，官军鼓噪乘之，俘斩万计。会安禄山死，庆绪使思明归守范阳，留蔡希德等围太原。光弼复出击之，斩首七万，希德遁去。

贼将尹子奇寇睢阳。张巡入睢阳，与许远拒却之安庆绪以子奇为河南节度使。子奇以归、檀[5]兵十三万趋睢阳。许远告急于张巡，巡自宁陵引兵入睢阳。巡有兵三千人，与远兵合六千八百人。贼悉众逼城，巡督励将士，昼夜苦战，一日或二十合，凡十六日，擒贼将六十余人，杀士卒二万余，众气自倍。远谓巡曰：“远懦不习兵，公智勇兼济，远请为公守，请公为远战。”自是之后，远但调军粮，修战具，居中应接而已。战斗筹画[6]，一出于巡。贼遂夜遁。

郭子仪平河东，贼将崔乾祐败走初，郭子仪以河东居两京之间，扼贼要冲，得河东，则两京可图。时贼将崔乾祐守之。子仪潜遣人入河东，与唐官陷贼者谋，俟官军至为内应。子仪引兵趋河东，司户韩旻等翻城迎官军。乾祐逾城得免，发城北兵拒官军。子仪击之，斩首四千级，遂平河东。

平卢节度使刘正臣卒为安东都护王玄志所酖也。

1　贼垂至而兴役：叛军马上要到了，却要修治城池。
2　墼：用炭末做成的块状物。
3　警逻：警戒巡逻。
4　钱工三：三个铸钱工匠。
5　归、檀：即归州、檀州。归州，古州名，辖今湖北省秭归、巴东、兴山三县地。
6　筹画：谋划。

二月，帝至凤翔[1]上至凤翔旬日，陇右、河西、安西、西域之兵皆会，江淮庸调亦至。长安人闻车驾至，从贼中自拔而来者日夜不绝。李泌请如前策，遣安西、西域之众并塞东北，取范阳。上曰："今大众已集，当乘兵锋[2]捣其腹心，而更引兵东北数千里，先取范阳，不亦迂[3]乎？"对曰："今所恃者，皆西北及诸胡之兵，性耐寒而畏暑，若乘其新至之锐，攻禄山已老之师，其势必克两京。然春气已深，贼归巢穴，关东地热，官军必因而思归。伺官军之去，必复南来。然则征战之势未有涯[4]也。不若先用之于寒乡[5]，除其巢穴，则贼无所归，根本永绝矣。"上曰："朕切于晨昏之恋，不能待此决矣。"

胡氏曰：事有大小、缓急之序，不知而倒置之，不可言智；知而逆施之，不可言仁。肃宗初从李辅国大孝之言，舍上皇而西行矣；今大计未就，复念晨昏，宁弃远猷而不用，则欲速见小利之过也。然此计非独李泌言之，颜杲卿、郭子仪、李光弼四人所见，盖不约而同也。杲卿既不幸败死，而肃宗复不能用三人之谋，惜哉！

庆绪使史思明守范阳庆绪以史思明为范阳节度使。先是，安禄山得两京，珍货[6]悉输范阳，思明拥强兵，据富资，益骄横，浸不用庆绪之命，庆绪不能制。

江南采访使李成式讨永王璘，璘败走，死成式与河北招讨判官李铣合兵讨璘。季广琛召诸将谓曰："吾属从王至此，天命未集，人谋已隳，兵锋未交，尚及早图去就。不然，死于锋镝，永为逆臣矣！"诸将皆然之。于是广琛以麾下奔广陵。璘党皆散，忧惧不知所出。成式将赵侃等济江[7]，璘兵遂溃。璘

---

1 凤翔：古郡名，改扶风郡置，辖今陕西省凤翔、岐山、扶风、麟游、宝鸡、眉县、周至等地。
2 兵锋：兵器的尖端或锐利的部分。亦指兵力，兵势。
3 迂：绕远，曲折。
4 有涯：有边际，有限。
5 寒乡：寒冷的地方。
6 珍货：珍贵的财宝。
7 济江：渡过长江。

奔鄱阳[1]，江西采访使皇甫铣遣兵擒杀之。

三月，韦见素、裴冕罢，征苗晋卿为左相。

上皇遣中使祭始兴文献公张九龄上皇思张九龄之先见，为之流涕，遣中使至曲江祭之，厚恤其家。

胡氏曰：李觏[2]有言："使管仲而不死，虽内嬖[3]六人，庸何伤？"君子非之曰："未有蛊[4]其心于女色，而又能尽其心于贤者也。"于明皇见之矣。明皇忽九龄之言，及身履危亡而后思之，亦奚及哉？正使向也用九龄言，祸乱不自范阳，可耳。太真[5]在宫，林甫在朝，九龄必见逐，杀一禄山，生一禄山，亦无救于播迁之祸。是故太平之君惟无欲，然后能持盈而守成也。

尹子奇复寇睢阳，张巡击走之尹子奇复引兵攻睢阳，张巡谓将士曰："吾受国恩，所守，正死耳。但念诸君捐躯力战，而赏不酬勋[6]，以此痛心耳。"将士皆激励请奋。巡乃椎牛飨士，尽军出战。贼望见兵少，笑之。巡执旗，率诸将直冲贼阵，贼乃大溃。明日，贼又合军至城下，巡出战，昼夜数十合，屡摧其锋，而贼攻围益急。巡于城中夜鸣鼓严队[7]，若将出击者，贼闻之，达旦儆备。既明，巡乃寝兵绝鼓。贼以飞楼瞰[8]城中，无所见，遂解甲休息。巡与南霁云、雷万春等十余将各将五十骑开门突出，直冲贼营，斩贼将五十余人，杀士卒五千余人。巡欲射子奇而不识，剡[9]蒿为矢，中者喜，谓巡矢尽，走白子奇，乃得其状。使霁云射之，中其左目，几获之。子奇乃走。

夏，四月，以郭子仪为司空、天下兵马副元帅，与贼战于清沟[10]，败

1　鄱阳：古郡名，由饶州改称，辖今江西省鄱阳湖以东信江、昌江、乐安江流域（婺源县除外）及进贤、都昌等县地。
2　李觏：北宋哲学家、思想家，滕王李元婴的后裔。
3　内嬖：受君主或达官贵人宠爱的人。
4　蛊：诱惑，迷乱。
5　太真：指贵妃杨氏。
6　酬勋：对有功勋的人给以爵位等奖赏。
7　严队：整饬部队。
8　瞰：窥视。
9　剡：削尖。
10　清沟：古地名，即清渠，位于今陕西省咸阳市武功县东北。

绩初，关内节度使王思礼军武功，贼安守忠等攻之，兵马使郭英乂战不利，思礼退军扶风。贼游兵至大和关[1]，去凤翔五十里，凤翔大骇。上以子仪为司空、副元帅。子仪将兵赴凤翔，贼李归仁以铁骑五千邀之。子仪使其将仆固怀恩等伏兵击之，杀伤略尽。安守忠伪遁，子仪悉师逐之。贼以骁骑九千为长蛇阵，官军击之，首尾为两翼夹击，官军大溃。子仪退保武功。是时府库无蓄积，朝廷专以官爵赏功，诸将出征，皆给空名告身，听临事注名[2]，有至开府、特进、异姓王者。诸军但以职任相统摄，不复计官爵高下。及是，复以官爵收散卒。由是官爵轻而货重，大将军告身一通，才易一醉。凡应募入军者，一切衣金紫。名器之滥，至是而极焉。

范氏曰：官爵者，人君所以驭天下，不可以虚名而轻用也。君以为贵而加于君子，则人贵之矣；君以为贱而施于小人，则人贱之矣。肃宗欲以苟简成功，而滥假名器，轻于粪土，此乱政之极也。唐室不竞，不亦宜哉！

房琯罢，以张镐同平章事琯性高简[3]，时国家多难，而琯不以职事为意，日与刘秩、李揖高谈释、老，或听门客董庭兰鼓琴。庭兰因是大招权利，御史劾之，罢为太子少师。以镐同平章事。上常使僧数百人为道场于内，镐谏曰：“帝王当修德以弭乱[4]，未闻饭僧[5]可致太平也。”上然之。

山南东道[6]节度使鲁炅奔襄阳初，贼将武令珣、田承嗣攻山南东道节度使鲁炅于南阳，城中食尽，饿死者相枕藉。上遣宦官曹日昇往宣慰，围急，不得入。日昇请单骑入城，襄阳太守魏仲犀不许。会颜真卿自河北至，曰：“曹将军不顾万死以致帝命，何为沮之？借使[7]不达，不过亡一使者。达，则一城

1 大和关：古关隘名，位于今陕西省宝鸡市凤翔县东。
2 注名：记名于名册。
3 高简：清高简约。
4 弭乱：平息战乱。
5 饭僧：向和尚施饭，佛教信徒修善祈福的行为。
6 山南东道：唐方镇名，治襄州，领襄、邓、隋、唐、均、房、复等州，辖今重庆市长寿、垫江、万县和陕西省紫阳、石泉、宁陕等县以东，河南省泌阳、桐柏和湖北省随州、京山、沔阳和洪湖以西，秦岭、伏牛山以南、长江以北地区。
7 借使：即使，纵然。

之心固矣。”日昇与十骑偕往，贼不敢逼，城中大喜。炅在围中凡周岁[1]，昼夜苦战，力竭不能支，夜开城，率余兵数千突围奔襄阳。承嗣追之，转战二日，不克而还。时贼欲南侵江、汉，赖炅扼其冲要，南夏[2]得全。

贬郭子仪为左仆射子仪诣阙请自贬，以为左仆射。

六月，将军王去荣有罪，敕免死自效将军王去荣以私怨杀本县令，当死，上以其善用炮，敕免死，以白衣诣陕郡效力。中书舍人贾至上表曰：“去荣无状，杀本县之君，而陛下以炮石一能，免其殊死。今诸军技艺绝伦者甚众，必恃其能，所在犯上，复何以止之？若止舍去荣而诛其余者，则是法令不一，而诱人触罪[3]也。今惜一去荣之材而不杀，必杀十如去荣之材者，其伤不益多乎？夫去荣，逆乱之人也，焉有逆于此而顺于彼，悖于县君而不悖于大君[4]欤？伏惟明主全其远者、大者，则祸乱不日而定矣。”上令百官议之，太子太师韦见素等议以为：“律，杀本县令，列于十恶。而陛下宽之，则王法不行，人伦道屈矣。夫国以法理，军以法胜。陛下厚养战士而每战少利，岂非无法邪？陕郡虽要，不急于法。而况去荣末技，又非陕郡之所以存亡耶？”上竟舍之。

秋，七月，尹子奇复寇睢阳子奇复征兵数万攻睢阳。城中食尽，将士人廪米[5]日一合[6]，杂以茶纸[7]、树皮为食，馈救[8]不至，士卒消耗至千六百人，皆饥病不堪斗，遂为贼所围，张巡乃修守具。贼为云梯[9]，势如半虹，置精卒二百于其上，推之临城，欲令腾[10]入。巡预于城潜凿三穴，候梯将至，一穴中出大

1　周岁：一年，一整年。
2　南夏：泛指我国南部。
3　触罪：犯罪。
4　大君：天子。
5　廪米：公家发给的粮食。
6　一合：一盒。
7　茶纸：唐时茶叶做成很讲究的小块状，用竹子做的宣纸一个个包装。茶纸勉强也可以食用。
8　馈救：粮食和援兵。
9　云梯：用于攀越城墙攻城的用具，有的其下有轮子，可以推动行驶。
10　腾：跳跃。

木，末置铁钩，钩之，使不得退；一穴中出一木，柱[1]之，使不得进；一穴中出一木，末置铁笼，盛火焚之。贼又以钩车钩城上棚阁[2]，巡以大木置连锁、大环，拔其钩而截之。贼又造木驴攻城，巡镕金汁[3]灌之。贼又以土囊积柴为磴道[4]，欲登城，巡潜以松明、干蒿[5]投之，积十余日，使人顺风持火焚之。巡之所为，皆应机立办，贼服其智，不敢复攻。遂于城外穿三重壕，立木栅以守巡。巡亦于其内作壕以拒之。士卒死伤之余，才六百人。时许叔冀在谯郡，尚衡在彭城，贺兰进明在临淮，皆拥兵不救。城中日蹙，巡乃令南霁云犯围而出，告急于临淮。进明爱霁云勇壮，具食延之[6]，霁云泣曰："睢阳之人不食月余矣，霁云虽欲独食，且不下咽。大夫坐拥强兵，曾无分灾救患之意，岂忠臣义士之所为乎？"因啮落一指以示进明，曰："霁云既不能达主将之意，请留一指以示信归报。"座中皆为泣下。霁云去，至宁陵，与城使[7]廉坦同将步骑三千人，且战且行，至城下，大战，坏贼营，死伤之外，仅得千人入城。城中将吏知无救，皆恸哭。贼围益急。初，房琯为相，恶进明，以为河南节度使，而以许叔冀为之都知兵马使，俱兼御史大夫。叔冀遂不受其节制。故进明不敢分兵，非惟疾巡、远功名，亦惧为叔冀所袭也。

胡氏曰：进明亦可谓不思矣。巡、远危迫，我能救之，功名独不在我乎？诚有虞于叔冀者，直以事理腾笺[8]，听命可也；迟疑选愞[9]，忠义不立，岂不辱乎？房琯若知进明不可用，则明言于上而废退之；以为才，则不当用私恶而委之兵柄，操此心以驭人群[10]，难乎功业之遂矣。

---

1 柱：挡住，阻塞。
2 棚阁：城上架木为棚，跳出城外四五尺许，上有屋宇以蔽风雨，战士居之，以御外敌。
3 金汁：金属的溶液。
4 磴道：用石头修筑的登山路。
5 松明、干蒿：松明，山松多油脂，劈成细条，燃以照明，称松明。干蒿，干的蒿草。
6 延之：邀请他留下。
7 城使：古官名。唐制，军队戍守之地大者为军，其次为城、镇，各置使，隶属于都督或节度使。城使领属之兵，自数百至七千不等。
8 腾笺：传递信笺。腾，传递。
9 选愞：怯懦。选，通"巽"。
10 人群：众人。

以张镐兼河南节度使。

贼将蔡希德寇上党，执节度使程千里贼屡攻上党，常为节度使程千里所败。蔡希德复引兵围之，以轻骑至城下挑战，千里率百骑开门突出，欲擒之。会救至，退还，桥坏，坠堑中，反为希德所擒。仰谓从骑曰："吾不幸至此，天也！归语诸将，善为守备。宁失帅，不可失城！"希德攻城，竟不克。送千里于洛阳，囚之。

九月，广平王俶、郭子仪收复西京上劳飨[1]诸将，遣攻长安，谓郭子仪曰："事之济否，在此行也。"对曰："此行不捷，臣必死之！"回纥怀仁可汗遣其子叶护等将精兵四千余人来至凤翔。广平王俶将朔方等军及回纥、西域之众十五万发凤翔。俶见叶护，约为兄弟，叶护大喜，谓俶为兄。至长安城西，陈于香积寺北，沣水[2]之东。李嗣业为前军，郭子仪为中军，王思礼为后军。贼众十万，陈于其北。李归仁出挑战，官军逐之，逼于其阵，贼军齐进，官军却。李嗣业曰："今日不以身饵贼，军无孑遗矣。"乃肉袒执刀，大呼奋击，杀数十人，阵乃稍定。于是嗣业率前军各执长刀，如墙而进，身先士卒，所向摧靡。贼伏精骑于阵东，欲袭官军之后，侦者[3]知之，仆固怀恩引回纥就击，尽杀之。李嗣业又与回纥出贼阵后，乃与大军夹击，自午及酉[4]，斩首六万级，贼遂大溃，余众走入城，迨夜嚣声不止[5]。仆固怀恩言于广平王俶曰："贼弃城走矣。请以二百骑追之，缚取安守忠、李归仁等。"俶曰："将军战亦疲矣，且休息，俟明旦图之。"怀恩曰："战尚神速，何明旦也？"俶固止之。迟明，谍至，守忠、归仁与张通儒、田乾真等皆已遁矣。大军入西京。初，上欲速得京师，与回纥约曰："克城之日，土地、士庶归唐，金帛、子女[6]归回纥。"至是，叶护欲如约，广平王俶拜于叶护马前曰："今始得西京，若遽俘掠，则东

1　劳飨：慰劳犒赏。
2　沣水：古水名，又作丰水、酆水，即今陕西省西安市西渭河支流沣河。
3　侦者：刺探敌情的人。
4　自午及酉：从午时直到酉时。午时，上午十一时到下午一时。酉时，下午五时到七时。
5　迨夜嚣声不止：迨夜，直到夜里。嚣声，喧闹声。不止，不停。
6　子女：美女，年青女子。

京之人皆为贼固守，不可复取矣。愿至东京乃如约。”叶护惊，跃下马，答拜曰：“当为殿下径往东京。”即与仆固怀恩引回纥、西域之兵自城南过，营于浐水之东。军民、胡虏见俶拜者，皆泣曰：“广平王真华夷之主也。”上闻之，喜曰：“朕不及也。”俶整众入城，百姓老幼夹道欢呼悲泣。俶留长安镇抚三日，引大军东出。

遣使请上皇还京师捷书[1]至凤翔，上即日遣中使啖庭瑶奏上皇。命左仆射裴冕入京师告郊庙及宣慰百姓。召李泌曰：“朕已表请上皇东归。朕当还东宫，复修人子之职。”泌曰：“上皇不来矣。”上惊问故，泌曰：“理势自然。”上曰：“为之奈何？”泌曰：“今请更为群臣贺表[2]，言自马嵬请留，灵武劝进，及今成功，圣上思恋晨昏，请速还京师就孝养之意，则可矣。”上即使泌草表，立命中使奉以入蜀。因就泌饮酒，同榻而寝。泌曰：“臣今报德[3]足矣，复为闲人，何乐如之！”上曰：“朕与先生久同忧患，今方同乐，奈何遽去？”泌曰：“臣有五不可留，愿陛下听臣去，免臣于死。”上曰：“何谓也？”泌对曰：“臣遇陛下太早，陛下任臣太重，宠臣太深，臣功太高，迹[4]太奇，此其所以不可留也。”上曰：“且眠矣，异日议之。”对曰：“陛下今就臣榻卧，犹不得请，况异日香案之前乎？陛下不听臣去，是杀臣也。”上曰：“不意卿疑朕如此，岂朕而办[5]杀卿耶？”对曰：“陛下不办杀臣，故臣求归。若其既办，臣安得复言？且杀臣者，非陛下也，乃‘五不可’也。陛下向日待臣如此，臣于事犹有其不敢言者，况天下既安，臣敢言乎？”上良久曰：“卿以朕不从卿北伐之谋乎？”对曰：“非也，乃建宁耳。”曰：“建宁为小人所教，欲害其兄，图继嗣[6]，朕以社稷大计，不得已而除之，卿不知耶？”对曰：“若有此心，广平当怨之。广平每与臣言其冤，辄流涕呜咽。且陛下昔欲用建宁为元帅，臣请用广

1 捷书：军事捷报。
2 贺表：古代遇有吉庆、武功等事，臣向君上的颂扬书。
3 报德：对受到的恩德予以报答。
4 迹：事迹。
5 办：致力。
6 继嗣：帝王的继位者。

平，建宁若有此心，当深憾臣，而以臣为忠，益相亲善。陛下以此可察其心矣。”上乃泣下曰：“先生言是也。然既往不咎[1]，朕不欲闻之。”泌曰：“臣非咎既往，乃欲陛下慎将来耳。昔天后有四子，长曰太子弘，天后方图称制，恶其聪明，酖杀之，立次子贤。贤内忧惧，作《黄台瓜辞》，冀以感悟天后，天后不听，贤亦废死。其辞曰：‘种瓜黄台下，瓜熟子离离。一摘使瓜好，再摘使瓜稀，三摘犹为可，四摘抱蔓[2]归。’今陛下已一摘矣，慎无再摘。”上愕然曰：“安有是哉？朕当书绅[3]。”对曰：“陛下但识之于心，何必形于外也？”是时，广平王有大功，良娣忌而谮之，故泌言及之。泌复固请归山[4]，上曰：“俟将发此议之。”其后成都使还，言：“上皇初得上表，彷徨不能食，欲不归，及群臣表至，乃大喜，命食作乐，下诰定行日。”上召李泌告之曰：“皆卿力也。”

胡氏曰：邺侯不事肃宗，岂但以交友之分难于君臣哉？正坐良娣、辅国表里相结，既无除之之道，宁舍相位而隐于山林，冀君之或思其故而一悟也。使得明智之君，不待辞之毕，而深有感于心矣。泌反复数百言，而肃宗终不喻[5]也，于是固请而必去耳。为国有九经[6]，以劝贤敬大臣为重。劝贤有四事，以去谗远色为首。张后宠于内，辅国宠于外，则贤者必不自保。唐室之卑，亦可知矣。乌乎，邺侯亦可谓得出处进退之义者也！

郭子仪克华阴、弘农子仪引蕃、汉兵追贼至潼关，斩首五千级，克华阴、弘农二郡，献俘百余人。敕皆斩之。李勉言于上曰：“元恶未除，为贼所污者半天下，闻陛下龙兴，咸思洗心以承圣化。今悉诛之，是驱之使从贼也。”上遽使赦之。

1　既往不咎：原指已经做完或做过的事，就不必再责怪了，后也指对以往的过错不再责备。咎，责怪。

2　抱蔓：抱着藤蔓，形容无瓜可摘。

3　书绅：把要牢记的话写在绅带上，后亦称牢记他人的话为书绅。语本《论语·卫灵公》：“子张书诸绅。”

4　归山：退隐。

5　喻：明白，了解。

6　九经：儒家治国平天下的九项准则，包括修身、尊贤、亲亲、敬大臣、体群臣、子庶民、来百工、柔远人、怀诸侯。

冬，十月，尹子奇陷睢阳，张巡、许远死之尹子奇久围睢阳，城中食尽，议弃城东走。张巡、许远谋曰："睢阳，江淮之保障，若弃之去，贼必乘胜长驱[1]，是无江淮也。且我众饥羸[2]，走必不达。古者战国诸侯尚相救恤[3]，况密迩群帅乎？不如坚守以待之。"茶纸既尽，遂食马；马尽，罗雀掘鼠；雀、鼠又尽，巡出爱妾杀以食士。城中知必死，莫有叛者，所余才四百人。贼登城，将士病，不能战。巡西向再拜曰："臣力竭矣！生既无以报陛下，死当为厉鬼以杀贼。"城遂陷，巡、远俱被执。子奇问曰："闻君每战，眦裂[4]齿碎，何也？"巡曰："吾志吞逆贼，但力不能耳。"子奇以刀抉[5]，视之，所余才三、四。并南霁云、雷万春等三十六人皆被杀。巡且死，颜色不乱。生致许远于洛阳。巡初守睢阳时，卒仅万人，城中居人亦且数万，巡一见问姓名，其后无不识者。前后大小战凡四百余，杀贼卒十二万人。巡行兵不依古法，教战阵，令本将以其意教之。人或问其故，巡曰："今与胡虏战，云合鸟散，变态不恒，数步之间，势有同异。临期应猝[6]，在于呼吸之间，而动询大将，事不相及，非知兵之变者也。故吾使兵识将意，将识士情，投之而往，如手之使指。兵将相习，人自为战，不亦可乎？"器械、甲仗皆取之于敌，未尝自修。推诚待人，无所疑隐。临敌应变，出奇无穷。号令明，赏罚信，与众共甘苦寒暑，故下争致死力。张镐闻睢阳围急，倍道亟进，且檄谯郡太守闾丘晓救之。晓不受命。镐至睢阳，城已陷三日矣。镐召晓，杖杀之。

广平王俶、郭子仪等收复东京张通儒等收余众走保陕，安庆绪悉发洛阳兵，使严庄将之，就通儒以拒官军，步、骑犹十五万。子仪等与贼遇于新店[7]。贼依山而陈，子仪等初与之战，不利。回纥自南山袭其背，于黄埃[8]中发十

---

1 长驱：迅速地向很远的目的地行进。
2 饥羸：饥饿瘦弱。
3 救恤：救济抚恤。
4 眦裂：眼眶瞪裂，形容盛怒。
5 以刀抉：用刀撬开嘴，意为察看是否真的齿碎。抉，挑开，撬开。
6 应猝：同"应卒"，应急。
7 新店：古地名，位于今河南省三门峡市陕县西。
8 黄埃：黄色的尘土。

余矢，贼惊，顾曰："回纥至矣。"遂溃。官军与回纥夹击之，贼大败走。仆固怀恩等分道追之。庆绪乃率其党走河北，杀所获唐将哥舒翰、程千里等三十余人而去，许远死于偃师。广平王俶入东京，回纥纵兵大掠，意犹未厌，俶患之。父老请率罗锦[1]万匹以赂回纥，回纥乃止。

范氏曰：肃宗欲复唐室，苟求天下之贤，而与之共天下之功，因民之心以讨暴逆[2]，则何患乎贼之不灭哉？而唐之人主好结戎狄以求援，肃宗尤务欲速，不为远谋，以至使诸胡纵掠，与贼无异，其失民也，不亦甚乎！昔武王伐商，有微、卢、彭、濮，皆以中国之师制之，使为掎角之助而已。若与之共事而倚以成功，则未有不为患者也。

李泌归衡山泌求归山不已，上固留之不能得，乃听归衡山。敕郡县为筑室于山中，给三品料[3]。

帝发凤翔，遣韦见素奉迎上皇。

郭子仪遣兵取河阳及河内[4]。

贼将严庄来降，以为司农卿。

胡氏曰：严庄既同禄山叛君，又教庆绪杀父，天下之罪尚有大于此者乎？既受其降，又官之，则当时乱臣贼子又何必讨？斯举也，殆犹推波而助澜欤！

陈留人杀尹子奇，举城降。

帝入西京，上皇发蜀郡上入西京，百姓出国门[5]奉迎，二十里不绝，舞跃[6]呼万岁，有泣者。上入居大明宫。御史中丞崔器令百官受贼官爵者皆脱巾徒跣，立于含元殿前，顿首请罪，环之以兵，使百官临视之。太庙为贼所焚，上素服向庙哭三日。是日，上皇发蜀郡。

1　罗锦：有花纹的丝绸，亦泛指精美的丝织品。
2　暴逆：凶暴忤逆的人。
3　三品料：按三品官的规格提供材料。
4　河内：古郡名，由怀州改称，辖今河南省焦作、沁阳、武陟、获嘉、修武、博爱等市县地。
5　国门：国都的城门。
6　舞跃：拜舞欢跃。拜舞，跪拜与舞蹈，古代朝拜的礼节。欢跃，欢呼跳跃。

安庆绪走保邺郡庆绪走保邺，步、骑不过千余人。旬日间，蔡希德自上党、田承嗣自颍川、武令珣自南阳，各率所部兵归之。又召募河北诸郡人，众至六万，军声复振。

以甄济为秘书郎，苏源明知制诰[1]广平王俶之入东京也，百官受安禄山父子官者陈希烈等三百余人，皆素服悲泣请罪，俶以上旨释之，寻勒[2]赴西京。崔器令诣朝堂请罪如仪[3]，然后收系大理。初，汲郡甄济有操行，隐居青岩山[4]，安禄山为采访使，奏掌书记。济察禄山有异志，诈得风疾，舁归家。禄山反，使蔡希德引行刑者二人封刀[5]召之，济引首[6]待刃。希德以实病白禄山，乃免。后庆绪亦使强舁至洛阳。会官军平东京，济起诣军门上谒[7]。俶遣诣京师，上命馆之于三司，令受贼官爵者列拜以愧其心。以济为秘书郎。国子司业苏源明亦称病不受禄山官，上擢为考功郎中[8]、知制诰。制士庶受贼官禄者，令三司条件[9]闻奏。

宴回纥叶护于宣政殿叶护自东京还，上命百官迎之，与宴于宣政殿。叶护奏以："军中马少，请留兵沙苑，自归取马，还为陛下扫除范阳余孽。"上赐而遣之。以叶护为忠义王，岁遗回纥绢二万匹，使就朔方军受之。

朝享[10]于长乐殿上在彭原，更以栗[11]为九庙主。至是朝享于长乐殿。

十二月，上皇还西京上皇至凤翔，命悉以甲兵输郡库。上发精骑三千奉迎。

胡氏曰：父子，天性也，大利所在，嫌疑生焉。上皇不以甲兵自随，其虑

1　知制诰：掌管起草诰命。后用作官名，专掌内命，典司诏诰。
2　勒：强制，逼迫。
3　如仪：按照仪式。
4　青岩山：古山名，又称苍峪山、仓岩山、苍岩山，位于今河南省鹤壁市淇县西南。
5　封刀：授予使者诛杀大权的刀，犹如俗称"尚方宝剑"，常以黄绫封裹，故称。
6　引首：伸长脖子。
7　上谒：通名进见尊长。
8　考功郎中：古官名，总掌百官功过善恶之考法及其行状，并详加簿录。
9　条件：逐条逐件。
10　朝享：古代天子祭祀宗庙。
11　栗：栗子树的木头。

深矣。肃宗之迎之也，当盛威仪[1]，备物采[2]，何必发精骑邪？既启其端，于是有露刃而劫迁[3]者，兴庆[4]之不获安其居，辟谷之不得考其死，渐生于是矣。

上皇至咸阳，上备法驾迎于望贤宫。上皇在宫南楼，上着紫袍，望楼下马，趋进拜舞于楼下，上皇降楼，抚上而泣，索黄袍，自为上着之。上伏地顿首固辞，上皇曰："天数、人心皆归于汝，使朕得保养余齿，汝之孝也。"上乃受之。上皇不肯居正殿，上自扶登殿，尚食进食，尝而荐之。将发行宫，上亲为上皇习马[5]而进之，执鞚行数步，上皇止之。上乘马前引，不敢当驰道。上皇谓左右曰："吾为天子五十年，未为贵。今为天子父，乃贵耳。"入御含元殿，慰抚百官，乃诣长乐殿，谢九庙主，恸哭久之。即日出居兴庆宫。上累表请避位还东宫，上皇不许，以传国宝授上，上始涕泣受之。

范氏曰：肃宗不由君父之命而有天下，至是而屑屑[6]然为末礼以眩耀于众，岂其诚乎？临危则取大利，居安则谨小节，以是为孝，亦已悖矣。

赦天下上御丹凤楼赦天下，惟与安禄山同反及李林甫、王鉷、杨国忠子孙不在免例。以礼部尚书李岘、兵部侍郎吕諲与御史大夫崔器共按陈希烈等狱。岘以李栖筠为详理判官。栖筠多务平恕，故人皆怨諲、器，而岘独得美誉。

徙广平王俶为楚王。

加郭子仪司徒，李光弼司空，功臣进阶[7]赐爵有差。

追赠死节之士李憕、卢弈、颜杲卿、袁履谦、许远、张巡、张介然、蒋清、庞坚等皆加追赠，官其子孙。战亡之家，给复三载。议者或罪张巡以守睢

1　威仪：帝王或大臣的仪仗、扈从。
2　物采：应为"采物"，有彩色纹饰的旌旗、衣物等。
3　劫迁：劫持，胁迫迁徙。
4　兴庆：兴庆宫，因为上皇李隆基所居，因以代指上皇李隆基。
5　习马：训练马匹。
6　屑屑然：特意、着意貌。
7　进阶：晋升官阶。

阳不去，与其食人，曷若全人？其友人李翰为之作传，表上之，曰："巡以寡击众，以弱制强，保江淮以待陛下之师，其功大矣。且巡所以固守者，以待诸军之救也。救不至而食尽，既尽而及人，岂其素志[1]哉？设使守城之初已有食人之计，损数百人以全天下，臣犹曰功过相掩，况非其素志乎？"众议由是始息。

蠲来载租庸三分之一。

复郡名、官名。

上上皇尊号。

以良娣张氏为淑妃。

史思明、高秀岩各以所部来降安庆绪之北走也，其大将李归仁及精兵数万人皆溃归范阳。庆绪忌思明之强，遣阿史那承庆、安守忠往征兵，因密图之。判官耿仁智说思明曰："大夫所以尽力于安氏者，迫于凶威耳。今唐室中兴，天子仁圣[2]，大夫诚率所部归之，此转祸为福之计也。"裨将乌承玼亦曰："庆绪叶上露[3]耳，大夫奈何与之俱亡？"思明以为然。承庆、守忠以五千劲骑自随至范阳。思明引入内厅乐饮[4]，别遣人收其甲兵，诸郡兵皆给粮纵遣之，囚承庆等。遣其将窦子昂奉表，以所部十三郡及兵八万来降。河东节度使高秀岩亦以所部来降。上大喜，以思明为归义王、范阳节度使，遣内侍[5]李思敬与乌承恩往宣慰，使将所部兵讨庆绪。承恩所至宣布诏旨，沧、瀛、安、深、德[6]、棣等州皆降。虽相州未下，河北率为唐有矣。

制陷贼官以六等定罪崔器、吕諲上言："诸陷贼官，背国从伪，准律[7]皆应处死。"李岘以为："贼陷两京，天子南巡，人自逃生。此属皆陛下亲戚或

1 素志：一向怀有的志愿。
2 仁圣：仁德圣明。
3 叶上露：树叶上的露水。
4 乐饮：畅饮。
5 内侍：太监。
6 德：德州，古州名，辖今山东省德州、陵县、平原及河北省景县、吴桥等市县地。
7 准律：依照法律。

勋旧子孙，今一概以叛法处死，恐乖仁恕之道。且河北未平，群臣陷贼者尚多，若尽诛之，是坚其附贼之心也。”上从岘议，以六等定罪，重者刑之于市，次赐自尽，次杖一百，次三等流、贬。斩达奚珣等十八人，陈希烈等七人赐自尽。上欲免张均、张垍死，上皇不可，上叩头流涕曰：“臣非张说父子，无有今日。若不能活均、垍，死何面目见说于九泉？”上皇曰：“垍为汝[1]长流岭南，均为贼毁吾家事，决不可活。”上泣而从命。顷之，有自贼中来降者，言：“群臣在邺者闻赦希烈等，皆自悼[2]，恨失身贼庭。及闻希烈等诛，乃止。”上甚悔之。

司马公曰：为人臣者，策名委质，有死无贰[3]。希烈等或贵为卿相，或亲连肺腑[4]，承平之日，迎合取容；祸乱既作，偷生苟免。至乃媚贼称臣，为之陈力，此乃犬马之不如。傥更全其首领，是谄谀之臣无往而不得计[5]也。彼颜杲卿、张巡之徒，世治则摈斥外方，沉抑下僚[6]；世乱则委弃孤城，齑粉寇手[7]。何为善者之不幸而为恶者之幸，待忠义之薄而保奸邪之厚邪？六等议刑，斯亦可矣，又何悔焉？

胡氏曰：张说父子于太子固有保护之功，然其计得行，则由上皇之慈也。今肃宗以生生[8]之恩专归说、垍，而上皇无预焉，岂不悖天理欤？古之明君不赏私劳，不罚私怨，盖不以一身而害天下之公义也。为肃宗者，正均、垍之罪，而为说置后[9]，其庶几乎？

置左、右神武军置神武军，取元从[10]子弟充。其制皆如四军[11]，总谓之北牙

1　为汝：因为为你求情。
2　悼：悲痛。
3　有死无贰：即便死也没有二心。
4　肺腑：比喻帝王的宗室近亲。
5　无往而不得计：不管到哪里都能得逞。得计，计谋得以实现。
6　摈斥外方，沉抑下僚：排挤于朝廷之外，屈身贱职。沉抑，低沉抑郁。
7　委弃孤城，齑粉寇手：弃之于孤城之中，最后惨死于敌手。
8　生生：养生，救活。
9　置后：古时大夫死后无子，为死者别置后嗣、暂为丧主之称。
10　元从：自始即相随的人。
11　四军：即左、右羽林军和左、右龙武军。

六军。又择善骑射者千人为殿前射生手，分左、右厢，号曰英武军。

故妃韦氏卒。

戊戌**乾元元年**（公元758年）

春，正月，上皇加帝尊号，帝复上上皇尊号。

二月，以李辅国兼太仆卿辅国依附张淑妃，势倾朝野。

贼将能元皓举所部来降。

大赦，改元尽免百姓今载租庸。复以“载”为“年”。

三月，徙楚王俶为成王。

立淑妃张氏为皇后。

夏，四月，新主入太庙。

五月，停采访使，改黜陟使为观察使。

张镐罢张镐性简澹[1]，不事中要[2]，闻史思明请降，上言：“思明凶险，因乱窃位，人面兽心，难以德怀[3]，愿勿假以威权。”又言：“滑州防御使许叔冀狡猾多诈，临难必变，请征入宿卫。”时上以宠纳思明，会中使自范阳及白马来，皆言思明、叔冀忠恳[4]可信，上以镐为不切事机，罢为荆州防御使。

立成王俶为皇太子，更名“豫”张后生兴王佋，才数岁，欲以为嗣。上疑未决，从容谓知制诰李揆曰：“成王长，且有功，朕欲立为太子，卿意如何？”揆再拜贺曰：“此社稷之福，臣不胜大庆[5]。”上意始决。

崔圆、李麟罢，以王玙同平章事上颇好鬼神，玙专依鬼神以求媚[6]，每

1　简澹：简朴淡泊。
2　中要：有权势的宦官。
3　以德怀：用仁德感化。
4　忠恳：忠贞诚恳。
5　大庆：大可庆贺之事。
6　求媚：讨好。

议礼仪，多杂以巫祝俚俗[1]，上悦之。

赠颜杲卿太子太保，谥曰“忠节”杲卿之死也，杨国忠用张通幽之谮，竟无褒、赠。颜真卿为御史大夫，泣诉于上。上为之言于上皇，杖杀通幽而赠杲卿。杲卿子泉明为史思明所虏，得归，求其父尸于东京，得之，遂并袁履谦尸棺敛以归。杲卿姊妹女及泉明之子皆流落河北，泉明号泣求访，哀感路人，久乃得之。诣亲故乞索[2]赎之，先姑姊妹而后其子。遇父时将吏妻子流落者，皆与之归，凡五十余家，均减资粮[3]，一如亲戚。真卿悉加赡给，随其所适而资送之。袁履谦妻疑履谦衣衾俭薄[4]，发棺视之，与杲卿无异，乃始惭服[5]。

六月，立太一坛从王玙之请也。上尝不豫，卜云山川为祟，玙请遣中使与女巫乘驿分祷[6]，所过烦扰。黄州有巫，盛年美色，从无赖少年数十，为蠹尤甚，刺史左震悉收斩之，籍其赃数十万，具以状闻，请以其赃代贫民租，遣中使还京，上无以罪也。

初行新历山人韩颖所造也。

贬房琯为豳州刺史琯既失职，颇怏怏，多称疾不朝，而宾客朝夕盈门[7]。上恶而贬之。

史思明反，杀范阳副使乌承恩李光弼以史思明终当叛乱，而乌承恩为思明所亲信，阴使图之。又劝上以承恩为范阳节度副使，赐阿史那承庆铁券，令共图思明。上从之。承恩多以私财募部曲，又数衣妇人服，诣诸将说诱[8]之。思明闻而疑之。会承恩入京师，上使内侍李思敬与俱宣慰范阳。谋泄，思明执承恩，索其装囊[9]，得铁券及光弼牒。思明乃集将佐吏民，西向大哭曰：“臣

1　巫祝俚俗：巫祝，古代称事鬼神者为巫，祭主赞词者为祝，后连用以指掌占卜祭祀的人。俚俗，粗俗，不高雅。
2　乞索：乞讨。
3　均减资粮：物资或粮食都一起均分。
4　俭薄：俭朴。
5　惭服：羞愧而心服。
6　分祷：分别祭祀。
7　盈门：充满门庭，形容多。
8　说诱：劝说引诱。
9　装囊：出行时所带存放财物的口袋。

以十三万众降朝廷，何负陛下，而欲杀臣？”遂杀承恩及其党二百人，囚思敬，表言之。上遣中使慰谕思明曰：“此非朝廷与光弼之意，皆承恩所为，杀之甚善。”思明表求诛光弼，命耿仁智、张不矜为表云：“陛下不为臣诛光弼，臣当自引兵就太原诛之。”不矜以示思明。及将入函，仁智削去之。思明闻之，命执二人斩之。仁智事思明久，思明怜，欲活之，仁智大呼言曰：“人生会有一死，得尽忠义，死之善者也。今从大夫反，不过延岁月，岂若速死之愈乎？”思明怒，捶杀之。

范氏曰：匹夫一为不信，犹不可自立于乡党，况人主而为不信，天下其谁从之？肃宗既纳思明，加以爵命，思明未有逆乱之节也，李光弼为国元帅，职在御侮[1]，知其终叛，言于君而备之可也，待其发而诛之可也，乃使传诏之臣为盗贼之计，不亦辱王命乎？事捷，则反侧之人谁不怀惧？不捷，适足长乱，非所以弭乱也。既失信于已降之虏，又归罪于死事之臣，欲以服奸雄之心，岂不难哉？

秋，七月，初铸大钱铸当十大钱，文曰“乾元重宝”。从御史中丞第五琦之谋也。

册回纥英武可汗，以宁国公主归之册命回纥可汗曰英武威远毗伽阙可汗，以上幼女宁国公主妻之。以汉中王瑀为册礼使，右司郎中李巽副之。上送至咸阳，公主辞诀曰：“国家事重，死且无恨。”上流涕而还。瑀等至回纥牙帐，可汗衣赭袍[2]坐帐中，引瑀等立帐外。瑀不拜，可汗曰：“我与天可汗两国之君，君臣有礼，何得不拜？”瑀对曰：“天子以可汗有功，自以所生女妻可汗，恩礼至重。可汗奈何以子婿傲妇翁，坐榻上受册命邪？”可汗改容起受册[3]。明日，立公主为可敦[4]，举国皆喜，遣骑三千助讨安庆绪。

郭子仪、李光弼入朝。八月，以子仪为中书令，光弼为侍中。

---

1 御侮：抵抗外来侵略。
2 赭袍：天子所穿的袍服，因颜色赭黄，故称。赭黄，土黄色。
3 受册：接受册命。
4 可敦：“可贺敦”的简称，古代鲜卑、柔然、突厥、回纥、蒙古等民族对可汗妻的称呼。

命郭子仪等九节度讨安庆绪，以宦官鱼朝恩为观军容使[1]安庆绪之初至邺也，犹据七郡，兵粮丰备[2]，专以缮台沼[3]、酣饮为事。高尚、张通儒等争权不协，无复纲纪[4]。蔡希德有才略，好直言，通儒谮而杀之。诸将怨怒不为用。上命朔方郭子仪及淮西鲁炅、兴平李奂、滑濮许叔冀、镇西北庭李嗣业、郑蔡季广琛、河南崔光远七节度使讨之，又命河东李光弼、泽潞王思礼二节度使将所部兵助之。上以子仪、光弼皆元勋，难相统属[5]，故不置元帅，但以宦官鱼朝恩为观军容宣慰处置使。观军容之名自此始。

范氏曰：夙沙卫殿[6]齐师，殖绰、郭最曰："子殿国师，齐之辱也。"以诸侯之师，阉人殿之，犹以为辱，况天子之师，使宦者为之主，是辱天下之众也。且庆绪穷虏[7]，郭、李不世出之将也，使朝恩节制之，犹不免于败，则庸人可知矣。肃宗初复两京，举六十万众弃之，其不亡，亦幸哉！

胡氏曰：军置元帅，则令出于一，不然，必败。古事尽然。肃宗以李、郭难相统属者，俱召入朝，面授旨意，使以相下济务[8]为先。光弼本子仪偏裨，必相推奉[9]，九节度之师，成功决矣。不然，俾二公分统殊方而进，亦其次也。而必使宦人宣慰处置，夫何意乎？

冬，十月，郭子仪等拔卫州，遂围邺城子仪引兵济河东，至获嘉，破安太清。太清走保卫州，子仪进围之。炅、广琛、光远、嗣业兵皆会于卫州。庆绪悉举邺中之众七万救卫州。子仪使善射者三千人伏于垒垣[10]之内，令曰："我退，贼必逐我，汝乃登垒鼓噪而射之。"既而与庆绪战，伪退，贼逐之，

1　观军容使：古官名，由监军发展而成的使职，全称为观军容宣慰处置使，为监视出征将帅的最高军职，以掌权宦官担任。
2　丰备：丰富充足。
3　台沼：台，高台。沼，水池。
4　纲纪：社会的秩序和国家的法纪。
5　统属：统辖，隶属。
6　殿：殿后，压阵。
7　穷虏：亡国奴。
8　相下济务：相下，互相谦让。济务，使事情成功。
9　推奉：推戴尊奉。
10　垒垣：军营的围墙。

至垒下，伏兵起射之，贼还走，子仪复引兵逐之，庆绪大败。遂拔卫州。庆绪走，子仪等追之，至邺，庆绪入城固守，子仪等围之。光弼等兵皆至。庆绪窘急，遣薛嵩求救于史思明，且请以位让之。

河南节度使崔光远拔魏州，史思明复陷之光远拔魏州。史思明引兵大下，光远使将军李处崟拒之，连战不利，还趋城。贼追至城下，扬言曰："处崟召我来，何为不出？"光远信之，斩处崟。处崟骁将，众所恃也，既死，众无斗志。光远脱身走还汴州。思明陷魏州，所杀三万人。

以侯希逸为平卢节度副使平卢节度使王玄志卒。上遣中使往抚慰将士，且就察军中所欲立者，授以旌节。高丽人李怀玉为裨将，杀玄志之子，推侯希逸为军使。朝廷因以希逸为节度副使。节度使由军士废立自此始。

司马公曰：民生有欲，无主乃乱，故圣人制礼以治之，所以辨上下、定民志也。凡人君所以能有其臣民者，八柄存乎己也。苟或舍之，则彼此势均，何以使其下哉？肃宗遭唐中衰，幸而复国，宜正上下之礼，以纲纪[1]四方。而偷取一时之安，不思永久之患，委一介之使，徇行伍之情，无问贤愚，惟其所欲。积习为常，谓之姑息。乃至偏裨杀、逐主帅，亦不治罪，因而授之。然则爵、赏、废、置、杀、生、与、夺皆不出于上而出于下，乱之生也，庸有极乎[2]？古者治军必本于礼，今唐蔑[3]之，使士卒得以陵偏裨，偏裨得以陵将帅，则将帅陵天子，自然之势也。由是祸乱继起，民坠涂炭，凡二百余年。大宋受命，太祖始制军法，使以阶级[4]相承，小有违犯，咸伏斧质。是以上下有叙[5]，令行禁止，四征[6]不庭，无思不服，岂非贻谋[7]之远哉？

1　纲纪：治理，管理。
2　庸有极乎：怎么会有尽头。庸，岂，怎么。
3　蔑：轻视。
4　阶级：尊卑上下的等级，也指官的品位、等级。
5　有叙：有序。
6　四征：四面征讨。
7　贻谋：父祖对子孙的训诲。

卷四十五

起己亥唐肃宗乾元二年，尽戊午[1]唐代宗大历十三年**凡二十年**。

己亥**二年**（公元759年）

春，正月，史思明自称燕王史思明自称大圣燕王，周挚为行军司马。李光弼曰："思明得魏州而按兵不进，此欲使我懈惰，而以精锐掩吾不备也。请与朔方军同逼魏城[2]，求与之战。彼惩嘉山之败，必不敢轻出。得旷日引久[3]，则邺城拔，庆绪死，而彼无辞以用其众矣。"鱼朝恩以为不可，乃止。

镇西节度使李嗣业卒于军嗣业攻邺城，中流矢，卒。兵马使荔非元礼代将其众。初，嗣业表段秀实为怀州长史，知留后事。秀实运刍粟、募兵市马以奉镇西行营，相继于道。

二月，月食，既先是，百官请加皇后尊号，上以问中书舍人李揆，对曰："自古皇后无尊号，惟韦后有之，岂足为法？"上惊曰："庸人几误我！"会月食，事遂寝。后与李辅国相表里，干豫[4]政事，上颇不悦，而无如之何。

三月，九节度之兵溃于相州郭子仪等九节度围邺城，壅漳水灌之，庆绪坚守以待思明。城中食尽，淘马矢以食马。而官军无统御，进退无所禀，城久不下，上下解体。思明引兵趋邺，选精骑日于城下抄掠，官军出，则散归其营。昼备之，则夜至；夜备之，则昼至。又多遣壮士窃官军装号[5]，督趣运者，妄杀戮人。舟车所聚，则密纵火焚之。往复聚散，自相辨识，而官军不能察也。由是诸军乏食。思明乃引大军直抵城下，刻日决战。官军步骑六十万，陈于安阳河[6]北。李光弼、王思礼、许叔冀、鲁炅先战，杀伤相半。郭子仪承其后，未及布阵，大风忽起，吹沙拔木，天地昼晦，咫尺[7]不辨，两军大惊，官军溃

1　戊午：即公元778年。
2　魏城：古地名，位于今河北省邯郸市大名县西南魏城。
3　旷日引久：历时长久。引，迁延。
4　干豫：干预。
5　装号：服装和口令。
6　安阳河：古水名，即洹水，位于今河南省安阳市北。
7　咫尺：周制，八寸为咫，十寸为尺。合称咫尺谓接近或刚满一尺，形容距离近。

而南，贼同而北。子仪断河阳桥保东京。战马万匹，惟存三千；甲仗十万，遗弃殆尽。东京士民骇散，留守崔圆等奔襄、邓[1]。诸道兵溃归，所过剽掠。惟李光弼、王思礼整军而归。子仪至河阳，周挚引兵争之，不得。都虞候[2]张用济筑南、北两城而守之。诸将各上表请罪，上皆不问。

史思明杀安庆绪，还范阳史思明知官军溃去，还屯邺南，不与庆绪相闻。庆绪窘蹙[3]，不知所为，乃上表称臣于思明。思明乃手疏唁庆绪，愿为兄弟之国。庆绪大悦，以三百骑诣思明营。思明陈兵待之，引入再拜。思明忽震怒曰："尔为子杀父，天地所不容。吾为太上皇讨贼，岂受尔佞媚乎？"命左右牵出，并高尚、孙孝哲、崔乾祐皆杀之。勒兵入邺城，收其士马，留其子朝义守之，引兵还范阳。

苗晋卿、王玙罢，以李岘、李揆、吕諲、第五琦同平章事上于李岘，恩意[4]尤厚。岘亦以经济[5]为己任，军国大事多独决之。于是京师多盗，李辅国请选羽林骑士五百以备巡逻，李揆曰："西汉以南、北军相制，故周勃得因南军入北军。皇朝[6]置南、北牙，文武区分，以相伺察。今以羽林代金吾[7]警夜，忽有非常之变，将何以制之？"乃止。

以郭子仪为东畿等道元帅。

夏，四月，史思明僭号。

制停口敕[8]处分初，李辅国自上在灵武侍直帷幄，宣传[9]诏命，四方文奏[10]，宝印符契，晨夕军号，一以委之。及还京师，专掌禁兵，常居内宅，制敕必经

1 襄、邓：即襄州、邓州。
2 都虞候：古官名，藩镇节帅以亲信武官为都虞候、虞候，于军中执法。
3 窘蹙：困迫，局促。
4 恩意：情意，恩情。
5 经济：治理国家。
6 皇朝：古代对本朝的尊称。
7 金吾：古官名，负责皇帝大臣警卫、仪仗以及巡查京师，掌管治安。
8 口敕：帝王口头的诏令。
9 宣传：宣布传达。
10 文奏：官府文书。

辅国押署[1]，然后施行。宰相、百司皆因辅国关白，口为制敕，付外施行。御史台、大理寺重囚，或推断[2]未毕，辅国一时纵之，莫敢违者。李揆见之，执子弟礼，谓之“五父”。及李岘为相，于上前叩头，论制敕应出中书，具陈辅国专权乱政之状。上感悟，制停口敕处分，诸务各归有司。或有追摄[3]，须经台、府。辅国由是忌岘。

以李抱玉为郑、陈、颍、亳[4]节度使李光弼裨将安抱玉屡有战功，自陈耻与安禄山同姓，赐姓李氏。

回纥毗伽阙可汗死子登里可汗立。

五月，贬李岘为蜀州刺史凤翔马坊押官[5]为劫，天兴[6]尉谢夷甫捕杀之。其妻讼冤。李辅国素出[7]飞龙厩，敕监察御史孙蓥鞫之，无冤。又使中丞崔伯阳等鞫之，与蓥同。又使侍御史毛若虚鞫之，若虚希辅国意，归罪夷甫。伯阳怒，召若虚诘责，欲劾奏之。若虚先自归[8]于上，上匿若虚于帘下。伯阳寻至，言：“若虚附会中人，鞫狱不直。”上怒，叱出之，贬岭南尉，蓥流播州。岘奏伯阳等无罪，上以为党，贬蜀州刺史。谓散骑常侍韩择木曰：“李岘专权，朕自觉用法太宽。”对曰：“李岘言直，非专权，陛下宽之，只益圣德耳。”若虚寻除御史中丞，威振[9]朝廷。

秋，七月，召郭子仪还京师，以李光弼为朔方节度使、兵马元帅鱼朝恩恶郭子仪，因其败，短之于上。上召子仪还京师，以李光弼代之。士卒涕泣，遮中使请留子仪，子仪绐之曰：“我饯中使耳，未行也。”因跃马而去。光弼以骑五百驰赴东都，夜入其军。光弼治军严整，始至，号令一施，士卒、

1　押署：签名，画押。
2　推断：审判。
3　追摄：勾取，追捕。
4　郑、陈、颍、亳：即郑州、陈州、颍州、亳州。颍州，古州名，辖今安徽省阜阳、阜南、颍上、太和、凤台、界首、临泉等市县地。
5　押官：古官名，缘边军镇每五百兵士置押官一人领之，亦有一队五十人置一押官者。
6　天兴：古县名，与凤翔县同城而治，治所即今陕西省宝鸡市凤翔县。
7　素出：原本出身于。
8　自归：自行投案，自行归顺。
9　威振：同“威震”，以威力或声势使之震动。

壁垒、旌旗、精彩[1]皆变。是时，朔方将士乐子仪之宽，惮光弼之严。兵马使张用济屯河阳，与诸将谋以精锐突入东京，逐光弼，请子仪，命其士皆被甲上马以待。朔方节度副使仆固怀恩曰："邺城之溃，郭公先去，朝廷责帅，故罢其兵柄[2]。今逐李公而强请之，是反也，其可乎？"康元宝曰："君以兵请郭公，朝廷必疑郭公讽君为之，是破其家也。郭公百口，何负于君乎？"用济乃止。光弼以数千骑东出汜水，用济单骑来谒，光弼责而斩之，命部将辛京杲代领其众。

以王思礼为河东节度使初，潼关之败，思礼马中矢而毙，有骑卒张光晟下马授之，问其姓名，不告而去。思礼阴[3]识其状貌，求之，不获。及至河东，或谮代州刺史辛云京，思礼怒之。光晟时在云京麾下，请见思礼而解之。即往谒，未及言，思礼执其手曰："吾求子久矣！"引与同坐。光晟因从容言云京之冤，思礼曰："云京过亦不细，今特为故人舍之。"即日擢光晟为兵马使。

赐仆固怀恩爵大宁郡王怀恩从郭子仪为前锋，勇冠三军，前后战功居多，故赏之。

宁国公主归京师回纥以公主无子，听归。

八月，襄州将康楚元等作乱，破荆州襄州将康楚元、张嘉延作乱，上使将军曹日昇往慰谕楚元，贬其刺史王政，而以张光奇代之。楚元不从。张嘉延袭破荆州，节度使杜鸿渐弃城走。

更铸大钱铸乾元重宝大钱，加以重轮[4]，一当五十。在京百官，先以军旅皆无俸禄，至是始以新钱给之。

冬，十月，李光弼与史思明战于河阳，大败之史思明分军四道济河，会于汴州。李光弼方巡诸营，闻之，入汴州，谓节度使许叔冀曰："大夫能守汴州十五日，我则将兵来救。"叔冀许诺。思明至汴州，叔冀与战，不胜，遂

1　精彩：神采，精神。
2　兵柄：兵权，军权。
3　阴：暗中。
4　重轮：钱背面外廓有双层。

降之。思明乘胜西攻郑州。光弼整众徐行，至洛阳，留守韦陟请留兵于陕，退守潼关。光弼曰：“两敌相当，贵进忌退。今无故弃五百里地，则贼势益张矣。不若移军河阳，北连泽、潞[1]，利则进取，不利则退守，表里相应，使贼不敢西侵，此猿臂[2]之势也。”判官韦损曰：“东京帝宅[3]，奈何不守？”光弼曰：“守之，则汜水、崿岭[4]、龙门皆应置兵。子为兵马判官，能守之乎？”遂牒河南尹率吏民避贼，而率军士诣河阳。时思明游兵已至石桥[5]，光弼当石桥而进，部曲坚重[6]，贼不敢逼。夜至河阳，有兵二万，粮才支十日。光弼按阅[7]守备，部分士卒，无不严办。思明入洛阳，城空无所得，遂引兵攻河阳，使骁将刘龙仙挑战，慢骂光弼。光弼顾诸将曰：“谁能取彼？”仆固怀恩请行，光弼曰：“此非大将所为。”裨将白孝德请挺身取之，光弼壮其志，固问所须，对曰：“愿选五十骑为后继，而请大军鼓噪以增气。”光弼抚其背而遣之。孝德挟二矛，策马乱流[8]而进，半涉[9]，怀恩贺曰：“克矣。”光弼曰：“何以知之？”对曰：“观其揽辔安闲，是以知之。”龙仙易之，慢骂如初。孝德瞋目大呼，运矛跃马搏之，城上鼓噪，五十骑继进。龙仙走堤上，孝德追及，斩之以归。思明有良马千余匹，每日出于河南渚[10]浴之，循环不休。光弼命索军中牝马，得五百匹，絷[11]其驹而出之。思明马见之，悉浮渡河，尽驱入城。思明怒，泛火船欲烧浮桥。光弼先贮百尺长竿，以巨木承其根，毡裹铁叉置其首，以迎火船而叉之，船不得进，须臾自焚尽。思明见兵于河清[12]，欲绝光弼粮道。光弼军于野水渡[13]

1 泽、潞：即泽州、潞州。
2 猿臂：臂长如猿，运转自如。
3 帝宅：皇都，皇宫。
4 崿岭：古山名，又作鄂岭阪、鄂阪，位于今河南省郑州市辖登封市东南。
5 石桥：古桥名，位于今河南省洛阳市东北。
6 坚重：坚定而从容。
7 按阅：巡视。
8 乱流：横渡江河。
9 半涉：过河过了一半。
10 河南渚：黄河南侧的河中陆地。渚，水中的小块陆地。
11 絷：拘禁，束缚。
12 见兵于河清：见兵，出兵。河清，古县名，治所位于今河南省焦作市辖孟州市西南。
13 野水渡：古渡口名，即野戍渡，位于今河南省济源市与孟津县之间的黄河上。

以备之。既夕，还河阳，留兵千人，使将雍希颢守其栅，曰："贼将高庭晖、李日越皆万人敌也，至，勿与之战；降，则与之俱来。"诸将莫谕其意，皆窃笑之。既而思明果谓日越曰："李光弼长于凭城，今出在野，汝以铁骑宵济，为我取之。不得则勿返。"日越将五百骑晨至栅下，问曰："司空在乎？"希颢曰："夜去矣。"日越曰："失光弼而得希颢，吾死必矣！"遂请降，希颢与之俱见光弼。光弼厚待之，任以心腹。高庭晖闻之，亦降。或问光弼："降二将何易也？"光弼曰："思明常恨不得野战，闻我在外，以为必可取。日越不获我，势不敢归。庭晖才勇[1]过于日越，闻日越被宠任，必思夺之矣。"思明复攻河阳，光弼谓李抱玉曰："将军能为我守南城二日乎？"抱玉曰："过期何如？"光弼曰："过期而救不至，弃之可也。"抱玉许诺，勒兵拒守。城且陷，抱玉绐之曰："吾粮尽，明旦当降。"贼敛军以待之。抱玉缮完[2]城备，明日复请战，出奇兵夹击，杀伤甚众。时光弼屯中潬，城外置栅，栅外穿堑。贼将周挚攻之，光弼命镇西行营节度使荔非元礼出劲卒于羊马城[3]以拒贼。贼填堑入道，开栅为门。光弼使问元礼曰："中丞视贼填堑开栅，晏然不动，何也？"元礼曰："司空欲守乎，战乎？"光弼曰："欲战。"元礼曰："欲战，则贼为吾填堑，何为禁之？"光弼曰："善，吾所不及，勉之！"元礼俟栅开，率敢死士突出奋击，破之。周挚复收兵趋北城。光弼入，登城望曰："贼兵多而不整，不足畏也，不过日中，保为诸君破之。"乃命出战。及期，不决，召诸将问曰："贼阵何方最坚？"曰："西北隅。"命郝廷玉当之。又问其次，曰："东南隅。"命论惟贞当之。令诸将曰："尔辈望吾旗而战，吾飐[4]旗缓，任尔择利[5]；吾急飐旗三至地，则万众齐入，死生以之，少退者斩！"又以短刀置靴中，曰："战，危事。吾，国之三公，不可死贼手，万一不利，诸君死敌，我

1 才勇：智勇。
2 缮完：修缮。
3 羊马城：城楼外护城河的内壕墙，是古时为御敌在城外筑的类似城圈的工事，也称羊马墙。
4 飐：风吹物使颤动。
5 择利：选择有利时机。

自刭，不令诸君独死也。”再战，廷玉奔还，光弼惊，命取其首。廷玉曰：“马中箭，非敢退也。”易马遣之。仆固怀恩小却，光弼又命取其首，怀恩更前决战。光弼连飐其旗，诸将齐进致死，呼声动天地，贼众大溃，思明及挚皆遁去。

胡氏曰：中潬之战，李光弼不遗余力，仅得一胜。向若[1]不罢郭子仪，使与掎角，贼必可平矣。然史言鱼朝恩恶子仪，而不言所恶之事，窃意子仪以浑洪重厚[2]，不能为阉尹屈，此固朝恩之所恶也。或曰：当是时，人主委信内侍，子仪既欲为国平贼，盍亦小贬，以济事为务，而形见圭角[3]，自取疑疾[4]，岂非所矜者小，而所失者大乎？曰：此子仪之所以为子仪，而不可及者也。使子仪承奉朝恩以固权位，虽擒思明，平河北，未免于枉寻而直尺[5]，王良之所不为，而谓子仪为之乎？光弼之见恶于程元振也，得非亦近是乎？

十一月，商州刺史韦伦发兵讨荆、襄[6]，平之康楚元等众至万余，伦发兵讨之。生擒楚元，得其所掠租庸二百万缗，荆、襄皆平。

贬第五琦为忠州[7]长史乾元钱、重轮钱与开元钱三品并行，民争盗铸，货轻物重，谷价腾踊，饿殍相望，言者皆归咎于琦，故贬之。御史大夫贺兰进明坐琦党，亦贬溱州[8]司马。

胡氏曰：贺兰进明不救睢阳，巡、远败没，肃宗以此罪之，虽杀之于睢阳以谢忠义之魂，良不为过。乃置而不问，反用第五琦党而去之，岂足以服人心乎？

---

1 向若：假如。
2 浑洪重厚：浑洪，水流盛大貌。重厚，持重而敦厚。
3 圭角：圭的棱角，比喻锋芒。
4 疑疾：怀疑嫉妒。
5 枉寻而直尺：弯曲一寻而使得一尺伸直，比喻以较大的让步换来微小的利益。枉，弯曲。寻，古长度单位，一寻等于八尺。直，伸。
6 荆、襄：即荆州、襄州。襄州，古州名，辖今湖北省襄樊、老河口、襄阳、南漳、宜城、谷城等市县地。
7 忠州：古州名，辖今重庆市忠县、丰都、垫江、石柱等县地。
8 溱州：古州名，辖今重庆市万盛区及綦江、南川部分地。

十二月，史思明寇陕，卫伯玉击却之史思明遣其将李归仁将铁骑五千寇陕州，神策兵马使卫伯玉以数百骑破之，得马六百匹。

庚子**上元元年**（公元760年）

春，正月，以李光弼为太尉，兼中书令。

以郭子仪领邠宁、鄜坊节度使党项等羌吞噬边鄙，将逼京畿，乃分邠宁为鄜坊节度，以邠州[1]刺史桑如珪、鄜州刺史杜冕领之，分道招讨[2]，而以郭子仪领两道节度，留京师，假其威名以镇之。

二月，李光弼攻怀州，与史思明战，破之。

第五琦除名，流夷州或告琦受人金二百两，遣御史刘期光按之。琦曰："二百金不可手挈[3]。若付受[4]有凭，请准律科罪[5]。"期光奏琦已服罪，故有是命。

三月，李光弼破安太清于怀州。夏，四月，破史思明于河阳。

以韦伦为山南东道节度使，寻以来瑱代之襄州将张维瑾、曹玠杀节度使史翙，据州反。制以伦为节度使。时李辅国用事，节度使皆出其门。伦既朝廷所除，又不谒辅国，寻改秦州防御使，以来瑱镇襄阳。瑱至，维瑾等降。

闰月，以王思礼为司空武德以来，不为宰相而拜三公自此始。

追谥太公望为武成王。

五月，以苗晋卿行[6]侍中晋卿练达[7]吏事，而谨身固位[8]，时人比之胡广[9]。

吕諲罢宦官马上言受赂，为人求官于諲，諲为补官。事觉，上言杖死，

---

1 邠州：古州名，辖今陕西省彬县、长武、旬邑、永寿四县地。
2 招讨：招抚征讨。
3 挈：提起。
4 付受：交付与接受。
5 科罪：定罪。
6 行：代理。
7 练达：熟悉通达。
8 谨身固位：谨身，整饬自身。固位，巩固保持权位。
9 胡广：东汉时重臣，性格圆滑，奉行中庸之道，历事六朝，史称"一履司空，再作司徒，三登太尉"。

谬罢。

以刘晏为户部侍郎，充度支、铸钱、盐铁等使晏善治财利，故用之。

六月，桂州破西原[1]蛮。

羌、浑[2]寇凤翔，节度使崔光远破之。

敕小钱一当十，其重轮者当三十三品钱[3]行浸久，属岁荒[4]，米斗至钱七千，人相食。京兆捕私铸者，数月间，榜死[5]者八百余人，不能禁。乃敕开元钱与乾元小钱皆当十，其重轮者当三十。

兴王佋卒佋，张后之子也。张后数欲危太子，太子以恭逊[6]取容。会佋卒，后幼子定王侗幼，太子位遂定。

秋，七月，李辅国迁太上皇于西内[7]上皇爱兴庆宫，自蜀归即居之。上时自夹城往起居[8]，上皇亦时至大明宫，陈玄礼、高力士侍卫。上又命玉真公主、如仙媛及梨园弟子往娱侍[9]之。上皇多御长庆楼，父老过者，往往瞻拜[10]呼万岁。上皇常于楼下置酒食赐之。又尝召将军郭英乂等上楼赐宴。李辅国言于上曰："上皇居兴庆宫，日与外人交通。玄礼、力士谋不利于陛下。今六军将士，尽灵武勋臣[11]，皆反仄[12]不安。臣不敢不以闻。"上泣曰："圣皇慈仁[13]，岂容有此？"对曰："上皇固无此意，其如群小何？陛下当为社稷大计，消乱于未萌，

1　西原：古州名，即西原州，唐羁縻州，属安南都护府，治今广西崇左市大新县西北。
2　浑：铁勒诸部之一，游牧于铁勒诸部最南端，即今蒙古国图拉河中游。
3　三品钱：指开元钱、乾元重宝钱与重轮钱。
4　属岁荒：适逢荒年。
5　榜死：捶击至死。
6　恭逊：恭敬谦逊。
7　西内：即太极宫，位于今陕西省西安市北，本隋唐之正宫，隋称大兴宫，唐称太极宫。高宗移居大明宫后，习称大明宫为东内，太极宫为西内。
8　时自夹城往起居：定期从夹城中去问候请安。夹城，两边筑有高墙的通道。
9　娱侍：陪伴侍候，使之欢乐。
10　瞻拜：瞻仰参拜。
11　勋臣：功臣。
12　反仄：辗转不安。
13　圣皇慈仁：圣皇，对皇帝的尊称。慈仁，慈善仁爱。

岂得徇匹夫之孝？且兴庆浅露[1]，非至尊所宜居。大内深严[2]，奉迎居之，有何不可？”又令六军将士叩头请之，上泣不应。会上不豫，辅国矫称上语，迎上皇游西内。辅国将射生[3]五百骑，露刃遮道奏曰：“皇帝以兴庆宫湫隘[4]，迎上皇迁居西内。”上皇惊，几坠马。高力士曰：“李辅国何得无礼？”叱令下马。力士因宣上皇诰曰：“诸将士各好在[5]！”将士皆纳刃，再拜，呼万岁。力士又叱辅国共执上皇马鞚，侍卫如西内。侍卫兵才尪老[6]数十人，玄礼、力士皆不得留左右。辅国遂与六军大将素服见上，请罪。上曰：“卿等防微杜渐，以安社稷，何所惧也？”刑部尚书颜真卿首率百寮上表，请问上皇起居。辅国恶之，奏贬蓬州长史。高力士流巫州[7]，陈玄礼勒[8]致仕。更选后宫百余人，以备洒扫。令万安、咸宜二公主视服膳[9]。四方所献珍异[10]，先荐上皇。然上皇日以不怿，因不茹荤[11]，辟谷，浸以成疾。上初犹往问安，既而上亦有疾，但遣人起居。其后上稍悔悟，恶辅国，欲诛之，畏其握兵，竟不能决。

命郭子仪出镇邠州或上言：“天下未平，不宜置郭子仪于散地。”命出镇邠州。党项遁去。

制郭子仪统诸道兵取范阳，定河北，不果行制下旬日，为鱼朝恩所沮，事竟不行。

胡氏曰：直取范阳，还定河北，固讨贼之上策。然道由河北，乃抵范阳。

1　浅露：缺乏深度。
2　大内深严：大内，皇宫。深严，深邃严密。
3　射生：即射生手，善骑射的军队。
4　湫隘：低洼狭窄。
5　好在：安好。多用于问候。
6　尪老：老弱。
7　巫州：古州名，辖今湖南省怀化、芷江、会同、靖县、通道、新晃及贵州省天柱等市县地。
8　勒：勒令。
9　服膳：衣服饮食。
10　珍异：珍贵奇特的食物或用品。
11　茹荤：本指吃葱、韭等辛辣的蔬菜，后指吃鱼肉等。

向者贼未尽得河北也，是以此策可施，今则往往为安、史[1]所有，犹为是计[2]，不亦晚乎？朝恩力沮其行，无乃见肃宗无河北之志耶？

冬，十一月，江淮都统[3]刘展反李铣、刘展皆领淮西节度副使，铣贪暴不法[4]，展刚强[5]自用。节度使王仲昇奏铣罪而诛之，又使监军邢延恩入奏展倔强不受命，请除之。延恩因说上："请除展江淮都统，代李峘，俟其释兵赴镇，中道执之。"上从之，以展为江淮都统，密敕李峘及淮东节度使邓景山图之。延恩以制书授展，展疑之，曰："江淮租赋所出，今之重任，展无勋劳，一旦恩命如此，疑有谗人间之。事苟不欺，印节[6]可先得乎？"延恩惧，乃驰诣广陵，解峘印节以授展。展乃上表谢恩，牒追[7]江淮亲旧，置之心膂，悉举宋州兵七千趋广陵。延恩奔还广陵，与李峘、邓景山发兵拒之，移檄州县，言展反。展亦移檄言峘反，州县莫知所从。峘引兵渡江，屯京口，邓景山将万人屯徐城[8]。展素有威名，江淮人望风畏之。使其将孙待封击景山，景山众溃。展遂入广陵，遣屈突孝标徇濠、楚[9]，王晅略淮西[10]。展军白沙[11]，设疑兵，若将趋北固[12]者。李峘悉兵拒守。展乃自上流济，袭下蜀[13]。峘军溃，奔宣城。展遂陷昇[14]、润州。

李光弼拔怀州，擒安太清。

1　安、史：即安庆绪、史思明。
2　是计：这个计策。
3　都统：古官名，唐代后期朝廷为讨伐藩镇和镇压农民起义设诸道行营都统，作为各道的统帅。
4　贪暴不法：贪暴，贪婪暴虐。不法，不合法度，违法。
5　刚强：坚强，不怕困难或不屈服于恶势力。
6　印节：印玺和旌节。
7　牒追：下文书召来。
8　徐城：古县名，治所位于今江苏省宿迁市泗洪县东南。
9　濠、楚：即濠州、楚州。濠州，古州名，辖今安徽省蚌埠、定远、凤阳、明光等市县地。
10　淮西：古地区名，亦称淮右。隋唐以前，从中原地区通往长江下游一般都在今安徽寿县附近渡淮，这段淮水的流向为自南而北，所以习称今皖北、豫西淮河北岸一带为淮西。
11　白沙：古地名，即今江苏省扬州市辖仪征市，为扬子县滨江沙洲。
12　北固：古山名，又名北顾山，位于今江苏省镇江市北，与金、焦二山并称京口三山。
13　下蜀：古地名，位于今江苏省镇江市辖句容市北下蜀镇，旧为江津要地。
14　昇：昇州，古州名，辖今江苏省南京市及江宁、句容、溧水、溧阳等区县部分地。

敕平卢兵马使田神功讨刘展李峘之去润州也，副使李藏用谓峘曰：“处尊位，食重禄，临难而逃之，非忠也；以数十州之兵食，三江、五湖之险固，不发一矢而弃之，非勇也。失忠与勇，何以事君？藏用请收余兵，竭力以拒之。”峘乃悉以后事授藏用。藏用收散卒，募壮士，得二千余人，立栅以拒展。战败，奔杭州。展诸将遂陷宣、苏、湖、濠、楚、舒、和、滁[1]、庐等州，所向摧靡，横行江淮间。时平卢兵马使田神功将兵三千屯任城，邓景山奏乞敕神功救淮南，且遣人趣之，许以淮南金帛、子女为赂，神功及所部皆喜，悉众南下。展惧，选精兵渡淮，击神功，连战皆败。神功入广陵。

辛丑**二年**（公元 761 年）

春，正月，田神功击刘展，斩之，余党皆平田神功使杨惠元、范知新等分道击刘展。知新至下蜀，展拒击之。将军贾隐林射展，中目，遂斩之。惠元破王晅于淮南，孙待封诣李藏用降，余党皆平。平卢军大掠十余日。安史之乱，兵不至江淮，至是其民始罹荼毒[2]矣。

范氏曰：邢延恩一言，而朝廷失信，藩臣背叛，江淮涂炭。甚矣，小人之交乱四国[3]也！然亦肃宗不明，有以来谗慝之口，岂特一延恩之罪哉？

二月，李光弼与史思明战于邙山，败绩。河阳、怀州皆陷或言：“洛中将士皆燕人，久戍思归，上下离心。急击之，可破也。”鱼朝恩以为信然，屡言于上。敕李光弼等进取东京，光弼奏：“贼锋尚锐，未可轻进。”仆固怀恩勇而愎，麾下皆蕃、汉劲卒，恃功多不法。郭子仪宽厚，曲容之，每用兵，倚以集事[4]。光弼一裁之以法。怀恩不悦，乃附朝恩，言东都可取。由是中使相继，督光弼出师。光弼不得已，将兵会朝恩等攻洛阳，陈于邙山。光弼命依险而陈，怀恩陈于平原。光弼曰：“依险则可进可退，若陈平原，战而不利，则

1　滁：滁州，古州名，辖今安徽省滁州市和来安、全椒二县地。
2　荼毒：比喻毒害。荼，一种苦菜。毒，毒虫，指蛇蝎之类。
3　四国：四方邻国。亦泛指四方，天下。
4　集事：成事，成功。

尽矣。思明不可忽也。”命移于险，怀恩复止之。史思明乘其未定薄之，官军大败，走保闻喜。河阳、怀州皆没[1]于贼。朝廷闻之，大惧，益兵屯陕。

康熙御批：兵机迟速关系最重，利害所争，间不容发[2]。有宜速而迟者，固失事机；有宜迟而速者，亦患于轻躁，皆足取败。至轻信佥壬[3]浮说，及令中使督师，往往偾事[4]，以至全军覆没。如鱼朝恩之促李光弼者，何可胜数？明季[5]亦坐此弊。

贬李揆为袁州长史，以萧华同平章事荆南节度使吕諲以善政闻，李揆与諲不相悦，恐其复入相，阴使人求諲过失。諲上疏自讼，乃贬揆而相华。

三月，史朝义杀史思明史思明猜忍好杀，群下人不自保。朝义，其长子也，无宠。爱少子朝清，使守范阳。常欲杀朝义，立朝清为后。既破李光弼，欲乘胜西入关，使朝义袭陕，自将大军继之。朝义数进兵，皆败。思明诟怒[6]，欲斩之。朝义忧惧。部将骆悦、蔡文景说之曰：“悦等与王，死无日[7]矣。古有废立，请召曹将军谋之。王苟不许，今归李氏矣。”朝义召思明宿卫将曹将军者，以其谋告之。遂以兵入，射思明，杀之。朝义即伪位[8]，使人至范阳，杀朝清，并不附己者数十人。诸部旧将皆思明故等夷，召之，多不至，略相羁縻而已。

贬李光弼为开府仪同三司光弼上表求自贬也。

夏，四月，梓州刺史段子璋反，讨平之段子璋骁勇，从上皇在蜀有功。东川节度使李奂奏替之，子璋举兵袭奂于绵州[9]，道过遂州，杀刺史虢王巨。奂战败，奔成都。子璋自称梁王，陷剑州[10]。西川节度使崔光远与奂共攻

1　没：覆灭，败亡。
2　间不容发：空隙中容不下一根头发，比喻与灾祸相距极近或情势危急到极点。间，空隙。
3　佥壬：小人，奸人。
4　偾事：败事。
5　明季：即明朝。
6　诟怒：怒骂。
7　无日：不日，为时不久。
8　伪位：有名无实之位，虚位。
9　绵州：古州名，辖今四川省绵阳、江油、安县等市县地。
10　剑州：古州名，辖今四川省剑阁、梓潼等县地。

斩之。

复以李光弼为太尉，统八道行营，镇临淮。

秋，七月朔，日食，既，大星[1]皆见。

胡氏曰：日者，阳精发见之至著者[2]，故以为人君之表也。妾妇乘其夫，则暗而不明；臣子背君父，则暗而不明；夷狄侵中国，则暗而不明；政权在臣下，则暗而不明。肃宗有其三焉，故元年日食一既，至是又既，而加暗焉。天事尚象，亦云著矣，而肃宗终无恐惧修省、仰答[3]变异之意。曾未十月，非常之祸，上及其父，骇震其躬，酷逮其子，虽欲救之，亦无及矣。

八月，加李辅国兵部尚书辅国求为宰相，上曰："以卿之功，何官不可为！其如朝望未孚何[4]？"辅国乃讽仆射裴冕等使荐己，冕曰："吾臂可断，宰相不可得。"上大悦，辅国衔之。

九月，置道场于三殿[5]上以天成地平节[6]，于三殿置道场，以宫人为佛、菩萨，北门武士为金刚、神王，召大臣膜拜围绕。

制去尊号及年号，以建子月[7]为岁首。

范氏曰：肃宗信禨祈[8]之小数，以为更制改号，可以致福而弭祸。夫畏鬼神、听巫觋者，匹妇之愚也，以天下之君为之，不亦异哉？

制除五品以上官，令举一人自代。

江淮大饥。

冬，十月，楚州牙将[9]高干杀其刺史李藏用江淮都统崔圆署李藏用为

1　大星：星宿中大而亮者。
2　阳精发见之至著者：阳精，上天之神。发见，显现，出现。至著，最明显的。
3　仰答：报答尊者。
4　其如朝望未孚何：朝廷中有声望的大臣不同意，又怎么办呢。
5　三殿：即唐大明宫的麟德殿，一殿而有三面，故名。
6　天成地平节：简称地平节，是庆祝唐肃宗李亨诞辰的节日，在每年农历九月三日。
7　建子月：即夏历十一月。
8　禨祈：祈祷以求福除灾。
9　牙将：古代中下级军官。

楚州刺史。会度支租庸使以刘展之乱，诸州用物无准[1]，奏请征验[2]，诸将往往卖产以偿之。藏用恐其及己，尝与人言，颇有悔恨。其牙将高干挟故怨告藏用反，袭杀之。崔圆遂簿责藏用将吏，将吏皆附成其状，独孙待封坚言不反。圆命斩之。或谓曰："子何不从众以求生？"待封曰："吾始从刘大夫奉诏书来赴镇，人谓吾反；李公起兵灭刘大夫，今又以李公为反。如此，谁则非反者？吾宁就死，不能诬人以非罪。"遂斩之。

建子月，受朝贺如正旦仪。

贬刘晏为通州[3]刺史或告鸿胪卿康谦与史朝义通，事连司农卿严庄，俱下狱。京兆尹刘晏遣吏防守[4]庄家。庄怨晏，告其道禁中语，矜功怨上。乃贬晏、庄而诛谦。

胡氏曰：严庄死有余罪，不可以其降而贳之。幸其自败，正名行辟，夫岂不可？又宽宥焉。且晏诚有矜功怨上之言，不轻于庄之背叛杀逆之罪乎？

以元载为度支、盐铁、转运等使度支郎中元载敏悟[5]善奏对，上爱其才，委以江淮漕运。数月，遂代刘晏掌财利。载以江淮虽经兵荒，其民犹有资产，乃按籍[6]举八年租调之违负[7]及逋逃者，计其大数[8]而征之。择豪吏为县令督之，不问负之有无，察民有粟、帛者，发徒[9]围之，籍其所有而中分之，甚者取八、九，谓之"白著"，有不服者，严刑以威之。民聚山泽为群盗，州县不能制。

帝朝太上皇于西内先是，山人李唐见上。上方抱幼女，谓唐曰："朕念之，卿勿怪也。"对曰："太上皇思见陛下，计亦如陛下之念公主也。"上泫然

1　无准：没有准则或依据。
2　征验：应验，证实。
3　通州：古州名，辖今四川省达川、达县、宣汉、开江、万源、城口等市县地。
4　防守：防备守卫。
5　敏悟：聪明。
6　按籍：按照簿籍。
7　违负：相差，亏欠。
8　大数：约计之数。
9　徒：奴仆。

泣下。然畏张后，不敢诣西内。至是，始往朝。

范氏曰：阳失其所以为阳，则制于阴；刚失其所以为刚，则制于柔。肃宗失其所以为君，故制于小人、女子，至不敢见其父，而况能保四海乎？

壬寅**宝应元年**（公元762年）

春，建寅月[1]，李光弼拔许州。

建卯月[2]，河东军乱，杀其节度使邓景山初，王思礼为河东节度使，资储丰衍，积米百万斛。管崇嗣代之，为政宽弛，耗散殆尽。上闻之，以邓景山代之。景山至，钩校出入，将士隐没[3]者皆惧。有裨将抵罪当死，诸将请之，不许；其弟请代之，亦不许；请入一马以赎罪，乃许之。诸将怒曰："我辈曾不及一马乎？"遂杀景山。上以景山抚御失所[4]以致乱，遣使慰谕以安之。诸将请以兵马使辛云京为节度使，从之。

行营兵杀都统李国贞、节度使荔非元礼绛州粮、赐不充，朔方行营都统李国贞屡以状闻，朝廷未报，军中咨怨[5]。又以国贞治军严，思郭子仪之宽。突将王元振因谋作乱，矫令于众曰："来日[6]修都统宅，具畚锸待命。"士卒皆怒曰："朔方健儿，岂修宅夫邪？"元振率之执国贞，置卒食于前，曰："食此而役其力，可乎？"国贞曰："修宅则无之。军食则屡奏而未报，诸君所知也。"众欲退，元振曰："今日都统不死，则我辈死矣。"遂杀之。镇西、北庭行营兵亦杀其节度使荔非元礼，推裨将白孝德为帅，朝廷因而授之。

建辰月[7]，赐郭子仪爵汾阳王，知诸道行营绛州诸军剽掠不已，朝廷忧其与太原乱军合，非新进诸将所能镇服，以郭子仪为汾阳王，知诸道节度行

1 建寅月：即夏历正月。
2 建卯月：即夏历二月。
3 隐没：吞没，贪污。
4 失所：失宜，失当。
5 咨怨：嗟叹怨恨。
6 来日：明日，次日。
7 建辰月：即夏历三月。

营，兼兴平、定国等军副元帅，发京师粟、帛数万以给绛军。时上不豫，群臣莫得进见，子仪请曰："老臣受命，将死于外，不见陛下，目不瞑[1]矣。"上召入卧内，谓曰："河东之事，一以委卿。"子仪至军，王元振自以为功，子仪曰："吾为宰相，岂受一卒之私耶？"收元振及其党四十人皆杀之。辛云京闻之，亦按诛杀邓景山者数十人。由是河东诸镇率皆奉法。

以来瑱为淮西、河南节度使召山南东道节度使来瑱赴京师。瑱乐在襄阳，讽将吏上表留己，复得还镇。吕諲及中使往来者言瑱曲收众心，恐久难制。上乃割商、金[2]、均、房，别置观察使，令瑱止领六州。行军司马裴茙谋夺瑱位，密表瑱倔强难制，请以兵袭取之。上以为然，以瑱为淮西、河南节度使，外示宠任，实欲图之。密敕以茙代瑱为防御使。

萧华罢，以元载同平章事，领度支、转运使如故李辅国以求宰相不得，怨萧华，言华专权，请罢之而相载，上不许。固请不已，上乃从之。

夏，建巳月[3]，楚州得宝玉十三枚楚州言："尼真如[4]恍惚登天，见上帝，赐以宝玉十三枚，云中国有灾，以此镇之。"群臣表贺。

范氏曰：尧命重黎[5]，绝地天通[6]，盖恶巫觋矫妄[7]而诬天罔民也。后世主昏于上，民迷于下，黩乱[8]天地，无所不有。肃宗父子不相信，妖由人兴，故奸伪得以惑之。获宝不一月，而二帝崩，吉凶之验，亦可睹矣。

太上皇崩太上皇崩，年七十八。上自仲春寝疾，闻上皇登遐，疾转剧[9]，乃命太子监国。

1　瞑：闭上眼睛。
2　金：即金州，古州名，辖今陕西省石泉县以东、旬阳县以西的汉水流域。
3　建巳月：即夏历四月。
4　尼真如：一名叫真如的尼姑。
5　重黎：重与黎，为羲、和二氏的祖先。
6　绝地天通：天神无有降地，地祇不至于天，使天地各得其所，人于其间建立固定的纲纪秩序。
7　矫妄：假冒妄为，巧诈狂妄。
8　黩乱：繁乱。
9　转剧：趋于剧烈，加重或恶化。

复以建寅为正月。

帝崩，李辅国杀皇后张氏初，张后与辅国相表里，专权用事，晚更有隙。内射生使程元振党于辅国。上疾笃，后召太子谓曰："辅国久典禁兵，阴与程元振谋作乱，不可不诛。"太子泣曰："陛下疾甚危，不告而诛，必致震惊，恐不能堪也。"太子出。后召越王系，选宦官授甲，以诛辅国。元振知其谋，密告辅国。以兵送太子于飞龙厩，勒兵收系，迁后于别殿。时上在长生殿，使者逼后下殿，宦官、宫人惊散。明日，上崩。辅国等杀后并系，及兖王僴。

范氏曰：肃宗信任李辅国，上不保其父，中不保其身，下不保其妻子，此近小人之祸也。可不戒哉！可不戒哉！

太子即位辅国引太子素服与宰相相见，遂即位。辅国恃功益横，明谓上曰："大家但居禁中，外事听老奴处分。"上内不能平，以其方握禁兵，外尊礼之，号为"尚父"而不名[1]，事无大小皆咨之。群臣出入，皆先诣辅国，辅国亦晏然处之。

以李辅国为司空，兼中书令。

敕大小钱皆当一民始安之。

李光弼使田神功击史朝义，大破之史朝义自围宋州数月，城中食尽。果毅刘昌曰："仓中犹有曲[2]数千斤，请屑食[3]之，不过二十日，李太尉必救我。"李光弼至临淮。诸将以朝义兵尚强，请南保扬州，光弼曰："朝廷倚我以为安危，我复退缩，朝廷何望？"径趋徐州，使兖郓节度使田神功进击朝义，大破之。先是，神功既克刘展，留连扬州，闻光弼至，乃还。光弼在徐州，惟军旅之事自决之，众务悉委判官张傪。傪吏事精敏，区处如流，诸将事之如事光弼。由是军中肃然，东夏以宁。先是，神功见官属，皆平受其拜，及见光弼与傪抗礼[4]，乃大惊，遍拜官属曰："神功出于行伍，不知礼仪。诸君亦胡为

1　不名：不直呼其名，表示优礼或尊重之意。
2　曲：用曲霉和麦子、麸皮、大豆等的混合物制成的块状物，用来酿酒或制酱。
3　屑食：捣碎吃。
4　抗礼：行平等的礼，又作亢礼、伉礼。

不言，成神功之过乎？”

复以来瑱为山南东道节度使来瑱闻徙淮西，大惧，上言：“淮西无粮，请俟收麦而行。”又讽将吏留己。上欲姑息[1]，许之。裴茙屯谷城[2]，既得密敕，即率麾下趋襄阳。瑱以兵逆之，且问来故，对曰：“尚书不受朝命，故来。”瑱曰：“吾已蒙恩复留镇此。”因取敕告[3]示之。茙惊惑[4]，瑱纵兵击之，擒送京师，赐死。

范氏曰：肃宗信谗，黜陟不明，以藩镇为饵，欲诱反侧[5]之臣。故刘展、来瑱相继叛乱，皆朝廷易置[6]不以其道故也。且瑱未失臣节而行裴茙篡夺之谋，使茙克瑱而代其位，不若瑱跋扈[7]之为愈也。夫藩臣倔强阻兵，得一贤相足以制之，谋及宦者，得无乱乎？

六月，进李辅国爵博陆王程元振谋夺李辅国权，密言于上，请稍加裁制，解辅国行军司马及兵部尚书，出居外第。于是道路相贺。辅国始惧，上表逊位，诏罢中书令，而进其爵。

以刘晏为度支、转运、盐铁等使。

秋，七月，郭子仪入朝时程元振用事，忌子仪功高任重，数谮之。子仪不自安，奏请解副元帅、节度使，遂留京师。

台州袁晁作乱。

以程元振为骠骑大将军。

九月，以来瑱同平章事。

贬裴冕为施州刺史左仆射裴冕为山陵使[8]，议事与程元振相违，贬为

1　姑息：无原则地宽容。
2　谷城：古县名，治所即今湖北省襄阳市谷城县。
3　敕告：诏书文告。
4　惊惑：惊惧惶惑。
5　反侧：不安分，不顺服。
6　易置：更换，改设。
7　跋扈：很强势，横行霸道，气焰嚣张。
8　山陵使：古官名，掌皇帝丧葬之事，唐宋为大礼五使之一，多由大臣临时兼充。

刺史。

回纥举兵入援。冬，十月，以雍王适为天下兵马元帅，讨史朝义，大败之，取东京及河阳。贼将薛嵩、张忠志以州降上遣中使刘清潭使于回纥，修旧好，且征兵讨史朝义。时回纥登里可汗已为朝义所诱，云："唐室继有大丧，中原无主。"清潭谓曰："先帝虽弃天下，今皇帝即广平王也。"回纥乃为起兵，至三城[1]，见州县皆为丘墟，有轻唐之志，乃困辱[2]清潭。清潭遣使言状，京师大骇。上遣殿中监药子昂往劳之。初，毗伽阙为登里求婚，肃宗以仆固怀恩女妻之。上令怀恩往见可汗，为言唐家恩信不可负，可汗悦。自陕州大阳津[3]渡河，食太原仓粟，与诸道俱进。制以雍王适为天下兵马元帅，以药子昂、魏琚为左右厢兵马使，韦少华、李进为行军司马，会诸道节度使及回纥于陕州，进讨史朝义。上欲以郭子仪为适副，程元振、鱼朝恩等沮之而止。加仆固怀恩同平章事，领诸军节度行营以副适。适至陕州，回纥屯于河北，适与僚属往见之。可汗责适不拜舞，药子昂对以礼不当然，回纥将车鼻曰："唐天子与可汗约为兄弟，可汗于雍王叔父也，何得不拜舞？"子昂曰："安有中国储君向外国可汗拜舞乎？且两宫在殡，不应舞蹈。"力争久之。车鼻遂引子昂等各鞭一百，遣适归营，琚、少华遂死。诸军发陕州，仆固怀恩与回纥为前锋，郭英乂、鱼朝恩为殿，李抱玉自河阳入，李光弼自陈留入，会于洛阳，陈于横水[4]。怀恩遣骁骑及回纥并南山出贼栅东北，表里合击，大破之。朝义悉其精兵十万救之，官军击之，不动。镇西节度使马璘曰："事急矣。"遂单骑奋击，夺贼两牌[5]，突入万众中，贼左右披靡，大军乘之而入，贼众大败，斩首六万级，捕虏二万。朝义将轻骑数百东走。怀恩进克东京及河阳城，获伪中书令许叔冀。怀恩留回纥营河阳，使其子玚率步、骑万余逐朝义至郑州，再战皆

---

1 三城：即三受降城。
2 困辱：困窘和侮辱。
3 大阳津：古黄渡口名，位于今山西省运城市平陆县西南，古称茅津，汉以后因地属大阳县，故通称大阳津，南岸当今河南省三门峡市陕州区西北。
4 横水：古地名，即今河南省洛阳市孟津县西横水镇。
5 牌：盾牌。

捷。汴州降。回纥入东京，肆行[1]杀掠，死者万计。朝义自濮州北渡河，怀恩追，败之于卫州。贼将田承嗣等将兵四万与朝义合，复来拒战，仆固玚击破之。于是朝义邺郡节度使薛嵩以相、卫、洺、邢四州降于李抱玉，恒阳节度使张忠志以恒、赵、深、定、易五州降于辛云京。抱玉等入其营，嵩等皆受代。居无何，仆固怀恩皆令复位。由是抱玉、云京各表怀恩有贰心，朝廷宜密为备。怀恩亦上疏自理。上慰勉之。

盗杀李辅国上在东宫，以李辅国专权，心甚不平。及嗣位，以辅国有杀张后之功，不欲显诛之，夜遣盗入其室，窃辅国首及一臂而去。敕有司捕盗，遣中使存问其家，仍赠太傅。

胡氏曰：不平辅国专横者，公心也；不欲显诛之者，私意也。公与私，特在利己不利己之间，人君可不慎乎？夫张后正位中宫，犹太子之母也，辅国遣使者以太子命逼后下殿，幽而杀之，其为太子累大矣，而犹以为功乎？

十一月，以张忠志为成德军节度使，赐姓名李宝臣初，辛云京引兵将出井陉，常山裨将契丹王武俊说张忠志曰："河东兵精锐，出境远斗[2]，不可敌也。且吾以寡当众，以曲遇直，战则必离，守则必溃，公其图之。"忠志乃降。制复以为节度使，赐姓名李宝臣。宝臣擢武俊为先锋兵马使。

以仆固怀恩为河北副元帅郭子仪以怀恩有平河朔功，请以副元帅让之。

诸军围史朝义于莫州[3]史朝义走至贝州，与其大将薛忠义等合，还攻仆固玚，玚设伏击走之。回纥又至，战于下博，朝义大败，奔莫州。怀恩兵马使薛兼训、郝庭玉及田神功、辛云京皆会，进围朝义于莫州。

癸卯**代宗皇帝广德元年**（公元 763 年）

春，正月，以刘晏同平章事，度支等使如故。

1　肆行：恣意妄为。
2　远斗：到远方去战斗。
3　莫州：古州名，辖今河北省保定、清苑、任丘、文安及安新、雄县、霸州等市县南部地区。

流来瑱于播州，杀之初，来瑱在襄阳，程元振有所请托，不从。及为相，元振谮瑱言涉不顺[1]，与贼合谋，坐削官爵，流播州，赐死。由是藩镇[2]皆切齿于元振。

贼将田承嗣以莫州降。李怀仙杀史朝义，传首京师史朝义屡出战，皆败。田承嗣说朝义，令往幽州发兵，朝义从之。承嗣即以城降。时朝义范阳节度使李怀仙已请降，朝义至，不得入，独与胡骑数百东奔，欲入奚、契丹。怀仙遣兵追及之。朝义穷蹙，缢于林中，怀仙取其首以献。仆固怀恩与诸军皆还。

以薛嵩、田承嗣、李怀仙为河北诸镇节度使以史朝义降将薛嵩为相、卫、邢、洺、贝、磁六州节度使，田承嗣为魏、博、德、沧、瀛五州都防御使，李怀仙仍[3]故地为卢龙节度使。时河北诸州皆已降，嵩等迎仆固怀恩，拜于马首，乞行间[4]自效。怀恩恐贼平宠衰，故奏留嵩等及李宝臣分率河北，自为党援。朝廷亦厌苦兵革，苟冀[5]无事，因而授之。承嗣举管内[6]户口，壮者皆籍为兵，惟使老弱耕稼，数年间，有众十万。又选其骁健者万人自卫，谓之牙兵[7]。

范氏曰：唐失河北，实自此始，由任蕃夷[8]为制将也。使李、郭为将，肯如是乎？

回纥归国回纥部众所过抄掠，廪给小不如意，辄杀之，无所忌惮。陈郑节度使李抱玉欲遣官属置顿[9]，人人辞惮[10]。赵城[11]尉马燧独请行。比回纥将至，燧

---

1 不顺：叛逆。
2 藩镇：亦称方镇，是唐朝中、后期设立的军镇。藩是保卫，镇是军镇。藩镇常设在边境和重要地区，最高长官为节度使，掌管当地的军政，后来权力逐渐扩大，兼管民政、财政，形成军人割据。
3 仍：因袭。
4 行间：军中，行伍之间。
5 苟冀：只希望。
6 管内：管辖的区域之内。
7 牙兵：卫兵，亲兵。
8 蕃夷：旧时中原人对外族或异国人的统称。蕃，通“番”。
9 置顿：设置安顿的处所。
10 辞惮：因胆怯而推辞。
11 赵城：古县名，治所位于今山西省临汾市洪洞县北赵城镇东北。

先遣人赂其渠帅，约毋暴掠。帅遗之旗曰：“有犯令者，君自戮之。”燧取死囚为左右，小有违令，立斩之。回纥相顾失色，涉其境者，皆拱手遵约束。抱玉奇之。燧因说抱玉曰：“燧与回纥言，颇得其情。仆固怀恩恃功骄蹇，其子玚好勇而轻，今内树四帅，外交回纥，必有窥河东泽、潞之志，宜深备之。”抱玉然之。

以梁崇义为山南东道节度留后初，梁崇义从来瑱镇襄阳，累迁右兵马使，有勇力，能卷铁舒钩[1]，沉毅寡言，得众心。瑱死，自邓州引戍兵归，众推为帅。上不能讨，因以为留后。崇义奏改葬瑱。

三月，葬泰陵、建陵[2]。

夏，四月，李光弼遣将擒袁晁，浙东[3]**平**初，台州贼袁晁攻陷浙东诸州，民疲于赋敛者多归之，聚众近二十万。光弼使部将张伯仪将兵讨平之。

分河北诸州节度以幽、莫、妫、檀、平、蓟[4]为幽州管，恒、定、赵、深、易为成德军管，相、贝、邢、洺为相州管，魏、博、德为魏州管，沧、棣、冀、瀛为青淄管，怀、卫、河阳为泽潞管。

敕议举孝廉礼部侍郎杨绾上疏曰：“古之选士，必取行实[5]。自隋炀帝始置进士科，犹试策[6]而已。至高宗时，考功员外郎刘思立始奏进士加杂文[7]，明经加帖括[8]，从此成俗。公卿以此待士，长老以此训子，其明经则诵帖括以侥幸。又令举人投牒[9]自应，如此，欲其返淳朴、崇廉让，何可得也？请置孝廉科，令

1　卷铁舒钩：以手之力折弯金属器物，掰直铁钩。
2　泰陵、建陵：泰陵，唐玄宗李隆基的陵墓，位于今陕西省渭南市蒲城县东北金粟山上。建陵，唐肃宗李亨的陵墓，位于今陕西省咸阳市礼泉县北五将山上。
3　浙东：唐方镇名，浙江东道的简称，长期领有越、衢、婺、温、台、明、处七州，辖今浙江省衢江流域、浦阳江流域以东地区。
4　蓟：蓟州，古州名，辖今天津市蓟县及河北省三河、玉田、丰润、遵化等县地。
5　行实：实际行为。
6　试策：古代考试取士的方法之一，有司就政事、经义等设问，令应试者作答。
7　杂文：唐宋时科举考试项目之一，试杂文者，一诗一赋，或兼试颂论，而题目多为隐僻。
8　帖括：唐制，明经科以帖经试士。把经文贴去若干字，令应试者对答。后考生因帖经难记，乃总括经文编成歌诀，便于记诵应时，称“帖括”。
9　投牒：呈递文辞。

帛为军资，开屯田，供糗粮，设监牧畜马牛，军城戍逻[1]，万里相望。及安禄山反，边兵精锐者，皆征发入援，谓之行营，留兵单弱。数年之间，胡虏蚕食，自凤翔以西，邠州以北，皆为左衽矣。至是，吐蕃入大震关，陷兰、廓、河、鄯、洮、岷、秦、成、渭等州，尽取河西、陇右之地。边将告急，程元振皆不以闻。十月，虏至泾州，刺史高晖降之，为之乡导。既过邠州，上始闻之。至奉天[2]、武功，京师震骇。诏以雍王适为关内元帅，郭子仪副之，出镇咸阳以御之。子仪闲废日久，部曲离散，至是，召募得二十骑而行。至咸阳。吐蕃率吐谷浑、党项、氐、羌二十余万众渡渭，循山而东。子仪使判官王延昌入奏，请益兵。程元振遏之，竟不召见。吐蕃渡便桥，上仓猝不知所为，出幸陕州，官吏、六军逃散。子仪闻之，遽自咸阳归长安。射生将王献忠拥四百骑，胁丰王珙等十王西迎吐蕃，遇子仪。子仪叱之，献忠曰："今社稷无主，令公为元帅，废立在一言耳。"子仪责之，以兵送行在，赐珙死。吐蕃入长安，立广武王承宏为帝，纵兵焚掠，长安中萧然一空。苗晋卿病卧家，舆入胁之，晋卿闭口不言，虏不敢杀。子仪引三十骑，自御宿川[3]循山而东，谓王延昌曰："六军逃溃，多在商州，速往收之。"延昌径入商州抚谕之，诸将方纵兵暴掠，闻子仪至，皆大喜听命，得四千人，军势稍振。子仪乃泣谕将士以共雪国耻，取长安，皆感激受约束。上恐吐蕃出潼关，征子仪诣行在。子仪表曰："臣不收京城，无以见陛下。若兵出蓝田，虏亦不敢东向。"上许之。鄜坊节度判官段秀实说白孝德引兵赴难，孝德即日大举，南趋京畿，与蒲、陕、商、华合势进击。子仪使羽林大将军长孙全绪将二百骑出蓝田，又令宝应军使张知节将兵继之。全绪至韩公堆[4]，昼则击鼓张旗帜，夜则多燃火以疑吐蕃。吐蕃惧，百姓又绐之曰："郭令公自商州将大军至矣。"吐蕃惶骇，悉众遁去。高晖东走潼关，

---

1 戍逻：戍守、巡逻边境的兵士，也指边防驻军的城堡。

2 奉天：古县名，治所即今陕西省咸阳市乾县。因其地为高宗乾陵所在，有奉祖先陵寝之意，故名。

3 御宿川：古水名，又作籞宿川，即今陕西省西安市长安区南石砭峪。

4 韩公堆：古地名，位于今陕西省西安市蓝田县北。

守将李日越擒杀之。诏以子仪为西京留守。王甫自称京兆尹，聚众二千余人，暴横[1]长安中。子仪至浐水，引三十骑徐进，召甫斩之。白孝德与邠宁节度使张蕴琦将兵屯畿县[2]，子仪召之入城，京畿遂安。吐蕃还围凤翔。镇西节度使马璘将精骑千余人赴难，转斗至城下，持满外向，突入城中，不解甲出战，单骑奋击，俘斩千计。明日，虏复请战，璘开悬门以待之。虏引退[3]，曰："此将军不惜死，宜避之。"遂去。

胡氏曰：郭子仪之德、之才，可以兼任将相，乃置之闲处。及有急难，又遽委用[4]之。代宗于阉尹之言，受命如响[5]；进退子仪，如待奴隶。自李光弼以下，恃功负气，夫岂堪[6]此？独子仪无纤芥[7]于胸中，一闻君命，不俟驾[8]而行，蹈危履险，死生以之。其忠义精诚，仰贯白日，而度量宏伟，无所不包，真可以为人臣之师表矣。使代宗挈[9]国权、兵柄而付之，于以复太宗之业，何难焉？而不能也。可胜叹哉！

十一月，削程元振官爵，放归田里骠骑大将军程元振专权自恣，人畏之甚于李辅国。诸将有大功者，元振皆忌嫉欲害之。吐蕃入寇，元振不以时奏，致上狼狈出幸。上发诏征诸道兵，李光弼等皆忌元振，莫有至者。中外切齿莫敢言。

胡氏曰：人臣之义，无以有已[10]，东西南北，惟命是从，况蕃戎[11]入寇，乘舆播越。使未奉诏命，犹当奔赴危难，死生以之，况征兵之制累下乎？光弼虽憾中官，岂可移之君父，坐视而不顾？夫所以不敢至京师者，小则畏谗，大则

1　暴横：横行。
2　畿县：京郊县。
3　引退：退避。
4　委用：任用。
5　受命如响：听信他的话，像回声之于声音一样迅速。响，回声。
6　堪：能忍受，能承受。
7　纤芥：细小的嫌隙。
8　不俟驾：不等车辆驾好马，立即步行前去。后以"不俟驾"指急于应召。语出《论语·乡党》："君命召，不俟驾行矣。"
9　挈：提携。
10　无以有已：没有完结的时候。
11　蕃戎：我国古代对西北边境各族的统称。蕃，通"番"。

畏死耳。有如唐室威令振举，问诸将缓于勤王之罪，则亦岂能免乎？诚能星驰飙发[1]，击退虏贼，再安宗社，元振虽欲谮愬[2]诬罔，亦岂能尽夺公议[3]哉？光弼不忍小忿，以失大节，不学之过也。

太常博士柳伉上疏曰："犬戎犯关渡陇[4]，不血刃而入京师，劫宫闱，焚陵寝，武士无一人力战者，此将帅叛陛下也。陛下疏元功，委近习，日引月长[5]，以成大祸，群臣在庭，无一人犯颜回虑[6]者，此公卿叛陛下也。陛下始出都，百姓填然[7]，夺府库，相杀戮，此三辅叛陛下也。自十月朔召诸道兵，尽四十日，无只轮入关，此四方叛陛下也。陛下必欲存宗庙、安社稷，独斩程元振首，驰告天下，悉出内使[8]隶诸州，持神策兵付大臣，然后削尊号，下诏引咎[9]，曰：'天下其许朕自新改过，宜即募士西赴朝廷；若以朕恶未悛，则帝王大器，敢妨圣贤[10]。'如此，而兵不至，人不感，天下不服，臣请阖门寸斩[11]以谢陛下。"上犹以元振尝有保护功，削官爵，放归田里。

胡氏曰：孔子曰："王者奉三无私[12]以劳天下。"老子曰："公乃王[13]。"元振于代宗虽有保护之功，而迷国误朝，几危宗社。于是而权其轻重，肆诸市朝，则代宗之心，如天地日月，天下见之，而王道著矣。今不以宗社为念，而专念其保己，夫蕃戎入寇不以闻，子仪请兵不召见，虏至便桥，帝方出奔，其不为

1 飙发：迅猛地发生、兴起。
2 谮愬：谗毁攻讦。
3 公议：公众共同评论。
4 犯关渡陇：侵犯关陇地区。
5 日引月长：随时光流逝而日渐增长。
6 回虑：改变想法。
7 填然：形容声势宏大。
8 内使：传达皇帝诏令的内监。
9 引咎：把过错归到自己身上。咎，过错。
10 帝王大器，敢妨圣贤：访求圣贤，使之登上帝王宝座。
11 寸斩：碎尸万段。
12 奉三无私：比喻帝王不谋一己私利。奉，奉行。三无私，天无私覆，地无私载，日月无私照。
13 公乃王：大公无私才能王天下。

吐蕃所得者几希，如是，而尚可谓之“保护”乎？

宦官吕太一反广州，讨平之。

十二月，帝还长安车驾发陕州，左丞颜真卿请上先谒陵庙，然后还宫。元载不从，真卿怒曰：“朝廷岂堪相公再坏邪？”载由是衔之。上至长安，郭子仪率百官、诸军奉迎，伏地待罪。上劳之曰：“用卿不早，故及于此。”

以鱼朝恩为天下观军容宣慰处置使，总禁兵。

苗晋卿、裴遵庆罢，以李岘同平章事遵庆既去，元载权益盛，以货结内侍董秀，上意所属，载必先知之，承意探微[1]，言无不合。上以是愈爱之。

放广武王承宏于华州吐蕃既去，承宏逃匿草野。上赦不诛，放之于华州。

吐蕃陷松、维、保[2]三州吐蕃陷三州及二城，西川节度使高适不能救。于是剑南西山诸州亦入于吐蕃矣。

甲辰**二年**（公元764年）

春，正月，流程元振于溱州元振得罪归三原，闻上还宫，衣妇人服，私入长安，复规[3]任用。京兆擒之以闻，敕流溱州。上念其功，复令江陵安置。

遣刑部尚书颜真卿宣慰朔方行营上之在陕也，真卿请奉诏召仆固怀恩，不许。至是，命真卿谕怀恩入朝，对曰：“陛下在陕，臣往以忠义责之，使之赴难，彼犹有可来之理。今陛下还宫，彼进不成勤王，退不能释众，召之，庸肯至乎？且言怀恩反者，独辛云京、骆奉仙、李抱玉、鱼朝恩四人耳。陛下若以郭子仪代怀恩，可不战而服也。”时抱玉从弟抱真为汾州别驾，知怀恩有异志，脱身归京师。召见问计，对曰：“此不足忧也。朔方将士思郭子仪如父兄，陛下诚以子仪镇朔方，彼皆不召而来矣。”上然之。

1　承意探微：根据圣意作深入细致的考虑。

2　维、保：即维州、保州。维州，古州名，辖今四川省理县东北地区。保州，古州名，辖今四川省理县西北地区。

3　规：谋划。

立雍王适为皇太子。

以魏博[1]为天雄军从田承嗣之请也。

仆固怀恩反，寇太原怀恩谋取太原，辛云京觉之，乘城设备。怀恩使其子玚攻之，大败而还。

以郭子仪为河中节度等使上谓子仪曰："怀恩父子负朕实深。闻朔方将士思公，如枯旱之望雨，公为朕镇抚河东，汾上之师[2]，必不为变。"乃以子仪为关内、河东副元帅，河中节度等使。怀恩将士闻之，皆曰："吾辈从怀恩为不义，何面目见汾阳王？"子仪至河中[3]。云南[4]子弟万人戍河中，将贪卒暴，为一府患。子仪斩十四人，杖三十人，府中遂安。

仆固玚为其下所杀，怀恩走云州[5]仆固玚围榆次，十将焦晖、白玉攻杀之。怀恩闻之，入告其母，母曰："吾语汝勿反，国家待汝不薄。今众心既变，祸必及我，将如之何？"怀恩不对而出，母提刀逐之，曰："吾为国家杀此贼，取其心以谢三军。"怀恩疾走得免，遂与麾下三百渡河，北走云州。都虞候张维岳在沁州，闻怀恩去，乘传至汾州，抚定[6]其众，杀焦晖、白玉而窃其功，以告子仪。子仪使牙官卢谅至汾州。维岳赂谅，使实其言。子仪奏维岳杀玚，传首诣阙。群臣入贺，上惨然不悦曰："朕信不及人，致勋臣颠越[7]，深用为愧，又何贺焉？"命辇怀恩母至长安，给待[8]优厚，月余，以寿终，以礼葬之，功臣皆感叹。子仪如汾州，怀恩之众数万悉归之，咸鼓舞涕泣，喜其来而悲其晚也。子仪知卢谅之诈，杖杀之。上以李抱真言有验，迁殿中少监。

---

1 魏博：唐方镇名，河北三镇之一，领魏、博、瀛、德、沧五州，治今河北省邯郸市大名县东北，辖今山东省武城、高唐、聊城、莘县以西，河北省清河、威县、成安、临漳以东，河南省新乡、浚县、清丰以北地区。
2 汾上之师：朔方地区的部队。
3 河中：唐方镇名，辖今山西省石楼、汾西、霍州等县市以南和安泽、垣曲等县以西地区。
4 云南：唐代对南诏等地区的总称。
5 云州：古州名，辖今山西省长城以南、桑干河以北地。
6 抚定：安抚平定。
7 颠越：陨落，坠落。
8 给待：接待。

范氏曰：代宗之责己也厚，其待人也恕，而诚不能感物，何哉？赏罚无章，而善恶不明，上下之情不通，谗巧[1]得行于其间故也。是以以恩加人而人不亲，以信示人而人益疑，纪纲坏乱，恩威不立也。

刘晏、李岘罢晏坐与元振交通。元振获罪，岘有力焉，由是为宦官所疾，故与晏皆罢。

以王缙、杜鸿渐同平章事。

三月，以刘晏为河南、江淮转运使自丧乱以来，汴水堙废[2]，漕运者自江、汉抵梁、洋[3]，迂险劳费[4]。兵火[5]之后，中外艰食[6]，关中米斗千钱，百姓挼穗以给禁军，宫厨无兼时之积[7]。晏乃疏浚汴水，遗元载书，具陈漕运利病，令中外相应。自是每岁运米数十万石，以给关中。唐世称漕运之能者，推晏为首，后来者皆遵其法度云。

夏，五月，初行《五纪历》。

罢孝弟力田及童子科[8]杨绾奏孝弟力田无实状[9]，及童子科皆侥幸。悉罢之。

六月，罢河中节度及耀德军郭子仪以安、史昔据洛阳，故诸道置节度使以制其要冲。今大盗已平，而所在聚兵，耗蠹[10]百姓，表请罢之，仍自河中为始。从之。

秋，七月，税青苗钱[11]，给百官俸。

1　谗巧：谗邪巧佞之人。
2　堙废：淤塞荒废。
3　梁、洋：即梁州、洋州。
4　迂险劳费：绕道险阻，劳费财力。
5　兵火：战火，战争。
6　艰食：粮食匮乏。
7　兼时之积：可供两个季节用的存粮。
8　童子科：科举考试中为儿童、少年设立的科目。《新唐书·选举志上》："凡童子科，十岁以下能通一经及《孝经》《论语》，卷诵文十，通者予官；通七，予出身。"
9　实状：真实情况。
10　耗蠹：耗费损害。
11　青苗钱：唐代赋税名。天下苗一亩征税钱十五，以补百官俸钱，因国急用，当苗青即预征，又有地头钱每亩征二十，通称"青苗钱"。

临淮武穆王李光弼卒上之幸陕也，李光弼竟迁延不至。上恐遂成嫌隙，以其母在河中，数遣中使存问之。吐蕃退，除光弼东都留守，光弼辞以就江淮粮运，引兵归徐州。上迎其母至长安，厚加供给，使其弟光进掌禁兵，遇之加厚。光弼治军严整，指顾[1]号令，诸将莫敢仰视，谋定而后战，能以少制众，与郭子仪齐名。及在徐州，拥兵不朝，诸将田神功等不复禀畏[2]。光弼愧恨成疾而卒。诏以王缙都统诸道行营。

仆固怀恩引回纥、吐蕃入寇，诏郭子仪出镇奉天怀恩至灵武，收合散亡，其众复振。上厚抚其家，下诏曰："怀恩勋劳，著于帝室；疑隙[3]之端，起自群小。君臣之义，情实如初。但当诣阙，更勿有疑。"怀恩竟不从，遂引回纥、吐蕃十万众入寇，京师震骇。会郭子仪自河中入朝，诏子仪出镇奉天，召问方略，对曰："怀恩勇而少恩，士心不附，所以能入寇者，因思归之士耳。怀恩本臣偏裨，其麾下皆臣部曲，必不忍以锋刃相向，无能为也。"

九月，关中虫蝗[4]，霖雨。

冬，十月，怀恩逼奉天。郭子仪出兵，怀恩退怀恩与回纥、吐蕃进逼奉天。诸将请战，郭子仪曰："虏深入，利速战。吾坚壁以待之，彼必以吾为怯而不戒，乃可破也。若遽战而不利，则众心离矣。敢言战者斩！"既而夜出，陈于乾陵之南。虏始以子仪为无备，欲袭之。忽见大军，惊愕，遂不战而退。怀恩之南寇也，河西节度使杨志烈发卒五千，谓监军柏文达曰："君将之以攻灵武，则怀恩有返顾之虑，此亦救京师之一奇也。"文达进攻灵州，怀恩遽归，夜袭文达，大破之。文达将余众归，哭而入，志烈迎之曰："此行有安京室之功，卒死何伤？"士卒怨其言。未几，吐蕃围凉州，士卒不为用，志烈奔甘州，为沙陀所杀，凉州遂陷。沙陀者，姓朱邪，世居沙陀碛[5]，因以为名。

---

1 指顾：指挥。
2 禀畏：敬畏。
3 疑隙：猜疑而生怨仇。
4 虫蝗：以蝗为主的危害庄稼的虫类。
5 沙陀碛：古地名，即今新疆古尔班通古沙漠（也称准噶尔盆地沙漠），位于新疆准噶尔盆地中央，玛纳斯河以东及乌伦古河以南。

怀恩寇邠州，不克而遁初，郭子仪闻虏逼邠州，遣其子晞将兵救之。虏攻之不克，及还，又攻之，不克，遂遁。晞在邠州，纵士卒为暴。节度使白孝德患之而不敢言，段秀实自请补都虞候。晞军士入市取酒，刺酒翁[1]，坏酿器。秀实列卒[2]，尽取其首注[3]槊上，植市门[4]。晞一营大噪，尽甲[5]。孝德恐，秀实曰："无伤也，请往解之。"选老躄[6]者一人，持马至晞门，甲者[7]出，秀实笑且入曰："杀一老卒，何甲也？吾戴吾头来矣。"晞出，秀实让之曰："副元帅勋塞天地，当念始终。今常侍[8]恣卒为暴，行且致乱[9]，乱则罪及副元帅。郭氏功名，其存者几何？"言未毕，晞再拜曰："公幸教晞以道，敢不从命？"叱左右："皆解甲，敢哗者死！"秀实因留宿军中，旦[10]，俱至孝德所谢。

十二月，加郭子仪尚书令，不受子仪以"太宗为此官，近皇太子亦为之，不敢当"，遂不受，还镇河中。

户部奏是岁户口之数户二百九十余万，口一千六百九十余万。

乙巳**永泰元年**（公元 765 年）

春，正月，以李抱真为泽潞节度副使抱真以山东有变，上党为兵冲[11]，而荒乱之余，土瘠[12]民困，无以赡军，乃籍民每三丁选一壮者，免其租徭[13]，给弓矢，使农隙习射，岁暮都试[14]，行其赏罚。比三年，得精兵二万，既不费廪

---

1 酒翁：酿酒的人。
2 列卒：陈兵布阵。
3 注：安放。
4 植市门：树立在集市门旁。
5 一营大噪，尽甲：营中一片嘈杂，士兵们都披上了战甲。
6 老躄：老而跛者。
7 甲者：披甲的士兵。
8 常侍：即郭晞。
9 行且致乱：他们的行动将会导致叛乱。
10 旦：天亮的时候，早晨。
11 兵冲：军事要地。
12 瘠：不肥沃。
13 租徭：租税与徭役。
14 都试：一种讲武习兵的考试制度。

给，府库充实，遂雄视山东。步兵为诸道最。

三月，命文武之臣十三人于集贤殿待制三月，命仆射裴冕、郭英乂等十三人于集贤殿待制。左拾遗独孤及上疏曰："陛下召冕等以备询问，此盛德也。然恐陛下虽容其直，而不录其言；有容下之名，而无听谏之实，则臣之所耻也。今师兴不息十年矣，人之生产，空于杼轴。拥兵者第馆亘街陌[1]，奴婢厌酒肉，而贫人羸饿就役，剥肤及髓[2]。长安城中白昼椎剽[3]，吏不敢诘，民不敢诉，有司不敢以闻，茹毒饮痛，穷而无告[4]。陛下不思所以救之，臣实惧焉。今天下惟朔方、陇西有吐蕃、仆固之虞，邠、泾、凤翔之兵足以当之矣。东洎[5]海，西尽巴、蜀，无鼠窃之盗而兵不为解，倾天下之货，竭天下之谷，以给不用之军，臣不知其故。假令居安思危，自可扼要害之地，俾置屯御[6]，悉休其余，以粮储扉屦之资充疲人贡赋[7]，岁可减国租之半。陛下岂可持疑[8]于改作，使率土之患日甚一日乎？"上不能用。

吐蕃遣使请和吐蕃遣使请和。诏元载等与之盟。上问郭子仪，子仪对曰："吐蕃利我不虞，若不虞而来，则国不可守矣。"乃遣兵戍奉天。

旱米斗千钱。

夏，四月，以裴谞为左司郎中河东租庸使裴谞入奏事，上问："榷酤之利，岁入几何？"谞不对[9]。复问，对曰："臣自河东来，所过见菽粟[10]未种，农夫愁怨。臣以为陛下见臣，必先问人之疾苦，乃责臣以营利，臣是以未敢对也。"上谢之，拜左司郎中。

---

1 第馆亘街陌：宅第在街道上连绵不断。
2 羸饿就役，剥肤及髓：拖着羸弱的身体去服劳役，遭受着敲骨吸髓的盘剥。
3 椎剽：杀人劫物。
4 茹毒饮痛，穷而无告：百姓就像喝毒药、忍疼痛，走投无路，无处求告。
5 洎：到，及。
6 屯御：屯兵防御点。
7 以粮储扉屦之资充疲人贡赋：用军用物资，充当穷苦百姓的贡赋。扉屦，草鞋，也泛指行旅用品。
8 持疑：犹豫，迟疑。
9 不对：不答。
10 菽粟：豆和小米，也泛指粮食。

剑南节度使严武卒武三镇剑南，厚赋敛，穷奢侈，专杀戮。母数戒之，武不从。及死，母曰："吾今始免为官婢[1]矣。"然吐蕃畏之，不敢犯其境。

畿内麦稔京兆尹第五琦请税百姓田，十亩收其一，曰："此古什一之法也。"上从之。

平卢将李怀玉逐其节度使侯希逸。诏以怀玉为留后，赐名"正己"希逸好游畋，营塔寺[2]。兵马使李怀玉得众心，希逸忌之，因事解其军职。希逸宿于城外，军士闭门，奉怀玉为帅。希逸奔滑州，召还京师。以郑王邈为节度使，怀玉知留后，赐名正己。时成德李宝臣、魏博田承嗣、相卫薛嵩、卢龙李怀仙收安、史余党，各拥劲卒数万，治兵完城，自署将吏，不供贡赋，与山南东道梁崇义及正己皆结为婚姻，互相表里[3]。朝廷专事姑息，不能复制。

秋，九月，置百高座[4]，讲《仁王经》内出《仁王经》二宝舆[5]，以人为菩萨、鬼神之状，导以音乐、卤簿，百官迎从，至资圣、西明寺讲之。

仆固怀恩诱回纥、吐蕃、杂虏[6]入寇。怀恩道死。召郭子仪屯泾阳。冬，十月，回纥受盟而还，吐蕃夜遁仆固怀恩诱回纥、吐蕃、吐谷浑、党项、奴刺[7]数十万众俱入寇，令吐蕃趋奉天，党项趋同州，吐谷浑、奴刺趋盩厔，回纥继吐蕃之后，怀恩又以朔方兵继之。子仪奏："虏皆骑兵，其来如飞，不可易也。请使凤翔[8]、滑濮、邠宁、镇西、河南、淮西诸节度各出兵以扼其冲要。"上从之。诸道多不时[9]出兵。淮西李忠臣得诏，亟命治行。诸将请择日，忠臣怒曰："父母有急，岂可择日而后救耶？"即日就道。怀恩中途遇暴疾死，

1　官婢：古时因罪没入官府作奴婢的女子。
2　塔寺：佛塔和佛寺。
3　表里：呼应，补充。
4　百高座：百尺高的坛座。
5　内出《仁王经》二宝舆：从皇宫内运出两车《仁王经》。宝舆，天神、天子等尊贵之人所乘的车。
6　杂虏：旧时对边疆少数民族的蔑称。
7　奴刺：古代西北部落名，为吐谷浑部落联盟的属部，唐代活动于今陕西省关中西部、甘肃省东部等地。
8　凤翔：唐方镇名，领岐、陇、金、商、秦五州，辖今甘肃省秦安县以东，陕西省凤翔、陇县以至商县、安康等县市地。
9　不时：没有及时。

大将范志诚领其众。怀恩拒命三年，再引胡寇，为国大患，上犹为之隐，曰：“怀恩不反，为左右所误耳！”吐蕃十万至奉天，始列营[1]，朔方兵马使浑瑊率骁骑二百冲之，虏众披靡。瑊挟虏一将，跃马而还，士气大振。夜复引兵袭之，杀千余人。京师闻虏至奉天，始罢百高座讲。召郭子仪，使屯泾阳。上自将六军屯苑中，下制亲征。鱼朝恩请索城中私马，男子皆团结[2]为兵，士民大骇，逃者甚众。百官入朝，朝恩从禁军，操白刃[3]，宣言曰：“吐蕃攻犯郊畿，车驾欲幸河中何如？”公卿皆错愕，不知所对。有刘给事者，独出班抗声[4]曰：“敕使反邪？今屯军[5]如云，不戮力捍寇，而遽欲胁天子，弃宗社，非反而何？”朝恩惊沮[6]，事遂寝。会大雨旬日，虏不能进，大掠而去，所过焚庐舍，蹂禾稼殆尽。同华节度周智光引兵邀击，破之。遂北至鄜州，杀刺史张麟，焚坊州[7]三千余家。十月，复讲经。吐蕃退至邠州，遇回纥，复相与[8]入寇，合兵围泾阳。子仪严备不战。时二虏闻怀恩死，已争长[9]，不相睦。子仪使牙将李光瓒说回纥，欲与共击吐蕃，回纥不信曰：“郭公在此，可得见乎？”光瓒还报，子仪曰：“今众寡不敌，难以力胜。昔与回纥契约甚厚[10]，不若挺身说之，可不战而下也。”诸将请选铁骑五百卫从，子仪曰：“此适足为害耳。”郭晞扣马谏曰：“大人国之元帅，奈何以身为虏饵[11]？”子仪曰：“今战则父子俱死，而国家危。往以至诚与之言，或幸而见从[12]，则四海之福也。不然，则身没而家全。”以鞭击其手，曰：“去！”遂与数骑出，使人传呼曰：“令公来！”回纥大惊，

1 列营：排列阵营。
2 团结：唐宋时地方民兵丁壮组织，亦指该类组织的士兵。
3 白刃：锋利发光的刀剑。
4 抗声：高声，大声。
5 屯军：驻军。
6 惊沮：惊惧。
7 坊州：古州名，因州界内马坊得名，辖今陕西省黄陵、宜君等县地。
8 相与：共同，一道。
9 争长：争高低。
10 契约甚厚：缔结盟约，交情甚厚。
11 虏饵：吸引敌军的诱饵。
12 见从：被听从。

大帅药葛罗执弓注矢[1]立于阵前，子仪免胄释甲，投枪[2]而进。诸酋长相顾[3]曰："是也。"皆下马罗拜。子仪亦下马，前执药葛罗手，让之曰："汝回纥有大功于唐，唐之报汝亦不薄，奈何负约深入吾地，弃前功，结后怨，背恩德而助叛臣乎？且怀恩叛君弃母，于汝何有？今吾挺身而来，听汝杀之，我之将士必致死与汝战矣！"药葛罗曰："怀恩欺我，言天可汗已晏驾，令公亦捐馆[4]，中国无主，我是以来。今皆不然，怀恩又为天所杀，我曹岂肯与令公战乎？"子仪因说之曰："吐蕃无道，所掠之财，不可胜载[5]，马牛杂畜，长数百里，此天以赐汝也。全师而继好，破敌以取富，为汝之计，孰便于此，不可失也。"药葛罗曰："吾为怀恩所误，负公诚深，今请为公尽力以谢过。然怀恩之子，可敦兄弟也，愿勿杀之。"子仪许之。回纥观者为两翼，稍前。子仪麾下亦进，子仪挥手却之，因取酒与其酋长共饮。药葛罗使子仪先执酒为誓，子仪酹地曰："大唐天子万岁！回纥可汗亦万岁！两国将相亦万岁！有负约者，身陨阵前，家族灭绝！"杯至药葛罗，亦酹地曰："如令公誓！"于是诸酋长大喜曰："军中巫言：'此行安稳，不与唐战，见一大人而还。'今果然矣。"遂与定约而还。吐蕃闻之，夜遁。回纥遣其酋长入见天子。药葛罗率众追吐蕃，子仪使白元光率精骑与之俱，战于灵台西原[6]，大破吐蕃，杀获万计。诏罢亲征，京城解严。

初，肃宗以陕西节度使郭英乂领神策军，使鱼朝恩监之。英乂入为仆射，朝恩专将之。及上幸陕，朝恩举在陕兵与神策军迎扈[7]，悉号神策军。天子幸其营。及京师平，朝恩遂以军归禁中，自将之，然尚未得与北军齿[8]。至是，从上屯苑

1　注矢：把箭搭在弓上。
2　投枪：把枪投在地上。
3　相顾：互相看对方。
4　捐馆：死比较委婉的说法。捐指放弃，馆指官邸，字面上讲，就是放弃了自己的官邸。
5　不可胜载：车子都装不下。
6　灵台西原：灵台，古县名，治所即今甘肃省平凉市灵台县。西原，古地名，即白石原，位于今灵台县西北。
7　迎扈：接驾并跟在后面护卫。
8　齿：并列。

中，其势浸盛，分为左、右厢，居北军之右[1]矣。子仪恐怀恩骁将逃入外夷[2]，请招之。上赦其罪，诏回纥送之。怀恩之侄名臣自回纥以千余骑来降，党项帅郑庭、郝德等亦诣凤翔降。

胡氏曰：孔子曰："言忠信，行笃敬，虽蛮貊之邦，行矣[3]。"郭子仪轻骑见虏，非惟虏不敢害，又听其言，讲解[4]而去，贤于数十万众力击鏖战[5]之功，惟忠信足以感动之而已矣。然忠信非可一日而为也，积之既久，行之既著，名发于实，而效见乎远，则其音声容貌，亦将有孚[6]于人。此回纥诸酋所以释兵下马而拜者也。夫岂可伪说[7]而侥幸哉？在《易》之"师"曰"师，贞，丈人，吉[8]"。子仪其庶几欤？

又曰：君子言之必可行也。药葛罗要子仪为誓，使子仪急于退师，许以重言[9]，而他日不能副，或能副之而有伤于国，则踵未旋而难复作矣。今子仪之誓，初若重大、严毖[10]不可犯者，及味[11]其旨，乃无所誓焉。所谓负约，果何约乎？既不失己，又得虏情，处之雍容而出之勇决，施之无悔而守之无疵[12]，以此排难解纷，何愧之有？

闰月，以路嗣恭为朔方节度使子仪以灵武初复，百姓雕弊，戎落[13]未安，请以嗣恭镇之。嗣恭披荆棘，立军府，威令大行。

郭子仪还河中子仪在河中，以军食常乏，乃自耕百亩，将校以是为差[14]。

---

1 之右：之上。古人以右为上。
2 外夷：指外族，也指外国或外国人。
3 言忠信，行笃敬，虽蛮貊之邦，行矣：说话忠诚守信，行为敦厚恭敬，即使在蛮貊地区，也行得通。蛮，南蛮，泛指南方边疆少数民族。貊，北狄，泛指北方边疆少数民族。
4 讲解：讲和。
5 鏖战：激烈地战斗，苦战。
6 有孚：为人所信服，使信任。
7 伪说：欺人之谈。
8 师，贞，丈人，吉：军队，师出有名，德高望重的长者担任统帅，大吉。
9 重言：意味深重、语重心长的话。
10 严毖：严，严厉。毖，谨慎，小心。
11 味：玩味。
12 无疵：没有毛病。
13 戎落：戎族聚居地，亦泛指西北少数民族地区。
14 以是为差：按照这个标准，根据级别略有差别。

于是士卒皆不劝而耕，野无旷土[1]，军有余粮。

汉州[2]刺史崔旰杀西川节度使郭英乂初，严武奏将军崔旰为汉州刺史，将兵击吐蕃，连拔其数城，攘地[3]数百里。武作七宝舆[4]迎旰入成都以宠之。武卒，行军司马杜济等共请郭英乂为节度使，旰与所部共请大将王崇俊为节度使。会朝廷已除英乂。英乂至，诬崇俊以罪而诛之，召旰还成都。旰辞不至，英乂怒，自将兵攻之，大败而还。玄宗之离蜀也，以所居行宫为道观，仍铸金为真容[5]。英乂爱其竹树茂美[6]，奏为军营，因徒[7]去真容，自居之。旰因此宣言英乂反而袭之。英乂奔简州[8]，普州刺史韩澄杀英乂，送首于旰。邛州牙将柏茂琳、泸州[9]牙将杨子琳、剑州牙将李昌巎各举兵讨旰，蜀中大乱。

流顾繇于锦州华原[10]令顾繇上言元载子伯和等招权受贿，坐流锦州。

丙午**大历元年**（公元 766 年）

春，正月，敕复补国子学生自安史之乱，国子监室堂颓坏[11]，军士多借居之。祭酒萧昕上言学校不可遂废，故有是诏。

以户部尚书刘晏、侍郎第五琦分理天下财赋。

二月，释奠于国子监释奠于国子监，命宰相率常参官[12]、鱼朝恩率六军诸将往听讲，子弟皆服朱紫为诸生[13]。朝恩既贵显[14]，乃学讲经为文，仅能执笔辨章

1　旷土：荒芜的土地。
2　汉州：古州名，辖今四川省广汉、德阳、绵竹、什邡、金堂等市县地。
3　攘地：开拓疆土。
4　七宝舆：用多种珍宝装饰的车，亦泛指华贵的车子。
5　真容：画像，塑像。此处指唐玄宗李隆基的塑像。
6　茂美：美好。
7　徒：只是。
8　简州：古州名，辖今四川省简阳市及金堂县部分地。
9　泸州：古州名，辖今四川省泸州、泸县、隆昌、富顺、合江、江安及重庆市荣昌等市县地。
10　华原：古县名，治所即今陕西省铜川市耀州区。
11　室堂颓坏：室堂，居住的房舍。古时堂在前，室在后。颓坏，倾倒崩坏。
12　常参官：日常参朝的官吏。
13　诸生：众弟子。
14　贵显：居高位而显扬于世。

句，遽自谓才兼文武，莫敢与之抗。

贬颜真卿为峡州别驾元载专权，恐奏事者攻讦[1]其私，乃请百官论事，皆先白宰相，然后奏闻。真卿上疏曰："谏官、御史，陛下之耳目。今使论事者先白宰相，是自掩其耳目也。太宗著《司门式[2]》云：'其无门籍人有急奏者，皆令门司与仗家[3]引奏[4]，无得关碍[5]。'所以防壅蔽也。李林甫为相，深疾言者，下情不通，卒成幸蜀之祸[6]。陵夷至于今日，其所从来者渐矣。夫人主大开不讳[7]之路，群臣犹莫敢尽言，况令宰相大臣裁而抑之，则陛下所闻见者不过三数人耳。天下之士从此钳口结舌，陛下见无复言者，以为天下无事可论，是林甫复起于今日也。陛下傥不早寤，渐成孤立，后虽悔之，亦无及矣！"载以为诽谤，贬之。

以杜鸿渐为剑南东、西川副元帅山南西道[8]节度使张献诚与崔旰战于梓州，败走，旌节皆为所夺。鸿渐至蜀境，闻之而惧，使人先达意于旰，许以万全。旰卑辞重赂以迎之。鸿渐至成都，见旰，接以温恭，无一言责其干纪[9]。又数荐之于朝，请以节制让旰，以柏茂琳、杨子琳、李昌巎各为本州刺史。上不得已，从之，以旰为成都尹、西川节度行军司马。

以马璘兼邠宁节度使以四镇、北庭行营节度使马璘兼领邠宁，璘以段秀实为都虞候。卒有能引弓重二百四十斤者，犯盗当死。璘欲生之，秀实曰："将有爱憎而法不一，虽韩、彭不能为理。"璘善其议，竟杀之。璘处事或不中理，秀实争之，璘或怒甚，秀实曰："秀实罪若可杀，何以怒为？无罪杀

---

1 攻讦：揭发别人的过失或阴私而加以攻击。
2 司门式：唐尚书省刑部司门司的办事章程。司门，古官署名，掌门、关出入之籍及遗失之物。
3 门司与仗家：门司，守门的吏役。仗家，宫廷仪卫人员。
4 引奏：奏知引见。
5 关碍：妨碍，阻碍。
6 幸蜀之祸：造成流落蜀地的祸乱。
7 不讳：不忌讳，无所避讳。
8 山南西道：唐方镇名，领兴元府及集、壁、文、通、巴、开、渠、蓬等州，辖今陕西秦岭、甘肃嶓冢山以南，四川江津、永川等市县以北，陕西佛坪、西乡、镇巴和四川城口、开县、大竹、邻水以西，嘉陵江流域以东地区。
9 干纪：违犯法纪。

人，恐涉非道。"璘摄衣起，良久，置酒召秀实谢之。自是事皆咨秀实而后行，声称[1]甚美。

秋，八月，以鱼朝恩判国子监事命鱼朝恩判国子监。中书舍人常衮言："成均之任，当用名儒，不宜以宦者领之。"不听。命宰相、百官送上。朝恩执《易》升高座，讲"鼎折足"以讥宰相。王缙怒，元载怡然[2]。朝恩曰："怒者常情，笑者不可测也。"

冬，十月，帝生日，诸道节度使上寿上生日，诸道节度使献金帛、器服、珍玩、骏马为寿，共直缗钱二十四万。常衮上言："节度使非能男耕女织，必取之于人。敛怨求媚[3]，不可长也。请却之。"上不听。

十一月，停什一税法京兆用第五琦什一税法，民多流亡。至是停之。

十二月，周智光杀陕州监军张志斌周智光还华州，益骄横，召之，不至。聚亡命[4]数万，纵其剽掠，擅留漕米[5]二万斛。藩镇贡献，往往杀其使者而夺之。陕州监军张志斌入奏事，智光馆[6]之。志斌责其部下不肃[7]。智光怒，斩之。诏加智光仆射，遣中使持告身授之。智光慢骂曰："智光有大功于天下，国家不与平章事而与仆射。且同、华地狭，不足展才。"因历数大臣过失，而曰："此去长安百八十里，智光夜眠不敢舒足，恐踏破长安城。"郭子仪屡请讨之，不许。

以陈少游为宣歙观察使少游为吏，强敏而好贿，善结权贵，以是得进。除桂管观察使，恶其道远，多瘴疠。宦官董秀掌枢密[8]，少游请岁献五万缗，又纳贿于元载子仲武，内外引荐，遂改宣歙。

1　声称：名声，声誉。
2　怡然：安适自在貌。
3　敛怨求媚：不顾人民怨恨，向上献媚。
4　亡命：铤而走险、不顾性命的人。
5　漕米：由水路运往京城的粮食。
6　馆：提供住宿。
7　不肃：不严肃，不恭敬。
8　枢密：中枢官署的统称。

丁未**二年**（公元767年）

春，正月，诏郭子仪讨周智光，斩之子仪命大将浑瑊、李怀光军于渭上。华州牙将姚怀、李延俊杀智光，以其首来献。

二月，郭子仪入朝上礼重子仪，常谓之大臣而不名。其子暧，尚昇平公主，尝与争言，暧曰："汝倚乃父为天子邪？我父薄天子不为[1]。"公主恚，奔车[2]奏之。上曰："此非汝所知，彼诚如是。彼欲为天子，天下岂汝家所有邪？"慰谕令归。子仪闻之，囚暧入待罪。上曰："鄙谚有之：'不痴不聋，不为家翁[3]。'儿女子闺房之言，何足听也！"子仪归，杖暧数十。

夏，六月，杜鸿渐入朝。秋，七月，以崔旰为西川节度使杜鸿渐请入朝，广为贡献，因荐旰才堪寄任[4]。上亦务姑息，乃留鸿渐复知政事，以旰为节度使。旰厚敛以赂权贵，元载擢其兄弟皆至大官。

鱼朝恩作章敬寺鱼朝恩以赐庄[5]为章敬寺，以资太后冥福，穷壮极丽，奏毁曲江[6]及华清宫馆以给之。卫州进士高郢上书曰："先太后圣德，不必以一寺增辉；国家永图[7]，无宁[8]以百姓为本。舍人就寺，何福之为！""且古之明王积善以致福，不费财以求福；修德以消祸，不劳人以禳祸。今徇左右之过计[9]，伤皇王之大猷[10]，臣窃为陛下惜之！"不报。始上未甚重佛。元载、王缙、杜鸿渐皆好佛，缙尤甚，不食荤血，鸿渐亦以使蜀无恙，饭千僧，二人造寺无穷。上尝问曰："佛言报应，果有之耶？"载等对曰："国家运祚灵长[11]，非宿[12]植福业，

---

1 薄天子不为：不屑于做天子。
2 奔车：乘车飞奔。
3 家翁：家长，一家之主。
4 寄任：托付重任。
5 赐庄：赏赐的庄园。
6 曲江：古水名，位于今陕西省西安市东南。汉武帝建宜春苑于此，因池水曲折，故名曲江。开元年间重加疏凿，为都中第一胜景。
7 永图：长久之计，长久打算。
8 无宁：不如。
9 过计：错误的谋划。
10 皇王之大猷：皇王，古圣王，后亦泛指皇帝。大猷，治国大道。
11 运祚灵长：运祚，国运福祚。灵长，广远绵长。
12 宿：旧有的，一向有的。

何以致之？福业已定，虽时有小灾，终不能为害，所以安、史皆有子祸，怀恩出门病死，二虏不战而退，此皆非人力所及，岂得言无报应也？”上由是深信之，常于禁中饭僧百余人。有寇至则令僧讲《仁王经》以禳之，寇去则厚加赏赐。胡僧不空官至卿、监，爵为国公，出入禁闼，势移权贵。良田美利[1]多归僧寺。载等侍上，多谈佛事，由是臣民承化，皆废人事而奉佛，政刑日紊矣。

胡氏曰：人死而冥[2]，无福无祸。使其有也，岂可祈禳？所以知其不可祈禳者，以人之生验之，所欲之福，无所于求；而所恶之祸，无所于免，故也。生、死一道也。借曰可者，莫大于父，而母次之。舍父念母，毋乃悖于人道乎？

九月，吐蕃围灵州。冬，十月，路嗣恭击却之。

十二月，郭子仪入朝时盗发子仪父冢，捕之不获。人以鱼朝恩素恶子仪，疑其使之。子仪入朝，朝廷忧其为变。及见上，上语及之，子仪流涕曰：“臣久将兵，不能禁暴，军士多发人冢，今日及此，乃天谴，非人事也。”朝廷乃安。

胡氏曰：子仪之意，虽忠且厚，无乃薄于孝乎？曰：此子仪之所以为子仪，而人莫能及者也。向者果于求贼，而使上下震动，以致意外之变，则忠顺蹉跌[3]，不足以为孝矣。是故审轻重，度大小，罪己之言一出，而朝恩激怒召乱之意，如弦断矢折。非可与权[4]，安能及此哉？

子仪禁无故军中走马。南阳夫人[5]乳母之子犯禁，都虞候杖杀之。诸子泣

1　美利：大利，丰厚的利益。
2　冥：迷信的人称人死后进入的世界，阴间。
3　忠顺蹉跌：忠顺，忠实顺从。蹉跌，失足跌倒，也比喻失误。
4　权：权变，权宜。
5　南阳夫人：即郭子仪的夫人张氏，封南阳夫人。

诉[1]，子仪叱遣之。明日，以事语僚佐而叹息曰："子仪诸子皆奴材[2]也。不赏父之都虞候，而惜母之乳母子，非奴材而何？"

康熙御批：自汉、唐以来之勋臣，功名最盛而福祚克[3]全者，以郭子仪为首称。非其得于天者独厚也，良由笃棐[4]谦冲，不敢以功业自矜，故能终身显荣，声施后世。观其自谓"不能禁暴，乃遭天谴"数语，其虚怀卓识[5]，过人远矣。

戊申**三年**（公元768年）

春，正月，帝幸章敬寺，度僧、尼千人。

三月朔，日食。

夏，四月，崔旰入朝，复使还镇旰入朝，以弟宽为留后。杨子琳率精骑数千，乘虚突入成都。朝廷闻之，加旰工部尚书，赐名宁，遣还镇。宽与杨子琳战，数不利。宁妾任氏出家财募兵得数千人，率以击子琳，破走之。

征李泌于衡山泌既至，复赐金紫，为之作书院于蓬莱殿侧。上时过之，除拜方镇、给舍[6]以上，军国大事，皆与之议。欲以泌为相，泌固辞。

追谥齐王倓为承天皇帝上与李泌语及齐王倓，欲厚加褒赠[7]，泌请用岐、薛故事[8]，赠太子。上泣曰："吾弟首建灵武之议，成中兴之业，岐、薛岂有此功乎？竭诚忠孝，乃为谗人所害。向使尚存，朕必以为太弟。今当崇以帝号，成吾夙志[9]。"乃追谥倓曰承天皇帝。

胡氏曰：肃宗杀倓，代宗帝之，皆失也。李泌之议，亦非也。意者改封大

1 泣诉：流泪控诉。
2 奴材：奴才。
3 克：能。
4 笃棐：忠诚辅助。
5 卓识：高明而超出一般的见识。
6 给舍：给事中及中书舍人的并称。
7 褒赠：为嘉奖死者而赠予其官爵。
8 岐、薛故事：岐王李范、薛王李业的先例。
9 夙志：一向的志愿。

国，加以美谥[1]，于其后裔数致隆[2]焉，则可矣。

六月，幽州将朱希彩杀其节度使李怀仙，诏以希彩知留后幽州兵马使朱希彩及经略副使朱泚及弟滔共杀节度使李怀仙，希彩自称留后。成德节度使李宝臣遣将讨希彩，不克。朝廷不得已，宥之，以王缙领卢龙节度使，希彩知留后。缙至幽州，希彩盛兵以逆之。缙晏然而行，希彩迎谒甚恭。缙度终不可制，劳军而还。

秋，七月，遣右散骑常侍萧昕使回纥回纥可敦死，以昕为吊祭使[3]。回纥庭诘[4]昕曰："我于唐有大功，唐奈何失信，市我马，不时归其直？"昕曰："回纥之功，唐已报之矣。仆固怀恩之叛，回纥助之，与吐蕃连兵入寇，逼我郊畿。及怀恩死，吐蕃走，然后回纥惧而请和。我唐不忘前功，加惠[5]而纵之，不然，匹马不归矣。乃回纥负约，岂唐失信耶？"回纥惭，厚礼之。

内出盂兰盆[6]赐章敬寺内出盂兰盆赐章敬寺，设七庙[7]神座，书尊号于旛[8]上，百官迎谒于光顺门。自是岁以为常。

八月，吐蕃寇灵武。

以王缙领河东节度使河东节度使辛云京卒，以王缙代之。兵马使王无纵等恃功骄蹇，以缙书生，易之。多违约束，缙悉擒斩之，诸将悍戾[9]者殆尽，军府始安。

九月，凤翔都将[10]李晟屠吐蕃定秦堡[11]，吐蕃遁还凤翔节度使李抱玉使其将李晟将兵五千击吐蕃。晟曰："以力则五千不足用，以谋则太多。"乃将

1　美谥：褒美的谥号。
2　致隆：加以丰厚的封赏。
3　吊祭使：古官名，临时任命，受朝廷派遣吊祭亡故的周边少数族政权首领及封疆大吏。
4　庭诘：当庭责问。
5　加惠：施予恩惠。
6　盂兰盆：农历七月十五日用于超度亡人的供器。
7　七庙：即四亲（高祖、曾祖、祖、父）庙、二祧（高祖的父和祖父）庙和始祖庙。
8　旛：一种用竹竿等挑起来垂直挂着的长条形旗子。
9　悍戾：凶狠蛮横。
10　都将：古官名，统禁军侍卫皇帝左右或出征、镇守在外。
11　定秦堡：古地名，位于今甘肃省甘南藏族自治州临潭县东北。

千人，兼行出大震关，屠吐蕃定秦堡，焚其积聚而还。吐蕃闻之，释灵州之围而去。

冬，十二月，以马璘为泾原节度使元载以吐蕃连岁入寇，马璘以四镇兵屯邠宁，力不能拒，而郭子仪以朔方重兵镇河中，深居腹中无事之地，乃与子仪及诸将议，徙璘镇泾州，而使子仪以朔方兵镇邠州，曰："若以边土荒残[1]，军费不给[2]，则以内地租税、金帛以助之。"诸将皆以为然。徙璘为泾原节度使。璘先往城泾州，以都虞候段秀实知邠州留后。初，四镇、北庭兵久羁旅，数迁徙，劳弊怨诽。兵马使王童之谋作乱，期以辛酉旦[3]警严[4]而发。前夕，有告之者，秀实佯召掌漏者[5]，怒之，以其失节[6]，令每更来白，辄延之数刻，遂四更而曙[7]，童之不果发。告者又云："今夕欲焚马坊草，因救火作乱。"中夕[8]，火果发，秀实命军中行者皆止，坐者勿起，各整部伍严守要害。童之白请救火，不许。及旦，捕童之及其党八人，皆斩之。下令曰："后徙者族，流言者刑！"遂徙于泾。

己酉**四年**（公元769年）

春，正月，郭子仪入朝子仪入朝，鱼朝恩邀之游章敬寺。元载恐其相结[9]，密使告子仪曰："朝恩谋不利于公。"子仪不听。将士请衷甲以从者三百人，子仪曰："我，国之大臣，彼无天子之命，安敢害我！若受命而来，汝曹欲何为？"乃从家僮数人而往。朝恩惊问其故，子仪以所闻告，且曰："恐烦公经

1 边土荒残：边土，边境地区。荒残，荒废残破。
2 不给：匮乏，供给不足。
3 辛酉旦：辛酉，干支记日，此处为十二月二十一日。旦，早晨。
4 警严：严鼓以警夜，此处特指击鼓报晓时分。
5 掌漏者：负责打更的人。
6 失节：不合节令。
7 曙：天亮，破晓。
8 中夕：半夜。
9 相结：相互结交。

营[1]耳。”朝恩抚膺流涕曰：“非公长者，能无疑乎？”

胡氏曰：道有要，事有本，得其要、本，无所处而不当。故处家庭不违于孝，则子道得矣。处朝廷不违乎忠，则臣道得矣。元载设反间，特欲离鱼、郭之交尔，而子仪处之，何其尽己尽人，裕然[2]有余也！其心以君命为主，以天命为断，一听之命，则智术[3]可以两忘，威力[4]可以并弃，疑我者安得不服，恶我者安得不平？此子仪所以轻见朝恩而深有以感动其心者也。

夏，五月，以仆固怀恩女嫁回纥初，仆固怀恩死，上怜其有功，置其女宫中，养以为女。回纥请以为可敦。五月，册以为崇徽公主，遣兵部侍郎李涵送之。涵奏祠部郎中董晋为判官。至回纥，回纥言：“唐约我为市，马既入而归我贿[5]不足，我于使人[6]乎取之。”涵惧，不敢对，晋曰：“吾非无马而与尔为市，为尔赐不既[7]多乎？尔之马岁至，吾数皮而归资[8]。边吏请致诘[9]也，天子念尔有劳，故下诏禁侵犯。诸戎畏我大国之尔与也，莫敢校焉[10]。尔之父子宁而畜马蕃者，非我谁使之？”于是其众皆环晋拜，既又相率南面序拜[11]，皆举两手曰：“不敢有意[12]大国。”

六月，郭子仪徙镇邠州子仪迁邠州，其精兵皆自随，余兵使裨将将之，分守河中。朔方军士久家河中，颇不乐徙，往往自邠逃归。行军司马严郢领留府，悉捕得，诛其渠帅，众心乃定。

冬，十月，杜鸿渐卒鸿渐病甚，令僧削发，遗令为塔以葬。

1　经营：周旋，往来。
2　裕然：充足有余貌。
3　智术：智慧和权术。
4　威力：威严和实力。
5　贿：财物。
6　使人：使者，奉命出使的人。
7　既：已经。
8　吾数皮而归资：我们仅数一下马皮，就付给你们钱。意为不考虑马死的还是活的。
9　致诘：推究，查问。
10　诸戎畏我大国之尔与也，莫敢校焉：各民族害怕我大唐与你们友好，都不敢与你们较量。
11　序拜：排列有序地跪拜。
12　有意：有企图。

胡氏曰：鄙哉，杜鸿渐之贪也！虽好佛而不悟其要。佛氏以了死[1]为一大事，精练[2]之至，不但坐而死也，或立或倒，或预言死期，世俗所共神而敬之者也，君子则不取。曰：若其见道，则临死之时，必以布帛裹首而逝，不肯削发、胡服[3]而终也。曾子疾病，易箦[4]而死。君子之不肯一息安于不正乃如此，此始可谓真悟者矣。夫身体发肤受之父母，得全而归之，然后为孝。岂有将死而髡首[5]以为达哉？

以裴冕同平章事。十二月，卒元载以冕老病，易制，故举以为相。受命之际，蹈舞[6]仆地，未几而卒。

庚戌**五年**（公元770年）

春，三月，鱼朝恩伏诛朝恩专典禁兵，势倾朝野，陵侮宰相，每奏事以必允为期[7]。朝廷政事有不豫[8]者，辄怒曰："天下事有不由我者邪？"上闻之，不怿。元载乘间奏朝恩专恣不轨，请除之。上令载为方略。朝恩入殿，常使射生将周皓将百人自卫，又使陕州节度使皇甫温握兵于外，以为援。载皆以重赂结之，徙温为凤翔节度使，外重其权，实内温以自助也。载又请割兴平[9]、武功、天兴、扶风隶神策军。朝恩喜于得地，殊不以载为虞。皇甫温至京师，元载留之，因与温、皓密谋诛朝恩。既定计，白上，上曰："善图之，勿反受祸。"上以寒食[10]宴贵近于禁中，载守中书省。宴罢，朝恩将出，上责其异图，皓与左右缢杀之，以尸还其家，赐钱以葬。赦京城系囚，且曰："北军将士，

1　了死：如何死亡。
2　精练：精研熟悉。
3　胡服：穿外族的服装。
4　易箦：更换寝席。箦，华美的竹席。按古时礼制，箦只用于大夫，曾子未曾为大夫，不当用，所以临终时要曾元为之更换。
5　髡首：剃去头发。
6　蹈舞：即舞蹈，臣下朝贺时对皇帝表示敬意的一种仪节。
7　期：希望，期待。
8　豫：参与。
9　兴平：古县名，治所即今陕西省咸阳市辖兴平市。
10　寒食：节日名，在清明前一天。古人从这一天起三天不生火做饭，所以称寒食。

皆朕爪牙，勿有忧惧。”

胡氏曰：古今皆谓宦官难去者，以其掌兵也，是则然矣[1]。而或不然，辅国、元振、朝恩相继掌兵，气势隆重[2]，然代宗去之，而无肘腋反噬之变。是以宦官非难去，顾人主喜怒如何耳。其至于无可奈何者，以人主无意于可为之时，及不可为然后为之故也。代宗之政，无可纪述，独诛三宦官及元载为最武[3]。而就其事论之，皆不能尽善。岂非不若慎之于初之为美欤？既宠之，又杀之，复隐之，而厚赐之，非政刑[4]矣。

罢度支、转运、常平、盐铁等使，委宰相领之。

以杨绾为国子祭酒，徐浩为吏部侍郎元载既诛鱼朝恩，上宠任益厚，载遂志气骄溢[5]，自谓有文武才略，弄权舞智，政以贿成。吏部侍郎杨绾典选平允[6]，性介直，不附载。岭南节度使徐浩贪佞，倾[7]南方珍货以赂载。载以绾为国子祭酒，引浩代之。载有丈人[8]来从载求官，但赠河北一书[9]而遣之。丈人不悦，行至幽州，私发书，视之无一言，惟署名而已。丈人不得已，试谒。判官闻有载书，大惊，立白节度使，遣大校[10]以箱受书，馆之上舍，赠绢千匹。其威权动人[11]如此。

秋，七月，京畿饥斗米千钱。

以李泌为江西观察判官上悉知元载所为，以其任政日久，欲全始终，因独见，深戒之。载犹不悛，上由是稍恶之。载以李泌有宠于上，忌之。会江

1　是则然矣：看上去是这样。是，像，似。
2　隆重：盛大庄严。
3　武：勇猛。
4　政刑：政令和刑罚。
5　志气骄溢：志气，志向和气概。骄溢，骄傲自满，盛气凌人。
6　平允：公平适当。
7　倾：用尽。
8　丈人：亲戚、长辈的通称。
9　赠河北一书：拿出一封信，让他送给河北节度使。
10　大校：古官名，位低于将，也是领兵将官。
11　动人：使人震动。

西观察使[1]魏少游求参佐，上谓泌曰："元载不容卿，朕今匿卿于魏少游所。俟朕决意除载，当有信报卿，可束装[2]来。"乃以泌为江西判官，且属少游，使善待之。

范氏曰：代宗以万乘之主，不能庇一臣，而匿之于远藩[3]。既知元载不可任，而不能退，乃欲稔[4]其恶而诛之。且载方见任[5]，而与泌密约除载，然则人臣谁敢自保？皆非人君之道也。

辛亥**六年**（公元 771 年）

春，二月，诏李抱玉专备陇坻河西、陇右、山南副元帅李抱玉上言："凡所掌之兵，当自训练。今自河、陇[6]达于扶、文[7]，绵亘[8]二千余里，抚御至难。若吐蕃两道俱下，臣保固[9]汧陇则不救梁、岷，进兵扶、文则寇逼关辅[10]，首尾不赡[11]，进退无从。愿更择能臣，委以山南，使臣得专备陇坻。"诏从之。

岭南蛮酋梁崇牵作乱，讨平之蛮酋梁崇牵据容州[12]，与西原蛮连兵，攻陷城邑。容州经略使王翃以私财募兵，不数月，斩贼帅欧阳珪。驰诣广州，见节度使李勉，请兵以复容州。勉以为难，翃曰："然则但乞移牒诸州，扬言出兵，冀藉声势，亦可成功。"勉从之。翃乃募得三千余人，破贼数万，拔容州，擒崇牵。

三月，河北旱米斗千钱。

---

1 观察使：古官名，唐代后期出现的地方军政长官，全称为观察处置使，多由节度使兼任，位次于节度使，凡兵甲、财赋、民俗之事无所不领，谓之都府，权任甚重。
2 束装：整理行装。
3 远藩：远方的藩国、藩镇。
4 稔：事物积久养成。
5 见任：受到信赖而任用。
6 河、陇：即河州、陇州。
7 扶、文：即扶州、文州。扶州，古州名，辖今四川省阿坝藏族羌族自治州松潘县境。
8 绵亘：连续不绝。
9 保固：保卫巩固。
10 关辅：关中及三辅地区。
11 不赡：不足。
12 容州：古州名，辖今广西北流、容县二县地。

秋，八月，以李栖筠为御史大夫先是，成都司录李少良上书，言元载奸赃阴事，上置少良于客省[1]。少良以上语告友人韦颂。殿中侍御史陆珽以告载，载奏之。上以少良、颂、珽离间君臣，敕付京兆，皆杖死。载所拟官多非法，恐为有司所驳，奏："凡别敕除六品以下官，乞令吏部、兵部无得检勘。"上亦从之，然益厌其所为，思得士大夫之不阿附者为腹心，渐收载权。内出制书，以栖筠为御史大夫，宰相不知，载由是稍绌。

范氏曰：代宗知元载之恶，欲罢其相位，一言而已可也，谁敢不从？且载所以方命[2]专政者，挟君以为重也。君去之，则失其所恃，何恶之能为？乃立党以倾之，如敌国然，主势不已卑乎？

胡氏曰：李少良虽忠，然身犯二死：位卑而言高，一也；不密而失身，二也。韦颂漏言，其死亦宜矣。陆珽党于元载者，而载不能庇之，何也？代宗已有除载之心，固善少良言之，而怒颂、珽泄之也。然代宗诚欲治载，则以少良所讼召百官集于朝堂，杂究[3]治之，肆诸市朝可矣。岂有欲治其人，而反杀言之者乎？

以韩滉判度支自兵兴以来，所在赋敛无度，仓库出入无法，国用虚耗。滉为人廉勤[4]，精于簿领，作赋敛出入之法，御下严急，吏不敢欺。亦值连岁丰穰，边境无寇，自是仓库蓄积始充。滉，休之子也。

壬子**七年**（公元 772 年）

春，正月，回纥使者犯朱雀门回纥使者擅出鸿胪寺[5]，掠人子女，所司禁之，殴击[6]所司，以三百骑犯金光、朱雀门。上遣中使谕之，乃止。其后屡

1　客省：古官署名，凡四方之客人见者居之。
2　方命：违命，抗命。
3　杂究：一起推究。
4　廉勤：廉洁勤勉。
5　鸿胪寺：古官署名，掌朝会、宾客、吉凶仪礼之事。外吏朝觐，诸蕃入贡，并鸿胪引奏。
6　殴击：殴打。

出杀人，上皆不问。

秋，七月，卢龙将吏杀其节度使朱希彩。冬，十月，诏以朱泚代之希彩残虐，孔目官李怀瑗因众怒伺间杀之。众未知所从，经略副使朱泚弟滔潜使百余人于众中大言曰："节度使非朱副使不可。"众皆从之。泚遂权知留后，遣使言状。诏以泚为节度使。

癸丑**八年**（公元 773 年）

春，正月，昭义节度使薛嵩卒嵩子平，年十二，将士胁以为帅，平伪许之。既而让其叔父崿，夜奉父丧逃归乡里。制以崿知留后。

二月，永平节度使令狐彰卒彰承滑、亳离乱[1]之后，治军劝农，府廪[2]充实。时藩镇率皆跋扈，独彰贡赋未尝缺。岁遣兵三千，诣京西防秋[3]，自赍粮食，道路供馈[4]皆不受，所过秋毫不犯。疾亟，遗表称："仓库畜牧，先已封籍，军中将士，按堵[5]待命。臣男建等，今勒归东都私第。尚书刘晏、李勉可委大事，愿速以代臣。"及卒，将士欲立建，建誓死不从，举家西归。诏以勉代彰。

夏，五月，贬徐浩为明州别驾徐浩妾弟侯莫陈忲为美原[6]尉，浩属京兆尹杜济虚以知驿奏优[7]，又属薛邕拟长安尉。忲参台[8]，御史大夫李栖筠劾其状，敕礼部侍郎于邵等按之。邵奏邕罪在赦前。上怒，皆贬之，朝廷稍肃[9]。

回纥使者辞归回纥自乾元[10]以来，岁求和市[11]，每一马易四十缣，动至数万

1 离乱：变乱，常指战乱。
2 府廪：官府供应的粮食。
3 防秋：古代西北各游牧部落往往趁秋高马肥时南侵，届时边军特加警卫，调兵防守，称为"防秋"。
4 供馈：供应。
5 按堵：安居，安定。
6 美原：古县名，治所位于今陕西省渭南市富平县东北。
7 虚以知驿奏优：凭空奏称他掌管邮驿成绩突出。
8 参台：去御史台参拜。
9 肃：安静。
10 乾元：唐肃宗李亨的年号，存续时间为公元 758 至 760 年。
11 和市：与少数民族交易。

匹。马皆驽瘠[1]无用，朝廷苦之，所市多不能尽其数。至是，上欲悦其意，命尽市之。至是，辞归，载赐遗[2]及马价，共用车千余乘。

胡氏曰：古者国有马政[3]，况为天子？审欲畜马繁者，开元故事具在。八坊监牧之地，初不失也，择能其事者付之，日滋月益，何患于乏？既不修此，乃市诸远夷，所得非骏[4]，而徒耗民力，其损不亦大乎？

秋，八月，朱泚遣弟滔将兵戍泾州自安禄山反，幽州兵未尝为用。至是，泚遣滔将五千骑诣泾州防秋。上大喜，劳赐甚厚。

九月，循州刺史哥舒晃反。

召郇模入见晋州男子郇模以麻辫发，持竹筐苇席，哭于东市。人问其故，对曰："愿献三十字，一字为一事。若言无所取，请以席裹尸贮筐中，弃于野。"京兆以闻。上召见，赐新衣，馆于客省。其言"团"者，请罢诸州团练使也；"监"者，请罢诸道监军使也。

冬，十月，加田承嗣同平章事田承嗣为安、史父子立祠，谓之"四圣"，且求为相。上讽令毁之，而加平章事以褒之。

吐蕃寇泾、汾，郭子仪遣浑瑊拒却之吐蕃寇泾、汾，浑瑊将步、骑五千战于宜禄[5]。宿将史抗等不用命[6]，官军大败。马璘亦败，为虏所隔。段秀实发城中兵出陈东原[7]，吐蕃稍却，璘乃得还。郭子仪谓诸将曰："败军之罪，在我不在诸将。然朔方兵精闻天下，今为虏败，何以雪耻？"浑瑊曰："今日之事，惟理瑊罪，不则再见任[8]。"子仪赦其罪，使将兵趋朝那。虏欲掠汧陇，盐州刺史李国臣曰："虏乘胜必犯郊畿，我掎[9]其后，虏必返顾。"乃引兵趋秦

1　驽瘠：驽，低劣跑不快。瘠，瘦弱。
2　赐遗：赐予。
3　马政：对官用马匹牧养、训练、使用和采购等的管理制度。
4　骏：好马。
5　宜禄：古县名，治所即今陕西省咸阳市长武县，以县南临宜禄川，故名。
6　用命：服从命令，效命。
7　东原：古地名，位于今陕西省咸阳市武功县东。
8　惟理瑊罪，不则再见任：只该治我浑瑊的罪，否则就再让我去杀敌。
9　掎：拖住，拉住。

原[1]，鸣鼓而西。虏闻之，至百城[2]返，浑瑊邀之于隘[3]，尽复得其所掠。马璘亦出精兵袭虏辎重，杀数千人，虏遂遁去。

胡氏曰：违令致败者，史抗也，而浑瑊以为己罪；受命御寇者，浑瑊也，而郭子仪自任其失。责躬如此，所以前败而后胜欤！使子仪而欲讨瑊，瑊又欲斩抗，则偏裨心怒，卒伍意离，驯致大败，亦未可知矣。然而人之常情，鲜不非人而是己，以武侯[4]及郭公之德度观焉，人之相越[5]远矣。

元载奏请城原州初，元载尝为西州刺史，知河西、陇右山川形势，言于上曰："四镇、北庭既治泾州，无险要可守。陇山高峻，南连秦岭，北抵大河。今国家西境尽潘原[6]，而吐蕃戍摧沙堡[7]，原州居其中间，当陇山之口，其西皆监牧故地，草肥水美，平凉在其东，独耕一县，可给军食，故垒尚存，吐蕃弃而不居。每岁夏，吐蕃畜牧青海，去塞甚远，若乘间筑之，二旬可毕。移京西军戍原州，移郭子仪军戍泾州，为之根本，分兵守石门、木峡[8]，渐开陇右，进达安西，据吐蕃腹心，则朝廷可高枕矣。"并图地形献之。会田神功入朝，上问之，对曰："行军料敌，宿将所难，陛下奈何用一书生语，欲举国从之乎？"载寻得罪，事遂寝。

甲寅**九年**（公元774年）

春，二月，郭子仪入朝子仪言："朔方，国之北门，战士耗散，存者什一。而吐蕃兼河陇之地，杂羌、浑之众，势强十倍。愿更于诸道各发精卒，成四五万人，则可以制胜矣。"

---

1 秦原：古地名，位于今甘肃省天水市清水县东。
2 百城：古地名，即百里城，位于今甘肃省平凉市灵台县西。
3 隘：险要的地方。
4 武侯：即诸葛亮。诸葛亮死后谥为忠武侯，后世称之为"武侯"。
5 相越：相去。
6 潘原：古县名，治所位于今甘肃省平凉市东泾水南岸，因县东潘谷口得名。
7 摧沙堡：古地名，位于今宁夏固原市原州区西北。
8 石门、木峡：石门，古地名，位于今甘肃省临夏回族自治州临夏县南。木峡，古关隘名，亦作木狭关、木硖关，位于今宁夏固原市西南，为陇山要隘。

三月，诏以永乐公主妻田华诏以永乐公主妻田承嗣之子华。上欲固结[1]其心，而承嗣益骄慢。

范氏曰：齐景公，诸侯也，涕出而女于吴[2]，后世且犹羞之。代宗以天子之尊，而以女许嫁叛臣之子，苟欲姑息，反以纳侮[3]，卑替[4]甚矣。此公卿大臣之耻也。

夏，六月，胡僧[5]**不空死**赠司空，赐爵肃国公，谥大辩正广智三藏和尚。

京师旱。秋，七月，雨京兆尹黎干作土龙[6]祈雨，自与巫觋更舞[7]，弥月不雨。上闻之，命撤土龙，减膳节用。七月，雨。

九月，卢龙节度使朱泚入朝初，朱泚遣弟滔奉表请入朝，自将防秋。上喜，为筑第京师以待之。泚至蔚州，有疾，诸将请还，泚曰："死则舆尸而前。"至京师，宴犒[8]甚盛。泚请留阙下，以弟滔知留后，许之。

乙卯**十年**（公元775年）

春，正月，田承嗣反，陷相州田承嗣诱昭义兵马使裴志清，使作乱。志清逐其留后薛崿，率众归承嗣。承嗣引兵袭取相州。上遣使谕止之，承嗣不奉诏。

郭子仪入朝子仪尝奏除州县官一人，不报。僚佐以为言[9]，子仪谓曰："兵兴以来，方镇跋扈，凡有所求，朝廷必委曲从之，盖疑之也。今子仪所奏，朝廷以其不可行而置之，是不以武臣相待，而亲厚之也。诸君可贺矣，又何怪焉？"闻者皆服。

1　固结：牢固团结。
2　女于吴：把女儿嫁到吴地。
3　纳侮：招致侮慢。
4　卑替：卑，低下。替，衰落。
5　胡僧：古代泛称西域、北地或外来的僧人。
6　土龙：用土制成的龙，古代用以乞雨。
7　更舞：交替舞蹈求雨。
8　宴犒：设宴犒赏。
9　以为言：把这作为话柄。以，用，拿。为，做，干。言，议论，谈论。

田承嗣陷洺、卫州。

诏诸道不得辄[1]募兵。

二月，河阳[2]军士逐三城使常休明休明苛刻少恩，军士攻之，奉兵马使王惟恭为帅。上遣中使慰抚之。

三月，陕州军乱陕州军乱，逐兵马使赵令珍，大掠库物。观察使李国清不能制，拜之而走。会淮西节度使李忠臣入朝，过陕，上命按之。忠臣设棘围[3]，令军士匿名投库物，一日获万缗，尽以给其从兵。

夏，四月，敕贬田承嗣，发诸道兵讨之初，李宝臣、李正己皆为田承嗣所轻。及承嗣拒命，宝臣、正己皆表讨之。于是贬承嗣永州刺史，命诸道进兵讨之。时朱滔方恭顺，与宝臣及河东节度使薛兼训攻其北，正己与淮西节度使李忠臣等攻其南。承嗣将霍荣国以磁州降。正己攻德州，拔之。忠臣进攻卫州。承嗣以诸道四合，惧，请束身归朝。宝臣、正己会围贝州，承嗣出兵救之。平卢士卒以成德[4]赏厚，有怨言，正己恐其为变，引兵退，宝臣亦退。李忠臣闻之，释卫州，南渡河，屯阳武。宝臣遂与朱滔攻沧州，不克。承嗣将卢子期攻磁州，城几陷，李宝臣与昭义节度使李承昭共击，擒子期，送京师斩之。河南诸将又大破田悦于陈留。

冬，十月朔，日食。

李正己按兵不进，李宝臣袭卢龙军初，李正己遣使至魏州，田承嗣囚之，至是礼而遣之，籍境内户口、甲兵、谷帛之数以与正己，曰："承嗣老矣，溘死[5]无日，诸子不肖，今为公守耳，岂足以辱师乎？"正己遂按兵不进。于是诸道兵皆不敢进。上嘉李宝臣之功，遣中使马承倩赍诏劳之。宝臣遗之

---

1 辄：专权，独断专行。
2 河阳：唐方镇名，领怀、卫二州及河南府河阳、河清、济源、温、汜水五县，辖今河南省黄河故道以北、太行山以南、浚县以西和黄河南岸孟津县及荥阳市的汜水、广武二镇地。
3 棘围：用荆棘圈成的场地。
4 成德：唐方镇名，又名恒冀、镇冀，领有恒、冀、深、赵四州，辖今河北省沙河、滹沱河下游以南，献县、阜城、景县以西，临城、柏乡、南宫、枣强以北地。
5 溘死：忽然而死。

百缣，承倩诟詈，掷出道中。王武俊说宝臣曰："今公在军中新立功，竖子尚尔。况寇平之后，召归阙下，一匹夫耳。不如释承嗣以为己资。"宝臣遂有玩寇[1]之志。

范氏曰：寺人貂、夙沙卫皆以宦寺[2]败国丧师。承倩一怒宝臣，而诸镇解体，巨猾逋诛，终唐之世，不能取魏。其为害也，过于寺人貂、夙沙卫远矣。

承嗣知范阳宝臣乡里，心常欲之，因刻石云："二帝同功势万全，将田为侣入幽燕。"密令瘗宝臣境内，使望气者言彼有王气，宝臣掘而得之。又令客说之曰："公与朱滔共取沧州，得之，则地归国，非公所有。公能舍承嗣之罪，请以沧州归公，而从公取范阳以自效。"宝臣喜，谓事合符谶[3]，遂与承嗣通谋。宝臣谓滔使者曰："闻朱公仪貌[4]如神，愿得画像观之。"滔与之。宝臣置于射堂，命诸将共观之，曰："真神人也！"遂选精骑二千，夜袭其军，戒曰："取貌如射堂者。"滔不虞有变，战败，走免。承嗣闻之，引军南还，使谓宝臣曰："河内有警，不暇从公，石上谶文，吾戏为之耳！"宝臣惭怒而退。元载、王缙以魏州盐贵，请禁盐入其境以困之，上不许，曰："承嗣负朕，百姓何罪？"

吐蕃寇泾、陇，李抱玉、马璘等击破之。

贵妃独孤氏卒追谥贞懿皇后。

十一月，田承嗣将吴希光以瀛州降。

岭南节度使路嗣恭克广州，斩哥舒晃。

丙辰**十一年**（公元776年）

春，二月，赦田承嗣入朝初，田承嗣既请入朝，李正己亦屡为之请。至

1　玩寇：消极抗敌。
2　宦寺：即宦官。宦官古称寺人，故云"宦寺"。
3　符谶：符图谶纬的统称，亦泛指各种预言未来的神秘文书。
4　仪貌：外貌。

是，承嗣复遣使上表，诏赦其罪，听与家属入朝。

夏，五月，汴宋[1]军乱。秋，七月，诏发诸道兵讨平之汴宋都虞候李灵曜杀兵马使孟鉴，北结田承嗣为援。诏以灵曜为濮州刺史，不受。遂以为汴宋留后。灵曜益骄慢，悉以其党为管内八州刺史、县令，欲效河北诸镇。诏淮西李忠臣、永平[2]李勉、河阳三城马燧讨之。淮南[3]陈少游、淄青李正己皆进兵击灵曜。忠臣、燧军于郑州，灵曜逆战，淮西军溃。忠臣将归，燧曰："以顺讨逆，何忧不克？奈何自弃功名？"坚壁不动。忠臣收散卒，军势复振。燧、忠臣与陈少游前军合，与灵曜大战于汴州。灵曜败，入城固守，忠臣等围之。田承嗣遣田悦将兵救灵曜，败永平、淄青兵，乘胜进军汴州城北。忠臣遣裨将李重倩将轻骑数百，夜入其营，纵横贯穿，斩数十人而还，营中大骇。忠臣、燧因以大军乘之，鼓噪而入，悦众不战而溃。灵曜夜遁，永平将杜如江擒之。燧知忠臣暴戾[4]，以功让之。宋州刺史李僧惠争功，忠臣击杀之。李勉械[5]灵曜送京师，斩之。

冬，十二月，泾原[6]节度使马璘卒璘疾亟，以行军司马段秀实知节度事。秀实严兵以备非常。璘卒，军中奔哭者数千人，喧咽门屏[7]。秀实悉不听入，命押牙[8]马頔治丧事于内，李汉惠接宾客于外，妻妾子孙位于堂，宗族位于庭，将佐位于前牙[9]，士卒哭于营伍[10]，百姓各守其家。有离立偶语[11]于衢路，辄执而囚

1 汴宋：唐方镇名，领有汴、宋、亳、颍四州，辖今河南省封丘、开封、尉氏、柘城、沈丘以东，山东省单县及安徽省砀山、亳州、涡阳、蒙城、阜阳、颍上等地。
2 永平：唐方镇名，领滑、亳、陈三州。
3 淮南：唐方镇名，领有扬、楚、滁、和、寿、庐、舒等州，辖今江苏、安徽两省江北、淮南地区的大部分。
4 暴戾：粗暴乖张。
5 械：拘系，枷住。
6 泾原：唐方镇名，辖泾、原二州，辖今甘肃省清水河中上游流域及泾川、镇原、灵台之泾水上游流域。
7 喧咽门屏：节度使府的门庭屏却墙外一切哀哭声。
8 押牙：古官名，领仪仗侍卫。牙，后讹变为"衙"。
9 牙：官衙。
10 营伍：军营。
11 离立偶语：离立，并立。偶语，相聚议论或窃窃私语。

之。非护丧从行者，无得远送。致祭拜哭，皆有仪节[1]；送丧近远，皆有定处，违者以军法从事。都虞候史廷干等谋因丧作乱，秀实知之，奏遣入宿卫，分徙其党，补以外职，不戮一人，军府晏然。

丁巳**十二年**（公元777年）

春，三月，诏复讨田承嗣，既而释之承嗣竟不入朝，又助李灵曜。上复命讨之，承嗣上表谢罪。上亦无如之何，复其官爵，令不必入朝。

诛元载，贬王缙为括州刺史元载、王缙俱纳贿赂，又以政事委群吏。上欲诛之，独与元舅金吾大将军吴凑谋之。会有告载、缙夜醮[2]图不轨者，上命凑收之，命吏部尚书刘晏与御史大夫李涵等同鞫之，皆伏罪，赐自尽。刘晏谓李涵曰："故事，重刑覆奏[3]，况大臣乎？且法有首从[4]。宜更禀进止。"涵等从之。上乃诛载而贬缙。载妻子皆伏诛。有司籍载家财，胡椒至八百石，他物称是。遣中使发载祖、父墓，斫棺弃尸，毁其庙主。

胡氏曰：元载、王缙固有罪，然非有兵柄，何变之足虞？因其朝也，召致百官，下制黜之，诚无难者。若有不轨之图，则付诸廷尉，验虚实、称轻重而施刑焉，亦奚以遽为哉？今不询在廷[5]，不归司寇，其紊乱政事，经邦不绩[6]，一切阔略，直加以反逆之罪，并其妻子俱受极典[7]，何哉？以愚[8]度之，代宗固怒载矣，蓄其憾[9]，激其怒，发其机者，必中人也。李岘杀程元振者，而奉身[10]无

1　仪节：仪式礼节。
2　夜醮：夜里醮祭。醮祭，设坛祈祷，祭奠。
3　覆奏：反复向天子报告。
4　首从：首犯和从犯。
5　在廷：在朝者，即朝臣。
6　不绩：没有功业。
7　极典：极刑，指死刑。
8　愚：用于自称的谦辞。
9　憾：不快，不满。
10　奉身：尽职，献身。

过，故止于罢免。元载杀鱼朝恩，而久立相位，罪恶贯盈[1]，平时熏涵聒习[2]于上之闻听者众矣，安知非朝恩之党报仇之所为耶？且刘晏素附中人，鱼氏之恨在载而不在缙，故晏免缙而取载也。

夏，四月，以杨绾、常衮同平章事绾性清简俭素，制下之日，朝野相贺。郭子仪方宴客，闻之，减坐中声乐五分之四。京兆尹黎干驺从甚盛，即日省之，止存十骑。中丞崔宽第舍宏侈，亟毁撤之。

范氏曰：杨绾以清名俭德[3]为相，而天下从之如此，况人君能正己以先海内，其有不率[4]者乎？是以先王必正其心，修其身，而天下自治。孟子曰："一正君而国定矣。"此之谓也。

胡氏曰：郭公、黎干、崔宽事类而情殊。子仪成人之美者也，干与宽则畏之者也。谓干、宽有仰德化服[5]之心者非也，谓子仪有惕威踧踖[6]之态者亦非也。

初，元载以仕进者多乐京师，恶其逼己[7]，乃薄其俸，于是京官不能自给，常从外官乞贷。至是，绾、衮乃奏增之。悉罢诸州团练、守捉使。诸使非军事要急[8]，无得擅召刺史，停其职务，差人权摄[9]。又定诸州兵有常数，其召募给家粮、春冬衣者[10]，谓之官健；差点土人，春夏归农，秋冬追集，给身粮、酱菜者[11]，谓之团结。定节度使以下至主簿、尉俸禄，掊[12]多益寡，上下有叙[13]，法制粗

1 贯盈：像一串铜钱穿得满满的。
2 熏涵聒习：熏，熏陶。涵，浸润。聒，频繁地称说。习，习染。
3 清名俭德：清名，清美的声誉。俭德，节俭的品德。
4 不率：不服从，不遵循。
5 仰德化服：仰德，敬慕德行。化服，感化顺服。
6 惕威踧踖：惕威，害怕在上者的威严。踧踖，恭敬而局促不安的样子。
7 逼己：威胁到自己的地位。
8 要急：要紧。
9 权摄：暂时代理。
10 给家粮、春冬衣者：由官府供给家人粮食、春冬二季衣服的士兵。
11 差点土人，春夏归农，秋冬追集，给身粮、酱菜者：选择当地人服兵役，春、夏二季解甲归田，秋、冬二季召集训练，官府供给本人粮食和酱菜的士兵。
12 掊：扒土，借指消减。
13 叙：通"序"。

立。开元中，诏宰相共食实封三百户，谓之堂封。及载、缙为相，日赐御馔[1]，可食十人，遂为故事。衮奏停之。又欲辞堂封，同列不可而止。时人讥衮，以为："朝廷厚禄，所以养贤，不能，当辞位，不当辞禄。"

司马公曰：衮之辞禄，廉耻存焉，与夫固位贪禄[2]者，不犹愈乎？未可深讥也。

秋，七月，司徒、文简公杨绾卒上方倚杨绾，使厘革弊政。会绾有疾，卒，上痛悼[3]之甚，谓群臣曰："天不欲朕致太平，何夺朕杨绾之速也？"

以颜真卿为刑部尚书杨绾、常衮荐之也。

九月，以段秀实为泾原节度使秀实军令简约，有威惠，奉身清俭，室无姬妾，非公会[4]，未尝饮酒听乐。

吐蕃寇原、坊州。

霖雨。度支奏河中有瑞盐[5]先是，秋霖[6]，河中府池盐[7]多败。户部侍郎韩滉奏雨不害盐，仍有瑞盐。上疑其不然，遣谏议大夫蒋镇往视之。京兆尹黎干奏秋霖损稼，滉奏干言不实。上命御史按视[8]，还奏："所损凡三万余顷。"渭南令刘澡附滉，称县境不损。御史赵计奏与澡同。上曰："霖雨溥博[9]，岂得渭南独无？"更命御史朱敖视之，损三千余顷。上叹息久之，曰："县令，字人[10]之官，不损犹应言损，乃不仁如是乎？"贬澡南浦[11]尉，计澧州司户，而不问滉。

1　御馔：皇帝的食品。
2　固位贪禄：固位，巩固保持权位。贪禄，贪图俸禄。
3　痛悼：沉痛哀悼。
4　公会：因公事集会。
5　瑞盐：好盐。
6　秋霖：秋日的淫雨。
7　河中府池盐：河中府，古地名，唐升蒲州置，辖今山西省西南部龙门山以南，稷山、芮城县及运城市以西，陕西省大荔县东南部地，以地处黄河中游，故名。池盐，从咸水湖提取的盐，成分和海盐相同。
8　按视：察看。
9　溥博：周遍广远。
10　字人：抚治百姓。
11　南浦：古县名，治所即今重庆市万州区。

蒋镇还，奏："瑞盐如滉言。"仍上表贺，请置神祠[1]。上从之，赐号宝应灵庆池。时人丑之。

范氏曰：代宗责县令当矣，然韩滉面欺，乃置而不问，是刑罚止行于卑贱，而不行于贵近也。蒋镇以谏官受委覆实[2]，而敢共为奸罔如此，岂非以其君虽欲恤民，而卒归于好利受佞[3]，故敢行诈而无所忌惮欤？

冬，吐蕃寇盐、夏，郭子仪遣兵拒却之。

以李纳为青州刺史李正己先有淄、青、齐、海、登、莱、沂、密[4]、德、棣十州之地，及李灵曜之乱，诸道合兵攻之，所得之地各为己有，又得曹、濮、徐、兖[5]、郓五州，因徙治郓，使子纳守青州。正己用刑严峻[6]，法令齐一，赋均而轻，拥兵十万，雄据东方，邻藩畏之。是时，田承嗣据魏、博、相、卫、洺、贝、澶[7]七州，李宝臣据恒、易、赵、定、深、冀、沧七州，各拥众五万。梁崇义据襄、邓、均、房、复、郢六州，有众二万。相与根据蟠结[8]，虽奉事朝廷，而不用其法令，官爵、甲兵、租赋、刑杀，皆自专之。上宽仁，一听其所为。朝廷或完一城，增一兵，辄有怨言，以为猜贰，常为之罢役[9]，而自于境内筑垒缮兵无虚日。以是虽在中国，名藩臣，而实如蛮貊异域[10]焉。

胡氏曰：史称代宗宽仁，以愚观之，直柔愿[11]而无立志，乐因循而惮兴事[12]尔。于宽为近，仁则不知也。夫仁之道，难言哉！自世俗论之，能好人者仁

---

1 神祠：祭神的祠堂。
2 覆实：审查核实。
3 好利受佞：好利，贪图财利。受佞，听信花言巧语。
4 沂、密：即沂州、密州。沂州，古州名，辖今山东省临沂、枣庄、新泰、苍山、费县、平邑、蒙阴、沂水、沂源、沂南等地。密州，古州名，辖今山东省沂山、莒南以东，胶州、安丘以南地。
5 兖：兖州，古州名，由鲁州改称，辖今山东省济宁、曲阜、泰安、莱芜、汶上、宁阳、泗水、邹城等地。
6 严峻：严厉。
7 澶：澶州，古州名，辖今河南省清丰、范县及山东省莘县部分地区。
8 根据蟠结：盘踞勾结。根据，盘踞。蟠结，互相勾结。
9 罢役：停工。
10 异域：外国。
11 柔愿：温和朴实。
12 兴事：引起事端。

矣，而孔子兼能恶人言之；爱人者仁矣，而孟子兼亲贤言之。夫岂柔愿、因循之谓乎？

戊午**十三年**（公元778年）

春，正月，敕毁白渠碾硙敕毁白渠支流碾硙以溉田。昇平公主有二硙，请存之，上曰："吾欲利苍生，汝识吾意，当为众先。"公主即日[1]毁之。

回纥寇太原。二月，代州都督张光晟击破之回纥入寇太原。押牙李自良曰："回纥精锐，难与争锋。不如筑二垒于归路，以兵戍之。虏至，坚壁勿与战，彼师老自归，乃出军乘之。二垒扼其前，大军蹙其后，无不捷矣。"留后鲍防不从，逆战，败还。回纥纵兵大掠。代州都督张光晟击破之于羊武谷[2]，乃引去。上亦不问，待之如初。

吐蕃寇灵州。

夏，六月，陇右献猫鼠同乳[3]陇右节度使朱泚献猫鼠同乳不相害者，以为瑞[4]，常衮率百官贺。中书舍人崔祐甫不贺，曰："物反常为妖。猫捕鼠，乃其职也，今同乳，妖也，何以贺为？宜戒法吏[5]之不察奸、边吏之不御寇者，以承天意。"上嘉之。祐甫知选事，数以公事与常衮争，衮由是恶之。

秋，吐蕃寇盐、庆，又寇银[6]**、麟，郭子仪遣李怀光击破之。**

八月，葬贞懿皇后上悼念[7]后不已，殡[8]内殿累年，至是始葬。

冬，十二月，郭子仪入朝子仪入朝，命判官杜黄裳主留务。李怀光阴谋代子仪，矫为诏书，欲诛大将温儒雅等。黄裳察其诈，以诘怀光，怀光伏

1　即日：当日。
2　羊武谷：古地名，一名扬武谷、阳武谷，位于今山西省忻州市辖原平市西北。
3　同乳：一起吃奶。
4　瑞：吉祥。
5　法吏：司法官吏。
6　银：银州，古州名，辖今陕西省横山、米脂、佳县以北地。
7　悼念：怀念死者，表示哀痛。
8　殡：停放灵柩。

罪。于是诸将之难制者，黄裳矫子仪之命皆出之于外，军府乃安。

胡氏曰：黄裳之相业[1]，于此可见矣。惜哉！犹有未尽者。人臣之罪，莫大于矫诏而夺主帅之柄。既伏其诈，所宜按军法而杀之，乃不能尔，岂思之有未至耶？

子仪尝以副使张昙刚率[2]轻己，孔目官吴曜因而构之，奏昙扇动军众，诛之。掌书记高郢力争，子仪不听，奏贬郢。既而僚佐多以病求去，子仪悔之，悉荐于朝，曰："吴曜误我。"遂逐之。

胡氏曰：子仪平素少过失，惟杀张昙、逐高郢为盛德之累。虽然，不旋踵而悟悔[3]，尽改其事。孟子所谓"如日月之食[4]"者，其子仪之谓乎？

以路嗣恭为兵部尚书上召李泌入见，语以元载事，曰："与卿别八年，乃能除此贼。不然，几不见卿。"对曰："陛下知群臣有不善，则去之。含容太过，故至于此。"上因言："路嗣恭初平岭南，献琉璃盘径[5]九寸，朕以为至宝。及破载家，得嗣恭所遗载盘径尺。当议罪之。"泌曰："嗣恭为人小心，善事人，精勤吏事，而不知大体[6]。昔为县令，有能名，陛下未暇知之，而为载所用，故为之尽力。陛下诚知而用之，彼亦为陛下尽力矣。且嗣恭新立大功，陛下岂得以一琉璃盘罪之邪？"上意乃解，以嗣恭为兵部尚书。

1　相业：宰相的功业，亦喻巨大的功绩。
2　刚率：刚强率直。
3　悟悔：悔悟。
4　如日月之食：君子的过错，如同日食、月食，是自然现象。
5　径：直径。
6　大体：大要，纲领。

卷四十六

起己未唐代宗大历十四年，尽甲子[1]四月唐德宗兴元元年**凡五年有奇**。

己未**十四年**（公元779年）

春，正月，以李泌为澧州刺史常衮言于上曰："陛下久欲用李泌，昔汉宣帝欲用人为公卿，必先试理人，请且以为刺史，使周知人间利病[2]，俟报政[3]而用之。"

二月，田承嗣卒以其侄悦为魏博留后。

三月，淮西将李希烈逐其节度使李忠臣，诏以希烈为留后李忠臣贪残好色，将吏妻、女美者，多逼淫[4]之。悉以军政委副使张惠光。惠光挟势暴横，军州苦之。都虞侯李希烈，其族子也，为众所服，因众心怨怒，杀惠光而逐忠臣。忠臣奔京师。以希烈为留后。

以李勉兼汴州刺史。

夏，五月，帝崩，太子即位上崩，遗诏以郭子仪摄冢宰。德宗即位，动遵礼法，食马齿羹[5]，不设盐酪[6]。

闰月，贬崔祐甫为河南少尹[7]常衮性刚急[8]，为政苛细，不合众心。时群臣朝夕临[9]，衮哭委顿[10]，从吏[11]或扶之。中书舍人崔祐甫曰："臣哭君前，有扶礼乎？"衮恨之。会议[12]群臣丧服，衮以为："礼，臣为君斩衰三年。汉文权制，犹三十六日。玄宗以来，始服二十七日。古者卿大夫从君而服，群臣当从皇帝

1　甲子：即公元784年。
2　利病：利弊，利害。
3　报政：陈报政绩。
4　逼淫：强奸。
5　马齿羹：马齿苋做的羹汤。
6　盐酪：盐和乳酪。
7　少尹：古官名，为都城及其他地方重要府级行政副长官。
8　刚急：刚正严厉，性情急躁。
9　临：聚众哭，为丧事悲痛。
10　委顿：精神不振，困倦。
11　从吏：属吏。
12　会议：聚在一起讨论。

二十七日而除。其天下吏人三日释服，自遵遗诏。”祐甫以为：“遗诏无朝臣、庶人之别，皆应三日释服。”相与力争，声色陵厉[1]。衮不能堪，乃奏祐甫率情变礼，贬之。

贬常衮为潮州刺史，以崔祐甫同平章事初，肃宗之世，天下务殷[2]，宰相常有数人，更直决事。或休沐归第，诏直事[3]者代署其名而奏之，自是踵为故事。时郭子仪、朱泚虽以军功为宰相，皆不预朝政，衮独居政事堂，代二人署名，奏贬祐甫。既而二人表其非罪，上问：“卿向言可贬，何也？”二人对初不知。上以衮为欺罔，贬为潮州刺史，而以祐甫代之，闻者震悚。时上居谅阴，委政祐甫，所言皆听。而群臣丧服竟用衮议。

胡氏曰：祐甫强辩废礼，使其可行，则既相之后，可以行矣，而卒从衮议，岂非理有难夺乎？

初，至德[4]以后，天下用兵，官爵冗滥[5]。元、王[6]秉政，贿赂公行。及衮为相，思革其弊，四方奏请，一切不与，而无所甄别，贤愚同滞[7]。祐甫欲收时望，作相未二百日，除官八百人，前后相矫[8]，终不得其适。上尝谓祐甫曰：“人或谤卿所用多涉亲故，何也？”对曰：“臣为陛下选择百官，不敢不详慎[9]。苟平生未之识，何以谙其才行而用之？”上以为然。

司马公曰：用人者，无亲疏、新故之殊，惟贤、不肖之察。其人未必贤也，以亲故而取之，固非公也；苟贤矣，以亲故而舍之，亦非公也。天下之贤，非一人所能尽，若必待素识[10]而用之，所遗亦多。必也举之以众，取之以

---

1 陵厉：咄咄逼人貌。
2 天下务殷：天下的事务繁重。殷，繁重。
3 直事：值班。
4 至德：唐肃宗李亨的年号，存续时间为公元 756 至 758 年。
5 冗滥：过分庞杂而无必要的限制。
6 元、王：即元载、王缙。
7 滞：得不到晋升。
8 相矫：相纠正。
9 详慎：周详审慎。
10 素识：老相识。

公，而己不置毫发之私于其间，则无遗贤、旷官[1]之病矣。

诏罢四方贡献，又罢梨园乐工留者悉隶太常。

尊郭子仪为尚父[2]，加太尉，兼中书令子仪以司徒、中书令领河中尹、灵州大都督、关内河东副元帅，性宽大[3]，政令颇不肃。代宗欲分其权而难之。至是，诏尊子仪为尚父，加太尉、中书令，所领副元帅、诸使悉罢之。以其裨将李怀光为河中尹，常谦光为灵州大都督，浑瑊为单于大都护，分领其任。上以山陵近，禁屠宰。子仪之隶人[4]犯禁，金吾将军裴谞奏之。或谓曰："君独不为郭公地[5]乎？"谞曰："此乃所以为之地也。郭公勋高望重，上新即位，以为群臣附之者众，吾故发其小过，以明郭公之不足畏。上尊天子，下安大臣，不亦可乎？"

诏天下毋得奏祥瑞，纵驯象[6]，出宫女泽州上《庆云图》，上曰："朕以时和年丰为嘉祥[7]，以进贤显忠为良瑞，如卿云[8]、灵芝、珍禽、奇兽、怪草、异木，何益于人？布告天下，自今有此，无得上献。"内庄宅[9]有官租万四千余斛，上令分给所在，充军储[10]。先是，外国累献驯象，上曰："象费豢养[11]，而违物性[12]，将安用之？"命纵于荆山[13]之阳，及豹、貀[14]、斗鸡、猎犬之类悉纵之。又出宫女数百人。于是中外皆悦，淄青军士至投兵相顾曰："明主出矣，吾属[15]犹

1 旷官：空着职位。
2 尚父：原指周朝的太公吕望，引申为可尊敬的父辈。后世用以尊礼大臣。
3 宽大：对人宽容厚道。
4 隶人：仆人。
5 不为郭公地：不给郭子仪留面子，留余地。
6 驯象：驯养的象。
7 嘉祥：即祥瑞。下文"良瑞"意思近此。
8 卿云：即庆云，一种彩云，古人视为祥瑞。
9 内庄宅：皇室的田庄。
10 军储：粮草等军需物资。
11 豢养：喂养，驯养。
12 物性：事物的本性。
13 荆山：古山名，位于今陕西省渭南市大荔县东南朝邑镇南。
14 貀：古书上的一种野兽，形状似海狗，长有豹纹，有角，两足。一说似虎而黑，无前两足。
15 吾属：我们这些人。属，类。

反乎？”

胡氏曰：君以养人为职，凡为人害者，必去之。故禹放龙、蛇，周公驱虎、豹、犀、象。夫象大而无用，且又伤人，受贡远致[1]，其害甚广，治道建屋，储粮卫送，校人[2]求索，无所不至。其轻人而贵畜甚矣！德宗始初清明，其行事无愧于先王，是可法也。

以李希烈为淮西节度使代宗优宠[3]宦官，奉使四方者还，问其所得，颇少，则以为轻吾命。由是中使所至，公求赂遗，重载而归。上素知其弊，遣中使邵光超赐希烈旌节，希烈赠之仆、马及缣七百匹。上怒，杖光超而流之。于是中使之未归者，皆潜弃所得于山谷，虽与之，莫敢受。

范氏曰：德宗矫代宗之失，而深惩宦官之蠹，岂不明哉？然其终也，举[4]不信群臣，而惟宦者之从，至委以禁兵。而其后人主废置，遂出于其手，则其厉害，又甚于代宗矣。何其明于知父而暗于知己乎？昔者明王欲改其先君之过者殆不然。故夫德宗即位之初，凡深矫代宗之政者，愚人以为喜，而哲人[5]以为忧。盖出于一时之锐，而无忠信、诚悫之心以守之，未有不甚之者也。

以马燧为河东节度使河东骑士单弱，燧悉召牧马厮役，得数千人，教之数月，皆为精骑。造甲必为长短三等，称其所衣，以便进趋[6]。又造战车，行则载甲兵，止则为营阵[7]，或塞险以遏奔冲[8]，器械无不精利。居一年，得选兵[9]三万。辟张建封为判官，署李自良为代州刺史，委任之。

杀兵部侍郎黎干干狡险谀佞，与宦者刘忠翼相亲善。忠翼恃宠贪纵。或言二人尝劝代宗立独孤贵妃子韩王迥者，于是皆赐死。

---

1 远致：从远方送来。
2 校人：古官名，马官之长，掌王马之政，辨六马之属等。
3 优宠：优待宠爱。
4 举：全。
5 哲人：智慧卓越的人。
6 进趋：行动，进攻。
7 营阵：扎营布阵。
8 奔冲：奔袭，突然进攻。
9 选兵：挑选出来的兵卒，精兵。

胡氏曰：黎干，小人也，当黜[1]无疑，而以谮愬[2]无实之言杀之，则非矣。

以刘晏判度支先是，刘晏、韩滉分掌天下财赋，晏掌河南、山南、江淮、岭南，滉掌关内、河东、剑南。上素闻滉掊克，故罢其利权[3]，而以晏兼之。初，第五琦始榷盐[4]以佐军用，及刘晏代之，法益精密。初，岁入钱六十万缗。末年，所入逾十倍，而人不厌苦。计一岁征赋[5]所入，总一千二百万缗，而盐利居其太半。以盐为漕佣[6]，自江淮至渭桥，率万斛佣七千缗。自淮以北，列置巡院[7]，择能吏主之，不烦州县而集事。

六月，诏冤滞[8]听诣三司使[9]及挝登闻鼓诏："天下冤滞，听诣三司使，以中丞、舍人、给事中各一人，日于朝堂受词推决[10]。尚未尽者，听挝登闻鼓。自今无得复奏置寺观及请度僧尼。"于是挝鼓者甚众。裴谞上疏曰："讼者所争皆细故[11]，若天子一一亲之，则安用吏理乎？"上乃悉归之有司。

立子五人为王。

立弟二人为王。

胡氏曰：兄弟与己，皆先人遗体，非子所得比也，况先之乎？上则不足以表同气之重，下则不足以立尊卑之训，是过举矣。

诏六品以上清望官[12]，日令二人待制。

1　黜：降职，罢免。
2　谮愬：谗毁攻讦。
3　利权：爵禄和权柄。
4　榷盐：把盐税并入盐价来征收的措施。
5　征赋：赋税。
6　漕佣：漕运雇人所产生的费用。
7　巡院：古官署名，掌缉捕刑讯。
8　冤滞：滞留未申的冤狱。
9　三司使：古官名，负责审讯。唐制，凡朝廷有重大案件，牵涉到五品以上大官，由皇帝下诏交刑部、御史台、大理寺长官共同负责审讯，此省、台、寺三个机构的长官合称为大三司使。若三司所按非其长官，则由侍御史与刑部郎中、员外郎及大理司直、评事前往审讯，称为小三司使。
10　推决：审讯判决。
11　细故：细小而不值得计较的事。
12　清望官：清高而有名望的官，也特指中书省、尚书省和门下省的官及其谏官。

以白志贞为神策都知兵马使[1]王驾鹤典禁兵十余年，权行中外，诏以为东都园苑使，以白志贞代之。恐其生变，崔祐甫召驾鹤与语，留连[2]久之，志贞已视事矣。

遣使慰劳淄青将士李正己畏上威名，表献钱三十万缗。上欲受之，恐见欺，却之则无辞。崔祐甫请："遣使慰劳淄青将士，因以赐之，使将士人人戴上恩，诸道知朝廷不重货财。"上悦，从之。正己惭服。天下以为，太平之治庶几可望焉。

秋，七月朔，日食。

诏议省祖宗谥吏部尚书颜真卿上言："上元中，政在宫壸[3]，始增祖宗之谥。玄宗末，奸臣窃命，有加至十一字者。按周之文、武，言文不称武，言武不称文，岂圣德所不优乎？盖称其至[4]者也。请自中宗以上，皆从初谥。睿宗曰圣真皇帝，玄宗曰孝明皇帝，肃宗曰宣皇帝，以省文尚质，正名敦本[5]。"上命百官集议。儒学之士，皆从真卿议，独兵部侍郎袁傪，官以兵进，奏言："陵庙玉册、木主[6]，皆已刊勒[7]，不可轻改。"事遂寝。不知陵中玉册所刻，乃初谥也。

罢客省初，代宗之世，事多留滞，四夷使者及四方奏计，或连岁不遣，乃于右银台门置客省以处之。及上书言事孟浪[8]者，失职未叙[9]者，亦置其中，动经十岁，常有数百人，度支廪给，其费甚广。上悉命疏理[10]，拘者出之，事竟者遣之，当叙者任之。岁省谷万九千二百斛。

---

1 都知兵马使：古官名，唐、五代方镇使府军将，掌军府兵权，实为藩镇储帅。
2 留连：同"流连"，滞留。
3 宫壸：帝王后宫，也借指后妃。
4 至：形容事物的尽善尽美，犹言最好、最高、最大。
5 省文尚质，正名敦本：减少文饰，崇尚质朴，辨正名分，注重根本。
6 玉册、木主：玉册，古代册书的一种，帝王祭祀告天或上尊号所用，用玉简制成。木主，木制的神位，上书死者姓名以供祭祀，又称神主，俗称牌位。
7 刊勒：雕刻，刻印。
8 孟浪：鲁莽，冒失。
9 叙：评定等级、次第，按功提升。
10 疏理：整理，清理。

毁元载、马璘、刘忠翼之第天宝中，贵戚第舍虽极奢丽，而垣屋高下犹存制度。然李靖家庙已为杨氏马厩矣。及安史乱后，法度堕弛，将相、宦官竞治第舍，各穷其力而后止，时人谓之“木妖”。上素疾之，故毁其尤者。

减常贡锦千匹，服玩数千事。

罢榷酒[1]。

胡氏曰：先王善政，后世鲜克[2]遵之，以谓时异俗殊，不可胶柱而调瑟也。不善之政，兴于聚敛之臣者，后世多不肯改，以谓强兵足用，不可既有而弃之也。不知三代之天下，亦后世之天下，所仰者，独贡、助什一[3]而足。是何道也？取之有制，用之有节，量入为出，无侈靡妄费，则贡、助什一不啻足矣。是故知治体者，欲罢官榷酒，使民自为之，而量取其利。虽未尽合古制，亦裕民去奢之渐也。德宗尽罢之，善矣。既而牟利[4]最急。故知尽罢之，未若勿榷而以予民之为善也。

康熙御批：酒之糜谷甚多，若能禁止，谷必有余。第在地方官相机[5]裁抑，使民自然乐从，斯为有益。如必自朝廷禁之，则恐奉行不善，反滋弊端矣。

以张涉为右散骑常侍上之在东宫也，国子博士张涉为侍读。即位之夕，召入禁中，事皆咨之。明日，以为翰林学士，亲重[6]无比。至是，以为散骑常侍、学士如故。

八月，以杨炎、乔琳同平章事上方励精求治，不次用人，卜相于崔祐甫，祐甫荐炎器业，上亦素闻其名，故自道州司马用之。琳粗率[7]喜诙谐，无它长，与张涉善，涉称其才可大用，上信而用之。闻者无不骇愕。既而祐甫病，

1　榷酒：酒由政府专卖，对酤户及酤肆加征酒税。
2　克：能。
3　贡、助什一：春秋以前的租税制度。夏代一夫授田五十亩，每夫计其五亩之入以为贡。商为井田之制，以六百三十亩之地，划为九区，每区七十亩，中为公田，其外八家各授一区，但借其私力以助耕公田，而不复税其私田，称为助。什一，十分税一，私得其十，官税一。
4　牟利：谋取私利。
5　相机：察看机会。
6　亲重：亲近器重。
7　粗率：粗疏草率。

不视事。

胡氏曰：上臣[1]事君以人，莫难于荐引之士；宰相师表百僚，莫大于进退之节。当是时，可以为相者李泌、颜真卿也，祐甫舍之而引杨炎，至于赐告[2]废务，不上乞骸[3]之请，他人何责焉？祐甫则不当然也。

遣太常少卿韦伦使吐蕃代宗之世，吐蕃数遣使求和，而寇盗不息，悉留其使者。俘获其人，皆配江、岭[4]。上欲以德怀之，以伦为使，悉集其俘五百人，各赐袭衣[5]而遣之。

沈既济上选举议议曰："选举之法三科，曰德也、才也、劳也。然安行[6]徐言，非德也；丽藻芳翰[7]，非才也；累资积考[8]，非劳也。今乃以此求天下之士，固未尽矣。臣谓五品以上及群司长官，宜令宰臣进叙[9]，吏部、兵部得参议焉。其六品以下或僚佐之属，许州府辟用[10]。其或选用非公，则吏部、兵部察而举之，加以谴黜[11]，则众才咸得，而官无不治矣。今择才于吏部，而试职于州郡。若才职不称，责于刺史，则曰命官[12]出于吏曹[13]，不敢废也；责于侍郎，则曰量书判[14]、资考[15]而授之，不保其往也；责于令史，则曰按由历、出入[16]而行之，不知其它也。若牧、守自用，则换一刺史则革矣。况今诸道诸使，自判官、副将

1 上臣：贤臣。
2 赐告：给假，准予告假。
3 乞骸：即"乞骸骨"，因年老请求退职。
4 江、岭：长江以南和五岭以外。
5 袭衣：成套衣服。
6 安行：徐行，缓行。
7 丽藻芳翰：丽藻，华丽的词藻，亦指华丽的诗文。芳翰，对他人翰墨的敬称。
8 累资积考：长期积累下来的资望和考课成绩。
9 进叙：按等级次第进职或奖功。
10 辟用：征召使用。
11 谴黜：谪降贬黜。
12 命官：任命官吏。
13 吏曹：古官署名，即吏部。
14 书判：书法和文理。
15 资考：资格和考绩。
16 由历、出入：由历，仕宦的经历。出入，支出与收入。

以下，皆使自择，纵有情故[1]，十犹七全。则辟吏[2]之法，已试于今，但未及于州县耳。”

胡氏曰：铨选年格[3]之弊，天下莫不以为当革，而莫有行之者，岂皆知之不及欤？盖以自不能无私，而度人之不能公也；自以不能知人，而度人之亦不能知也。故宁付之成法，犹意乎拔十得五而已。纵未可尽革，如既济之论，亦可救其甚弊矣。虽然，世无不可革之弊，以周、汉良法，崔亮、裴光庭一朝而废之，则亮、光庭所建，何难改之有？为政在人，人存政举，其本则系乎人君有爱民之意与否耳。

以曹王皋为衡州刺史初，衡州刺史、曹王皋有治行，湖南观察使辛京杲疾之，陷以法，贬潮州刺史。杨炎知其直，及入相，复擢为衡州。始，皋之遭诬在治[4]，念太妃[5]老，将惊而戚，出则囚服就辩[6]，入则拥笏垂鱼。即贬于潮，以迁入贺。及是，然后跪谢告实。

九月，南诏王阁罗凤死子凤迦异前死，孙异牟寻立。

冬，十月，吐蕃、南诏入寇。遣神策都将李晟等击破之崔宁在蜀十余年，恃地险兵强，恣为淫侈，朝廷患之而不能易。至是，入朝。吐蕃与南诏合兵三道入寇，诸将不能御，州县多陷。上忧之，趣宁归镇。杨炎言于上曰：“蜀地富饶，宁据有之，贡赋不入，与无蜀同。若其有功，则义不可夺。是蜀地败固失之，胜亦不得也。不若留宁，发范阳戍兵，杂禁兵往击之，何忧不克？因得纳亲兵于其腹中，蜀将必不敢动。然后更授它帅，使千里沃壤，复为国有。是因小害而收大利也。”上遂留宁，使神策都将李晟将兵四千，又发邠、陇、范阳兵五千，使将军曲环将之，与东川、山南兵合击吐蕃、南诏，破之，遂克维、茂二州。晟追击于大渡河外，又破之，凡杀八九万人。

1　情故：徇私之事。
2　辟吏：举荐任用官吏。
3　铨选年格：铨选，选才授官。年格，年资深浅。
4　在治：被依法究诘审理。
5　太妃：尊称诸王之母。
6　就辩：受审。

趣取办，无复常准。丁户[1]旬输月送，不胜困弊，率皆逃徙[2]。其土著[3]者，百无四五。至是，炎建议作两税法：先计州县每岁所用及上供之数而赋于人，量出以制入。户无主、客，以见居[4]为簿；人无丁、中，以贫富为差；为行商者，在所州县税三十之一。居人之税，秋、夏两征之。其租、庸、调、杂徭[5]悉省，皆总于度支。上用其言，仍诏两税外辄率[6]一钱者以枉法论。

范氏曰：德宗之政，名廉而实贪。故其令，始戒而终废。盖禁暴之法虽具，而诛求[7]之意常出于法外，天下之吏，奉意而不奉法。逆意有罪，奉法无功，是以法虽存，而常为无用之文也。

罢转运、租庸、盐铁等使，贬刘晏为忠州刺史初，刘晏为吏部尚书，杨炎为侍郎，不相悦。元载之死，晏有力[8]焉。及上即位，晏久典利权，众颇疾之，风言[9]晏尝密表劝代宗立独孤妃为后，杨炎因言晏与黎干同谋。崔祐甫言："兹事暧昧，况已更大赦，不当复究。"炎乃建言："尚书省，国政之本，比置诸使，分夺其权。今宜复旧。"上从之。诏天下钱谷皆归金部、仓部[10]，罢晏转运等使。寻贬忠州刺史。

二月，命黜陟使十一人分巡天下先是，魏博节度使田悦事朝廷犹恭顺。河北黜陟使洪经纶不晓时务，闻悦军七万人，符[11]下，罢其四万，令还农。悦佯顺命罢之，而集应罢者谓曰："汝曹久在军中，有父母妻子，今一旦为黜陟使所罢，将何以自衣食乎？"众大哭。悦乃出家财以赐之，使各还部伍。于是军士皆德悦而怨朝廷。

1　丁户：民户。
2　逃徙：离乡逃奔他处居住。
3　土著：世代居住本地的人。
4　见居：现在真正居住。
5　杂徭：封建社会徭役之一，其剥削范围及剥削程度随统治者需要而定，无严格规定。
6　辄率：辄，专擅，独断专行。率，聚敛，征收。
7　诛求：需索，强制征收。
8　有力：有功劳。
9　风言：私下里议论，或暗中散布某种传说。
10　金部、仓部：户部所属四司之二。
11　符：盖有官府印信、下行公文的一种 。

以段秀实为司农卿崔祐甫有疾，多不视事。杨炎独任大政，专以复恩仇为事，奏用元载遗策，城原州。炎欲发两京、关内丁夫，浚丰州陵阳渠[1]以兴屯田。上遣中使访之泾原节度使段秀实，秀实以为："边备[2]尚虚，未宜兴事以召寇。"炎怒，以为沮己，征秀实为司农卿，使李怀光兼泾原。京兆尹严郢奏："按朔方五城，旧屯沃饶之地，自丧乱以来，人功[3]不及，因致荒废。若力可垦辟，不俟浚渠。今发人浚渠，得不补费[4]，是虚畿甸而无益军储也。"疏奏，不报。既而渠竟不成。

以朱泚为泾原节度使杨炎欲城原州，命李怀光居前督作，朱泚、崔宁各将万人翼其后。诏下泾州为城具[5]，将士怒曰："吾属始居邠州，甫营耕桑，有地着[6]之安。徙屯泾州，披荆榛，立军府，坐席未暖，又投之塞外。吾属何罪而至此乎？"又以怀光严刻，皆惧。别驾刘文喜因众心不安，据泾州不受诏，复求段秀实或朱泚为帅。诏以泚代怀光。

三月，张涉坐赃，放归田里。

以韩洄判度支，杜佑权江淮转运使杨炎罢度支、转运使，既而省职久废[7]，莫能振举[8]，天下钱谷无所总领，乃复旧制。

夏，四月，刘文喜据泾州作乱，诏朱泚、李怀光讨之。

帝生日，不受献代宗之世，每元日、冬至、端午、生日，州府于常赋之外为贡献。上生日，四方贡献皆不受。李正己、田悦各献缣三万匹，上悉归之度支，以代租赋。

吐蕃遣使入贡。五月，复遣韦伦使吐蕃所归吐蕃俘，入其境，称新天

1　丰州陵阳渠：丰州，古州名，辖今内蒙古河套西北部及其以北一带。陵阳渠，古水渠名，位于今内蒙古巴彦淖尔市五原县境内，引黄河水溉田。
2　边备：边防。
3　人功：人力。
4　得不补费：所得到的不足以补偿所耗费的。
5　城具：筑城的工具。
6　地着：定居于一地。
7　省职久废：尚书省各部门的职任荒废已久。
8　振举：振作，整顿。

子出宫人，放禽兽，威德洽[1]于中国。吐蕃大悦，除道迎韦伦，发使入贡，且致赙赠。既而蜀将上言：“吐蕃豺狼，所获俘不可归。”上曰：“戎狄犯塞则击之，服则归之。击以示威，归以示信。威信不立，何以怀远？”悉命归之。复遣伦使吐蕃。伦请上自为载书[2]，杨炎以为非敌[3]，请与郭子仪辈为载书以闻，令上画可而已，从之。

泾州诸将杀刘文喜以降朱泚等围文喜于泾州，久不拔，征发馈运，内外骚然。朝臣上书请赦文喜者不可胜纪，上曰：“微孽不除，何以令天下？”文喜使其将刘海宾入奏，海宾言于上曰：“臣必为陛下枭其首以献。但文喜今所求者，节[4]而已。愿陛下姑与之，文喜必怠，则臣计得施矣。”上曰：“名器不可假人。尔能立效，固善，我节不可得也。”使归以告，而攻之如初。减御膳以给军士，城中将士赐予如故。城中势穷，海宾与诸将共杀文喜，传首。而原州竟不果城。李正己内不自安，遣参佐入奏事，上使观文喜之首而归。正己益惧。

六月，门下侍郎、同平章事崔祐甫卒。

筑奉天城术士桑道茂上言：“陛下不出数年，暂有离宫之厄。臣望奉天有天子气，宜高大其城，以备非常。”上命京兆发丁夫数千，杂六军之士，筑奉天城。

回纥顿莫贺杀登里可汗而自立，遣使册命之初，回纥风土朴厚[5]，君臣之等不甚异，故众志专一，劲健[6]无敌。及有功于唐，唐赐遗甚厚，登里可汗始自尊大，筑宫殿以居，妇人有粉黛、文绣之饰。中国为之虚耗，而虏俗亦坏。及代宗崩，九姓胡附回纥者说登里以“中国富饶，今乘丧伐之，可有大利”，登里从之。其相顿莫贺谏，不听。乘人心之不欲南寇，举兵击杀之而自

---

1 洽：和谐，融洽。
2 载书：盟书，会盟时所订的誓约文件。
3 非敌：地位不对等。
4 节：符节，授与官员或将帅，作为加重权力的标志。
5 朴厚：朴实厚道。
6 劲健：强健有力。

立。遣使入见，请册命。诏京兆少尹源休册顿莫贺为武义成功可汗。

秋，七月，邵州贼帅王国良降国良本湖南牙将，观察使辛京杲以其家富，使戍武冈[1]，而以死罪加之。国良惧，据县聚众，侵掠州县。讨之，不克。及曹王皋为观察使，遗国良书曰："我与将军，俱为京杲所构。我已蒙圣朝湔洗[2]，何心复加兵刃于将军乎？将军遇我不降，后悔无及。"国良疑未决。皋乃从一骑，越五百里抵国良壁，大呼曰："我曹王也，来受降。"国良大惊，趋出迎拜。皋执其手，约为兄弟。尽焚攻守之具，散其众，使还农。诏赦之。

遥尊帝母沈氏为皇太后上母沈氏，吴兴人，安史之乱，陷贼，不知所在。代宗即位，遣使求之，不获。

杀忠州刺史刘晏荆南节度使庾准希杨炎指，奏晏与朱泚书，求营救，辞多怨望，炎证成之。上密遣中使缢杀之，天下冤之。初，安史之乱，天下户口什亡八九，所在宿[3]重兵，其费不赀，皆倚办于晏。晏有精力，多机智，变通有无，曲尽其妙。常以厚直[4]募善走者，置递[5]相望，觇报[6]四方物价，不数日皆达，食货轻重之权，悉制在掌握，国家获利，而天下无甚贵、甚贱之忧。晏以为办集众务在于得人，故必择通敏、精悍、廉勤之士而用之。常言："士陷赃贿，则沦弃于时，名重于利，故士多清修。吏虽絜廉[7]，终无显荣[8]，利重于名，故吏多贪污。"故其勾检[9]簿书，出纳钱谷，事虽至细，必委之士类；吏惟书符牒[10]，不得轻出一言。其属官虽居数千里外，奉教令如在目前[11]，无敢欺绐[12]。权贵

1　武冈：古县名，治所位于今湖南省邵阳市辖武冈市西南，县左右有两冈对峙，接武陵郡，故名。
2　湔洗：除去，洗雪。
3　宿：驻扎，特指军队的停留与驻扎。
4　厚直：高价。直，值。
5　置递：用车马传递文书信息，亦谓传递文书信息的驿站。
6　觇报：察访报告。
7　絜廉：廉洁。
8　显荣：显达荣耀。
9　勾检：考核检查。
10　符牒：符移、关牒等公文的统称。
11　目前：眼前。
12　欺绐：欺骗。

属以亲故，晏亦应之，俸给多少，迁次[1]缓速，皆如其志，然无得亲职事。晏又以为户口滋多，则赋税自广，故其理财，常以养民为先。诸道各置知院官，每旬月，具雨雪、丰歉之状以告，丰则贵籴，歉则贱粜，或以谷易杂货供官用，而于丰处卖之。知院官始见不稔之端，先申[2]，至某月须如干[3]蠲免，某月须如干救助，及期，晏不俟州县申请，即奏行之，不待其困弊、流殍，然后赈之也。由是户口蕃息。始为转运使，时天下见户不过二百万，其季年乃三百余万。非晏所统，亦不增也。其初财赋岁入不过四百万缗，季年乃千余万缗。晏专用榷盐法充军国之用。时自许、郑[4]之西，皆食河东池盐，度支主之；汴、蔡[5]之东，皆食海盐，晏主之。晏以为官多则民扰，故但于出盐之乡置官收盐，转鬻于商人，任其所之。其去盐乡远者，转官盐于彼贮[6]之。或商绝盐贵，则减价鬻之，谓之常平盐，官获其利而民不乏盐。其始江淮盐利不过四十万缗，季年乃六百余万缗，由是国用充足而民不困弊。先是，运关东谷入长安者，以河流湍悍[7]，率一斛得八斗至者，则为成劳[8]，受优赏。晏以为江、汴、河、渭[9]，水力不同，各随便宜，造运船，教漕卒，缘水置仓，转相受给。自是每岁运谷或至百余万斛，无斗升沉覆[10]者。船十艘为一纲，使军将[11]领之，十运无失，授优劳[12]。官于扬子置场造船，艘给千缗。或言用不及半，请损之，晏曰："不然，论大计者不可惜小费，凡事必为永久之虑。今始置船场，执事者多，当先使之

1 迁次：依次提升官职。
2 申：申报。
3 如干：若干，表示不定数。
4 许、郑：即许州、郑州。
5 汴、蔡：即汴州、蔡州。蔡州，古州名，辖今河南省淮河以北、洪河上游以南，桐柏山以东地区。
6 贮：储存，积存。
7 湍悍：水势急猛。
8 成劳：成功。
9 江、汴、河、渭：即长江、汴水、黄河、渭水。
10 沉覆：沉没。
11 军将：古官名，军中的主将。
12 优劳：嘉奖慰劳。

私用无窘，则官物坚完[1]矣。若遽与之屑屑校计，安能久行乎？异日必有减之者，减半以下犹可也，过此则不能运矣。”后五十年，有司果减其半。及咸通[2]中，有司计费而给之，无复羡余[3]，船益脆薄，漕运遂废。晏为人勤力[4]，事无闲剧，必于一日中决之。后来言财利者皆莫能及。

胡氏曰：晏虽非贤者，然于国家有足食[5]之功，罪不至死而置之死，欲以服奸雄之心，难矣。

又曰：刘晏，言利之臣，君子所不道[6]也，而其言有不可废者。出纳必委之士类，理财以养民为先，官多则民扰，论大事不计小费，事必于一日中决之，皆可法也。夫晏之足国[7]，其功岂王鉷、韦坚、杨慎矜之比，然亦不免于诛死，何也？利于上，必不利于下；利于公，必不利于私。不利则起怨，怨积则生祸矣。且史亦言众颇疾之，是必有说矣。

八月，振武留后张光晟杀回纥使者九百余人代宗之世，九姓胡常冒回纥之名杂居京师，殖货纵暴。上即位，命回纥使者突董尽率其徒归国，辎重甚盛。至振武，留数月，求资给，践果稼[8]，人甚苦之。留后张光晟欲杀之，奏曰：“回纥、群胡自相鱼肉，陛下不乘此际除之，乃归其人，与之财，正所谓借寇兵、赍盗粮者也。请杀之。”上不许。光晟乃使副将过其馆门，故不为礼，董突执而鞭之。光晟勒兵掩击，并群胡尽杀之，独留一胡，使归国曰：“回纥谋袭据振武，故先事诛之。”回纥请复仇，上为之贬光晟为睦王傅。

九月，宣政殿廊坏将作奏：“十月魁冈，未可修[9]。”上曰：“但不妨公害人，则吉矣，安问时日？”即命修之。

1　坚完：坚固完好。
2　咸通：唐懿宗李漼的年号，存续时间为公元 860 至 874 年。
3　羡余：盈余，剩余。
4　勤力：勤劳。
5　足食：足够吃，足够食用。
6　不道：不说。
7　足国：使国家富足。
8　果稼：瓜果和庄稼。
9　十月魁冈，未可修：阴阳家谓每年十月，北斗魁星之气在戌，是为魁冈，不利修造。

冬，十月，贬薛邕为连山[1]尉大历[2]以前，赋敛、出纳、俸给皆无法[3]，长吏得专之。重以元、王秉政，货赂公行，天下不按赃吏[4]者，殆二十年。上以宣歙观察使薛邕文雅旧臣，征为左丞。邕去宣州，盗隐官物以巨万计。殿中侍御史员寓发之，贬连山尉。于是州县始畏朝典。上初即位，疏斥宦官，亲任朝士，而张涉、薛邕继以赃败，宦官、武将皆曰："南牙文臣赃至巨万，而谓我曹浊乱天下，岂非欺罔邪？"于是上心始疑，不知所倚仗矣。

范氏曰：德宗之不明，岂足与有为哉？二臣以赃败，而疑天下之士皆贪，何其信小人之深，而待君子之浅也！舜不以朝有四凶而不举元凯，周不以家有管、蔡而不封懿亲。夫以失于一人而不取于众，是以噎而废食也。

以睦王述为奉迎太后使中书舍人高参请分遣诸沈访求太后。诏以睦王述为奉迎使，诸沈四人为判官，分道求之。初，高力士有养女嫠居[5]东京，颇能言宫中事。或意其为沈太后，诣使者言状。上喜，使宦官、宫人验视，年状[6]颇同。高氏辞实非太后，验视者疑之，强迎入上阳宫。上发宫女赍御物往供奉，高氏心动，乃自言是。验视者走马[7]入奏，上大喜，群臣入贺。诏有司草仪奉迎。高氏弟承悦恐获罪，遽自言本末。上命力士养孙樊景超往覆视。景超谓曰："姑何自置身于俎[8]上？"因抗声曰："有诏，太后诈伪。"高氏乃曰："吾为人所强，非己出也。"以牛车载还其家。上恐后人不复敢言，皆不之罪，曰："吾宁受百欺，庶几得之。"

十一月，诏日引朝集使二人，访远人疾苦。

始定公主见舅姑礼先是，公主下嫁者，舅姑拜之，妇不答。上命礼官定公主拜见舅姑之仪：舅姑坐受于中堂，诸父、兄姊立受于东序，如家人礼。有

---

1 连山：古县名，治所位于今广东省清远市连山壮族瑶族自治县西北，因黄连山为名。
2 大历：唐代宗李豫的年号，存续时间为公元 766 至 779 年。
3 无法：无视法纪。
4 赃吏：贪官。
5 嫠居：寡居，妇人丧偶独居。
6 年状：年龄和外貌。
7 走马：骑着马跑，也比喻匆促，快速。
8 俎：古代割肉用的砧板，多木制，也有青铜铸的，大方形，两端有足。

县主将嫁，会上之从父妹卒，命罢之。有司奏供张已备，上曰：“尔爱其费，我爱其礼。”卒罢之。至德以来，国家多事，公主、郡、县主多不以时嫁，有华发[1]者，上悉嫁之，所赍之物，必经心目[2]。

是岁，天下兵民之数税户三百八万五千七十六，籍兵[3]七十六万八千余人，税钱一千八十九万八千余缗，谷二百一十五万七千余斛。

辛酉**二年**（公元781年）

春，正月，成德节度使李宝臣卒，子惟岳自称留后李宝臣欲以军府传其子惟岳，以其年少暗弱，豫诛[4]诸将之难制者数十人。召易州刺史张孝忠，孝忠曰：“诸将何罪，连颈[5]受戮？孝忠惧死，不敢往，亦不敢叛，正如公不入朝之意耳。”兵马使王武俊位卑而有勇，宝臣特亲爱之。故孝忠、武俊独得全。及卒，孔目官胡震、家僮王它奴劝惟岳匿丧，诈为宝臣表，请继袭[6]，不许。及发丧，自称留后，使将佐共奏求旌节，又不许。初，宝臣与李正己、田承嗣、梁崇义相结，期以土地传子孙。故承嗣之死，宝臣力为悦请继袭。至是，悦屡为惟岳请，上亦不许。或曰：“不与必为乱。”上曰：“贼本无资以为乱，皆藉我土地，假我位号，以聚其众耳。向日因其所欲而命之多矣，而乱益滋。是爵命不足以已[7]乱，而适足以长乱也。”竟不许。

胡氏曰：德宗所言皆人君之事也，而不能有济[8]者，失本末先后之序故也。

田悦乃与李正己各遣使诣惟岳，潜谋勒兵拒命。魏博节度副使田庭玠谓悦曰：“尔藉伯父遗业，但谨事朝廷，坐享富贵，奈何无故为叛臣？兵兴以

1 华发：花白的头发。
2 经心目：经心过目。
3 籍兵：在编的军士。
4 豫诛：提前诛杀。
5 连颈：一个人挨一个人。
6 继袭：承袭封爵。
7 已：结束。
8 有济：有益，有帮助。

来，逆乱者，谁能保其家乎？必欲行尔之志，可先杀我，无使我见田氏之族灭也。”因称病卧家。悦往谢之，闭门不纳，竟以忧卒。成德判官邵真泣谏惟岳曰：“先相公受国厚恩，大夫遽欲负之，此甚不可。若执青、魏[1]使者送京师而讨之，则节钺庶可得矣。”惟岳然之，使真草奏。长史毕华曰：“先公与二道结好二十余年，奈何一旦弃之？若朝廷未信，而二道袭我，何以待之？”惟岳又从之。定州刺史谷从政，惟岳之舅也，有胆略，颇读书，为宝臣所忌，称病杜门，至是往见惟岳曰：“天子聪明英武，不欲诸侯子孙专地[2]。尔今首违诏命，天子必遣诸道致讨。苟一战不胜，大将必有乘危伺便，取尔以为功者。且先相公所杀大将以百数，其子弟欲复仇者，庸可数乎？又朱滔兄弟常切齿于我，天子必以为将，何以当之？为尔之计，不若辞谢将佐，使惟诚摄领军府，身自入朝，乞留宿卫。上必悦尔忠义，不失荣禄。不然，大祸将至，悔之何及！”惟岳等见其言切，益恶之。惟诚者，惟岳之庶兄也，谦厚好书，得众心。惟岳送之淄青，而遣王它奴诣从政家，察其起居，从政饮药而卒，曰：“吾不惮死，哀张氏今族灭矣！”刘文喜死，正己、悦皆不自安。刘晏死，正己等益惧，相谓曰：“我辈岂得与刘晏比乎？”遂发兵万人屯曹州。悦亦完聚[3]，与崇义、惟岳相应，河南士民骚然惊骇。诏以永平节度使李勉为都统，备之。

以杨炎、卢杞同平章事杞貌丑，色如蓝，有口辩，上悦之。郭子仪每见宾客，姬妾不离侧。杞尝往问疾，子仪悉屏侍妾。或问其故，子仪曰：“杞貌陋而心险，妇人见之必笑。他日杞得志，吾族无类矣。”杨炎既杀刘晏，朝野侧目。李正己累表请晏罪，炎惧，遣腹心分诣诸道，密谕以晏昔尝请立独孤后，上自杀之。上闻而恶之，由是有诛炎之志，擢杞为相，不专任炎矣。炎素轻杞无学，多托疾不与会食[4]，杞亦恨之。杞阴狡[5]，欲起势立威，小不附者，必

1 青、魏：即淄青、魏博。淄青，方镇名，又作平卢、平卢淄青，辖今除临清、聊城附近数县外山东全省，西至河南省濮阳，南至安徽省萧县、江苏省铜山、沭阳。
2 专地：擅自处置领地，亦引申为割据。
3 完聚：修葺城郭，聚集粮食。
4 会食：相聚进食。
5 阴狡：阴险狡猾。

欲置之死地。引裴延龄为集贤直学士，亲任之。

范氏曰：君子与小人，莫不别其类。故任一小人而天下被其灾害者，数十年而未已焉。德宗相杞，而杞引延龄，则其国政可知矣。置相可不慎哉?

更汴宋军名曰宣武。

发京西兵戍关东发京西防秋兵万二千人戍关东。上御望春楼宴劳[1]之，神策军士独不饮。上使诘之，其将杨惠元对曰："臣等发奉天，军帅[2]张巨济戒之曰：'此行大建功名，凯旋之日，相与为欢。苟未捷，勿饮酒。'故不敢奉诏。"及行，有司缘道设酒食，独惠元所部瓶罂不发[3]。上深叹美，赐书劳之。

夏，四月，加梁崇义同平章事崇义虽与正己等连结，兵势寡弱，礼数最恭。或劝其入朝，崇义曰："来公有大功于国，犹不免族诛。吾岁久衅[4]积，何可往也？"李希烈屡请讨之，崇义惧，益修武备。上使金部员外郎李舟诣襄州，劝崇义入朝，言颇切直，崇义不悦。时两河[5]诸镇方猜阻，上欲示恩信以安之，加崇义同平章事，赐以铁券，遣御史张著赍手诏征之。

五月，增商税[6]为什一以军兴故也。

田悦举兵寇邢、洺田悦、李正己、李惟岳定计连兵拒命。悦欲阻山为境，曰："邢、磁如两眼在吾腹中，不可不取。"乃遣兵马使康愔将兵八千人围邢州，自将兵数万围临洺[7]。邢州刺史李共、临洺将张伾坚壁拒守。悦召承嗣旧将邢曹俊问计，曹俊曰："兵法十围五攻，尚书以逆犯顺，势更不侔，今顿兵坚城之下，粮竭卒尽，自亡之道也。不若置万兵于崞口，以遏西师，则河北二十四州皆为尚书有矣。"悦不能用。

六月，以韩滉为镇海军节度使。梁崇义拒命，诏淮宁节度使李希烈

1　宴劳：设宴慰劳。
2　军帅：军队的统帅，军中的将帅。
3　瓶罂不发：不肯开瓶饮酒。瓶罂，泛指小口大腹的陶瓷容器。
4　衅：嫌隙，争端。
5　两河：唐安史之乱后，称河南、河北二道为两河。
6　商税：国家对从事商业活动的机构或个人所征收的税。
7　临洺：古县名，治所即今河北省邯郸市永年县，因县临洺水，故名。

督诸道兵讨之张著至襄阳，梁崇义不受诏。命希烈督诸道兵讨之。杨炎谏曰："希烈狼戾无亲，无功犹屈强不法，使平崇义，何以制之？"上不听。荆南牙将吴少诚以取崇义之策干希烈，希烈以为前锋。

以张万福为濠州刺史时内自关中，西暨蜀、汉，南尽江、淮、闽、越，北至太原，所在出兵。李正己遣兵扼徐州甬桥、涡口[1]，崇义阻兵襄阳，运路皆绝，人心震恐。江淮进奉船[2]千余艘泊涡口，不敢进。上以张万福为濠州刺史。万福驰至涡口，立马岸上，发进奉船，淄青将士停岸睥睨[3]不敢动。

尚父、太尉、中书令、汾阳忠武王郭子仪卒子仪为上将，拥强兵，程元振、鱼朝恩谗谤百端，诏书一纸征之，无不即日就道，由是谗谤不行。尝遣使至田承嗣所，承嗣西望拜之，曰："此膝不屈于人若干年矣。"李灵曜据汴州，公私物过汴者皆留之，惟子仪物不敢近，遣兵卫送出境。校[4]中书令考凡二十四，家人三千人，八子、七婿皆为显官，诸孙数十人，每问安，不能尽辨，颔之而已。仆固怀恩、李怀光、浑瑊辈皆出麾下，虽贵为王公，常颐指役使，趋走于前，家人亦以仆隶视之。天下以其身为安危者殆三十年，功盖天下而主不疑，位极人臣而众不疾，穷奢极欲而人不非之，年八十五而终。其将佐为名臣者甚众。

胡氏曰：功盖天下而上不疑，位极人臣而众不疾，此汉、唐以来将相所难者，子仪以何道而能然？惟仗忠信、安义命而已矣。史又称其穷奢极欲，愚窃恐其言之过矣。穷奢极欲，小人处富贵之所为也，曾谓子仪之贤而有是哉？

秋，七月，安西、北庭遣使诣阙，诏赐李元忠爵宁塞郡王，郭昕武威郡王，赠袁光庭工部尚书自吐蕃陷河陇，伊西、北庭节度使李元忠、四镇留后郭昕率将士闭境拒守，数遣使奉表，皆不达，声问绝者十余年。至是，

1　甬桥、涡口：甬桥，古桥名，又作埇桥，位于今安徽省宿州市南汴河上，唐时控扼汴运，为运道之咽喉。涡口，古地名，位于今安徽省蚌埠市怀远县东北，涡河入淮之口，魏晋以来为南北水运交通要隘。
2　进奉船：载运进献财物的船只。
3　睥睨：监视。
4　校：考核，考察。此处指据考核而得的结果。

遣使间道自回纥中来，上嘉之，皆赐爵郡王。昕，子仪弟也。光庭，天宝末为伊州[1]刺史，吐蕃攻之，累年不下，粮竭兵尽，自焚死。昕使至，朝廷始知之，故赠官。

杨炎罢，以张镒同平章事李希烈以久雨未进军，上怪之。卢杞密言于上曰："希烈迁延，以杨炎故也。陛下何爱炎一日之名，而堕大功？不若暂免炎相以悦之，事平复用，无伤也。"上以为然，乃罢炎。

诏马燧、李抱真、李晟讨田悦，战于临洺，大破之田悦攻临洺，累月不拔。城中食且尽，张伾饰其爱女，使出拜将士曰："诸军守战甚苦，伾家无他物，请鬻此女，为将士一日之费。"众皆哭曰："愿尽死力，不敢言赏。"李抱真告急于朝。诏马燧及神策兵马使李晟将兵讨悦，又诏朱滔讨惟岳。燧等军未出险，先遣使持书谕悦，为好语，悦谓燧畏之，不设备。燧等进军至临洺，悦悉众力战。悦兵大败，斩首万余级。悦夜遁，邢州围亦解。

平卢节度使李正己卒，子纳自领军务，与李惟岳遣兵救田悦李正己卒，子纳擅领军务。田悦求救于纳及惟岳，纳及惟岳皆遣兵救之。悦收合散卒，得二万余人，军于洹水，淄青军其东，成德军其西，首尾相应。马燧率诸军进屯邺。诏河阳节度使李艽将兵会之。李纳始奏请袭位，上不许。

八月，李希烈与梁崇义战，大破之。崇义死，传首京师。

九月，以张孝忠为成德节度使时朱滔将讨李惟岳，张孝忠将兵守易州。滔遣判官蔡雄说孝忠曰："惟岳乳臭儿，敢拒朝命。今田悦已破，襄阳亦平，河南诸军朝夕北向，恒、魏[2]之亡，可伫立而须[3]也。使君诚能首举易州以归朝廷，此转祸为福之策也。"孝忠然之，遣使奉表诣阙。上悦，以孝忠为成德节度使。孝忠德滔，深相结。

1　伊州：古州名，辖今新疆维吾尔自治区哈密市及伊吾、巴里坤两县地。
2　恒、魏：即恒冀、魏博。恒冀，方镇名，又称成德、镇冀，领有恒、冀、深、赵四州，辖今河北省沙河、滹沱河下游以南，献县、阜城二县以西，临城、南宫、枣强等县市以北地。
3　伫立而须：伫立，久立，后泛指站立。须，等待。

加李希烈同平章事，以李承为山南东道节度使初，希烈请讨梁崇义，上亟称其忠。黜陟使李承自淮西还，言于上曰："希烈必立微功[1]。但恐有功之后，更烦朝廷用兵耳。"上不以为然。希烈既得襄阳，遂据之。上乃思承言，以为山南东道节度使，欲以禁兵送上。承请单骑赴镇。至襄阳，希烈置之外馆[2]，迫胁万方，承不屈。希烈乃大掠而去。承治期年，军府稍完。

冬，十月，杀左仆射杨炎初，萧嵩家庙临曲江，玄宗以娱游之地非神灵所宅，命徙之。杨炎为相，立庙复直[3]其地。炎恶京兆尹严郢，卢杞欲陷炎，引以为御史大夫。先是，炎有宅在东都，卖以为官廨[4]，郢按之，以为有羡利[5]。杞召大理正田晋议法，晋以为律当夺官。杞怒，贬晋，更召他吏议，以为监主自盗[6]，当绞。杞因言："嵩庙地有王气，故玄宗徙之。炎有异志，故取以建庙。"遂贬崖州司马，遣中使护送，缢杀之。

胡氏曰：炎则有罪矣，乃听卢杞自盗之诬，异志之谮，遣中使缢之，则杀之不以其罪矣，炎其服乎？

祫于太庙先是，太祖既正东向之位，献、懿[7]二祖皆藏西夹室[8]，不飨。至是，复奉献祖东向而飨之。

徐州刺史李洧以州降徐州刺史李洧，正己之从父兄也，举州归国，遣巡官[9]崔程奉表诣阙，乞领徐、海、沂[10]观察使，且曰："今海、沂皆为李纳所有。洧与其刺史王涉、马万通有约，苟得朝廷诏书，必能成功。"程先白张镒，卢杞怒，不从其请。以洧为招谕使。

---

1 微功：细小的功劳。
2 外馆：客舍。
3 直：正当。
4 官廨：官署，官吏办公的房舍。
5 羡利：盈利。
6 监主自盗：窃取公务上由自己看管的财物。
7 献、懿：献，唐献祖李熙，唐高祖李渊的高祖父。懿，唐懿祖李天赐，唐高祖李渊的曾祖父。
8 夹室：古代宗庙内堂东西厢的后部，藏五世祖以上远祖神主的地方。
9 巡官：古官名，唐时节度、观察、团练、防御使僚属，位居判官、推官之次。
10 徐、海、沂：即徐州、海州、沂州。

十一月，永乐公主适田华上不欲违先志[1]故也。

刘洽、唐朝臣等大破青、魏兵于徐州先是，李纳遣其将王温会魏博兵共攻徐州，李洧遣王智兴诣阙告急。智兴善走，不五日而至。诏朔方大将唐朝臣将兵五千人，与宣武刘洽、神策兵马使曲环、滑州李澄共救之。时朔方军资装不至，旗服弊恶[2]，宣武人嗤之曰："乞子[3]能破贼乎？"朝臣以其言激怒士卒，且曰："都统有令，先破贼者，营中物悉与之。"士皆争奋，青、魏兵大溃。洽等乘之，斩首八千级，溺死过半。朔方军士尽得其辎重，旗服鲜华，乃谓宣武人曰："乞子之功，孰与宋[4]多？"乘胜逐北，至徐州城下，青、魏军解围走。江淮漕运始通。

诏削李惟岳官爵。

陈少游击海州，降之。

密州降。

壬戌**三年**（公元 782 年）

春，正月，马燧等大破田悦等于洹水，博、洺州降马燧等屯于漳滨[5]。田悦筑月城以守长桥[6]。燧以铁锁连车数百乘，实以土囊，塞其下流，涉浅而渡，进屯仓口[7]，与悦夹洹水而军。乃为三桥，逾洹水，日往挑战，悦不出。燧令诸军夜半起食，潜师趋魏州，令之曰："贼至，则止为阵。"留百骑击鼓鸣角于营中，毕[8]发而止。伺悦军毕渡，则焚其桥。军行十里所，悦闻之，率淄

1　先志：先人的遗志。
2　旗服弊恶：旗服，旗帜军服。弊恶，破旧。
3　乞子：叫花子，乞丐。
4　宋：即宣武，方镇名，原称汴宋，领有汴、宋、亳、颍四州，辖今河南省封丘、开封市、尉氏、柘城、沈丘以东，山东省单县及安徽省砀山、亳州、涡阳、蒙城、阜阳、颍上等县市地。
5　漳滨：漳水之滨。
6　长桥：古桥名，位于今河北省邯郸市临漳县西南漳水上。
7　仓口：古地名，位于今河北省邯郸市成安县西南，接临漳县境。
8　毕：完全。

青、成德步骑四万逾桥掩其后，乘风纵火，鼓噪而进。燧先除其前草莽[1]百步为战场，结阵以待之。悦军至，火止，气衰，燧纵兵击之，悦军大败。追奔至三桥，桥已焚，赴水溺死不可胜纪，斩首二万级。悦收余兵走魏州，婴城拒守，士卒不满数千。悦乃持佩刀立府门，召军民流涕告之，欲自杀，将士争前抱持之。悦乃与诸将断发为誓，悉出府库及敛富家，得百余万，以赏士卒。召邢曹俊，使整部伍，缮守备，军势复振。李纳军于濮阳，为河南军所逼，奔还濮州，征兵于魏。悦遣符璘将三百骑送之，璘父令奇谓璘曰："吾老矣，历观安、史辈叛乱者，今皆安在？田氏其能久乎？汝因此弃逆从顺，是汝扬父名于后世也。"啮臂[2]而别。璘与其副李瑶遂降于马燧。悦收族[3]其家，令奇慢骂而死。瑶父再春以博州降，田昂以洺州降。悦入城旬余，燧等始至，攻之，不克。

朱滔、张孝忠与李惟岳战，大败之。赵州降。成德兵马使王武俊杀惟岳，传首京师李惟岳遣兵守束鹿[4]，朱滔、张孝忠攻拔之。掌书记邵真复说惟岳密为表，先遣弟惟简入奏，然后身自入朝，使郑诜权知节度事，以待朝命。田悦闻之怒，使人让惟岳曰："尚书举兵，正为大夫求旌节耳。今乃信邵真之言，遣弟奉表，归罪尚书以自雪，尚书何负于大夫而至此邪？若斩邵真，则相待如初；不然，绝矣。"毕华复劝之，惟岳素怯，不能守前计，乃引邵真斩之，发兵围束鹿。朱滔、张孝忠与战，惟岳大败，烧营而遁。王武俊为左右所构，惟岳疑之，未忍杀也，束鹿之战，使为前锋。武俊自念今破朱滔，则惟岳军势大振，归必杀己，故战不甚力而败。惟岳将康日知以赵州归国，惟岳益疑武俊。或曰："武俊勇冠三军，今危难之际，复加猜阻，欲使谁却敌乎？"惟岳以为然，乃使武俊击赵州，又使其子士真将兵宿府中。武俊既出，谓卫常宁曰："今幸出虎口，当北归张尚书[5]。"常宁曰："大夫暗弱，终为朱滔所灭。

1 草莽：杂草丛。
2 啮臂：咬臂出血，以示诚信和坚决。
3 收族：收捕罪犯的家族。
4 束鹿：古县名，治所位于今河北省辛集市东北。
5 张尚书：即张孝忠。

且天子有诏诛之，中丞[1]为众所服，倒戈以取之，转祸为福，如反掌耳。”武俊以为然，遂引兵还袭惟岳，士真纳之。武俊令曰：“大夫叛逆，将士归顺，敢拒者族！”众莫敢动，遂执惟岳，杀之，传首京师。

李纳复陷海、密[2]。

复榷[3]天下酒。

定州降。

二月，以张孝忠为易、定、沧[4]州节度使，王武俊为恒冀团练使，康日知为深赵团练使，以德、棣[5]隶幽州时河北略定，惟魏州未下，李纳势日蹙。朝廷谓天下不日可平，以孝忠为易、定、沧州节度使，武俊、日知为恒冀、深赵团练使，以德、棣二州隶朱滔，令还镇。滔固请深州，不许，由是怨望，留屯深州。武俊自以不得为节度使，又失赵、定[6]，不悦。复有诏令武俊以粮三千石给朱滔，马五百匹给马燧。武俊以为魏博既下，朝廷必取恒冀，故分其粮、马以弱之，疑，未肯奉诏。田悦闻之，遣判官王侑说朱滔曰：“今上志欲扫清河朔，不使藩镇承袭，魏亡，则燕、赵为之次矣。若司徒矜魏博而救之，非徒得存亡继绝[7]之义，亦子孙万世之利也。”滔大喜，即遣侑归报，又遣王郅说王武俊曰：“大夫出万死之计[8]，诛逆首，康日知岂得与大夫同日论功？而朝廷褒赏略同，谁不愤邑？今又闻诏支粮、马与邻道，朝廷之意，先欲贫弱军府，俟平魏之日，使马仆射、朱司徒共相灭耳。司徒不敢自保，使郅等效愚计，欲与大夫共救田尚书，而以深州与大夫。三镇连兵，若耳目手足之相救，则他日永无患矣。”武俊亦喜，许诺，相与刻日举兵南向。

胡氏曰：武俊杀贼，赏之宜矣，乃吝惜节钺，削其二州，又分其粮、马，

1　中丞：即王武俊。
2　海、密：即海州、密州。
3　榷：专营，专卖。
4　易、定、沧：即易州、定州、沧州。
5　德、棣：即德州、棣州。
6　赵、定：即赵州、定州。
7　存亡继绝：恢复灭亡的国家，延续断绝了的贵族世家。存，保存。继，接续。
8　出万死之计：谋划来自必死的决心。

此则朝廷忽事之过也。幽、魏连衡，而武俊不与之合，则田氏先亡，朱为之次，不待逾年而决也。惜哉！事几[1]已至，而应之失宜，使李泌、颜真卿、李勉在朝，而至然[2]邪？

三月，以李洧兼徐、海、沂观察使刘洽攻李纳于濮州，克其外城。纳于城上涕泣求自新。李勉又遣人说之。纳遣判官房说入见。会中使宋凤朝称纳势穷蹙，不可舍，上乃囚说等。纳遂归郓州，复与田悦等合。朝廷以纳势未衰，始以洧兼徐、海、沂观察使，而海、沂已为纳所据，洧竟无所得。

胡氏曰：卢杞若不怒崔程，则平卢失其右臂；德宗若不听宋凤朝，则田悦等丧其辅车，于是魏博孤立，河北平矣。小人之不可用如此！

夏，四月，朱滔、王武俊反，发兵救田悦，寇赵州，诏李怀光讨之上遣中使发卢龙、恒冀、易定[3]兵讨田悦，王武俊执使者送朱滔。滔言于众曰："将士有功者，吾奏求官勋[4]皆不遂。今欲与诸君共击马燧，以取温饱，何如？"皆不应。三问，乃曰："幽州之人，自安、史之反，从而南者，无一人得还。今其遗人[5]，痛入骨髓。况太尉、司徒，皆受国宠荣，将士亦各蒙官勋，诚且愿保目前，不敢复有侥冀。"滔默然而罢，乃诛大将数十人，厚抚循其士卒。康日知闻其谋，以告马燧，燧以闻。上以力未能制，赐滔爵通义郡王，冀以安之。而滔反谋益甚，分兵营赵州以逼康日知。武俊亦遣士真围赵州。涿州[6]刺史刘怦以书谏滔曰："司徒但以忠顺自持，则事无不济。务大乐战，不顾成败，而家灭身屠者，安、史是也。惟司徒图之，无贻后悔。"不听。滔恐张孝忠为后患，遣蔡雄往说之。孝忠曰："昔司徒遣人语孝忠曰：'惟岳负恩为逆，孝忠归国即为忠臣。'孝忠性直，用司徒之教。今既为忠臣矣，不复助逆

1 事几：事情的苗头、征兆。
2 然：如此，这样。
3 易定：方镇名，又称义武，领定、易、沧三州，辖今河北省拒马河与唐河之间地区。
4 官勋：官职勋阶。
5 遗人：劫后幸存者。
6 涿州：古州名，辖今河北省涿州市、雄县及固安等地。

也。且武俊最喜翻覆，司徒勿忘鄙言[1]。”雄复以巧词说之，孝忠怒，欲执送京师。雄惧，逃归。滔乃使刘怦将兵屯要害以备之。孝忠完城砺兵[2]，独居强寇之间，莫之能屈。滔将步、骑二万五千发深州，至束鹿。诘旦将行，士卒忽大乱，喧噪曰：‘天子令司徒归幽州，奈何违敕南救田悦？’滔大惧。蔡雄等谓士卒曰：“司徒血战以取深州，冀得其丝纩以宽汝曹赋率[3]，不意国家无信。今兹南行，乃为汝曹，非自为也。”众曰：“虽知如此，终不如且奉诏归镇。”雄曰：“然则汝曹各归部伍，休息数日，相与归镇耳。”众然后定。滔即引军还深州，密访首谋者，得二百余人，悉斩之，余众股栗。乃复举兵而南，众莫敢前却，进取宁晋[4]。武俊将步、骑万五千取元氏。武俊之始诛李惟岳也，遣判官孟华入见，上问以河朔利害，华性忠直，有才略，应对慷慨，上悦，以为恒冀团练副使。会武俊有异谋，上遽遣华归谕旨。华至，武俊已出师，华谏曰：“圣意于大夫甚厚，苟尽忠义，何患官爵之不崇，土地之不广，何遽自同于逆乱乎？异日无成，悔之何及！”武俊夺其职，遂与滔救魏州。诏朔方节度使李怀光将步、骑万五千人东讨悦，且拒滔等。

范氏曰：饥食渴饮，以养其父母妻子，而终其天年[5]，此民之常性也，岂乐为叛乱而沉[6]其族哉？然自古治少而乱多，由上失其道而民不知所从，故奸雄得诡而用之也。天宝以后，幽、蓟[7]为反逆之区，然朱滔劫其民如此，不得已而后从之，亦足见其本非好乱也。君人者可以省己而修政矣。苟行仁政，使民亲其长，爱其上，驱之为乱，莫肯从也，奸雄岂得而诈之哉？

括[8]富商钱时两河用兵，月费百余万缗，府库不支数月。太常博士韦都宾、

1　鄙言：谦称自己的言辞。
2　砺兵：磨快兵器，比喻做好战争的准备。
3　赋率：赋税的比例。
4　宁晋：古县名，治所即今河北省邢台市宁晋县。
5　天年：人的自然寿命。
6　沉：沦落，沉沦。
7　幽、蓟：即幽州、蓟州。
8　括：征集。

陈京建议："请括富商钱，出万缗者，借其余以供军。"上从之。判度支[1]杜佑大索长安中商贾所有货，意其不实，辄加搒捶[2]，人不胜苦，有缢死者。长安嚣然，如被寇盗，计所得才八十余万缗。又括僦柜质钱[3]，凡蓄积钱帛、粟麦者，皆借四分之一，封其柜窖[4]。百姓为之罢市，相率遮宰相马自诉，以千万数。卢杞始慰谕之，势不可遏，疾驱[5]得免。计并借商所得才二百万缗，人已竭矣。

范氏曰：人君用天下之力，取天下之财，征伐不庭，以一海内，所以保民也。而兵革既起，未尝不自虐其民，暴敛之害，甚于寇盗。寇盗害民之命，而暴敛失民之心。害民命者，君得而治之。君失民心，则不可得而复收也。议者必曰：不有小害，不得大利；不有小残，不成大功。一劳而久逸，暂费而永宁，是以人主甘心焉。而卒致大乱，此不可以不戒也。

胡氏曰：善用兵者，先富其民而实其府库，必不得已而举，犹当事不愆素[6]，役不淹时[7]，则已櫜弓衅甲[8]矣。德宗诚有削平诸叛之志，慎择贤材，置之辅相，修明政事，安养百姓，待以十年，诸镇之守，或死或老，或付其子弟，或归于将佐，其衅多矣，然后出充羡[9]之财，命智勇之将，见可而进，克之必矣。乃眩聪明，逞智术，欲速成而失其序，于是借商税屋之事起，而京城内溃，大驾蒙尘矣。

洺州刺史田昂入朝李抱真、马燧数以事相恨望[10]，怨隙遂深，不复相见。

1　判度支：唐代以大官兼小职，称为判。度支，掌握财政实权的官职，户部所属四司之一。唐中叶以后，往往特派户部以外的大臣兼管度支事务，称判度支。
2　搒捶：拷打。
3　僦柜质钱：征用僦柜保管的钱。僦柜，唐代有柜房，是一种代人保管金钱及贵重物品以收取保管费的行业，所设保管柜即称"僦柜"，后演变为典当质钱的质库。质钱，典当东西换来的钱。
4　柜窖：僦柜和粮窖。
5　疾驱：驾着车马急速行进。
6　愆素：越过原来计划。
7　淹时：移时，经过了一段时间。
8　櫜弓衅甲：櫜弓，藏弓，意谓战事平息。衅甲，借指收起铠甲。《礼记》："车甲衅而藏之府库。"
9　充羡：充足有余。
10　恨望：怨望，怨恨。

由是诸军逗挠，久无成功。上遣中使和解之。及王武俊逼赵州，抱真分麾下二千人戍邢州。燧大怒，欲引兵归。李晟说燧曰："李尚书以邢、赵连壤[1]，分兵守之，诚未有害。今公遽自引去，众谓公何？"燧悦，乃单骑造抱真垒，相与释憾结欢。会田昂请入朝，燧奏以洺州隶抱真。李晟军先隶抱真，又请兼隶燧，以示协和。

胡氏曰：喜怒者，气也。不为喜怒所使，惟循理者能之。虽然，气与理，相为胜负者也。纯暴于气，则理几亡，化之为难。马燧闻李晟一言，平积时之憾，盖其客气[2]不胜，而理义本明也。燧非知学者，尚能如此，可以为百世之师矣。

召朱泚入朝，以张镒兼凤翔节度使朱滔遣人以蜡书[3]遗朱泚，欲与同反。马燧获之，并使者送长安，泚不之知。上驿召泚至，示之。泚顿首请罪。上曰："相去千里，初不同谋，非卿之罪也。"因留之长安，赐赉甚厚，以安其意。上以幽州兵在凤翔，思得重臣代之。卢杞忌张镒忠直，为上所重，欲出之，乃对曰："凤翔将校皆高班，非宰相无以镇抚，臣请自行。"上俯首未言。杞遽曰："陛下必以臣貌寝[4]，不为三军所服，固惟陛下神算[5]。"上乃顾镒曰："无以易卿。"镒知为杞所排，而无辞以免，因再拜受命。上初即位，崔祐甫为相，务崇宽大，当时以为有贞观之风。及杞为相，知上性多忌[6]，因以疑似离间群臣，始劝上以严刻御下，中外失望。

五月，诏增税钱淮南节度使陈少游奏本道税钱每千请增二百，诏他道皆增税钱视此。又诏盐每斗价皆增百钱。

以易、定、沧州为义武军。

以源休为光禄卿上遣源休送突董等丧还其国，可汗遣其相颉子思迦等迎

1　连壤：接壤，交界。
2　客气：一时的意气，偏激的情绪。
3　蜡书：封在蜡丸中的文书。
4　貌寝：状貌丑陋短小。
5　固惟陛下神算：只能由陛下的神算来决定。
6　多忌：多猜疑，多猜忌。

之。颉子思迦立休等于帐前雪中，诘以杀突董之状，欲杀者数四，留五十日。可汗遣人谓之曰："国人皆欲杀汝以偿怨，我意不然。汝国已杀突董等，我又杀汝，如以血洗血，污益甚耳。今吾以水洗血，不亦善乎？"竟不得见可汗而还。休有口辩，卢杞恐其见上得幸，乘其未至，先除光禄卿。

六月，李怀光击朱滔、王武俊于惬山[1]，败绩朱滔、王武俊军至魏州，田悦具牛酒出迎。滔营于惬山。李怀光军亦至，马燧等盛军容迎之，滔以为袭己，遽出阵。怀光欲乘其营垒未就击之，燧请且休士[2]观衅。怀光曰："时不可失！"遂击滔，滔军崩沮[3]。怀光按辔观之，有喜色，士卒争取宝货。武俊引骑横冲之，怀光军分为二，滔引兵继之，官军大败，溺死者不可胜数。燧等各收军保垒。滔堰水绝官军粮道、归路，深三尺余。燧惧，遣使卑辞谢滔，求归。武俊以为不可许，滔不从。燧与诸军涉水而西，保魏县以拒滔。武俊由是恨滔。滔等亦引兵营魏县东南，与官军隔水相拒。

秋，七月，李晟救赵州晟请以所将兵北解赵州之围，与张孝忠合势图范阳，上许之。晟趋赵州，王士真解围去。晟北略恒州。

冬，十月，以曹王皋为江西节度使皋至洪州，悉集将佐，简阅其才，得牙将伊慎、王锷等，擢为大将。引许孟容置幕府。慎尝从李希烈，希烈爱其才，欲留之，慎逃归。希烈闻皋用慎，恐为己患，遗慎七属甲[4]，诈为复书[5]，坠之境上。上闻之，遣中使即军中斩慎。会江贼入寇，皋遣慎击贼自赎，慎击破之，由是得免。

以关播同平章事卢杞知上必更立相，恐其分己权，荐播"儒厚[6]，可镇风俗"，遂以为相。政事皆决于杞，播但敛衽，无所可否。上尝从容与宰相论事，播欲有所言，杞目之而止。出谓之曰："以足下端悫少言，故相引至此。向者，

1　惬山：古山名，亦作狭山，位于今河北省邯郸市大名县北。
2　休士：使士卒休息。
3　崩沮：溃散，涣散。
4　七属甲：用七节甲片连缀而成的铠甲。
5　复书：回复的信。
6　儒厚：温文厚重。

奈何发口欲言邪？”播自是不复敢言。

十一月，加陈少游同平章事。

范氏曰：少游重敛以求宠，此民贼也。德宗推其法于天下，而以宰相赏之，安得无颠覆之祸乎？

朱滔、田悦、王武俊、李纳皆自称王田悦德朱滔，与王武俊议奉滔为主，臣事之，滔不可。幽州判官李子千等共议，以为：“如此则常为叛臣，用兵无名，使将吏无所依归。请与郓州为四国，俱称王，而不改年号。”滔等皆以为然，乃自称冀王，为盟主，悦称魏王，武俊称赵王，纳称齐王，筑坛告天而受之。各置百官，皆仿天朝而易其名。武俊以孟华为司礼尚书，华不受，呕血死。以卫常宁为内史监，常宁谋杀武俊，武俊杀之。

胡氏曰：君子有言，虽盗贼相聚，礼乐未尝亡，必有统属，即礼也；必相听顺[1]，即乐也。此其良心不可灭者也。顾为利欲所昏，刑威[2]所劫，则沦胥[3]以败耳。李子千之恶为叛臣，岂非秉彝懿德[4]乎？惜乎，恶其名而不恶其实，见其小而不见其大尔。苟能恶叛臣之实，而见君臣之大义，劝以顺事朝廷，勿得专土。幸而见听，功孰与比？不幸而斥而杀，其忠义之节终古不泯，方之为大盗指踪[5]，不亦远乎？

十二月，李希烈自称天下都元帅诏以李希烈兼平卢节度使，讨李纳。希烈率所部徙镇许州，遣所亲诣纳，与谋共袭汴州。遣使告李勉假道之官。勉为之治桥具馔[6]以待之，而严为之备，希烈竟不至。又密与朱滔等交通，纳亦数遣游兵渡汴迎希烈。由是东南转输者，皆自蔡水[7]而上。滔等与官军相拒累月，官军有度支馈粮，诸道益兵，而幽、赵孤军深入，专仰给于田悦。闻李希

1　听顺：顺从，听任。
2　刑威：刑罚。
3　沦胥：相率牵连。
4　秉彝懿德：秉彝，执持常道。懿德，美德。
5　指踪：发踪指示，比喻指挥谋划。语本《史记·萧相国世家》：“夫猎，追杀兽兔者，狗也；而发踪指示兽处者，人也。”
6　治桥具馔：整治桥梁，备办食品。
7　蔡水：古水名，又作蔡河，源于今河北省邢台市北，东流入任县境。

烈军势盛，颇相怨望，乃相与谋，遣使诣许州，劝希烈称帝。希烈由是自称天下都元帅。

癸亥**四年**（公元783年）

春，正月，李希烈陷汝州，诏遣颜真卿宣慰之李元平者，薄有才艺，性疏傲[1]，敢大言，好论兵，关播奇之，荐于上，以为将相之器。以汝州近许，擢元平为别驾，知州事。元平至，即募工徒[2]治城。希烈阴使壮士数百人往应募，继遣其将李克诚将数百骑突至城下，应募者应之于内，缚元平驰去。元平见希烈，恐惧，便液[3]污地。希烈骂之曰："盲宰相以汝当我，何相轻也？"遣别将取尉氏，围郑州，东都震骇。初，卢杞恶太子太师颜真卿，欲出之。真卿谓曰："先中丞[4]传首至平原，真卿以舌舔面血。今相公忍不相容乎？"杞矍然起拜，而恨之益深。至是，上问计于杞，杞对曰："诚得儒雅重臣，为陈祸福，可不劳军旅而服。颜真卿三朝旧臣，忠直刚决，名重海内，人所信服，真其人也。"上以为然。遣真卿宣慰希烈。诏下，举朝失色。真卿乘驿至东都，留守郑叔则曰："往必不免，宜少留，须后命。"真卿曰："君命也，将焉避之？"遂行。李勉表言："失一元老，为国家羞。"又使人邀之于道，不及。真卿与其子书，但敕以奉家庙、抚诸孤而已。至许，欲宣诏旨，希烈使其养子千余环绕慢骂，拔刃拟[5]之，真卿色不变。希烈麾众令退，馆而礼之，欲遣还。会李元平在座，真卿责之。元平惭，以密启[6]白希烈，遂留不遣。朱滔等各遣使诣希烈劝进，希烈召真卿示之，曰："四王见推，不谋而同，岂吾独为朝廷所忌，无所自容邪？"真卿曰："此乃四凶，何谓四王？相公不自保功业，为唐忠臣，乃与乱臣贼子相从，求与之同覆灭邪？"希烈不悦。他日，又与四使同

1 疏傲：粗疏傲慢。
2 工徒：工匠。
3 便液：屎尿。
4 先中丞：即卢杞之父、曾任御史中丞的卢奕。
5 拟：比划，假装要杀他。
6 密启：秘密的书函。

宴，四使曰："都统将称大号，而太师适至，是天以宰相赐都统也。"真卿叱之曰："汝知有骂安禄山而死者颜杲卿乎？乃吾兄也。吾年八十，知守节而死耳，岂受汝曹诱胁[1]乎？"希烈掘坎[2]于庭，云欲坑之。真卿怡然见希烈曰："死生已定，何必多端[3]？亟以一剑相与，岂不快公心事邪？"希烈乃谢之。

范氏曰：关播荐李元平，卢杞陷颜真卿，宰相之所好恶如此，其事暴于天下，非难见也，而德宗不知。惟其不好直而好佞，所以蔽也。

胡氏曰：鲁公清忠直道，再为常伯辅相，有虚位而不用，人君非知己矣。年逾七十，致仕而归，不亦善乎？而与卢杞同朝，且有不相容之诉，而蠲其所恶闻者，难以言智矣。

诏东都、汝州节度使哥舒曜讨李希烈。二月，克汝州。

三月，曹王皋败李希烈兵，斩其将，拔黄、蕲州时希烈兵栅蔡山[4]，险不可攻。皋声言西取蕲州，引舟师溯江而上，希烈之将引兵随战。皋乃复放舟顺流而下，急攻蔡山，拔之，遂进拔蕲州。表伊慎为刺史。

李希烈引兵归蔡州希烈遣其都虞候周曾等将兵三万攻哥舒曜。曾等密谋还军袭希烈，奉颜真卿为节度使。希烈知之，袭曾等，杀之。其党寇郑州者闻之，亦遁归。希烈乃上表，归咎于周曾等，引兵还蔡州，外示从顺，实待朱滔等之援也。

胡氏曰：周曾之计若成，颜真卿肯从之乎？曰：从之，则何以异于群叛？真卿固不为也，亦将劝以请帅于朝矣。

荆南[5]军与李希烈战，败绩荆南节度使张伯仪与希烈兵战于安州，大败，亡其所持节。希烈使人以示颜真卿，真卿号恸投地，绝而复苏，自是不复言。

夏，四月，以白志贞为京城召募使志贞请诸尝为节度、观察、都团练

1　诱胁：引诱并威胁。
2　坎：坑，穴。
3　多端：多种多样，多头绪。
4　栅蔡山：栅，立营寨。蔡山，古山名，位于今湖北省黄冈市黄梅县西南长江沿岸。
5　荆南：方镇名，辖今湖北省荆州、江陵、秭归、巴东等市县，湖南省常德市，重庆市奉节、开县、万州、忠县等县区地。

使者，不问存没，并勒其子弟率奴马[1]、自备资装从军，授以五品官。贫者苦之，人心始摇。

李晟围清苑[2]，朱滔救之，晟军大败李晟谋取涿、莫二州，以绝幽、魏[3]往来之路，围清苑，累月不下。朱滔自将救之，晟军大败，还保定州。王武俊以滔未还魏桥，遣宋端趣之，言颇不逊。滔怒曰："滔以救魏博之故，叛君弃兄如脱屣。二兄必相疑，惟二兄所为！"武俊遣使者见滔谢之，然以是益恨滔矣。李抱真使参谋[4]贾林诣武俊诈降，说之曰："天子知大夫宿著诚效[5]，登坛之日，抚膺顾左右曰：'我本徇[6]忠义，天子不察。'诸将亦尝共表大夫之志。天子语使者曰：'朕前事诚误，悔之无及。朋友失意尚可谢，况朕为四海之主乎？'"武俊曰："仆胡人也，为将尚知爱百姓，况天子岂专以杀人为事乎？仆不惮归国，但已与诸镇结盟，不欲使曲在己。天子诚能下诏赦诸镇之罪，仆当首唱[7]从化。有不从者，请奉辞伐之。如此，则上不负天子，下不负同列。不过五旬，河朔定矣。"使林还报抱真，阴相约结。

初行税间架[8]，除陌钱[9]法时河东、泽潞、河阳、朔方四军屯魏县，神策、永平、宣武、淮南、浙西、荆南、江西、沔鄂、湖南、黔中、剑南、岭南诸军环淮宁[10]之境。旧制，诸道军出境，则仰给度支。上优恤士卒，每出境，加给酒肉，本道粮仍给其家，一人兼三人之给，故将士利之。各出军才逾境而止，

---

1 奴马：奴仆与马匹。
2 清苑：古县名，治所位于今河北省保定市东北。
3 幽、魏：即幽州、魏博。幽州，方镇名，长期领有幽、蓟、平、檀、妫、燕等州，辖今河北省怀来、永清、北京市房山区以东和长城以南地区。
4 参谋：古官名，节度使、观察使、都团练使所属幕僚之一，无定员，掌参议谋划。
5 宿著诚效：一向归诚效命。
6 徇：舍身。
7 首唱：首先提倡。
8 税间架：征收房屋税。间架，房屋建筑的结构形式，此处代指房屋。
9 除陌钱：唐德宗时所征杂税名，从一缗中抽除若干钱后仍作一缗计算，以此弥补国家的财用不足。一缗即一贯，足数是千钱。陌，指百钱。从缗推算至百，百钱中抽除若干仍作百钱计算，称"除陌"。
10 淮宁：方镇名，即淮南西道，领有申、光、蔡三州，辖今河南省郾城、上蔡、新蔡以西，西平、遂平、确山、信阳以东地。

月费钱百三十余万缗，常赋不能供。判度支赵赞乃奏行二法：所谓税间架者，每屋两架为间，上屋税钱二千，中税千，下税五百。敢匿一间，杖六十，赏告者钱五十缗。所谓除陌钱者，公私给与及卖买，每缗官留五十钱，给他物，及相贸易者，约钱为率。敢隐钱百者，杖六十，罚钱二千，赏告者钱十缗，赏钱皆出坐者。于是愁怨之声，盈于远近。

范氏曰：德宗有平一海内之志，而求欲速之功，不务养民，而先用武，民愁兵怨，激而成乱。自古不固邦本而攻战不息者，必有意外之患，此后王之深戒也。

胡氏曰：税间架，垫陌[1]钱，其事至陋，而祸甚速，然其流终不能绝也。手实[2]之法，自室庐而及于釜盎[3]狗鸡，不甚于税间架乎？入官者以百为陌，其出也，留其二十有三，不甚于垫陌钱乎？前世以此丧邦，后世以此理财，谓人主可欺也，岂非孟子所谓“民贼”乎？

秋，七月，遣礼部尚书李揆使吐蕃李揆有才望，卢杞恶之，故使之入吐蕃。揆言于上曰：“臣不惮远行，恐死于道路，不能达诏命。”上为之恻然，谓杞曰：“揆无乃太老？”对曰：“使远夷[4]，非谙练故事者不可。且揆行，则自今年少于揆者不敢辞远使矣。”揆乃行。还至凤州，卒。

八月，李希烈寇襄城，诏发泾原等道兵救之初，上在东宫，闻监察御史陆贽名，即位，召为翰林学士，数问以得失。贽曰：“克敌之要，在乎将得其人；驭将之方，在乎操得其柄。将非其人者，兵虽众不足恃；操失其柄者，将虽材不为用。将不能使兵，国不能驭将，非止费财、玩寇之弊，亦有不戢自焚[5]之灾。今两河、淮西为叛乱者，独四五凶人而已，尚恐其中或有诖误失图，

1　垫陌：即除陌。
2　手实：唐代民户户口和占有土地的实时记录。唐制，每三年编造户籍一次，地方平时每年把人口及其所占田亩据实造册，再据此编成计帐，送州申报尚书省，作为全国户籍的底本，称为手实。
3　釜盎：釜，古代的炊事用具，相当于现在的锅。盎，腹大口小的盛物洗物的瓦盆。
4　远夷：远方的夷人。
5　不戢自焚：不在适当情况下及时止息，就会把自己烧掉。戢，停止。

势不得止者，况其余众，盖并胁从，苟知全生，岂愿为恶？”又曰：“人者邦之本，财者人之心。心伤则其本伤，本伤则枝干颠瘁[1]矣。是以兵贵拙速，不尚巧迟。若不靖于本而务救于末，则救之所为，乃祸之所起也。”又论关中形势，以为：“王者蓄威以昭德，偏废则危；居重以驭轻，倒持则悖。王畿者，四方之本也，太宗列置府兵，分隶禁卫。诸府八百余所，而在关中者殆五百焉，举天下不敌关中，则居重驭轻之意明矣。承平渐久，武备浸微，故禄山窃倒持之柄，一举滔天；乾元之后，继有外虞，悉师东讨，故吐蕃乘虚深入，先帝避之东游，是皆失居重驭轻之权，忘深根固柢[2]之虑。追想及此，岂不寒心？今朔方、太原之众远在山东，神策六军之兵继出关外，傥有贼臣啖寇，黠虏觑边[3]，未审陛下何以御之？立国之安危在势，任事之济否在人。势苟安，则异类同心；势苟危，则舟中敌国。陛下岂可不追鉴往事，惟新令图[4]，修偏废之柄以靖人，复倒持之权以固国乎？今关辅之间，征发已甚，宫苑之内，备卫不全。万一将帅之中又如朱滔、希烈，窃发郊畿，惊犯城阙[5]，未审陛下复何以备之？臣愿追还神策六军、节将[6]子弟，明敕[7]泾、陇、邠、宁更不征发，仍罢间架等税，冀已输者弭怨[8]，见处者获宁[9]，则人心不摇，而邦本固矣。”上不能用。

范氏曰：贽论用兵之致乱，如蓍龟之先见，何其智哉！天下之患，在于人莫敢言，而君不得知。苟言之而不听，则必乱而已矣。

九月，神策、宣武兵袭许州，败于沪涧[10]时李勉遣其将唐汉臣将兵万人救襄城，上遣神策将刘德信率诸将家应募者三千人助之。勉奏：“希烈精兵皆在襄城，许州空虚。若袭许州，则襄城自解。”遣二将趋许州，未至数十里，

1 颠瘁：倾倒枯槁。
2 深根固柢：使根基深固，不易动摇。柢，树根。
3 黠虏觑边：黠虏，狡猾的敌人。觑边，窥伺边境。
4 惟新令图：惟新，自新。令图，善谋，远大的谋略。
5 城阙：城门两边的望楼，亦引申为京城，宫殿。
6 节将：持节的大将，泛指总军戎者。
7 明敕：明白地训示或告诫。
8 弭怨：平息怨恨。弭，平息，消灭。
9 见处者获宁：现在居住在京城与畿辅各县的人们获得安宁。
10 沪涧：古水名，亦作扈涧，位于今河南省平顶山市郏县西，源出沪阳山，南流入汝河。

上遣中使责其违诏，二将狼狈而返。李克诚伏兵邀之于沪涧，杀伤大半。希烈游兵至伊阙。勉复遣其将李坚率兵助守东都。希烈以兵绝其后，坚军不得还，汴军[1]由是不振，襄城益危。

冬，十月，泾原兵过京师作乱，帝如奉天。朱泚反，据长安上发泾原等道兵救襄城。十月，节度使姚令言将兵五千至京城，军士冒雨寒甚，多携子弟而来，冀得厚赐遗其家。既至，一无所赐。发至浐水，诏京兆尹王翃犒师，惟粝食菜饯[2]。众怒，蹴而覆[3]之，曰："吾辈将死于敌，而食且不饱，安能以微命拒白刃邪？闻琼林[4]、大盈二库金帛盈溢[5]，不如相与取之。"乃擐甲张旗，鼓噪还趋京城。上遽命赐帛，人二匹，众益怒，射中使，杀之，遂入城。百姓骇走，贼大呼告之曰："汝曹勿恐，不夺汝商货僦质[6]矣，不税汝间架、陌钱矣！"初，白志贞募禁兵，东征死亡者皆不以闻，但受市井富儿赂而补之，名在军籍受给赐，而身居市廛[7]为贩鬻。段秀实上言："禁兵不精，其数全少，卒有患难，何以待之？"不听。至是，上召禁兵以御贼，竟无一人至者，乃与太子、诸王、公主自苑北门出，王贵妃以传国宝系衣中，宦官窦文玚、霍仙鸣率宦官左右仅百人以从。后宫、诸王、公主不及从者什七八。

范氏曰：周公作《立政》以戒成王，自左右常伯至于缀衣、虎贲[8]，皆选忠良而勿以憸人[9]。是时齐侯吕伋掌天子之兵，故康王之立，太保命仲桓、南宫毛取干戈、虎贲于伋以逆之。周家以为天子心膂、爪牙者，太公之子也。其发

1　汴军：即宣武兵。宣武，方镇名，原称汴宋，领有汴、宋、亳、颍四州，辖今河南省封丘、开封市、尉氏、柘城、沈丘以东，山东省单县及安徽省砀山、亳州、涡阳、蒙城、阜阳、颍上等县市地。
2　粝食菜饯：粝食，粗劣的饭食。菜饯，菜饼。
3　覆：打翻。
4　琼林：唐内库名，用来收藏贡品。
5　盈溢：充裕，满溢。
6　僦质：即僦柜质钱。僦柜，是唐代以收费代人保管金银及贵重物品为业的柜房。纳质就是以财物质钱，异时赎出，需于母钱之外，复纳利息。
7　市廛：店铺集中的市区。
8　缀衣、虎贲：缀衣，古官名，掌管衣服，为天子近臣。虎贲，古官名，掌侍卫国君及保卫王宫、王门。
9　憸人：小人，奸佞的人。

之也，以宰相之命，二诸侯往焉，慎重如此，王室其可乱乎？晋悼公使其臣训诸御[1]知义，群驺[2]知礼。至汉之时，宿卫者犹以忠力[3]之臣与公卿之子，盖古之遗法也。夫以天子之尊，必使诸侯与天下之贤者共捍卫之，训其徒旅[4]，使知礼义，然后足以为固。后世苟简，人君多疑，宁与小人而不与君子。德宗之世，所任尤非其人，至于变起京邑，而无一卒之卫。其后惩前之失，委之宦者，而其祸愈深。夫聚天下不义之人，使执利器，而环天子之居，不以付之忠贤[5]臣，是以知后世人主之不尊，国家之无法也。

翰林学士姜公辅叩马言曰："朱泚尝为泾帅，废处京师，心常怏怏，今乱兵若奉以为主，则难制矣。请召使从行。"上曰："无及[6]矣。"夜至咸阳，饭数匕[7]而过。群臣皆不知乘舆所之，卢杞、关播、白志贞、王翃、陆贽等追及于咸阳。贼登含元殿，欢噪争入府库，运金帛。姚令言曰："今众无主，不能持久，朱太尉闲居私第，请相与奉之。"众许诺，乃遣骑迎朱泚入宫，居白华殿，自称"权知六军"。百官出见泚，或劝迎乘舆，泚不悦。源休以使回纥还，赏薄，怨朝廷，入见泚，为陈成败，引符命[8]，劝之僭逆。上思桑道茂之言，幸奉天，金吾大将军浑瑊继至。瑊素有威望，众心恃之稍安。检校司空李忠臣、太仆卿张光晟皆郁郁不得志，至是与工部侍郎蒋镇皆为泚用。泚以司农卿段秀实久失兵柄，意其必怏怏，遣骑召之，不纳。骑士逾垣入，劫之。秀实乃谓子弟曰："吾当以死徇社稷耳。"乃往见泚，说之曰："犒赐[9]不丰，有司之过也，天子安得知之？公宜以此开谕[10]将士，示以祸福，奉迎乘舆，此莫大之功也！"

1　诸御：嫔妃。
2　群驺：古代给贵族掌管车马的人。
3　忠力：尽忠效力。
4　徒旅：徒众。
5　忠贤：忠诚贤明。
6　无及：来不及。
7　匕：古代的一种取食器具，长柄浅斗，形状像汤勺。
8　符命：上天预示帝王受命的符兆。
9　犒赐：犒劳赏赐。
10　开谕：启发解说，劝告。

泚不悦。上征近道兵入援。有上言："朱泚为乱兵所立，且来攻城，宜早修守备。"卢杞切齿言曰："朱泚忠贞，群臣莫及，奈何言其从乱，伤大臣心？臣请以百口保其不反。"上亦以为然。又闻群臣劝泚奉迎，乃诏诸道援兵至者，皆营于三十里外。姜公辅谏曰："今宿卫单寡[1]，有备无患。若泚奉迎，何惮兵多？"上乃悉召援兵入城。卢杞、白志贞请择大臣入城宣慰，金吾将军吴溆独请行，退而告人曰："食其禄而违其难，何以为臣？吾非不知往必死，但举朝无蹈难[2]之臣，使圣情慊慊[3]耳。"遂奉诏诣泚，泚杀之。

司农卿段秀实谋诛朱泚，不克，死之秀实与将军刘海宾、泾原将吏何明礼、岐灵岳谋诛朱泚，迎乘舆，未发。泚遣韩旻将锐兵三千，声言迎驾，实袭奉天。秀实谓灵岳曰："事急矣。"使灵岳诈为姚令言符，令旻且还。窃其印未至，秀实倒用司农印，印符追之，旻得符而还。秀实谓同谋曰："旻还，吾属无类矣。我当直搏泚杀之，不克则死，终不能为之臣也。"使海宾、明礼阴结死士为应。旻至，泚、令言大惊，灵岳独承其罪而死。泚召李忠臣、源休、姚令言及秀实等议称帝事，秀实勃然起，夺休象笏[4]，前唾泚面，大骂曰："狂贼，吾恨不斩汝万段，岂从汝反邪？"因以笏击泚，中其额，溅血洒地。海宾不敢进而逸，忠臣前助泚，泚得脱走。秀实知事不成，谓泚党曰："我不同汝反，何不杀我？"众争前杀之。海宾捕得见杀。明礼后从泚攻奉天，复谋杀泚，亦死。上闻秀实之死，恨委用不至，涕泗久之。

胡氏曰：秀实不死，志将有所图也。然无济理[5]也，则亟死为正，秀实亦可谓知所处者，然恨其未尽善也。乱兵入城，天子出避，执羁靮[6]以从，人臣所当为也。秀实不知此，而犹为司农卿，见几不敏。惜哉！抱忠负材，草草而死也。

1　单寡：寡弱，薄弱。
2　蹈难：经受危难。蹈，踩，践踏。
3　慊慊：心不满足貌。
4　象笏：象牙制的手板，古代品位较高的官员朝见君主时所执，供指画和记事。
5　济理：协助治理。
6　羁靮：马络头和缰绳，亦泛指驭马之物。

凤翔将李楚琳杀节度使张镒，降于朱泚镒性儒缓，好修饰边幅[1]，不习军事，闻上在奉天，欲迎大驾，具服用[2]、货财献于行在。楚琳尝事朱泚，为泚所厚。行军司马齐映、齐抗言于镒曰："不去楚琳，必为乱首！"镒命楚琳出屯陇州。楚琳夜与其党作乱，杀镒。上始以奉天迫隘[3]，欲幸凤翔。户部尚书萧复曰："凤翔将卒皆朱泚故部曲，其中必有与之同恶者。臣尚忧张镒不能久，岂得以銮舆蹈不测之渊乎？"上曰："吾行计[4]已决，试为卿留一日。"明日，闻乱乃止。齐映、齐抗皆诣奉天，以映为御史中丞，抗为侍御史。楚琳自为节度使，降于朱泚。

朱泚僭号朱泚自称大秦皇帝，改元"应天"，以姚令言、李忠臣为侍中，源休同平章事，蒋镇、樊系、张光晟等拜官有差，立弟滔为皇太弟。休劝泚诛翦[5]宗室以绝人望，杀凡七十七人。系为泚撰册文[6]，既成，仰药而死。大理卿蒋沇诣行在，为贼所得，逼以官，沇绝食称病，潜窜得免。泚寻改国号汉。

范氏曰：死非难也，处死[7]为难。使系能拒泚，不作册文而死，岂不为忠臣乎？而文成乃死，是亦为逆矣。惜哉！夫为忠为逆，在作与不作而已。系之不敢拒泚，不过畏死，而卒不免。然则其死也，特臧获[8]、婢妾之引决耳，非能勇也。士有不幸而身处危乱者，其亦视此以为戒哉！

李希烈陷襄城。

以冯河清为泾原节度使右龙武将军李观将卫兵千余人，从上于奉天。上委之召募，数日得五千余人，列之通衢[9]，旗鼓严整，城人为之增气。姚令言之东出也，以冯河清为判官，姚况知州事。河清、况闻上幸奉天，集将士大哭，

1　边幅：布幅边上毛糙的地方，也比喻外表、衣着。
2　服用：穿着服饰，使用物品。
3　迫隘：狭窄，狭小。
4　行计：出行的打算。
5　诛翦：剪除。
6　册文：诰命文字的一种。
7　处死：对待死。
8　臧获：古代对奴婢的贱称。
9　通衢：四通八达的道路。

激以忠义，发甲兵输行在。城中得之，士气大振。诏以河清为节度使，况为司马。

杀右仆射崔宁上至奉天数日，崔宁始至。上喜甚，抚劳[1]有加。宁退谓所亲曰："主上聪明英武，从善如流，但为卢杞所惑，以至于此。"因潸然出涕。杞闻之，与王翃谋陷之。会泚下诏，以宁为中书令，翃诈为宁遗泚书，献之。杞谮宁与泚结盟，约为内应，故独后至。上遣中使缢杀之，中外皆称其冤。

李怀光率众赴长安上遣中使告难于魏县行营，诸将相与恸哭。怀光遂赴长安，马燧、李艽引兵归镇，李抱真退屯临洺。

以萧复、刘从一、姜公辅同平章事。

泚犯奉天，诏韩游瓌、浑瑊拒之泚自将逼奉天，军势甚盛。邠宁留后韩游瓌将兵拒泚，遇于醴泉。游瓌欲还，监军翟文秀曰："我向奉天，贼亦随至，是引贼以迫天子也。不若留壁于此，贼必不敢越我。若不顾而过，则与奉天夹攻之。"游瓌曰："贼强我弱，若贼分军以缀我，直趋奉天，奉天兵亦弱，何夹攻之有？我今急趋奉天，所以卫天子也。"遂引兵入，泚亦随至。浑瑊与游瓌血战竟日，贼乃退。造攻具，毁佛寺以为梯冲[2]。游瓌曰："寺材皆干薪，但具火以待之。"上与陆贽语及乱故，深自克责[3]。贽曰："致今日之患，皆群臣之罪也。"上曰："此亦天命，非由人事。"贽退，上疏曰："陛下志一[4]区宇，四征不庭，凶渠稽诛[5]，逆将继乱，兵连祸结[6]，行及三年。行者有锋刃之忧，居者有诛求之困。非常之虞[7]，亿兆[8]同虑。唯陛下穆然凝邃[9]，独不得闻，至使凶卒鼓行，白昼犯阙。陛下有股肱之臣，有耳目之任，有谏诤之列，有备卫之

1　抚劳：抚慰，慰劳。
2　梯冲：古代攻城之具，云梯与冲车。
3　克责：责备。
4　一：统一。
5　稽诛：拖延被讨伐、被诛戮的期限。
6　兵连祸结：战争接连不断，带来了无穷的灾祸。兵，战争。连，接连。结，相连。
7　非常之虞：非同寻常的忧患。
8　亿兆：庶民百姓。
9　穆然凝邃：穆然，和敬貌。凝邃，深居。

司，见危不能竭其诚，临难不能效其死，所谓群臣之罪，岂徒言[1]欤？臣又闻之，天所视、听，皆因于人。人事理而天命降乱者，未之有也；人事乱而天命降康[2]者，亦未之有也。自顷征讨颇频，刑网稍密，物力竭耗，人心惊疑。上自朝列[3]，下达蒸黎[4]，日夕[5]族党聚谋，咸忧必有变故，旋属[6]泾原叛卒，果如众庶所虞。京师之人，动逾亿计，固非悉知算术[7]，皆晓占书，则明致寇之由，未必尽关天命。臣闻理或生乱，乱或资理，有以无难而失守，有以多难而兴邦。今生乱、失守之事，则既往不可复追矣。其资理、兴邦之业，在陛下克励[8]而谨修之而已。"

胡氏曰：陆公论群臣之罪，而以股肱、耳目为首，此指卢杞而不斥其名也。贽疏既上，而怀光表至，于是逐杞。盖贽之说，明辩[9]有理，方之诋讦毁骂者，其效优矣。

田悦、王武俊寇临洺田悦说王武俊共击李抱真。抱真复遣贾林说武俊曰："临洺兵精而有备，未易轻也。今战胜得地，则利归魏博；不胜，则恒冀大伤。且易、定、沧、赵，皆大夫之故地也，不如先取之。"武俊乃辞悦北归。先是，武俊召回纥兵。至是，回纥达干将三千人至幽州，滔因说之，欲与俱取东都。贾林复说武俊曰："自古国家有患，未必不因之更兴。况主上聪明英武，天下谁肯舍之，共事朱泚乎？滔自为盟主以来，轻蔑同列，今又西倚其兄，北引回纥，其志欲尽吞河朔而王之。大夫虽欲为之臣，不可得矣。且大夫本以忠义手诛叛臣，当时宰相处置失宜，为滔所诳诱，故蹉跌至此。若与昭义[10]并

1 徒言：说空话。
2 康：太平，安宁。
3 朝列：朝班，也泛指朝廷官员。
4 蒸黎：黎民百姓。
5 日夕：朝夕，日夜。
6 旋属：不久遇到。属，继续，连接。
7 算术：推算之术。
8 克励：克制私欲，力求上进。
9 明辩：明畅有条理。
10 昭义：方镇名，又称泽潞，领有泽、潞、沁三州，辖今山西省霍山以东及河北省涉县地。

力取滔，其势必获。滔亡，则泚自破。此不世之功[1]，转祸为福之道也。今诸道辐凑攻泚，不日当平。天下已定，大夫乃悔而归国，则已晚矣。”武俊攘袂作色曰：“二百年天子，吾不能臣，岂能臣此田舍儿[2]乎？”遂密与抱真及马燧相结，约为兄弟，然犹外事滔。

将军高重捷及泚兵战，死将军高重捷与泚骁将李日月战于梁山，破之。乘胜逐北，贼伏兵擒之，斩其首而去。上哭之尽哀，结蒲为首[3]而葬之。泚见其首亦哭，曰：“忠臣也。”束蒲为身而葬之。日月亦战死于城下，归其尸，其母不哭，骂曰：“奚奴[4]，国家何负于汝而反？死已晚矣！”及泚败，独日月之母不坐。

十一月，以韦皋为奉义军节度使初，泚镇凤翔，遣将牛云光戍陇州。至是，欲执留后韦皋以应泚。事泄，率众奔泚，遇泚遣中使苏玉赍诏书加皋中丞。玉谓之曰：“韦皋，书生也。君不如与我俱之陇州。皋不受命，君以兵诛之，如取孤豚[5]耳。”云光从之。皋乃先纳苏玉，受其诏书，谓云光曰：“大使苟无异心，请悉纳甲兵乃可入。”云光易之，输甲兵而入。皋伏甲诛之。筑坛盟将士，曰：“李楚琳贼虐[6]本使，既不事上，安能恤下？宜相与讨之。”遣兄平、弇诣奉天。诏以陇州为奉义军，擢皋为节度使。

灵武、盐夏、渭北诸将合兵入援，遇贼，溃归灵武留后杜希全及盐、夏[7]刺史戴休颜、时常春、渭北节度李建徽合兵万人入援。将至奉天，上召将相议道所从出，浑瑊曰：“漠谷[8]险狭，恐为贼所邀。不若自乾陵北过，且分贼势。”卢杞曰：“漠谷路近，若为贼所邀，则城中出兵应接可也。傥出乾陵，恐惊陵寝。”瑊曰：“自泚围城，日斩乾陵松柏，其惊多矣。今城中危急，诸

1　不世之功：形容功劳极大。不世，不是每代都有的，即非常、非凡。
2　田舍儿：轻蔑的称呼，意思相当于“农家小儿”。
3　结蒲为首：用蒲草编了个人头。
4　奚奴：奴才。亦特指北方少数民族之为奴者。
5　孤豚：小猪。
6　贼虐：残害。
7　盐、夏：即盐州、夏州。
8　漠谷：古地名，一作幕谷，位于今陕西省咸阳市乾县西北。

道救兵未至，唯希全等来，所系非轻，若得营据要地[1]，则泚可破也。”杞曰：“陛下行师，岂比逆贼？”上乃从杞策。希全等果为贼所邀，死伤甚众，四军皆溃，退保邠州。泚攻益急，移帐于乾陵，下视城中。

范氏曰：人君听言，以事验之，则群臣忠邪、贤不肖见矣。姜公辅策[2]朱泚必反，萧复言凤翔必乱，何其明也！卢杞以百口保泚而泚反，请遣大臣宣慰而吴溆没，又误援军，奉天益危，谋国乖剌如此，其人可知矣。德宗虽以公辅与复为相，不旋踵而疏斥之，杞则至死而犹以为贤。自古临祸难而不悟，鲜有如德宗者也。

李晟将兵入援。浑瑊击朱泚，破走之，奉天围解李晟闻上幸奉天，引兵出飞狐道，昼夜兼行，诏以为行营节度使。泚围奉天经月，城中资粮俱尽，尝遣健步[3]出城觇贼，其人恳以苦寒，乞一襦袴[4]，上为求之，不获，竟悯默[5]而遣之。时供御才有粝米[6]二斛，每伺贼间，夜缒人于城外，采芜菁根[7]而进之。上召公卿、将吏谓曰：“朕以不德，自陷危亡。公辈无罪，宜早降以救室家。”群臣皆顿首流涕，期尽死力。故将士虽困急[8]，而锐气不衰。

范氏曰：德宗以饥羸之卒，守一县之地，而当朱泚十万之师，备御俱竭，危不容喘，所恃者，人心未去也，卒能克复宗社，不失旧物。而况以天下之大，亿兆之众，守之以道德，用之以仁义，其谁能敌之？故人君苟得民心，则不在地之广狭，兵之众寡，王天下犹反掌也。汤以七十里，文王以百里，岂不信哉？

---

1 营据要地：占据重要地点扎营。
2 策：预言。
3 健步：善于走路的人，常被派去送信或办理急事。
4 恳以苦寒，乞一襦袴：恳求德宗，因为天气太冷，想讨要一件短袄和套裤。
5 悯默：因忧伤而沉默。
6 粝米：糙米。
7 芜菁根：芜菁的块根。芜菁，也叫蔓菁，草本植物，块根肉质，白色或红色，扁球形或长形，可作蔬菜。
8 困急：困难危急。

李怀光以兵五万入援，至蒲城[1]。李晟亦自蒲津济，军于东渭桥[2]，有卒四千。晟善于抚御，与士卒同甘苦，人乐从之，旬月间至万余人。泚将何望之袭据华州，潼关守将骆元光袭破之。遂军华州，召募得万余人，数破泚兵。贼由是不能东出。上即以元光为节度使。马燧遣其司马王权及子汇将兵五千人屯中渭桥。泚党所据惟长安城，出战屡败。泚以为忧，乃急攻奉天，造云梯，高广数丈，上容壮士五百人。城中恟惧，浑瑊迎其所来，凿地道，积薪蓄火以待之。贼攻南城，韩游瓌引兵严备东北，贼果并兵攻之，推云梯，上施湿毡，悬水囊，火炬、矢石所不能伤。贼已有登城者，上与浑瑊对泣，群臣惟仰首祝天。上以无名告身千余通授瑊，使募敢死士御之。时士卒冻馁，又乏甲胄，瑊抚谕之，激以忠义，皆鼓噪力战。城中流矢，进战不辍。会云梯辗地道，轮陷，不能前却，火从地出，须臾灰烬，贼乃引退。于是三门出兵，太子督战，贼徒大败。李怀光引兵西，先遣兵马使张韶赍蜡表[3]，间行至奉天，值贼方攻城，驱使填堑，得间入城。上大喜，城中欢声如雷。怀光亦败泚兵于醴泉，泚遂遁归长安。众以为怀光复三日不至，则城不守矣。泚退，从臣皆贺，汴滑[4]兵马使贾隐林进言曰："陛下性太急，不能容物。若此性未改，虽朱泚败亡，忧未艾[5]也。"上甚称之。侍御史万俟著开金、商运路，诸道贡赋继至，用度始振。泚至长安，为城守之计，不爱金帛以悦将士，加以缮完器械，日费甚广，及长安平，府库尚有余蓄，见者皆追怨有司之暴敛焉。

范氏曰：德宗因师出以为名，多殖货利，而不知天下之不可欺也。得财而失民，将谁与守矣？及其失国，反为盗资货，悖而出，犹不能竭。先王不以利为利，而以义为利，盖以此也。

李怀光至奉天，诏引军还取长安李怀光来赴难，数与人言卢杞、赵赞、

1　蒲城：古地名，位于今山西省临汾市蒲县西南。
2　东渭桥：古桥名，位于今陕西省西安市东北灞水入渭处东侧。
3　蜡表：封在蜡丸中的奏章。
4　汴滑：方镇名，领汴、滑二州，辖今河南省滑县、延津、长垣、封丘、开封、兰考、尉氏、通许、杞县等地。
5　未艾：未尽，未止。

白志贞之奸佞，且曰："天下之乱，皆此曹所为也。吾见上，当请诛之。"杞闻之惧，言于上曰："怀光勋业，社稷是赖。贼徒破胆，皆无守心。若使之乘胜取长安，则一举可以灭贼，此破竹之势也。今听入朝，留连累日，使贼得成备[1]，恐难图矣。"上以为然，诏怀光直引军屯便桥，与李建徽、李晟、杨惠元共取长安。怀光自以数千里赴难，破泚解围，而咫尺不得见天子，意殊怏怏，曰："吾今已为奸臣所排，事可知矣。"遂引兵行。上问陆贽以当今切务[2]，贽上疏曰："当今急务，在于审察群情而已矣。群情之所甚欲者，陛下先行之；所甚恶者，陛下先去之。欲、恶与天下同，而天下不归者，未之有也。理乱之本，系于人心，况当变故危疑之际乎？顷者，中外意乖，君臣道隔。郡国之志，不达于朝廷；朝廷之诚，不升于轩陛[3]。上泽阙于下布，下情壅于上闻[4]。实事不知，知事不实，此群情之所甚恶也。夫总天下之智以助聪明，顺天下之心以施教令，则君臣同志，何有不从？远迩归心，孰与为乱？"疏奏，旬日无所施行。贽又上疏曰："臣闻立国之本在乎得众，得众之要在乎见情。在《易》，乾下坤上曰泰，坤下乾上曰否，损上益下曰益，损下益上曰损。夫天在下而地处上，于位乖矣，而反谓之泰者，上下交故也。君在上而臣处下，于义顺矣，而反谓之否者，上下不交故也。上约己而裕于人，人必悦而奉上矣，岂不谓之益乎？上蔑人而肆诸己，人必怨而叛上矣，岂不谓之损乎？是以古先圣王之居人上也，必以其欲从天下之心，而不敢以天下之人从其欲。陛下以明威[5]照临，以严法制断[6]，故远者惊疑，而阻命[7]逃死之乱作；近者畏慑，而偷容[8]避罪之态生。人各隐情[9]，以言为讳，至于变乱将起，亿兆同忧，独陛下恬然不知，方谓

1 成备：做好防备。
2 切务：当务之急，最要紧的事情。
3 轩陛：原指殿堂的台阶，此处借指殿堂。
4 上泽阙于下布，下情壅于上闻：天子所施的恩泽达不到基层，基层的实情被阻塞，没法让天子知道。
5 明威：上天圣明威严的旨意。
6 制断：专断，裁决。
7 阻命：抗拒王命，谓造反。
8 偷容：苟且容身于世。
9 隐情：隐瞒情况。

太平可致。陛下以今日之所睹，验往时之所闻，孰真孰虚，何得何失，则事之通塞，备详之矣，人之情伪，尽知之矣。”上乃遣中使谕之曰：“朕本性甚好推诚，亦能纳谏。将谓君臣一体，全不堤防[1]，缘推诚信不疑，所以反致患害。谏官论事，例自矜炫[2]，归过于朕，以自取名。又多雷同，道听途说，诚加质问，遽即辞穷。所以近来不多对人，非倦于接纳[3]也。”贽以书对曰：“天不以地有恶木而废发生[4]，天子不以时有小人而废听纳[5]。且一不诚则心莫之保，一不信则言莫之行。陛下所谓失于诚信以致患害者，斯言过矣。夫驭之以智则人诈，示之以疑则人偷。上行之则下从，上施之则下报。若诚不尽于己而望尽于人，众必怠而不从矣。不诚于前而曰诚于后，众必疑而不信矣。是知诚信之道，不可斯须[6]而去身。愿陛下慎守而力行之，非所以为悔也。夫仲虺[7]赞扬成汤，不称其无过而称其改过；吉甫[8]歌诵周宣，不美其无阙而美其补阙。是则圣贤唯以改过为能，不以无过为贵。盖以为智者改过而迁善[9]，愚者耻过而遂非。迁善则其德日新，遂非则其恶弥积也。谏官不密，信非忠厚[10]，其于圣德固亦无亏。陛下若纳谏不违，则传之适足增美；陛下若违谏不纳，又安能禁之勿传？夫侈言[11]无验不必用，质言[12]当理不必违。辞拙而效速者不必愚，言甘而利重者不必智。考之以实，虑之以终，其用无他，唯善所在。众多之议，足见人情，必有可行，亦有可畏，恐不宜一概轻侮，莫之省纳。且陛下虽穷其辞而未穷其理，能服其口而未服其心也。夫上好胜必甘于佞辞[13]，上耻过必忌于直谏，如是则下

1　堤防：提防，防备。
2　矜炫：夸耀，炫耀。
3　接纳：接受。
4　发生：萌发，滋长。
5　听纳：听从采纳，听谏纳善。
6　斯须：须臾，片刻。
7　仲虺：商朝成汤时期的名臣，辅佐成汤灭夏，建立商王朝。
8　吉甫：即尹吉甫，周宣王时的贤臣。
9　迁善：去恶为善，改过向善。
10　谏官不密，信非忠厚：谏官建言不够周密，实在是不够忠厚。
11　侈言：夸大不实的言辞。
12　质言：质朴的言语。
13　佞辞：花言巧语的话。

之谄谀者顺旨，而忠实之语不闻矣。上骋辩必剿说而折人以言，上眩明必臆度而虞人以诈，如是则下之顾望者自便，而切磨之辞不尽矣[1]。上厉威必不能降情以接物，上恣愎必不能引咎以受规，如是则下之畏愞者避辜，而情理之说不申矣[2]。上情不通于下，则人惑而不从其令；下情不通于上，则君疑而不纳其诚。诚而不见纳，则应之以悖；令而不见从，则加之以刑。下悖上刑，不败何待？故谏者多，表我之能好；谏者直，示我之能贤；谏者之狂诬[3]，明我之能恕；谏者之漏泄，彰我之能从。有一于斯，皆为盛德。谏者有爵赏之利，君亦有理安[4]之利；谏者得献替之名，君亦得采纳之名。然犹谏者有失中，而君无不美，唯恐谠言之不切，天下之不闻，如此，则纳谏之德光矣。”上颇采用其言。

曹王皋遣使贡献陈少游将兵讨李希烈，屯盱眙，闻朱泚作乱，归广陵，修堑垒，缮甲兵。韩滉闭关梁，禁马、牛出境，筑石头城，穿井近百所，缮馆第[5]数十，修坞壁，起建业，抵京岘[6]，楼堞相属，以备车驾渡江，且自固也。盐铁使包佶有钱帛八百万，将输京师，少游悉夺之。时南方藩镇各闭境自守，惟曹王皋数遣使间道贡献。

十二月，贬卢杞、白志贞、赵赞为远州司马李怀光顿兵不进，上表暴扬杞等罪恶。众论喧腾[7]，亦咎杞等。上不得已，皆贬为司马。

范氏曰：德宗性与小人合，故其去小人也难，远君子也易。忠正之士，一

1 上骋辩必剿说而折人以言，上眩明必臆度而虞人以诈，如是则下之顾望者自便，而切磨之辞不尽矣：君主纵横辩论，必然会在人未讲完的时候就打断别人的话，以便用言语将人折服；君主炫耀聪明，必然主观臆测，以诈谋来猜度别人。既然如此，下面的瞻前顾后之辈便自然会见机行事，于是切磋相正的言辞便难以表达了。骋辩，纵横辩论。剿说，打断别人的话。切磨，切磋相正。

2 上厉威必不能降情以接物，上恣愎必不能引咎以受规，如是则下之畏愞者避辜，而情理之说不申矣：君主厉行威严，必然不能贬抑自己想法去待人接物；君主肆意妄为，刚愎自用，必然不能自责而接受人们的规劝。既然如此，下面的胆怯软弱之流便要逃避罪责，合情合理的言论便难以申说了。恣愎，肆意妄为，刚愎自用。畏愞，胆怯软弱。

3 狂诬：狂妄欺骗。

4 理安：政治修明安定。

5 馆第：府邸。

6 京岘：古山名，又名丹徒岘、荆岘，位于今江苏省镇江市东，京口即以此山得名。

7 喧腾：形容声音杂乱像开了锅。

言忤意，则终身摈斥。卢杞之徒，迫于危亡，不得已然后去之。岂恶治而欲乱哉？盖其性与小人合也。

胡氏曰：赏庆刑威[1]曰君。故刑、赏必自人君出，则权不下移。当赏不赏，迫于公议而后赏；当刑不刑，迫于公议而后刑，则权不在上，而人畏爱之心他适[2]矣。德宗保养巨奸，濒于危亡，而不忍去。及李怀光再三陈论，然后不得已而黜杞等。是为天子不能退奸，而将帅乃能退之，致怀光轻视朝廷，旋即肆逆。向使德宗早用陆贽之言，自罢杞等，则下陵上替[3]之势，何自而起哉？

以陆贽为考功郎中贽辞曰："行罚，先贵近而后卑远，则令不犯；行赏，先卑远而后贵近，则功不遗。望先录大劳[4]，次遍群品[5]，则臣亦不敢独辞。"上不许。

李希烈陷汴、滑州，陈少游叛希烈攻汴州。李勉城守累月，外救不至，将其众万余人奔宋州。滑州刺史李澄以城降贼。勉上表请罪，上曰："朕犹失守宗庙，勉宜自安。"待之如初。希烈遂拔襄邑，江淮大震。少游送款于希烈，遣使结李纳于郓州。

关播罢。

甲子**兴元元年**（公元784年）

春，正月，大赦陆贽言于上曰："昔成汤以罪己勃兴[6]，楚昭以善言复国。陛下诚能不吝改过，以谢天下，使书诏[7]之辞无所避忌，则反侧之徒革心向化矣。"上然之。故奉天所下书诏，虽骄将悍卒闻之，无不感激挥涕。会术者言："国家厄运，宜有变更。"群臣请更加尊号。上以问贽，贽曰："尊号之兴，本

1　赏庆刑威：赏庆，奖赏。刑威，刑罚。
2　他适：转移到他处。
3　下陵上替：在下者凌驾于上，在上者废弛无所作为，谓上下失序，纲纪废坠。陵，通"凌"。
4　大劳：有大功劳的人。
5　群品：各个品级的官员。
6　勃兴：蓬勃兴起。
7　书诏：诏书。

非古制。行于安泰[1]之日，已累谦冲；袭乎丧乱之时，尤伤事体。必也俯稽[2]术数，须有变更，与其增美称而失人心，不若黜旧号以祗天戒。”上纳其言。又以中书所撰赦文示贽，贽言：“动人以言，所感已浅，言又不切，人谁肯怀[3]？今兹德音，悔过之意不得不深，引咎之辞不得不尽，洗刷疵垢[4]，宣畅郁堙[5]，使人人各得所欲，则何有不从者乎？然知过非难，改过为难；言善非难，行善为难。假使赦文至精，止于知过言善，犹愿圣虑更思所难。”上然之，乃下制曰：“致理兴化，必在推诚；忘己济人，不吝改过。小子长于深宫之中，暗于经国之务，积习易溺[6]，居安忘危，不知稼穑之艰难，不恤征戍之劳苦，泽靡下究，情未上通，事既拥隔，人怀疑阻[7]。犹昧省己，遂用兴戎，远近骚然，众庶劳止[8]。天谴于上而朕不寤，人怨于下而朕不知，驯致乱阶，变兴都邑[9]，万品[10]失序，九庙震惊，上累祖宗，下负蒸庶，痛心腼貌[11]，罪实在予。自今中外书奏，不得言‘圣神文武’之号。李希烈、田悦、王武俊、李纳等咸以勋旧，各守藩维[12]，朕抚驭乖方，致其疑惧，皆由上失其道，下罹其灾，朕实不君，人则何罪？宜并所管将吏等一切待之如初。朱滔虽缘朱泚连坐，路远，必不同谋，念其旧勋，务在弘贷，如能效顺，亦与惟新。朱泚反易天常[13]，盗窃名器，暴犯陵寝，所不忍言，获罪祖宗，朕不敢赦。其胁从将吏、百姓等，官军未到以前，

---

1 安泰：平安，安宁。
2 俯稽：下察。
3 怀：归向。
4 疵垢：瑕斑和污垢，亦单指污垢。此处引申为错误，邪恶。瑕斑，在玉上残留的痕迹，粗糙。
5 宣畅郁堙：宣畅，舒散，抒发。郁堙，滞塞，不舒畅。
6 积习易溺：积久成习，容易沉溺。
7 泽靡下究，情未上通，事既拥隔，人怀疑阻：恩泽不能普施于百姓，民情不能上达于朝廷，既然上下之间声气阻隔，人们自然便会心怀疑虑。
8 犹昧省己，遂用兴戎，远近骚然，众庶劳止：仍然不知深自反省，终于导致了战争，致使远近各处骚动不安，大家都受尽了劳苦。劳止，辛劳，劳苦。
9 都邑：京城，京都。
10 万品：万物。
11 腼貌：面有愧色。
12 藩维：藩国，也指边防要地。
13 天常：天的常道，常指纲常伦理。

并从赦例。赴奉天及收京城将士，并赐名‘奉天定难功臣’。其所加垫陌钱、税间架、竹、木、茶、漆、榷铁之类，悉宜停罢。”赦下，四方人心大悦。后李抱真入朝，为上言：“山东宣布赦书，士卒皆感泣。臣见人情如此，知贼不足平也。”

王武俊、田悦、李纳上表谢罪先是，上使人说王武俊、田悦、李纳，赦其罪，赂以官爵，悦等皆密归款，而犹未敢绝朱滔。至是，见赦令，皆去王号，上表谢罪。

李希烈僭号李希烈自恃兵强，遂谋称帝，遣人问仪于颜真卿。真卿曰：“老夫尝为礼官，所记惟诸侯朝天子礼耳。”希烈遂称大楚皇帝，以其党郑贲、孙广、李绶、李元平为宰相。遣其将辛景臻谓颜真卿曰：“不能屈节，当自焚。”积薪灌油于其庭，真卿趋赴火，景臻遽止之。希烈又遣其将杨峰赍赦如淮南，寿州刺史张建封执之，腰斩以徇，具奏少游附贼之状。上悦，以建封为濠、寿、庐[1]都团练使。希烈乃以其将杜少诚将步、骑万余人先取寿州。建封遣其将贺兰元均守霍丘，少诚竟不能过，遂南寇蕲、黄，欲断江路。曹王皋遣蕲州刺史伊慎将兵击破之。希烈以夏口上流，使其将董侍袭鄂州[2]，刺史李兼出战，大破之。以兼为鄂、岳、沔[3]都团练使。于是希烈东畏曹王皋，西畏李兼，不敢复有窥江淮之志矣。

置琼林大盈库于行宫上于行宫庑下，贮诸道贡献之物，榜[4]曰“琼林大盈库”。陆贽谏曰：“天子与天同德，以四海为家，何必挠废公方，崇聚私货[5]，效匹夫之藏，以诱奸聚怨乎？且顷者六师初降，百物无储殆将五旬，死伤相枕，毕命同力，竟夷大艰[6]。良以陛下不厚其身，不私其欲，绝甘辍食，以啖功

1　濠、寿、庐：即濠州、寿州、庐州。
2　鄂州：古州名，辖今湖北省武汉市长江以南地区和黄石、咸宁等地。
3　鄂、岳、沔：即鄂州、岳州、沔州。岳州，古州名，辖今湖南省沅江等市县以东，湘阴、平江等县以北地区。
4　榜：匾额。
5　挠废公方，崇聚私货：破坏公家的法度，集聚私人的财货。
6　竟夷大艰：竟然克服了巨大的艰难。

劳。无猛制而人不携，怀所感也；无厚赏而人不怨，悉所无也[1]。今者攻围已解，衣食已丰，而谣讟[2]方兴，军情稍阻，岂不以患难既与之同忧，而好乐不与之同利乎？诚能近想重围之殷忧，追戒平居之专欲[3]，凡在二库货贿，尽令出赐有功，每获珍华[4]，先给军赏，如此，则乱必靖，贼必平，徐驾六龙[5]，旋复都邑，天子之贵，岂当忧贫？是乃散小储而成大储，损小宝而固大宝也。”上即命去其榜。

胡氏曰：德宗以专欲致祸，困而不喻，惟货是黩[6]。自古人君不足用为善，盖鲜俪[7]矣。非陆宣公精忠厚德，尽事之之义，其谁能不起遁光胶口[8]之意哉？乌乎，贽可为人臣之式[9]矣！

以萧复为江淮等道宣慰安抚使萧复尝言于上曰：“宦官为监军，恃恩纵横。此属但应掌宫掖之事，不宜委以兵权国政。”上不悦。又尝言：“陛下践祚之初，圣德光被[10]。自用杨炎、卢杞黩乱朝政，以致今日。陛下诚能变更睿[11]志，臣敢不竭力？傥使臣依阿[12]苟免，臣实不能！”又尝与卢杞同奏事，杞顺上旨，复正色曰：“卢杞言不正！”上愕然，退，谓左右曰：“萧复轻朕！”命复充山南、荆湖、江淮等道宣慰安抚使，实疏之也。既而刘从一及朝士多奏留复，上谓陆贽曰：“朕欲遣重臣宣慰江淮，宰相、朝士佥[13]谓宜然。今乃反复

1 无猛制而人不携，怀所感也；无厚赏而人不怨，悉所无也：不用严厉的制度，但人们并无背离，因为他们怀念陛下的感人之处；没有丰厚的奖赏，但人们并不埋怨，因为他们知道这是当时完全没有的东西。
2 谣讟：毁谤怨恨。
3 专欲：个人欲望。
4 珍华：珍贵华丽。
5 六龙：古代天子的车驾为六马，马八尺称龙，因以为天子车驾的代称。
6 困而不喻，惟货是黩：经过困苦依然不明白，只顾贪求财货。
7 鲜俪：罕见其匹。
8 遁光胶口：遁光，隐去光芒。遁，隐藏。胶口，闭口。
9 式：榜样。
10 光被：遍及。
11 睿：古时臣下对君王、后妃等所用的敬词，有智慧。
12 依阿：曲从附顺。
13 佥：都。

如是。意复悔行，使之论奏[1]。卿知复如何人？其意安在？”贽上疏曰：“复痛自修励[2]，慕为清贞[3]，用虽不周，行则可保。至于轻诈如此，复必不为。借使复欲逗留，从一安肯附会？愿陛下明加辨诘[4]。若复有所请求，则从一何容为隐？若从一自有回互[5]，则萧复不当受疑。”上亦竟不复辨也。

胡氏曰：萧复请德宗变更乱志，此格其非心、引诸当道之言也。又以去留与帝为约，不行而后去，心则无愧。夫岂度君之长短，而用吾尺寸以俯就之哉？若复者，可谓大臣矣。然复言宦官从横而上不悦，是与宦官为一体也。言卢杞不正而上愕然，是与卢杞为一心也。其不可与有为也决矣。

诏复王武俊、田悦、李纳官爵朱滔使人说田悦，欲与共取大梁。悦不欲行而未忍绝滔，召官属议之。许士则曰：“朱滔昔事李怀仙，与兄泚及朱希彩共杀怀仙而立希彩，又杀希彩而立泚。泚既为帅，滔乃劝泚入朝，而自为留后，虽劝以忠义，实夺之权。平生与同谋共功，负而杀之者二十余人。使滔得志，泚亦不为所容，况同盟乎？不若佯许偕行，阴为之备。厚加迎劳，至则托以他故，遣将分兵而随之。则大王外不失报德之名，而内无仓猝之忧矣。”会武俊亦遣田秀驰见悦曰：“天子方在隐忧，以德绥我。我曹何得不悔过而归之？且舍九叶[6]天子不事，而事泚及滔乎？八郎慎勿与俱南，但闭城拒守。武俊请伺其隙，连昭义之兵，击而灭之，与八郎再清河朔，共事天子，不亦善乎？”悦意遂决，绐滔曰：“如约。”滔将步、骑五万人、回纥三千人，发河间而南入赵境。武俊大具犒享[7]，入魏境，悦供承倍丰[8]。滔遣使见悦，约与偕行。悦曰：“昨日将出军，将士勒兵不听，曰：‘国兵[9]新破，将士不免冻馁，若舍

1　论奏：官吏上奏，论述自己的意见。
2　修励：尽力修行。
3　清贞：清白坚贞。
4　辨诘：辩难诘问。辨，通“辩”。
5　回互：邪曲，品性不正。
6　九叶：九代。
7　犒享：慰劳。
8　供承倍丰：供承，供应。倍丰，加倍丰盛。
9　国兵：国家的军队。

城邑[1]而去，朝出，暮必有变。’然悦不敢贰，已令步、骑五千从行，供刍牧之役矣。”滔大怒，即日遣兵攻宗城、经城[2]、冠氏，皆拔之。又纵回纥掠馆陶顿[3]。悦闭城自守。滔分兵攻贝、魏。于是诏加田悦右仆射，复以武俊为恒、冀、深、赵节度使，李纳为平卢节度使。

遣使发吐蕃兵吐蕃尚结赞请出兵助唐收京城，遣秘书监崔汉衡，使吐蕃发其兵。

二月，赠段秀实太尉，谥“忠烈”。

李希烈围宁陵李希烈将兵五万围宁陵，引水灌之。濮州刺史刘昌以三千人守之，凡四十五日不释甲。韩滉遣其将王栖曜将兵助之，以强弩[4]数千游汴水，夜入城。明日，从城上射希烈，及其坐幄[5]。希烈惊曰：“宣、润[6]弩手至矣。”遂解围去。

李晟还军东渭桥初，李晟与刘德信俱屯东渭桥。德信不受晟节制，晟因其至营，数以沪涧之败，斩之。因驰入其军，并将之，军势益振。李怀光有异志，又恶李晟独当一面，恐其成功，奏请与晟合军，诏许之。晟与怀光会于咸阳西，怀光军士多掠人牛马，晟军秋毫不犯。怀光军士恶其异己，分所获与之，晟军终不敢受。怀光密与朱泚通谋，事迹颇露。李晟屡奏，恐为所并，请移军东渭桥，奏不下。怀光欲激怒诸军，奏言：“诸军粮赐薄，神策[7]独厚。厚薄不均，难以进战。”上无以给之，乃遣陆贽诣怀光营宣慰，因召李晟参议。怀光欲晟自乞减损，使失士心，晟曰：“公为元帅，得专号令，增减衣食，公当裁之。”怀光默然，遂止。吐蕃相尚结赞言：“蕃法，发兵，以主兵大臣为信。今制书无怀光名，故不敢进。”上命贽谕怀光，怀光竟不肯署。尚结赞亦

1　城邑：城和邑，泛指城镇。
2　经城：古县名，治所位于今河北省邢台市威县北。
3　顿：宿、食之所，也指宿、食所需之物。
4　强弩：能开硬弓的射手。
5　坐幄：用于坐的帐幕。
6　宣、润：即宣州、润州。
7　神策：即神策军，唐朝中后期北衙禁军的主力，原为西北的戍边军队，后进入京师，负责保卫京师和宿卫宫廷，并行征伐之事。

不进军。贽还，言："贼泚势穷援绝，怀光乘胜芟翦[1]，易若摧枯[2]，而寇奔不追，师老不用，每阻诸帅进取之谋。若不渐思制持[3]，终恐变故难测。今李晟奏请移军，臣尝以问怀光，怀光乃云：'李晟既欲别行，某亦都不要藉[4]。'愿因此敕下，依晟所奏，而则诏怀光曰：'李晟奏请移军城东以分贼势，本欲委卿商量，适陆贽回云卿言许去，遂允其请。'如此，则词婉而直，理顺而明，虽蓄异端，何由起怨？"上从之。晟自咸阳结阵而行，归东渭桥。时李建徽、杨惠元犹与怀光连营，贽复奏曰："怀光师徒足以独制凶寇，逗留未进，抑有他由[5]。所患太强，不资旁助。建徽、惠元之众附丽[6]其营，不相统属，俾之同处，必不两全。今宜托言晟兵素少，虑为贼泚所邀，藉此两军迭为掎角，仍先谕旨，密使促装[7]。诏书至营，即日进路。怀光意虽不欲，然亦计无所施。是谓先人有夺人之心[8]，疾雷不及掩耳者也。"上曰："卿所料极善。然如此则怀光必更生辞，转难调息[9]，且更俟旬时[10]。"

加李怀光太尉，赐铁券李晟以为怀光反状已明，缓急宜有备，蜀、汉之路不可壅，请以裨将赵光铣等为洋、利[11]、剑三州刺史，各将兵以防未然[12]。上欲亲总禁兵幸咸阳，趣诸将进讨。或谓怀光曰："此汉祖游云梦之策也。"怀光大惧，反谋益甚。诏加怀光太尉，赐铁券，遣使谕旨。怀光对使者投铁券于地，曰："人臣反，赐铁券。怀光不反，今赐铁券，是使之反也。"辞气[13]甚悖。左

1　芟翦：铲平，消除。
2　摧枯：摧毁枯草。形容气势盛大，对方不堪一击。
3　制持：操持。
4　某亦都不要藉：我也全然不需要借助他为我效力。
5　他由：其他的理由。
6　附丽：依附，附着。
7　促装：急忙整理行装。
8　先人有夺人之心：抢在敌人的前面，可以夺去敌人的斗志。
9　调息：调解，平息争端。
10　旬时：旬日，十天。
11　利：利州，古州名，辖今四川省广元、旺苍、青川及陕西省宁强等市县部分地。
12　未然：还没有发生的事情，意指可能发生的事情。
13　辞气：语气，口气。

兵马使张名振当军门大呼曰：“太尉视贼不击，待天使[1]不敬，果欲反耶？”怀光曰：“我不反，欲蓄锐以俟时耳。”怀光又发卒城咸阳，移军据之。名振曰：“乃者言不反，今不攻长安，杀朱泚，取富贵，而拔军此来何邪？”怀光杀之。怀光潜与朱泚通谋，其养子石演芬遣客诣行在告之。事觉，怀光召演芬责之曰：“我以尔为子，奈何负我，死甘心乎？”演芬曰：“天子以太尉为股肱，太尉以演芬为心腹。太尉既负天子，演芬安得不负太尉乎？演芬胡人，不能异心，惟知事一人。苟免贼名而死，死甘心矣。”怀光使左右脔食[2]之，皆曰：“义士也。”以刀断其喉而去。

李怀光反，帝奔梁州上以怀光附贼，将幸梁州，山南节度使严震遣大将张用诚将兵五千迎卫。用诚为怀光所诱，阴与之通谋。会震继遣牙将马勋奉表，上语之故。勋请“诣梁州，取震符召用诚还，不受命，则杀之”，遂去。得震符，请壮士五人与俱。用诚迎之，勋与入驿，出符示之，用诚起走，壮士自后擒之。送震，杖杀之。李怀光袭夺李建徽、杨惠元军，杀惠元，建徽走免。怀光又与韩游瓌书，约使为变。游瓌奏之。上问：“策安出？”对曰：“怀光总诸道兵，故敢恃众为乱。今邠宁、灵武、河中、振武、潼关、渭北皆有守将，陛下各以其众及地授之，尊怀光之官，罢其权，则行营诸将各受本府指麾矣。怀光独立，安能为乱？”上曰：“如此，若朱泚何？”对曰：“陛下既许将士以克城殊赏[3]，将士奉天子之命以讨贼取富贵，谁不愿之？泚不足忧也！”上然之。怀光遣其将赵升鸾入奉天，约为内应。升鸾诣浑瑊自言，瑊遽以闻，且请决幸[4]梁州。上遂出城，命戴休颜守奉天。休颜徇于军中曰：“怀光已反！”遂乘城拒守。泾卒之乱[5]，兵部侍郎刘乃以病卧家，朱泚召之，不起。使蒋镇说之，

1 天使：皇帝的使者。
2 脔食：切成小块的肉分着吃。
3 殊赏：特殊的赏赐。
4 决幸：决心出巡。
5 泾卒之乱：指泾原士卒兵变，攻陷长安，唐德宗仓皇出逃至奉天。

再往，不从。镇乃叹曰："镇不能舍生，以至于此，岂可复以己之腥臊[1]污漫[2]贤者乎？"歔欷而反。乃闻上幸山南，自投于床，不食而卒。乔琳从至盩厔，称病为僧，泚召为吏部尚书。于是朝士多出仕[3]泚。怀光遣其将孟保、惠静寿、孙福达将精骑趋南山邀车驾，至盩厔，相谓曰："彼使我为不臣[4]，我以追不及报之，不过不使我将耳。"率众而东，纵之剽掠，由是百官从行者皆得入骆谷。以追不及还报，怀光皆黜之。

加神策行营节度使李晟同平章事李晟得除官制[5]，拜，哭受命，谓将佐曰："长安宗庙所在，天下根本。若诸将皆从行，谁当灭贼者？"乃治城隍，缮甲兵，为复京城之计。是时，怀光、朱泚连兵，声势甚盛。晟以孤军处其间，内无资粮，外无救援，徒以忠义感激将士，故其众虽单弱，而锐气不衰。又以书遗怀光，辞礼卑逊[6]，而谕以祸福，劝之立功补过。故怀光惭恧，未忍击之。晟以判官张彧假京兆尹，择四十余人，假之官，以督渭北诸县刍粟，不旬日，皆充羡。乃流涕誓众，决志平贼。

三月，魏博兵马使田绪杀其节度使田悦，权知[7]军府田悦用兵数败，士卒死者什六七，其下厌苦之。上以给事中孔巢父为魏博宣慰使。巢父，孔子三十七世孙也，性辩博，至魏州，对其众，为陈逆顺祸福，悦及将士皆喜。兵马使田绪，承嗣之子也，凶险多过失，悦杖而拘之。悦既归国，撤警备。绪遂与左右杀悦及其将佐扈崿、许士则、蔡济等，登城大呼，谓众曰："绪，先相公之子，诸君受先相公恩，若能立绪，兵马使赏缗钱二千，大将半之，士卒百缗，竭公私之货，五日取办[8]。"于是将士皆归绪，军府乃定。因请命于巢父，巢父命绪权知军府。朱滔闻悦死，遣马寔攻魏州，别遣人说绪，许以本道节度

1　腥臊：腥臭的气味，亦借指寇盗、叛军等。
2　污漫：玷污，污染。
3　出仕：出来做官。
4　不臣：不守臣节，不合臣道。
5　得除官制：接到拜官的制书。除官，任命为官员，拜官。
6　辞礼卑逊：辞礼，言辞和礼节。卑逊，谦虚恭谨。
7　权知：代掌某官职。
8　取办：置备，置办。

使。绪方危迫[1]，送款于滔。李抱真、王武俊又遣使诣绪，许以赴援。绪召将佐议之，幕僚曾穆、卢南史曰："用兵虽尚威武，亦本仁义，然后有功。幽陵之兵，恣行杀掠，今虽盛强，其亡可立而待也。奈何以目前之急，欲从人为反逆乎？不若归命朝廷，天子方蒙尘于外，闻魏博使至，必喜，官爵旋踵而至矣。"绪从之，遣使奉表诣行在。

李怀光奔河中上之发奉天也，韩游瓌率其麾下八百余人还邠州。李怀光以李晟军浸盛，恶之，欲引军袭之。三令其众，众不应，皆窃言曰："若击朱泚，惟力是视[2]。若欲反，我曹有死，不能从也！"怀光知之，问计于宾佐，李景略曰："取长安，杀朱泚，散军还诸道，单骑诣行在，如此，臣节亦未亏，功名犹可保也。"顿首恳请，至于流涕，怀光许之。既而阎晏等劝怀光东保河中，徐图去就。怀光乃说其众曰："今且往河中，俟春装办，还攻长安，未晚也。东方诸县皆富实，听尔俘掠。"众遂许之。怀光乃谓景略曰："向者之议，军众不从，子宜速去！"遣数骑送之。景略出军门，恸哭曰："不意此军一旦陷于不义！"怀光遣使诣邠州，令留后张昕悉发所留兵万余人及行营将士家属会泾阳。韩游瓌说昕曰："李太尉功高自弃，已蹈祸机，中丞今日可以自求富贵。"昕曰："昕微贱，赖李太尉得至此，不忍负也。"游瓌乃谢病不出，阴与诸将相结，举兵杀昕。

胡氏曰：张昕武人，固不知天下大义，游瓌业已说之，当更语之曰："李太尉能奏人以官，不能以官予人。官乃天子之命也。太尉忠于天子，则中丞附之可以为荣。怀光背叛，而中丞与之兵，是负国而党贼也。及今自拔，脱身逆乱之门，策名[3]忠义之列，何名为负哉？"如此，则昕亦必可说矣。

---

1 危迫：危险而急迫。
2 惟力是视：竭尽己力而为。
3 策名：书名于简策。

会崔汉衡以吐蕃兵至，矫诏游瓌知军府事。于是游瓌屯邠宁[1]，戴休颜屯奉天，骆元光屯昭应[2]，尚可孤屯蓝田，皆受李晟节度，晟军声大振。始怀光方强，朱泚与书，以兄事之，约分帝关中。及怀光已反，其下多叛，泚乃赐以诏书，且征其兵。怀光惭怒，内忧麾下为变，外恐李晟袭之，遂烧营东走，掠泾阳等十二县，鸡犬无遗。至河中，或劝守将吕鸣岳焚桥拒之。鸣岳以兵少，恐不能支，遂纳之。

车驾至梁州上在道，民有献瓜果者，上欲以散、试官[3]授之。陆贽奏曰："爵位恒宜慎惜，不可轻用。献瓜果者，赐之钱帛可也。"上曰："试官虚名，无损于事。"贽曰："当今所病，方在爵轻，设法贵之，犹恐不重，若又自弃，将何劝人？夫诱人之方，惟名与利。名近虚而于教为重，利近实而于德为轻。专实利而不济之以虚，则物力不给；专虚名而不副之以实，则人情不趋。故国家命秩[4]之制，有职事，有散官，有勋官，有爵号，然掌务而受俸者，唯系职事之一官，此所谓施实利而寓虚名者也。三者止于服色、资荫而已，此所谓假虚名以佐实利者也。今之员外、试官，虽则授无费禄，然而突铦锋[5]、排患难、竭筋力[6]、展勤效[7]者皆以是酬之。若献瓜果者亦以授之，则彼必相谓曰：'吾以忘躯命而获官，此以进瓜果而获官，是乃国家以吾之躯命同于瓜果矣。'视人如草木，谁复为用哉？今陛下既未有实利以敦劝，又不重虚名而滥施，则后之立功者，将曷用为赏哉？"上居艰难中，虽有宰相，大小之事必与贽谋之，故当时谓之"内相"，上行止必与之俱。梁、洋[8]道险，尝与相失，上惊忧涕泣，募得贽者赏千金。久之，乃至。上喜甚，太子以下皆贺。然贽数直谏，迕上

1　邠宁：方镇名，领有邠、宁、庆三州，辖今甘肃省东部的环江、马连河流域以东及陕西省彬县、永秦、旬邑、长武等县地。
2　昭应：古县名，治所即今陕西省西安市临潼区。
3　试官：未正式任命的官吏。
4　命秩：官爵。
5　铦锋：刚锐的锋芒。
6　筋力：体力。
7　勤效：劳绩。
8　梁、洋：即梁州、洋州。

意，卢杞虽贬，上心庇之。贽极言杞奸邪致乱，上虽貌从，心颇不悦。车驾至梁州。山南地薄民贫，盗贼之余，户口减半，粮用颇窘。上欲西幸成都，严震曰："山南地接京畿，李晟方图收复，藉六军以为声援。若幸西川[1]，则晟未有收复之期也。"众议未决，会晟表至，言："陛下驻跸汉中，所以系亿兆之心，成灭贼之势。若规小舍大，迁都岷、峨[2]，则士庶失望，虽有猛将谋臣，无所施矣！"上乃止。严震百方以聚财赋，民不至困穷而供亿无乏。

凤翔节度使李楚琳遣使诣行在初，奉天围既解，李楚琳遣使入贡，上不得已，除凤翔节度使，而心恶之。使者数辈至，上皆不引见，欲以浑瑊代之。陆贽奏曰："楚琳之罪固大，但以乘舆未复，大憝犹存，勤王之师悉在畿内。仅通王命，唯在褒斜[3]。傥或楚琳发憾[4]猖狂，则我咽喉梗而心膂分矣。今幸两端顾望，正宜厚加抚循，得其持疑，便足集事。必欲精求素行，追抉宿疵[5]，则是改过不足以补愆[6]，自新不足以赎罪，凡今将吏，岂尽无疵？人皆省思[7]，孰免疑畏？又况阻命、胁从之流，安敢归化哉？"上乃善待楚琳使者，优诏存慰之。上又问贽："近有卑官[8]自山北来者，论说贼势，语多张皇[9]。察其事情，颇似窥觇[10]，若不追寻[11]，恐成奸计。"贽上奏曰："以一人之听览[12]而欲穷宇宙之变态，以一人之防虑而欲胜亿兆之奸欺，役智[13]弥精，失道弥远。项籍纳秦降卒

1 西川：方镇名，辖今四川省成都平原及其以北、以西和雅砻江以东地区。
2 岷、峨：即岷州、峨州。峨州，古州名，辖今贵州省打狗河上游地区。
3 仅通王命，唯在褒斜：唯一能够传达陛下命令的道路，只有褒斜道。褒斜道，自今陕西省宝鸡市眉县沿斜水及其上源石头河，经今太白县，循褒水及其上源白云河至汉中，因取道褒水、斜水两河谷得名。
4 发憾：产生怨恨。
5 精求素行，追抉宿疵：过于认真地要求人们平素的行为，刻意挑以往的毛病。疵，毛病，缺点。
6 补愆：弥补过失。
7 省思：反省，反思。
8 卑官：职位低微的官吏。
9 张皇：惊慌，慌张。
10 窥觇：暗中察看，探察。
11 追寻：跟踪寻找。
12 听览：听事览文，谓处理政务。
13 役智：运用心智。

二十万，虑其怀诈[1]而尽坑之，其于防虞[2]，亦已甚矣。汉高豁达大度，天下之士至者，纳用不疑，其于备虑，可谓疏矣。然而项氏以灭，刘氏以昌，蓄疑之与推诚，其效固不同也。陛下智出庶物[3]，有轻待人臣之心；思周万机，有独驭区寓[4]之意；谋吞众略，有过慎之防；明照群情，有先事[5]之察；严束百辟，有任刑致理之规[6]；威制四方，有以力胜残[7]之志。由是才能者怨于不任，忠荩[8]者忧于见疑，著勋业者惧于不容，怀反侧者迫于及讨，驯致离叛，构成祸灾。愿陛下以覆辙为戒，天下幸甚！"

康熙御批：陆贽章奏甚多，莫不竭忠尽智，悉中机宜，此尤务全国体，深有合于王道。虽遭时不淑[9]，其嘉谟硕画[10]，足为臣子进言之法。

夏，四月，以韩游瓌为邠宁节度使。

加李晟诸道副元帅晟家百口，及神策军士家属皆在长安，朱泚善遇之。军中有言及家者，晟泣曰："天子何在，敢言家乎？"泚使晟亲近以家书遗晟曰："公家无恙。"晟怒曰："尔敢为贼为间[11]？"立斩之。军士未授春衣，盛夏犹衣裘褐，终无叛志。

以田绪为魏博节度使。

浑瑊以吐蕃兵拔武功浑瑊率诸军出斜谷，崔汉衡劝吐蕃出兵助之，尚结赞曰："邠军不出，将袭我后。"韩游瓌闻之，遣其将曹子达将兵往会，吐蕃遣兵二万从之。李楚琳遣将从瑊拔武功。泚遣其将韩旻等攻之。子达以吐蕃拒击，斩首万余级，旻仅以身免。瑊遂引兵屯奉天，与李晟东西相应，以逼

---

1 怀诈：心存欺诈。
2 防虞：防备不虞之患。
3 庶物：万物，各种事物。
4 区寓：广阔的区域或范围。
5 先事：事前。
6 严束百辟，有任刑致理之规：严格约束百官，有专任刑法以求治理的规划。百辟，百官。
7 以力胜残：以勇力战胜残暴。
8 忠荩：忠诚。
9 不淑：不善，不良。
10 硕画：远大的谋划。
11 间：奸细。

长安。

姜公辅罢为左庶子上长女唐安公主薨，上欲为造塔，厚葬之。姜公辅表谏，以为：“山南非久安之地，且宜俭薄以副军须[1]之急。”上谓陆贽曰：“造塔小费，非宰相所宜论。公辅正欲指朕过失，自求名耳。”贽上奏曰：“凡论事者，当问理之是非，岂计事之大小？故唐、虞之际，主圣臣贤，而虑事之微，日至万数。然则微之不可不重也如此，陛下又安可忽而勿念乎？若谓谏争为指过，则剖心之主，不宜见罪于哲王[2]；以谏争为取名，则匪躬之臣，不应垂训于圣典[3]。假有意将指过，谏以取名，但能闻善而迁，见谏不逆，则所指者适足以彰陛下莫大之善，所取者适足以资陛下无疆之休[4]。因而利焉，所获多矣。傥或怒其指过而不改，则陛下招恶直之讥；黜其取名而不容，则陛下被违谏之谤。是乃掩己过而过弥著，损彼名而名益彰。果而行之，所失大矣。”上意犹怒，罢公辅为左庶子。

范氏曰：人君择贤以为相，盖欲闻其忠言嘉谋，以交修[5]所不逮也。故《书》曰：“朝夕纳诲，以辅台德[6]。”而后世宰相遂与谏臣分职，人君得失，责之谏者，而相不预焉。此谄谀之人持禄保位之计，非贤相之职业也。姜公辅一谏德宗，而德宗以为非所宜论，卒废黜之。不明之君，岂知所以任相哉？

泾原大将田希鉴杀其节度使冯河清朱泚、姚令言数遣人诱河清，河清皆斩其使者。大将田希鉴密与泚通，杀河清而附于泚。

以贾耽为工部尚书先是，耽为山南东道节度使，使行军司马樊泽奏事行在。泽既复命，方大宴，有急牒[7]至，以泽代耽。耽内牒怀中，颜色不改。宴

1 军须：军需。
2 剖心之主，不宜见罪于哲王：剖开谏臣心脏的君主，就不应被贤明的圣王归罪。
3 匪躬之臣，不应垂训于圣典：不顾自身利益的大臣，圣人便不会在经典中以他们为榜样垂示教训。匪躬，忠心耿耿，不顾自身。垂训，垂示教训。
4 休：美好。
5 交修：用为天子要求臣下匡助之词。语出《书·说命下》：“尔交修予，罔予弃，予惟克迈乃训。”
6 朝夕纳诲，以辅台德：时时进献善言，以帮助我修德。
7 急牒：紧急公文。

罢，召泽告之，且命将吏谒泽。牙将张献甫怒曰：“行军[1]自图节钺，事人不忠，请杀之。”耽曰：“天子所命，则为节度使矣。”即日离镇，以献甫自随，军府遂安。

韩游瓌引兵会浑瑊于奉天。

李抱真会王武俊于南宫朱滔攻贝州百余日，马寔攻魏州亦逾四旬，皆不能下。贾林复为李抱真说王武俊曰：“朱滔志吞贝、魏，复值田悦被害，傥旬日不救，则魏博皆为滔有矣。魏博既下，则张孝忠必为之臣。滔连三道之兵，益以回纥，进临常山，明公欲保其宗族，得乎？常山不守，则昭义退保西山，河朔尽入于滔矣。不若乘贝、魏未下，与昭义合兵救之。滔既破亡，则朱泚不日枭夷，銮舆反正。诸将之功，孰居明公之右者哉？”武俊悦，从之，军于南宫东南，抱真自临洺引兵会之。两军尚相疑，抱真以数骑诣武俊营，命行军司马卢玄卿勒兵以俟，曰：“今日之举，系天下安危，若其不还，领军事以听朝命亦惟子，励将士以雪仇耻亦惟子。”言终，遂行。见武俊，叙国家祸难，天子播迁，持武俊哭，流涕纵横，武俊亦悲不自胜，左右莫能仰视。遂与武俊约为兄弟，誓同灭贼。抱真退入武俊帐中，酣寝[2]久之。武俊感激，待之益恭，指心仰天曰：“此身已许十兄[3]死矣！”遂连营而进。

1　行军：即行军司马樊泽。
2　酣寝：熟睡。
3　十兄：即李抱真。李抱真家中排行第十，因称十兄。

卷四十七

起甲子唐德宗兴元元年五月，尽庚辰[1]唐德宗贞元十六年**凡十六年有奇**。

甲子**兴元元年**（公元784年）

五月，韩滉遣使贡献山南地热，上以军士未有春服，亦自御夹衣[2]。至是，盐铁判官王绍以江淮缯帛来至，上命先给将士，然后御衫。韩滉又欲遣使献绫罗[3]四十担于行在，幕僚何士干请行，滉喜曰："君能相为行，请今日过江。"士干许诺。归别家，则薪米、储偫[4]已罗门庭矣；登舟，则资装、器用已充舟中矣。每担夫[5]，与白金一版[6]使置腰间。又运米百艘以饷李晟，自负囊米[7]置舟中，将佐争举之，须臾而毕。艘置五百弩手，有寇则叩舷相警，五百弩已彀[8]矣。比达渭桥，盗不敢近。时关中斗米五百，及滉米至，减五之四。滉为人强力严毅[9]，自奉俭素，夫人常衣绢裙，破，然后易。

吐蕃引兵归国朱泚使田希鉴以金帛赂吐蕃。浑瑊屡与约刻日取长安，既而不至，遂引兵去。上以李晟、浑瑊兵少，欲倚吐蕃以复京城，闻其去，甚忧之，以问陆贽。贽上奏曰："吐蕃迁延观望，翻覆多端，致令群帅进退忧虞[10]，欲舍之独前，则虑其怀怨乘蹑[11]；欲待之合势，则苦其失信稽延。戎若未归，寇终不灭。将帅意陛下不见信任，且患蕃戎之夺其功；士卒恐陛下不恤旧劳，而畏蕃戎之专其利；贼党惧蕃戎之胜，不死则悉遗人擒；百姓畏蕃戎之来，有财必尽为所掠。今怀光别保蒲、绛[12]，吐蕃远避封疆[13]，形势既分，腹背无患，瑊、

1　庚辰：即公元800年。
2　夹衣：有里有面的双层衣服。
3　绫罗：泛指丝织品。
4　储偫：日常或行旅等需用的器物。
5　担夫：以挑运货物、行李为职业的人。
6　白金一版：银牌一块。白金，即银子。
7　囊米：口袋盛装的米。
8　彀：把弓张满。
9　严毅：严厉刚毅。
10　忧虞：忧虑。
11　乘蹑：追逐。
12　蒲、绛：即蒲州、绛州。
13　封疆：边疆。

晟诸帅才力得伸。但愿陛下慎于抚接，勤于砥砺，中兴大业，旬月可期，不宜尚眷眷于犬羊之群，以失将士之情也。”上曰：“卿言甚善，然瑊、晟诸军当议规画[1]，令其进取。卿宜审细条流[2]以闻。”贽对曰：“贤君选将，委任责成，故能有功。况今秦、梁[3]千里，兵势无常，遥为规画，未必合宜。彼违命则失君威，从命则害军事，进退羁碍[4]，难以成功；不若假以便宜之权，待以殊常之赏，则将帅感悦，智勇得伸矣。夫锋镝交于原野，而决策于九重之中，机会变于斯须，而定计于千里之外，是以用舍相碍，否臧[5]皆凶。上有掣肘之讥，而下无死绥[6]之志矣。且君上之权，特异臣下。惟不自用，乃能用人。惟陛下图之。”

李抱真、王武俊大破朱滔于贝州李抱真、王武俊距贝州三十里而军。滔闻两军将至，急召马寔。或谓滔曰：“武俊善野战，不可当其锋。宜徙营稍前逼之，使回纥绝其粮道，我坐食德、棣之饵[7]，依营而陈，利则进攻，否则入保，待其饥疲，然后可制也。”会寔军至，滔命明日出战，寔请休息数日。回纥达干见滔曰：“回纥受大王金帛、牛酒无算，思为大王立效久矣。明日，愿大王驻马高丘[8]，观回纥为大王剪武俊之骑，使匹马不返。”滔遂决意出战。武俊遣其兵马使赵琳将五百骑伏于桑林[9]。抱真列方阵于后，武俊引骑兵居前，与回纥战，赵琳自林中出，横击之，回纥及滔军皆败走，抱真、武俊合兵追之。滔与数千人走还，夜焚营遁归。两军以雾不能追也。滔恐范阳留守刘怦因败图己，怦悉发守兵，具仪仗迎之，时人多[10]之。

---

1 规画：筹划，谋划。
2 审细条流：审细，详细，仔细。条流，列出纲目。
3 秦、梁：即秦中、梁州。秦中，指今陕西省中部平原地区，因春秋、战国时这里为秦国地而得名。
4 羁碍：羁绊阻碍。
5 否臧：成败。
6 死绥：战死沙场。
7 德、棣之饵：德州、棣州运送来的粮食。饵，运粮赠送。
8 高丘：高山。
9 桑林：古地名，位于今河北省邢台市广宗县东南。
10 多：赞许，推崇。

胡氏曰：古人有言："除君之恶，惟力是视。"苟得为之，虽失小信，伤曲谨[1]，智士固从其大者矣。刘怦本谏朱滔毋反，而不见听，今当滔败北，当明君臣大义，奖率将士，据险拒之，举范阳归国，其功岂不大哉？夫不薄人于险，非所施于乱臣贼子也。史谓时人多之者，亦流俗之论耳。

以程日华为沧州节度使初，张孝忠以易州归国，诏以易、定、沧三州隶之。沧州刺史李固烈，李惟岳之妻兄也，请归恒州。孝忠遣押牙程华交其州事。固烈悉取军资以行，军士杀之。华素宽厚，将士安之。朱滔、王武俊更遣人招华，华皆不从。时孝忠在定州，自沧如定，必涉[2]滔境，参军李宇说华表请别为一军，华从之。上即以华为沧州刺史，知节度事，赐名日华，令岁供义武租钱十二万缗。王武俊又使人说诱之。时军中乏马，日华绐使者曰："王大夫必欲相属，当以二百骑相助。"武俊给之，日华悉留之。武俊怒，然以方拒官军，不能攻也。及武俊归国，日华乃遣人谢过，偿其马价。武俊喜，复与交好。

六月，李晟等收复京城，朱泚亡走，其将韩旻斩之以降李晟大陈兵，谕以收复京城，引所获谍人[3]示之，饮之酒，给钱而纵之。召诸将问兵所从入，皆请先取外城，据坊市[4]，然后北攻宫阙。晟曰："坊市狭隘，贼若伏兵格斗，非官军之利也。今贼重兵皆聚苑中，不若自苑北攻之，溃其腹心，贼必奔亡。如此，则宫阙不残，坊市无扰，策之上者也。"诸将皆曰："善！"乃牒浑瑊、骆元光、尚可孤刻期集于城下。尚可孤败泚将仇敬忠于蓝田西，斩之。李晟移军于光泰门外，方筑垒，泚兵大至，晟纵兵击之，贼败走。明日，晟复出兵，诸将请待西帅至，夹攻之，晟曰："贼数败，已破胆，不乘胜取之，使其成备，非计也。"贼出战，屡败。晟使兵马使李演、王佖将骑兵，史万顷将步兵直抵苑墙。晟先开墙二百余步，贼栅断[5]之。晟怒，欲斩万顷等，万顷率众拔

1　曲谨：谨小慎微。
2　涉：经过。
3　谍人：间谍，暗探。
4　坊市：街市。
5　栅断：竖起栅栏堵塞了宫苑垣墙的缺口。

栅而入，佖、演继之。贼众大溃，诸军分道并入，且战且前，凡十余合，贼不能支，皆溃。张光晟劝泚出亡，泚乃与姚令言率余众西走，光晟降。晟遣兵马使田子奇以骑兵追泚，令诸军曰："晟赖将士之力克清[1]宫禁，长安士庶久陷贼庭，若小有震惊，非吊民伐罪之意。晟与公等，室家相见非晚，五日内无得通家信。"大将高明曜取贼妓，尚可孤军士取贼马，晟皆斩之，军中股栗，公私安堵，秋毫无犯。是日，浑瑊、戴休颜、韩游瓌亦克咸阳。晟斩泚党李希倩等于市，表守节不屈者刘乃、蒋沇等，遣掌书记于公异作露布上行在曰："臣已肃清宫禁，祗谒寝园[2]，钟虡不移，庙貌[3]如故。"上览之泣下，曰："天生李晟，以为社稷，非为朕也。"晟之在渭桥也，荧惑守岁，久之乃退，宾佐皆贺，晟曰："天子野次[4]，臣下知死敌[5]而已。天象高远，谁得知之？"既克长安，乃谓之曰："向非相拒也，吾闻五星赢缩无常[6]，万一复来守岁，吾军不战自溃矣。"皆谢曰："非所及也。"朱泚将奔吐蕃，其众随道散亡，比至泾州，才百余骑。田希鉴闭城拒之，泚谓之曰："汝之节，吾所授也，奈何临危相负？"使焚其门。希鉴取节投火中曰："还汝节。"泚众皆哭。泾卒遂杀姚令信，诣希鉴降。泚独与范阳亲兵北走，宁州刺史夏侯英拒之。泚将梁庭芬射泚坠坑中，韩旻等斩之，诣泾州降，传首行在。诏以希鉴为泾原节度使。上命陆贽草诏赐浑瑊，使访求奉天所失内人[7]，贽上奏曰："今巨盗始平，疲瘵之民，疮痍之卒[8]，尚未循拊[9]，而首访妇人，非所以副惟新之望也。"上遂不降诏，而遣中使求之。

范氏曰：不降诏而遣使，是闭其门而由户出也。人君苟不强于为善，谏之

1 克清：征服，平定。
2 祗谒寝园：祗谒，恭敬地进见。寝园，陵园。
3 庙貌：庙宇及神像。
4 野次：止宿于野外。
5 死敌：死战。
6 五星赢缩无常：金、木、水、火、土五星进退都没有准儿。赢缩，进退。
7 内人：宫中的女官。
8 疲瘵之民，疮痍之卒：疲困病苦的人民，遭受创伤的士兵。疲瘵，疲弱或患病。疮痍，创伤。
9 循拊：安抚，抚慰。

为益也少哉！

以李晟为司徒、中书令，浑瑊为侍中，骆元光等迁官有差。

帝发梁州上问陆贽："今至凤翔，诸军甚盛，因此遣人代李楚琳何如？"贽上奏曰："如此，则事同胁执[1]，以言乎除乱则不武[2]，以言乎务理[3]则不诚，用是时巡，后将安入？议者或谓之权，臣窃未喻其理。夫权之为义，取类权衡，今辇路[4]所经，首行胁夺，易一帅而亏万乘之义，得一方而结四海之疑，乃是重其所轻而轻其所重，谓之权也，不亦反乎？夫以反道[5]为权，以任数为智，此古今所以多丧乱而长奸邪也。不如俟奠枕京邑[6]，征授一官，彼将奔走不暇，安敢复劳诛锄哉？"

胡氏曰：孔子曰："可与立，未可与权[7]。"此章绝矣。"唐棣之华，偏其反而[8]。"其义不与上相蒙[9]也。说者乃贯之为一，谓唐棣之华，一反一正，以喻用权者，当反经以合道。于是权之义不复明于天下，而变诈术数之事行矣。陆贽之学，其师承不可考，然观其陈轻重之义，破反道之说，皆秦、汉诸儒所不能及者，宜其操守坚固，议论端实[10]，猷为[11]通达，而不畔[12]于道也。使遇太宗，其效不在魏文贞[13]下矣。

秋，七月，至凤翔，乔琳、蒋镇、张光晟等伏诛。

遣给事中孔巢父宣慰河中，李怀光杀之元帅判官高郢劝李怀光归款，

---

1 胁执：胁迫拘捕。
2 不武：不算勇武。
3 务理：从事治理国事。
4 辇路：天子车驾所经的道路。
5 反道：违反正道。
6 奠枕京邑：奠枕，安枕。京邑，京城。
7 可与立，未可与权：可以一起坚守道义，未必可以一起灵活处事。立，立于道而不变，即坚守道义。权，本义为秤锤，引申为权衡轻重，随机应变。
8 唐棣之华，偏其反而：唐棣的花朵，翩翩地随风摇摆。唐棣，一种植物，属蔷薇科，落叶灌木。偏其反而，形容花摇动的样子。反，翻转摇摆。
9 相蒙：互相欺骗，互相隐瞒。
10 端实：正直诚实。
11 猷为：功业。
12 畔：通"叛"，违背，背离。
13 魏文贞：即初唐名臣魏征，其谥号为"文贞"。

怀光遣其子璀诣行在谢罪，请束身归朝。诏巢父宣慰，并其将士悉复官爵。巢父至河中，怀光素服待罪，巢父不之止。怀光左右多胡人，皆叹曰：“太尉无官矣。”巢父又宣言于众曰：“军中谁可代太尉军事者？”于是怀光左右发怒，杀巢父，怀光不之止，复治兵拒守。

车驾还长安浑瑊、韩游瓌、戴休颜以其众扈从，李晟、骆元光、尚可孤以其众奉迎，步、骑十余万，旌旗数十里。晟谒见上于三桥[1]，先贺平贼，后谢收复之晚，伏路左请罪。上驻马慰抚，为之掩涕[2]，令左右扶上马。至宫，每间日辄宴勋臣。李晟为之首，浑瑊次之，诸将相又次之。

胡氏曰：晟推功于下，而引咎归己。此固哲人之所为，而晟能之，宜其孤忠独立[3]，而追踪汾阳[4]也。

征李泌为左散骑常侍李泌为杭州刺史，征诣行在，日直西省[5]，朝野皆属目。上问：“河中为忧？”泌曰：“天下事甚有可忧者。若惟河中，不足忧也。陛下已还宫阙，怀光不束身归罪，乃虐杀使臣，鼠伏[6]河中，不日必为帐下所枭矣。”初，上发吐蕃以讨朱泚，许以伊西、北庭之地与之。及泚诛，吐蕃来求地，上欲与之。泌曰：“安西、北庭人性骁悍，控制西域五十七国及十姓突厥，又分吐蕃之势，使不得并兵东侵，奈何拱手与之？且两镇之人势孤地远，尽忠竭力，为国家固守，近二十年，诚可哀怜。一旦弃之戎狄，彼必深怨中国，它日从吐蕃入寇，如报私仇矣。况日者吐蕃观望不进，阴持两端，大掠而去，何功之有？”众议亦以为然，上遂不与之。

八月，颜真卿为李希烈所杀李希烈闻希倩伏诛，忿怒，遣中使至蔡州杀颜真卿。中使曰：“有敕。”真卿再拜，中使曰：“今赐卿死。”真卿曰：“老臣无状，罪当死，不知使者几日发长安？”使者曰：“自大梁来。”真卿曰：

---

1 三桥：古地名，即今陕西省西安市西三桥镇。
2 掩涕：掩面垂涕哭泣，形容非常悲痛。
3 孤忠独立：孤忠，忠贞自持，不求人体察的节操。独立，超凡拔俗，与众不同。
4 追踪汾阳：追踪，追随，效法。汾阳，即汾阳王郭子仪。
5 日直西省：每天到中书省值班。西省，即中书省。
6 鼠伏：如鼠伏地，隐踪躲藏。

“然则贼耳，何谓赦邪？”遂缢杀之。

以李晟为凤翔、陇右节度等使，进爵西平王李晟以泾州倚边[1]，屡害军帅，奏请往理不用命者，力田积粟以攘吐蕃。遂以晟兼凤翔、陇右节度等使。时李楚琳入朝，晟请与俱至凤翔，斩之以惩逆乱。上以新复京师，务要安反仄[2]，不许。晟至凤翔，治杀张镒之罪，斩裨将王斌等十余人。

遣浑瑊等讨李怀光军于同州上命浑瑊、骆元光讨怀光。怀光遣其将徐庭光军长春宫以拒之，瑊等数战不利。时度支用度不给，议者多请赦怀光，上不许。

马燧讨李怀光，取晋、慈、隰州。以浑瑊为河中节度使，康日知为晋慈隰节度使怀光遣将守晋、慈、隰三州，马燧遣人说下之。诏以浑瑊镇河中，三州隶燧。燧初以王武俊急攻康日知于赵州，奏请诏武俊与李抱真同击朱滔，而以深、赵[3]与之，改日知为晋慈隰节度使，上从之。日知未至，而三州降燧。上使燧兼领之，燧表让于日知，且言：“因降而授，恐后有功者踵以为常。”上嘉而许之。燧遣使迎日知，既至，籍府库而归之。

朱滔上表待罪朱滔为王武俊所攻，殆不能军[4]，上表待罪。

冬，十月，诏给朔方行营冬衣度支以怀光所部将士同反，不给冬衣。上曰：“朔方军累代忠义，今为怀光所制耳，将士何罪？其别贮[5]，以俟道路稍通，即时[6]给之。”

马燧取绛州。

以窦文场、王希迁为监神策军兵马使初，鱼朝恩既诛，代宗不复使宦官典兵。上即位，悉以禁兵委白志贞。志贞得罪[7]，上复以窦文场代之。及还长

1　倚边：靠近边境。
2　反仄：动荡不安。
3　深、赵：即深州、赵州。
4　殆不能军：几乎溃不成军。
5　其别贮：把他们的冬衣放在别处收藏。贮，积存，收藏。
6　即时：立即，即刻。
7　得罪：获罪。

安，颇忌宿将握兵多者，稍稍罢之，以文场、希迁分典禁旅。

闰月，李晟诛田希鉴李晟初至凤翔，泾原节度使田希鉴遣使参候[1]。晟谓使者曰："泾州逼近吐蕃，万一入寇，州兵能独御之乎？欲遣兵防援[2]，又未知田尚书意。"使者归以告，希鉴果请援兵。晟遣腹心将彭令英等戍泾州。晟寻托巡边诣泾州，希鉴出迎，晟与之并辔而入，道旧结欢[3]。希鉴妻李氏以叔父事晟，晟谓之田郎，命具三日食，曰："巡抚毕，即还凤翔。"希鉴不复疑。晟伏甲而宴之，既饮，彭令英引泾州诸将下堂，晟曰："我与汝曹久别，可各自言姓名。"于是得为乱者石奇等三十余人，数其罪而斩之。顾希鉴曰："田郎亦不得无过。"引出缢杀之。入其营，谕以诛希鉴之意，众股栗，无敢动者。

十一月，李澄以郑、滑[4]降。刘治克汴州李希烈遣其将翟崇晖围陈州，久之不克。李澄知大梁兵少，不能制滑州，遂焚希烈所授旌节，誓众归国。刘治遣都虞候刘昌与陇右节度使曲环等将兵救陈州，擒崇晖，进攻汴州。希烈惧，奔蔡州。澄引兵趋汴州。希烈郑州守将诣澄降，汴州守将田怀珍开门纳治军。李勉累表请自贬，诏罢都统，平章事如故。至长安，素服待罪。议者多以勉失守，不应尚[5]为相。李泌言于上曰："李勉公忠雅正，而用兵非其所长。且大梁不守，将士弃妻子而从之者殆二万人，足以见其得众心矣。且刘治出勉麾下，勉悉众以授之，卒平大梁，亦勉之功也。"上乃命勉复位。

加韩滉同平章事议者或言："滉聚兵修城，阴蓄异志。"上疑之，以问李泌，对曰："滉公忠清俭，贡献不绝，镇抚江东，盗贼不起。所以修城，为迎扈之备耳。此乃人臣忠笃之虑，奈何更以为罪乎？滉性刚严，不附权贵，故多谤毁[6]，臣敢保其无他！"上曰："外议汹汹，卿弗闻乎？"对曰："臣固闻之。

1 参候：问候尊长。
2 防援：护卫。
3 道旧结欢：道旧，叙说旧情，谈论往事。结欢，交好。
4 郑、滑：即郑州、滑州。
5 尚：还，再。
6 谤毁：毁谤，不怀好意地说别人坏话。

其子皋为郎，不敢归省，正以谤语沸腾[1]故也。”退，遂上章[2]请以百口保滉。他日，又言于上曰：“臣之上章，非私于滉，乃为朝廷计也。”上曰：“如何？”对曰：“今天下旱、蝗，关中米斗千钱，仓廪耗竭，而江东丰稔。愿陛下早下臣章，以解朝众之惑；面谕韩皋，使之归觐[3]；令滉速运粮储，此朝廷大计也。”上即下泌章，令皋归觐，面谕之曰：“卿父比有谤言，朕不复信。关中乏粮，宜速致之。”皋至，滉感悦，即日发米百万斛。听皋留五日即还朝，自送至江上，冒风涛[4]而遣之。陈少游闻之，即贡米二十万斛。会刘洽得《李希烈起居注》，云：“某月日，陈少游上表归顺。”少游闻之，惭惧，发疾卒。大将王韶欲自为留后，韩滉遣使谓之曰：“汝敢为乱，吾即日全军渡江诛汝矣。”韶惧而止。上闻之喜，谓李泌曰：“滉不惟安江东，又能安淮南，真大臣之器。卿可谓知人。”遂加滉平章事、江淮转运使。滉入贡无虚月[5]，朝廷赖之。使者劳问相继，恩遇始深矣。

萧复罢为左庶子复奉使自江淮还，与李勉、卢翰、刘从一俱见上。勉等退，复独留，言于上曰：“陈少游任兼将相，首败臣节；韦皋幕府下僚[6]，独建忠义。请以皋代少游镇淮南，使善恶著明。”上然之。寻遣中使马钦绪揖[7]刘从一，附耳语而去。诸相还阁。从一诣复曰：“钦绪宣旨，令从一与公议朝来[8]所言事，即奏行之，勿令李、卢知。敢问何事也？”复曰：“唐、虞黜陟，岳牧佥谐；爵人于朝，与士共之[9]。使李、卢不堪为相，则罢之。既在相位，朝廷政事安得不与之同议，而独隐此一事乎？此最当今之大弊，不惜与公奏行之[10]，但

1 谤语沸腾：谤语，诽谤的话。沸腾，比喻情绪高涨，喧嚣嘈杂。
2 上章：向皇帝上书。
3 归觐：回去谒见君王或父母。
4 风涛：风浪。
5 无虚月：一个月都没中止过。
6 下僚：职位低微的官吏。
7 揖：拱手行礼。
8 朝来：早晨。
9 唐、虞黜陟，岳牧佥谐；爵人于朝，与士共之：唐尧、虞舜升降百官，朝中的执政大臣与各地的封疆大吏全都协调一致；在朝中给人爵位，就要与这些人一起决定。
10 不惜与公奏行之：我不在乎和你一起上奏实行这件事。

恐浸以成俗，未敢以告。”竟不以事语从一。从一奏之，上愈不悦。复乃辞位。

范氏曰：萧复欲黜少游、赏韦皋，此公议也，何疑于李勉、卢翰而独与从一为密邪？且既以为相，而不待之以诚，则疏远之臣，其可信者几希矣。如是，忠臣、贤者岂得尽其心乎？

是岁，蝗，大饥。

乙丑**贞元元年**（公元785年）

春，正月，赠颜真卿司徒，谥“文忠”。

以卢杞为澧州别驾卢杞遇赦，移吉州长史，谓人曰：“吾必再入。”未几，上果欲用为饶州刺史。给事中袁高应草制[1]，执以白卢翰、刘从一，曰：“卢杞作相，致銮舆播迁，海内疮痍，奈何遽迁大郡？愿相公执奏。”翰等不从，更命他舍人草制。制出，高执之不下，且奏：“杞极恶穷凶，何可复用？”上不听。补阙陈京、赵需等上疏曰：“杞三年擅权，百揆失叙[2]，天地所知，华夷同弃。傥加巨奸之宠，必失万姓之心。”袁高复于正牙[3]论奏，上曰：“杞已再更赦。”高曰：“赦者，止原其罪，不可为刺史。”陈京等亦争之曰：“杞之执政，百官常如兵在其颈。今复用之，则奸党皆唾掌[4]而起。”上大怒，谏者稍引却，京顾曰：“需等勿退！此国大事，当以死争之。”上怒稍解，谓宰相与杞小州，李勉曰：“陛下欲与之，虽大州亦可，其如天下失望何？”乃以杞为澧州别驾。上谓李泌曰：“朕已可袁高所奏。”泌曰：“累日外人窃议，比陛下于桓、灵；今承德音，乃尧、舜之不逮也。”上悦。杞竟卒于澧州。

胡氏曰：德宗非能从谏者，至是勉强而从，其美不可掩矣。李泌将顺之言是也，而以为尧、舜不逮，则失言矣。若曰：“乃知陛下可与为尧、舜。”则可尔。

---

1 草制：草拟诏书。
2 失叙：失序。叙，通“序”。
3 正牙：同“正衙”，正式朝会听政的处所。
4 唾掌：唾手，极言其易。

三月，马燧败李怀光兵于陶城[1]。夏，四月，燧及浑瑊又破怀光兵于长春宫怀光都虞候吕鸣岳密通款[2]于马燧，事泄，怀光杀之。事连幕僚高郢、李鄘，怀光集将士而责之，郢、鄘抗言逆顺，无所惭隐[3]，怀光囚之。燧败怀光兵于陶城，斩首万余级，分兵会浑瑊逼河中，破怀光兵于长春宫南，遂围宫城。怀光诸将相继来降。韩游瓌请兵于浑瑊，共取朝邑。怀光将阎晏欲争之，士卒指邠军曰："彼非吾父兄，则吾子弟，奈何以白刃相向乎？"语甚嚣[4]，晏遽引兵去。怀光知众心不从，乃诈称欲归国，聚货财，饰车马，云俟路通入贡，由是得复逾旬月。时连年旱、蝗，资粮匮竭[5]，言事者多请赦李怀光。李晟上言："赦怀光有五不可：河中距长安才三百里，同州当其冲，多兵则未为示信，少兵则不足堤防，忽惊东偏[6]，何以制之？一也。今赦怀光，必以晋、绛、慈、隰还之，浑瑊既无所诣，康日知又应迁移，土宇不安，何以奖励？二也。陛下连兵一年，讨除小丑，兵力未穷，遽赦其罪。今西有吐蕃，北有回纥，南有淮西，观我强弱，必起窥觎，三也。怀光既赦，则朔方将士皆应叙勋行赏。今府库方虚，赏不满望[7]，是愈激之使叛，四也。既解河中，罢诸道兵，赏典[8]不举，怨言必起，五也。今河中斗米五百，刍藁[9]且尽，陛下但敕诸道围守旬时，彼必有内溃之变，何必养腹心之疾，为他日之悔哉？"马燧入朝奏曰："怀光凶逆尤甚，赦之无以令天下。愿更得一月粮，必为陛下平之！"上许之。

以曹王皋为荆南节度使。淮西将李思登以随州[10]降之。

六月，以韦皋为西川节度使。

1　陶城：古地名，位于今山西省运城市辖永济市西北。
2　通款：与敌方通和言好。
3　惭隐：羞惭隐瞒。
4　嚣：吵闹，喧哗。
5　匮竭：贫乏以至于枯竭。
6　东偏：东边，东部边境小邑。
7　满望：满意，满足所望。
8　赏典：赏赐的典礼。
9　刍藁：喂养牲畜的草饲料，藁为禾秆，刍为牧草。
10　随州：古州名，辖今湖北省随州、枣阳等市境。

朱滔死，以刘怦为幽州节度使。

秋，七月，陕虢[1]**军乱，杀其节度使张劝。诏以李泌为都防御转运使**陕虢兵马使达奚抱晖鸩杀节度使张劝，代总军务，邀求旌节，且阴召李怀光将达奚小俊为援。上谓李泌曰："若蒲、陕[2]连衡，则猝不可制，而水陆之运皆绝矣。不得不烦卿一往。"乃以泌为都防御水陆运使，欲以神策军送之。泌曰："陕城三面悬绝，攻之未可以岁月下也。臣请以单骑入之，且令河东全军屯安邑。马燧入朝，愿敕燧与臣同辞偕行，使陕人知之，亦一势也。"上曰："虽然，朕方大用卿，宁失陕州，不可失卿。当更使他人往耳。"对曰："他人犹豫迁延，必不能入。"上乃许之。泌见陕州将吏在长安者，语之曰："主上以陕虢饥，故不授泌节，而领运使，欲令督江淮米以赈之。今当使抱晖将行营，有功，则赐旌节矣。"抱晖稍自安。泌与马燧疾驱而前，将佐不俟抱晖之命来迎。泌笑曰："吾事济矣。"去城十五里，抱晖亦出谒，泌慰抚之，抱晖喜。泌视事，宾佐有请屏人白事者，泌曰："易帅之际，军中烦言[3]，乃其常理，泌到自安贴[4]矣。不愿闻也。"由是反仄者皆自安。泌但索簿书，治粮储[5]。明日，召抱晖语之曰："吾非爱汝而不诛，恐自今有危疑之地，朝廷所命将帅，皆不能入，故匄[6]汝余生。汝为我赍版币[7]祭前使，慎无入关，自择安处，潜来取家[8]，保无他也。"泌之辞行也，上籍陕将预于乱者七十五人授泌，使诛之。泌奏已遣抱晖，余不足问。上复遣中使，必使诛之。泌不得已，械[9]兵马使林滔等五人送京师。抱晖遂亡命，不知所之。

1 陕虢：方镇名，领陕、虢、华三州，辖今河南省三门峡市，陕县、灵宝、卢氏及山西省平陆、芮城等县地。
2 蒲、陕：即蒲州、陕州。
3 烦言：气愤或不满的话。
4 安贴：平复。
5 粮储：粮食储备。
6 匄：给予，施舍。
7 版币：灵位和奠仪。
8 潜来取家：暗中前来接走你的家小。
9 械：拘系，枷住。

大旱灞、浐将竭，长安井皆无水。度支奏："中外经费才支七旬。"诏浮费、冗食[1]皆罢之。

八月，马燧取长春宫，遂及诸军平河中，李怀光缢死马燧与诸将谋曰："长春宫不下，则怀光不可得。然其守备甚严，攻之旷日持久，我当身往谕之。"遂径造城下，呼其守将徐庭光。庭光率将士罗拜城上。燧知其心屈，徐谓之曰："我自朝廷来，可西向受命。"庭光等复西向拜，燧曰："汝曹徇国立功四十余年，何忽为灭族之计？从吾言，非止免祸，富贵可图也。"众不对。燧披襟[2]曰："汝不信吾言，何不射我？"将士皆伏泣。燧曰："此皆怀光所为，汝曹无罪。第[3]坚守勿出。"皆曰："诺。"燧等遂进逼河中。怀光举火，诸营不应。骆元光使人招庭光，庭光骂辱之。及燧还，乃开门降。燧以数骑入城，慰抚之，其众大呼曰："吾辈复为王人[4]矣！"浑瑊谓僚佐曰："始吾谓马公用兵不吾远也，今乃知吾不逮多矣。"燧率诸军至河西。河中军士自相惊曰："西城擐甲矣！"又曰："东城娖队[5]矣！"须臾，军士皆易其号，为"太平"字。怀光不知所为，乃缢而死。初，怀光之解奉天围也，上以其子璀为监察御史。及怀光屯咸阳不进，璀密言于上曰："臣父必负陛下，愿早为之备。臣闻君、父一也，但今日陛下未能诛臣父，而臣父足以危陛下，故不忍不言。"上惊曰："卿大臣爱子，当为朕委曲弥缝之。"对曰："臣父非不爱臣，臣非不爱其父与宗族也，顾臣力竭，不能回耳。"上曰："然则卿以何策自免？"对曰："臣父败，则臣与之俱死，复有何策哉？使臣卖父求生，陛下亦安用之？"及李泌赴陕，上谓之曰："朕所以欲全怀光，诚惜璀也。卿至陕，试为朕招之。"对曰："陛下未幸梁、洋，怀光犹可降也。今虽请降，臣不敢受，况招之乎？璀固贤者，必与父俱死矣。若其不死，则亦无足贵也。"及怀光死，璀亦自杀。

1　浮费、冗食：浮费，不必要的开支。冗食，由官府供给饮食的多余人员。
2　披襟：敞开衣襟。相当于披心，谓推诚相与。
3　第：只是，只管。
4　王人：君王的臣民。
5　娖队：整顿队伍。娖，整理，整顿。

胡氏曰：嗟乎[1]，李璀之死也！知父非义，说之而弗从；知君之不可背，欲事之而不可得。德宗既欲全之，则宜预诏[2]马燧，以怀光叛逆，罪止其身，念尝勤王[3]，特宥其子。使怀光父子知之，则怀光必使璀勿死，而璀亦可以不死矣。

朔方将牛名俊断怀光首出降。燧斩阎晏等七人，余皆不问，出高郢、李鄘于狱，奏置幕下[4]。燧自辞行，至是凡二十七日。骆元光以徐庭光辱己，杀之。入见马燧，顿首请罪。燧大怒曰："庭光已降，公辄杀之，是无统帅也。"欲斩之。韩游瓌曰："元光杀裨将，公犹怒如此。公杀节度使，天子其谓何？"燧乃舍之。浑瑊尽得李怀光之众。朔方军自是分居邠、蒲[5]矣。

加马燧兼侍中。

赦怀光一子，收葬其尸。罢讨淮西兵上问陆贽："今复有何事宜区处者？"贽以河中既平，虑必有希旨生事之人，请乘胜讨淮西者。李希烈必诱谕其所部及新附诸帅曰："奉天息兵之旨，乃因窘急而言，朝廷稍安，必复诛伐[6]。"如此，则四方负罪者孰不自疑？河朔、青齐[7]固当响应，兵连祸结，赋役繁兴[8]，建中[9]之忧，行将复起，乃上奏曰："陛下悔过降号，闻者涕流，故诸将效死，叛夫请罪，逆泚、怀光相继枭殄[10]。曩以百万之师而力殚，今以咫尺之诏而化洽[11]。是则圣王之敷理道，服暴[12]，乃任德而不任兵，明矣。群帅之悖臣礼，拒天诛，图活而不图王，又明矣。盖好生以及物，乃自生之方；施安以及

1 嗟乎：叹词，表示感叹。
2 预诏：皇帝预先下令。
3 勤王：尽力于王事。多指君主的统治受到威胁而动摇时，臣子起兵救援王朝。
4 幕下：幕府中。
5 邠、蒲：即邠州、蒲州。
6 诛伐：讨伐，声讨。
7 青齐：指今山东地区。山东古代属于青州，地当周时的齐国，因此称"青齐"。
8 繁兴：纷纷兴起。
9 建中：唐德宗李适的年号，存续时间为公元 780 至 783 年。
10 枭殄：歼灭。
11 化洽：教化普沾。
12 敷理道，服暴：推行促使国家政治修明的治国之道，使强暴之人心悦诚服。

物者，乃自安之术。若挤彼于死地，而求此之久生；措彼于危地，而求此之久安，从古及今，未之有也。今叛帅革面，复修臣礼，然其深言密议，固亦未尽坦然，必当聚心而谋，倾耳而听，观陛下所行之事，考陛下所誓之言。若言与事符，则迁善之心渐固；傥事与言背，则虑祸之态复兴。所宜布恤人之惠以济威，乘灭贼之威以行惠[1]。臣所未敢保者，唯希烈耳。想其私心，非不追悔，但以猖狂失计[2]，已窃大名，虽荷陛下全宥之恩，然不能不自腼[3]于天地之间耳。纵未顺命，斯为独夫，内则无辞以起兵，外则无类[4]以求助。陛下但敕诸镇各守封疆，彼既气夺算穷，是乃狴牢[5]之类，不有人祸，则当鬼诛。古所谓不战而屈人之兵者，斯之谓欤！”诏以：“李怀光尝有功，宥其一男，归其尸，使收葬。诸道与淮西连接[6]者，非彼侵轶，不须进讨。李希烈若降，当待以不死。自余一无所问。”

以张延赏为左仆射初，李晟戍成都，取其营妓[7]以还。西川节度使张延赏怒，追而返之。晟遂与延赏有隙。至是，上召延赏入相，晟表陈其过恶。上重违其意[8]，以延赏为左仆射。

胡氏曰：西平[9]虽同平章事，黜陟百官，已非其任，况进退宰相乎？迹二人之隙，正以成都营妓之故，晟与延赏于是乎交[10]失之矣。然与其责人，不若责己。则晟之失为重，而晟不知自反。至于有隙，又陈其过恶，而尼[11]其入相。是克伐怨欲[12]必行焉，失而又失，其累德多矣。盖不待尚结赞之间，而德宗猜

1 布恤人之惠以济威，乘灭贼之威以行惠：施行体恤百姓的恩惠增益威严，乘着消灭贼寇的威严施加恩惠。
2 失计：失算。
3 自腼：自己感到羞愧。腼，使感到羞愧。
4 无类：没有同类或朋党。
5 狴牢：牢狱。
6 连接：结交，交往。
7 营妓：古代军营中的官妓。
8 重违其意：难于违反其意。
9 西平：即李晟，曾受封西平郡王。
10 交：一齐，同时。
11 尼：阻止，阻拦。
12 克伐怨欲：指好胜、骄傲、忌刻、贪婪四种恶德。

心[1]已萌。处功名者可不慎乎？

九月，卢龙节度使刘怦卒，以其子济知节度事。

刘从一罢。

冬，十二月，户部奏今岁入贡者凡百五十州。

丙寅**二年**（公元786年）

春，正月，以刘滋、崔造、齐映同平章事造少与韩会、卢东美、张正则为友，以王佐[2]自许，时人谓之“四夔”。上以造敢言，故不次用之。滋、映多让事于造。造久在江外，疾钱谷诸使罔上[3]之弊，奏罢水陆度支、转运等使，诸道租赋，悉委观察使、刺史遣官送京师。令宰相分判六曹，映判兵部，李勉判刑部，滋判吏、礼部，造判户、工部。造与户部侍郎元琇善，使判诸道盐铁、榷酒。韩滉奏论其过失，罢之。

胡氏曰：“四夔”以王佐自许，独造至宰相，所设施[4]者，罢转运一事，而所以易之者，卒于无成。虚名而少实也如此。古人之修佐王之业者，必始于格物、致知、意诚、心正，其身治，然后可推而及人。己之道术不明，君之邪僻不去，而能成善治者未矣。

三月，李泌开运道成泌自集津[5]至三门，凿山开运道十八里，以避底柱之险。

夏，四月，淮西将陈仙奇杀李希烈以降，以仙奇为节度使希烈别将寇襄、郑州，樊泽、李澄击破之。希烈兵势日蹙。会有疾，仙奇使医毒杀之，因屠其家，举众来降。诏以为淮西节度使。

秋，七月，陈仙奇为其将吴少诚所杀，以少诚为留后少诚素狡险，

1 猜心：猜忌之心。
2 王佐：王者的辅佐，佐君成王业的人。
3 罔上：欺骗君上。
4 设施：措置，筹划。
5 集津：古地名，位于今河南省三门峡市东黄河北岸，今已沦入水库中。

为李希烈所宠任，故为之报仇。

胡氏曰：陈仙奇为国杀贼，赏以节钺，是也。吴少诚党贼而杀仙奇，亦以与之，则赏罚混淆，兆[1]淮、蔡之乱矣。差之毫厘，谬以千里，此类是也。

以曲环为陈许[2]节度使陈许荒乱之余，户口流散。环以勤俭率下，政令宽简，赋役平均，数年间，流亡复业[3]，兵、食皆足。

吐蕃入寇，诏浑瑊、骆元光屯咸阳。

九月，置十六卫上将军初，上与常侍李泌议复府兵，泌言："府兵平日皆安居田亩，每府有折冲领之，农隙教战。有事征发，则以符契下州府，参验发之，至所期处[4]。将帅按阅，有不精者，罪其折冲，甚者罪及刺史。军还，则赐勋加赏。行者近不逾时，远不经岁[5]。高宗以刘仁轨为洮河镇守使以图吐蕃，于是始有久戍之役。又牛仙客以积财得宰相，边将效之，诱戍卒，使以所赍缯帛寄于府库，而苦役[6]之，利其死而没入其财。故戍卒还者什无二三。然未尝有外叛内侮[7]者，诚以顾恋田园，恐累宗族故也。自开元之末，张说始募长征兵。兵不土著，不自重惜[8]，忘身徇利，祸乱遂生。向使府兵之法不废，安有如此下陵上替之患哉？"上以为然，因有是命。然卒亦不能复也。

以贾耽为义成[9]节度使义成节度使李澄卒，其子克宁秘不发丧，杀行军司马，墨缞[10]视事，增兵城门。刘玄佐出师境上，使人告谕之，克宁乃不敢袭位。玄佐，即洽也。诏以耽镇郑、滑。克宁悉取军资夜出，军士剽[11]之殆尽。淄青兵数千自行营归，过滑州，将佐皆曰："李纳虽外奉朝命，内蓄兼并之

1　兆：预示。
2　陈许：方镇名，领许、陈二州，辖今河南省长葛、太康以南，舞阳、沈丘以北，襄城以东，淮阳以西地。
3　流亡复业：流亡，逃亡流落在外的人。复业，恢复本业。
4　所期处：所指定的地方。
5　近不逾时，远不经岁：时间短的，不超过三个月，时间长的，不超过一年。时，季节。
6　苦役：加以艰苦沉重的劳役。
7　内侮：一国之内以武力相侵。
8　重惜：十分珍惜。
9　义成：方镇名，即义成军，领滑、郑二州，治滑州，辖今河南省北部地区。
10　墨缞：黑色丧服，穿着黑色丧服。
11　剽：抢劫。

志。请馆其兵于城外。”玭曰：“奈何与人邻道，而野处其将士乎？”命馆于城中。玭时引百骑，猎于纳境。纳闻之，悦服，不敢犯。

京城戒严吐蕃游骑及好畤[1]，京城戒严。民间传言，上复欲出幸[2]。齐映见上，言曰：“外间皆言陛下已理装具粮[3]，人情恟惧。夫大福[4]不再，陛下奈何不与臣等熟计之？”因伏地流涕，上亦为之动容。

李晟遣兵击吐蕃于汧城[5]，败之李晟遣其将王佖将骁勇三千，伏于汧城，戒之曰：“虏过城下，勿击其首，俟见五方旗[6]、虎豹衣，乃其中军也，出其不意击之，必大捷。”佖用其言。尚结赞败走，仅而获免，谓其人曰：“唐之良将，李晟、马燧、浑瑊而已，当以计去之。”入凤翔境，禁虏掠，以兵直抵城下，曰：“李令公召我来，何不出犒[7]我？”经宿[8]乃退。

冬，十月，李晟遣兵拔吐蕃摧沙堡李晟遣蕃落使[9]野诗良辅与王佖袭吐蕃摧沙堡，遇吐蕃，与战，破之。乘胜至堡下，攻拔之，斩其将，焚其蓄积而还。尚结赞引兵自宁、庆[10]北去，韩游瓌遣将追之，虏弃所掠而去。

十一月，皇后崩。

吐蕃陷盐州。

韩滉、刘玄佐、曲环俱入朝先是，关中仓廪竭，禁军或自脱巾，呼于道曰：“拘吾于军而不给粮，吾罪人也？”上忧之甚。会韩滉运米三万斛至陕，李泌奏之。上喜谓太子曰：“吾父子得生矣。”时禁中不酿，命于坊市取酒为乐。又遣中使谕神策六军，军士皆呼万岁。时比岁饥馑，兵民率皆瘦黑。及麦

1 好畤：古县名，治所位于今陕西省咸阳市乾县东。
2 出幸：帝王外出避难。
3 理装具粮：整理好行装，准备好干粮。
4 大福：好运气，喜幸之事。
5 汧城：古地名，位于今陕西省宝鸡市陇县东南。
6 五方旗：古代用青、赤、白、黑、黄五色代表东、南、西、北、中五个方向的旗帜，常用于军中。
7 犒：用酒食或财物慰劳、奖励。
8 经宿：过了一晚。
9 蕃落使：古官名，领州内蕃部事宜。
10 宁、庆：即宁州、庆州。

熟，市有醉者，人以为瑞。然人乍饱食，死者甚众。数月，人肤色乃复故。

范氏曰：老子曰："师之所处，荆棘生焉。"大军之后，必有凶年，言民以其愁苦之气，伤天地阴阳之和，致水旱之灾。夫以兵除残[1]，如人以毒药攻疾，疾去而人伤亦甚矣。其血气必久而后复，或终身遂衰，一失其养，则易以死亡，不若未病之完也。先王制治于未乱，保邦于未危。有天下者，可不务哉！

滉遂入朝，过汴。时刘玄佐久未入朝，滉与约为兄弟，请拜其母。其母喜，为置酒。酒半，滉曰："弟何时入朝？"玄佐曰："久欲入朝，力未能办耳。"滉曰："滉力可及，弟宜早入朝。丈母垂白[2]，不可使率诸妇女往填宫[3]也。"母悲泣不自胜。滉乃遗玄佐钱二十万缗，备行装。滉留大梁三日，大出金帛赏劳[4]，一军为之倾动。玄佐惊服[5]，遂与曲环俱入朝。

十二月，以韩滉兼度支、盐铁、转运等使诸使之职，行之已久，中外安之。崔造改法，事多不集。及元琇失职，造遂忧惧成疾，不视事。既而江淮运米大至，上嘉韩滉之功，以滉兼度支、转运等使。造所条奏皆改之。

吐蕃陷夏、银、麟州。

崔造罢。

李晟入朝工部侍郎张彧，李晟之婿也。晟在凤翔，以女嫁幕客[6]崔枢，礼重之，过于彧。彧怒，遂附于张延赏。上忌晟功名。会吐蕃有离间之言，延赏等腾谤[7]于朝，无所不至。晟闻之，昼夜泣，目为之肿，悉遣子弟诣长安，表请为僧，不许。入朝，称疾，恳辞方镇，亦不许。韩滉素与晟善，上命滉谕旨，

1　除残：除去凶残的人。
2　丈母垂白：丈母，称父辈的妻子。垂白，白发下垂，谓年老。
3　填宫：古代犯官家属没入宫廷。
4　赏劳：奖赏犒劳。
5　惊服：惊奇叹服。
6　幕客：官员手下的谋士和食客。
7　腾谤：肆意诽谤，大加指责。

使与延赏释怨。引延赏诣晟第谢，因饮尽欢。晟表荐[1]延赏为相。

胡氏曰：延赏固小人，不足责矣，西平于是又失焉。前方数其罪恶，今又荐其可相，人之贤否，系与我和与不和，夫岂不取疑于人主乎？他日延赏谗间如初，然则曷若坚守初议之为正欤？

康熙御批：李晟虽遭谗间，不能坦然自信，则未尝学问之过也。凡人臣善处功名者不多，概见惟在帝王加意保全之，斯可得善始善终耳。

丁卯**三年**（公元 787 年）

春，正月，以张延赏同平章事李晟为其子请婚[2]于延赏，不许。晟谓人曰："武夫性快[3]，释怨于杯酒间，则不复贮胸中矣。非如文士难犯，外虽和解，内蓄憾如故。吾得无[4]惧哉？"

淮西戍兵自鄜州叛归，过陕，李泌邀击，斩之陈仙奇降，诏发其兵于京西防秋。及吴少诚杀仙奇，密遣人召所遣兵马使吴法超，使引兵归。法超等遂引步、骑四千，自鄜州叛归。上闻之，急遣中使敕李泌，发兵防遏。泌遣押牙唐英岸将兵趋灵宝，淮西兵已陈于河南矣。泌给其食，阴遣将将选士[5]分为二队，伏于太原仓之隘[6]，令之曰："贼十队过，东伏则大呼击之，西伏亦大呼应之，勿遮道，勿留行[7]，常让以半道。"又遣唐英岸夜出，陈涧北，燕子楚将兵趋长水[8]。明日，淮西兵入隘，两伏发，贼众惊乱，死者四之一。进遇英岸，邀击之，擒其将张崇献。法超率众趋长水，子楚击斩之。溃兵得至蔡[9]者才四十七人。少诚以其少，悉斩之以闻。泌执崇献等六十余人送京师，诏腰斩

1 表荐：上表推荐。
2 请婚：求婚。
3 性快：性格爽快。快，爽快。
4 得无：能不，岂不。
5 选士：挑选士兵。亦指精选出来的兵士。
6 隘：险要的通道。
7 留行：阻挡，阻碍。
8 长水：古县名，治所位于今河南省洛阳市洛宁县西。
9 蔡：即蔡州。

于鄜州军门，以令防秋之众。

云南王异牟寻请内附初，云南王阁罗凤陷嶲州，获西泸[1]令郑回。回通经术[2]，阁罗凤爱重之，其子及孙异牟寻皆师事之。及异牟寻为王，以回为相，号“清平官”。云南有众数十万，吐蕃每入寇，常以为前锋，赋敛重数[3]，又夺其险要地立城堡，岁征兵助防，云南苦之。回说异牟寻自归于唐，曰：“中国尚礼义，有惠泽[4]，无赋役。”异牟寻以为然。会西川节度使韦皋招抚群蛮，异牟寻潜遣人因诸蛮求内附。皋奏：“宜招纳之，以离吐蕃之党，分其势。”上命皋先作边将书[5]以谕之，微观其趣[6]。

贬齐映为夔州刺史张延赏与齐映有隙。映在诸相中颇称敢言，上浸不悦。延赏因言映非宰相器，贬之。

刘滋罢，以柳浑同平章事韩滉性苛暴，方为上所任，言无不从，他相充位而已，百官群吏救过不赡[7]。浑虽为滉所引荐，正色让之曰：“先相公以褊察为相，不满岁而罢。今公又甚焉。奈何榜吏[8]于省中，至有死者，且作福作威，岂人臣所宜？”滉愧，为之少霁[9]威严。

二月，遣右庶子崔澣使吐蕃。

镇海节度使、同平章事韩滉卒滉久在二浙[10]，所辟僚佐各随其长，无不得人。尝有故人子谒之，滉考其能，一无所长，然与之宴，竟席[11]未尝左右视，因使监库门[12]。其人终日危坐，吏卒无敢妄出入者。

1　西泸：古县名，治所位于今四川省凉山彝族自治州西昌市西南。
2　经术：经学。
3　重数：既重且繁。
4　惠泽：恩泽。
5　边将书：以边境将领的名义发布的文书。
6　趣：作为。
7　救过不赡：总是有弥补不完的过错。不赡，不足。
8　榜吏：搒打官吏。
9　霁：怒气消散。
10　二浙：浙东、浙西的合称，泛指今浙江全省、上海市和江苏长江以南部分。
11　竟席：宴席结束。
12　库门：仓库的门。

以白志贞为浙西观察使上以白志贞为浙西观察使，柳浑曰："志贞憸人，不可复用。"会浑疾，不视事，诏下用之。浑疾间[1]，遂乞骸骨，不许。

三月，以李晟为太尉初，吐蕃尚结赞得盐、夏州，各留兵戍之，退屯鸣沙，羊马多死，粮运不继。又闻李晟破摧沙堡，浑瑊、马燧各举兵临之，大惧，屡遣使求和，上未之许。乃卑辞厚礼求和于马燧。燧信其言，为之请于朝。李晟曰："戎狄无信，不如击之。"韩滉曰："今两河无虞，若城原、鄯、洮、渭，使晟及刘玄佐等守之，河湟二十余州可复也。"上欲从之。会滉卒，张延赏与晟有隙，数言和亲便，上亦素恨回纥，欲与吐蕃击之，遂从燧、延赏计。延赏又言："晟不宜久典兵。"上乃谓晟曰："朕以百姓之故，与吐蕃和亲决矣。大臣既与吐蕃有怨，宜留辅朕，自择代者。"晟荐都虞候邢君牙，遂以君牙为凤翔尹。加晟太尉，罢镇。晟在凤翔，尝谓僚佐曰："魏征好直谏，余窃慕之。"行军司马李叔度曰："此儒者事，非勋德[2]所宜也。"晟敛容曰："司马失言矣！晟任兼将相，知朝廷得失而不言，何以为臣哉？"叔度惭而退。及在朝廷，上有所顾问，极言无隐，而性沉密，未尝泄于人。

夏，五月，以浑瑊为会盟使崔澣见尚结赞，责以负约[3]。尚结赞曰："破朱泚未获赏，是以来耳。公欲修好，固所愿也。然浑侍中信厚[4]闻于异域，请必使之主盟。"遂遣瑊与盟于清水。瑊将二万余人赴盟所。尚结赞请盟于土梨树[5]，或言土梨树多险阻，不如平凉，乃许盟于平凉。初，韩滉荐刘玄佐可使将兵复河湟，玄佐亦赞成之。至是，玄佐奏言："吐蕃方强，未可与争。"张延赏奏以河湟事委李抱真，抱真亦固辞。由延赏罢李晟兵柄，故武臣皆愤怒解体，不肯为用故也。

闰月，省[6]州县官省州县官，收其禄以给战士，张延赏之谋也。时新除官

1 疾间：病略好转。
2 勋德：功勋与德行，亦指有功勋、德行的人。
3 负约：违背诺言。
4 信厚：诚实敦厚。
5 土梨树：古地名，位于今甘肃省庆阳市镇原县东。
6 省：精简，减少。

千五百人，而当减者千余人，怨嗟盈路。

以曹王皋为山南东道节度使吴少诚缮兵完城，欲拒朝命。判官郑常、大将杨冀谋逐之，事泄，少诚杀之。上以襄、邓[1]扼淮西冲要，以皋为节度使，以襄、邓、复、郢、安、随、唐七州隶之。

浑瑊与吐蕃盟于平凉，吐蕃劫盟[2]浑瑊之发长安也，李晟深戒之，以盟所为备不可不严。张延赏言于上曰："晟不欲盟好之成，故戒瑊以严备。我有疑彼之形，则彼亦疑我矣，盟何由成？"上乃召瑊，切戒以推诚待虏，勿为猜疑。瑊奏吐蕃决以辛未[3]盟。延赏集百官，称诏示之，曰："李太尉谓和好必不成，今盟日定矣。"晟闻之，泣曰："吾生长西陲，备谙[4]虏情。所以论奏，但耻朝廷为犬戎[5]所侮耳。"上始命骆元光屯潘原，韩游瓌屯洛口[6]，以为瑊援。元光谓瑊曰："潘原距盟所且七十里，公有急，何从知之？请与公俱。"瑊以诏指[7]固止之，元光不从，与瑊连营相次，距盟所三十余里。元光壕栅深固[8]，瑊壕栅皆可逾也。元光伏兵于营西，游瓌亦遣五百骑伏于其侧，曰："若有变，则汝曹西趋柏泉，以分其势。"将盟，尚结赞又请各遣游骑数十，更相觇索[9]，瑊许之。吐蕃伏精骑数万于坛西。游骑贯穿唐军，出入无禁。唐骑入虏军，悉为所擒，瑊等皆不知。入幕易礼服，虏伐鼓[10]三声，大噪[11]而至。瑊自幕后出，偶得他马乘之，伏鬣入其衔[12]，驰十余里，衔方及马口。虏纵兵追击，唐将卒死者数百人，副使崔汉衡被擒。瑊至其营，将卒已遁。元光发伏成阵以待之，虏骑乃还。是日，上视朝，谓诸相曰："今日和戎息兵，社稷之福。"柳浑曰："戎

1　襄、邓：即襄州、邓州。
2　劫盟：指吐蕃大相尚结赞借约唐会盟平凉之际，企图伺机劫唐主盟使浑瑊。
3　辛未：干支纪日法，此处指闰五月十九日。
4　备谙：完全熟悉。谙，熟悉。
5　犬戎：对少数民族的蔑称。
6　洛口：古地名，位于今宁夏固原市西南。
7　诏指：诏书的意思。
8　壕栅深固：壕，壕沟。栅，营寨。深，壕沟深。固，营寨坚固。
9　觇索：窥伺搜索。
10　伐鼓：击鼓，古时作战时以击鼓为进攻的信号。
11　大噪：广泛地传扬。
12　伏鬣入其衔：趴在马的鬃毛上给马带嚼子。鬣，颈上的长毛。

狄，豺狼也，非盟誓可结。今日之事，臣窃忧之。”李晟曰：“诚如浑言。”上变色曰：“柳浑书生，不知边计[1]。大臣亦为此言邪？”皆顿首谢。是夕，韩游瓌表言虏劫盟者兵临近镇，上大惊，谓浑曰：“卿书生，乃能料敌如此其审邪？”上欲出幸，大臣谏而止。李晟大安园多竹，或言晟伏兵其间，谋因仓猝为变。晟伐其竹。上遣中使赍诏遗尚结赞，不纳而还。

六月，以马燧为司徒，兼侍中初，吐蕃尚结赞恶李晟、马燧、浑瑊，曰：“去三人，则唐可图也。”于是离间李晟，因马燧以求和，欲执浑瑊以卖燧，使并获罪，因纵兵直犯长安。会失浑瑊而止。获马燧之侄弇，谓曰：“胡以马为命，吾在河曲，春草未生，马不能举足。当是时，侍中渡河掩之，吾全军覆没矣。今蒙侍中力，全军得归，奈何拘其子孙？”遣弇与宦官俱文珍等归。上由是恶燧，罢其副元帅、节度使，以为司徒、侍中。张延赏惭惧，谢病[2]。

范氏曰：人君于其所不当疑而疑之，则于其所不可信而信之矣，此必然之理也。李晟之功，社稷是赖，而德宗猜忌，使忧惧不保朝夕。至于谗邪之诡计，戎狄之甘言，则推诚而信之不疑，由其心术颠倒，见善不明故也。延赏以私憾败国殄民，刑孰大焉？德宗曾不致诘，使之得保首领，死牖下，幸矣！

以李泌同平章事泌初视事，与李晟等俱入见。上谓泌曰：“朕欲与卿有约，卿慎勿报仇。有恩者，朕当为卿报之。”对曰：“臣素奉道[3]，不与人为仇。李辅国、元载皆害臣者，今自毙矣。素所善者，率已显达，或多零落[4]，臣无可报也。臣今日亦愿与陛下为约，可乎？”上曰：“何不可？”泌曰：“愿陛下勿害功臣。李晟、马燧有大功于国，闻有谗之者，陛下万一害之，则宿卫之士，方镇之臣，无不愤惋反仄，恐中外之变复生也。陛下诚不以二臣功大而忌之，二臣不以位高而自疑，则天下永无事矣。”上以为然。晟、燧皆起泣谢。上因谓泌曰：“自今凡军旅、粮储事，卿主之。吏、礼，委延赏；刑、法，委

---

1 边计：守边之计。
2 谢病：推脱有病。
3 奉道：信奉道教。
4 零落：飘零流落。

浑。”泌曰：“陛下不以臣不才，使待罪宰相。宰相之职，天下之事，咸共平章，不可分也。若各有所主，是乃有司，非宰相矣。”上笑曰：“朕适[1]失辞，卿言是也。”

范氏曰：古之王者，惟任一相以治天下，是以治出于一，政有所统，相得其职，君得其道，恭己无为而天下治。后世多疑于人，宰相之职，分而不一，君以为权在己，臣以为政在君，国之治乱，民之休戚，无所任责[2]，故贤者不得行其所学，不肖者得以苟容于其间，由官不正、任不专故也。如欲稽古以建官，必以一相统天下，始可以言治矣。

胡氏曰：上古一相，专任贤也。汉置二人，存交修之意焉。唐自武后以来，乃有数宰相，然亦无救于李林甫、杨国忠、元载、卢杞之专权。故以择人为要，不以多员为善也。夫圣王之法关盛衰，必欲纲举而纪从，莫若法古[3]置一相，而考慎[4]其人，而置左、右丞，或参知政务各二人，分辖六曹，守成法[5]，督稽滞[6]，察奸欺，决讼牒[7]。有疑事应更革[8]，则以告于宰相。而宰相者不得亲细故，署文案，专与人主讲道劝义，广求贤材，列于庶职[9]，下酌民言，旁通幽隐[10]。如此，则上下详略之任各得其宜，而治道[11]成矣。

以李自良为河东节度使自良从马燧入朝。上欲使镇太原，自良固辞曰：“臣事燧久，不欲代之。”上曰：“卿于马燧存军中事分[12]，诚为得礼。然北门[13]之任，非卿不可。”卒以授之。

1　适：刚刚，方才。
2　任责：负责。
3　法古：师法古人。
4　考慎：审慎考察。
5　成法：已经制定的法规。
6　稽滞：拖延，延误。
7　讼牒：诉状。
8　更革：改革，变革。
9　庶职：普通官职。
10　幽隐：隐居未仕的人。
11　治道：治理国家的方针、政策、措施等。
12　事分：职分，名分。
13　北门：喻指北部边防要地。

复所省州县官李泌请复所减州县官，上曰：“置吏以为人也。今户口减于承平之时，而吏员更增，可乎？”对曰：“今户口虽减，而事多于承平且十倍，故吏不得不增。且所减皆有职事，而冗官不减，此所以为未当也。至德以来，置额外官，敌[1]正官三分之一，若听使计日得资然后停，加两选授同类正员官[2]。如此，则不惟不怨，兼使之喜矣。”又请诸王未出阁者不除府官[3]，上皆从之。

秋，七月，以李昇为詹事初，张延赏与李叔明有隙。上入骆谷，卫士多亡，叔明之子昇及郭曙、令狐建等恐有奸人危乘舆，相与啮臂为盟，更鞚[4]上马，以至梁州。及还长安，上皆以为禁卫将军，宠遇甚厚。延赏知昇私出入郜国大长公主第，密以白上。上使李泌察之，泌曰：“此必有欲动摇东宫者，其延赏乎？”上曰：“何以知之？”泌具为上言二人之隙，且言：“昇承恩顾，延赏无以中伤，而郜主乃太子妃之母也，故欲以此陷之耳。”上笑曰：“是也。”泌因请罢昇宿卫以远嫌，从之。

以韩潭为夏绥银节度使吐蕃之戍盐、夏者，馈运不继，人多病疫[5]思归。尚结赞遣三千骑逆之，悉焚其庐舍，毁其城，驱其民而去。于是割振武之绥、银二州，以潭为节度使，率神策之士五千，朔方、河东之士三千，镇夏州。

以元友直为诸道句勘[6]两税钱帛使时防秋兵大集，国用不充，李泌奏：“自变两税法[7]以来，藩镇、州、县聚敛榷率[8]以为军资。自惧违法，匿不敢言。请赦其罪，但令革正，自非于法应留使、留州之外，悉输京师。其官典逋负[9]，可征者征之，难征者释之。敢有隐没者，罪之。”上喜曰：“卿策甚长，然立

1 敌：对等。
2 听使计日得资然后停，加两选授同类正员官：听任他们按照做官的时间长短核定资历，然后停罢他们的官职，再增加文武官两选，授给他们同样的正式官职。
3 府官：州府的长官。
4 更鞚：轮流牵马。
5 病疫：流行性传染病，疫病。
6 句勘：句，查考，搜取。勘，核对，调查。
7 两税法：唐德宗建中年间开始实行的新赋税法，因税分夏、秋两季缴纳，故称。
8 榷率：专卖税的标准比率。
9 官典逋负：官典，低级官吏。逋负，拖欠赋税、债务。

法太宽，恐所得无几。”对曰：“宽则人喜于免罪而乐输，所得必多而速，急则竞为蔽匿，非推鞫不能得其实，财不足以济今日之急，而皆入于奸吏，所得必少而迟矣。”上曰：“善。”乃以友直充使。

停西域使者廪给，分隶神策军初，河陇既没于吐蕃，安西、北庭及西域使人在长安者归路阻绝，皆仰给于度支。李泌知胡客皆有妻子，买田宅，安居不欲归，命停其给，凡四千人，皆诣政府诉之。泌曰：“此皆从来[1]宰相之过，岂有外国使者留京师数十年不听归乎？今当假道[2]回纥，各遣归国。不愿者，当于鸿胪自陈，授以职位，给俸禄。人生当乘时展用，岂可终身客死邪？”于是胡客无一人愿归者，泌皆分隶神策两军，禁旅益壮，岁省五十万缗。

募戍卒屯田京西上复问泌以复府兵之策，对曰：“今岁卒戍京西者十七万人，计岁食粟二百四万斛。今粟斗直钱百五十，为钱三百六万缗。国家比遭饥乱，经费不充。就使有钱，亦无粟可籴，未暇议复府兵也。”上曰：“然则亟减戍卒归之，如何？”对曰：“陛下诚用臣言，可不减戍卒，不扰百姓，粮食皆足，府兵亦成。”上曰：“果能如是，何为不用？”对曰：“此须急为之，过旬日则不及矣。”上问其计，泌曰：“吐蕃久居原、兰[3]之间，以牛运粮，粮尽，牛无所用，请发左藏恶缯染为彩缬[4]，因党项以市之，计十八万匹，可致六万余头。命诸冶[5]铸农器，籴麦种，分赐缘边军镇，募戍卒，耕荒田而种之，约麦熟倍偿[6]其种，其余据时价五分增一，官为籴之。来春种禾亦如之。沃土久荒，所收必厚。戍卒获利，耕者浸多。籴价必贱，名为增之，而实比今岁所减多矣。且边地官多缺，请募人入粟以补之，可足今岁之粮。”上皆从之。因问曰：“卿言府兵亦集，如何？”对曰：“旧制，戍卒三年而代，今既因田致

1　从来：从前，原来。
2　假道：经由，取道。
3　原、兰：即原州、兰州。
4　恶缯染为彩缬：质地变坏的丝帛，染成五彩斑斓。缬，有花纹的丝织品。
5　诸冶：各个冶炼场。
6　倍偿：加倍偿还。

富，必不思归。及其将满，下令有愿留者，即以所开田为永业[1]。家人愿来者，本贯续食[2]遣之。不过数番[3]，则戍卒皆土著，乃悉以府兵之法理之，是变关中之疲弊为富强也。”上喜曰：“如此，天下无复事矣。”泌曰：“未也。臣能不用中国之兵使吐蕃自困。”上曰：“计将安出？”对曰：“臣未敢言之，俟麦禾有效[4]，然后可议也。”泌意欲结回纥、大食、云南，与共图吐蕃。知上素恨回纥，恐闻之不悦，并屯田之议不行，故不肯言。既而戍卒应募，愿耕屯田者什五六。

张延赏卒。

八月朔，日食。

柳浑罢为左散骑常侍初，浑与张延赏议事，数异同，延赏使人谓曰：“相公节言[5]，则重位[6]可久矣。”浑曰：“为吾谢张公，柳浑头可断，舌不可禁。”由是交恶。上好文雅缊藉[7]，而浑质直无威仪，时发俚语，上不悦，罢之。

幽郜国大长公主，流李昇于岭南公主，肃宗女也，适萧升，女为太子妃，恩礼甚厚，宗戚皆疾之。主素不谨，李昇等数人出入其第。或告主淫乱，且为厌祷。上大怒，幽之禁中，流昇等岭表，切责太子。太子惧，请与妃离婚。上召李泌，告之，且曰：“舒王近已长立[8]，孝友温仁。”泌曰：“陛下惟有一子，奈何欲废之而立侄？且陛下所生之子犹疑之，何有于侄？舒王虽孝，自今陛下宜努力，勿复望其孝矣。”上曰：“卿不爱家族乎？”对曰：“臣惟爱家族，故不敢不尽言。若畏陛下盛怒而为曲从，陛下明日悔之，必尤臣云：‘吾独任汝为相，不力谏，使至此。必复杀而[9]子。’臣老矣，余年不足惜，若冤杀

1 永业：即永业田，私有土地，子孙世袭。
2 续食：相继供给食物。
3 番：回，次。
4 有效：发挥作用。
5 节言：少说话。
6 重位：重要职位，高位。
7 缊藉：同“蕴藉”，含蓄宽容。
8 长立：长大自立。
9 而：你，你的。

臣子，使臣以侄为嗣，臣未知得歆其祀乎？”因呜咽流涕，上亦泣曰：“事已如此，奈何？”对曰：“此大事，愿陛下审图之。自古父子相疑，未有不亡国者，且陛下不记建宁[1]之事乎？”上曰：“建宁叔实冤，肃宗性急故耳。”泌曰：“臣昔为此故辞归，誓不近天子左右。不幸今日复为陛下相，又睹兹[2]事。且其时先帝常怀危惧，臣临辞日，因诵《黄台瓜辞》，肃宗乃悔而泣。”上意稍解，乃曰：“贞观、开元皆易太子，何故不亡？”对曰：“承乾谋反事觉，太宗使其舅与朝臣数十人鞫之，事状显白[3]。然当时言者犹云：‘愿陛下不失为慈父，使太子得终天年。’太宗从之，并废魏王泰。且陛下既知肃宗急而建宁冤，则愿陛下深戒其失，从容三日，究其端绪[4]，必释然，知太子之无他矣。若果有其迹，愿陛下如贞观之法，并废舒王而立皇孙，则百代之后，有天下者犹陛下子孙也。至于武惠妃谮太子瑛兄弟杀之，海内冤愤，乃百代所当戒，此又可法乎？且太子居少阳院，未尝接外人，预外事，安得有异谋？彼谮人者巧诈百端，虽有手书如晋愍怀，衷甲如太子瑛[5]，犹未可信，况但以妻母为累乎？幸赖陛下语臣，臣敢以家族保太子。向使杨素、许敬宗、李林甫之徒承此旨，已就舒王图定策之功矣。”上曰：“此朕家事，何豫于卿，而力争如此？”对曰：“天子以四海为家，臣今独任宰相之重，四海之内，一物失所，责归于臣。况坐视太子冤横[6]而不言，臣罪大矣。”上曰：“为卿迁延至明日思之。”泌抽笏叩头而泣曰：“如此，臣知陛下父子慈孝如初矣。然陛下还宫，当自审思[7]，勿露此意于左右。露之，则彼皆欲树功[8]于舒王，太子危矣！”上曰：“具晓卿意。”泌归，语子弟曰：“累汝曹矣。”太子遣人谢泌曰：“若必不可救，欲先自仰药，

1　建宁：即建宁王李倓，唐代宗李豫的兄弟。
2　兹：这个，此。
3　显白：明显清楚。
4　端绪：头绪。
5　手书如晋愍怀，衷甲如太子瑛：像西晋愍怀太子一样有亲手所写的反书，像开元年间太子李瑛一样有身披铠甲入宫的行动。
6　冤横：蒙冤遭受横祸。
7　审思：慎重考虑。
8　树功：建立功勋。

何如？”泌曰：“必无此虑。愿太子起敬起孝[1]。苟泌身不存，则事不可知耳。”间一日，上开延英殿独召泌，流涕曰：“非卿切言，朕今日悔无及矣！太子仁孝，实无他也。自今军国及朕家事，皆当谋于卿矣。”泌拜贺，因曰：“臣报国毕矣。惊悸亡魂[2]，不可复用，愿乞骸骨。”上慰谕不许。

范氏曰：李泌善处父子兄弟之间，故能以其直诚[3]正言感悟人主，卒使父子如初，可谓忠矣。泌以为天子以四海为家，则莫非家事，以君之子为己任，其知相之职业哉！

九月，吐蕃寇陇州吐蕃率羌、浑之众寇陇州，连营数十里，京城震恐。虏大掠，驱丁壮万余口而去。未几，复至陇州，州兵击却之。

回纥求和亲，许之回纥合骨咄禄可汗屡求和亲，上未之许。会边将告乏[4]马，李泌言于上曰：“臣有愚策，可使马贱十倍。”上问之，对曰：“愿陛下推至公之心，屈己徇人，为社稷计，臣乃敢言。”上曰：“何故？”泌曰：“臣愿陛下北和回纥，南通云南，西结大食、天竺，如此，则吐蕃自困，马亦易致矣。”上曰：“三国当如卿言，至于回纥则不可。”泌曰：“臣固知陛下如此，所以不敢早言。然今日之计，回纥为先，三国差缓[5]。且陛下所以不可，岂非以陕州之耻邪？”上曰：“然。韦少华等以朕之故受辱而死，朕岂能忘之？”泌曰：“害少华等，乃牟羽可汗，后复入寇，为今可汗所杀。然则今可汗乃有功于陛下，又何怨邪？”是后凡十五对，反复论之，上终不许。泌乃乞骸骨，上曰：“朕不惮屈己，但不能负少华辈耳。”泌曰：“以臣观之，少华辈负陛下，非陛下负之也。”上曰：“何故？”对曰：“昔叶护将兵助国，肃宗止令臣宴劳之，亦不许至其营。及大军将发，先帝始与相见。盖戎狄豺狼，不得不过为之防耳。陛下在陕，富于春秋，少华辈不能深虑，以万乘元子径造其营，又不先

1 起敬起孝：更加恭敬，更加孝顺。起，更加。
2 亡魂：失魂，形容惊慌失措。
3 直诚：真心诚意。
4 乏：缺少。
5 差缓：稍微缓一缓。

与之议相见之仪，使彼得肆其桀骜[1]，岂非少华辈负陛下邪？且香积[2]之捷，叶护欲掠长安，先帝亲拜于马前以止之。当时观者十万余人，皆叹息曰：‘广平王真华夷主也！’然则先帝所屈者少，所伸者多矣。况牟羽身为可汗，举国赴难。当是之时，臣不敢言其他，若留陛下于营中欢饮十日，天下岂得不寒心哉？以此二事观之，则屈己为是乎？不屈为是乎？”上谓李晟、马燧曰：“朕素怨回纥，今闻泌言，自觉少理。卿以为如何？”皆对曰：“诚如泌言。”泌曰：“臣以为回纥不足怨，向来宰相乃可怨耳。回纥再复京城，今可汗又杀牟羽，复有何罪？吐蕃幸[3]国之灾，陷河陇数千里之地，又入京城，使先帝蒙尘于陕，此乃百代必报之仇，为可怨耳。”上曰：“朕与之为怨已久，今往与之和，得无复拒我，为夷狄之笑乎？”对曰：“臣请以书与之约：为臣子，每来不过二百人，印马[4]不过千匹，无得携中国人及商胡出塞。五者皆能如约，则主上必许和亲。如此，威加北荒，旁詟[5]吐蕃，足以快陛下平昔[6]之心矣。”上从之。既而回纥可汗遣使上表听命。上大喜，谓泌曰：“回纥何畏服卿如此？”对曰：“此乃陛下威灵，臣何力焉？”上因问招云南、大食、天竺之计，对曰：“回纥和，则吐蕃已不敢轻犯塞矣。云南苦吐蕃赋役，未尝一日不思复为唐臣也。大食在西域为最强，与天竺皆慕中国，代与吐蕃为仇，臣故知其可招也。”遂遣其使者归，许以公主妻之。

吐蕃陷连云堡泾西恃连云为斥候，连云既陷，西门不开，门外皆为虏境，樵采路绝，常苦乏食。

冬，十月，吐蕃城故原州而屯之。

李软奴等作乱，伏诛妖僧李软奴结殿前射生将韩钦绪等，谋作乱。其党

1　桀骜：凶悍倔强。
2　香积：古寺庙名，即香积寺，位于今陕西省西安市长安区西南，现已毁。
3　幸：庆幸。
4　印马：古代烙有印记的马匹。
5　詟：震慑。
6　平昔：往常，往昔。

告之，上命捕送内侍省推之。李晟闻之，惊仆[1]，曰：“晟族灭矣！”李泌问其故，晟曰：“晟新罹谤毁，中外有家人千余，若有一人在其党中，则兄亦不能救矣。”泌乃密奏：“大狱一起，所引必多。闻人情恟惧，请出付台推[2]。”上从之。钦绪，游瓌之子也。亡抵邠州，械送京师，与软奴等皆腰斩，而朝臣无连及者。

十二月，韩游瓌入朝游瓌以钦绪诛，委军[3]入谢，上遣使止之。至是入朝，军中以为必不返，饯送甚薄。游瓌见上，盛陈筑丰义城[4]可以制吐蕃。上悦，遣还镇。军中忧惧者众。游瓌忌都虞候范希朝得众心，将杀之。希朝奔凤翔，上召置神策军。游瓌率众筑丰义城，二版[5]而溃。

大稔，诏和籴粟麦上畋于新店，入民赵光奇家，问：“百姓乐乎？”对曰：“不乐。”上曰：“今岁颇稔，何为不乐？”对曰：“诏令不信[6]。前云两税之外悉无他徭，今非税而诛求者殆过于税。又云和籴，而实强取之，曾不识一钱。始云所籴粟麦纳于道次[7]，今则遣致京西行营，动数百里，车摧牛毙，破产不能支。愁苦如此，何乐之有？”上命复其家。

司马公曰：甚矣，德宗之难寤也！既闻光奇之言，则当按有司之废格[8]诏书，残民增赋，盗匿公财，及左右谄谀日称民间丰乐者而诛之。然后洗心易虑，一新其政，屏浮饰[9]，敦诚信，辨忠邪，恤困滞[10]，则太平之业可致矣。释此不为，乃复光奇之家。夫以四海之广，兆民之众，安得人人自言于天子，而户户复其徭赋乎？

1　惊仆：受惊吓而跌倒。
2　出付台推：将此案由内侍省交付御史台审讯。台，御史台。推，审问，查究。
3　委军：放下军队。
4　丰义城：古城名，位于今甘肃省庆阳市镇原县东南。
5　二版：两块夹板的高度。版，筑墙时用的夹板，墙的尺寸多以版为基数进行计算。
6　信：可靠，有信用。
7　道次：路旁，沿途。
8　废格：搁置而不实施。
9　浮饰：虚夸文饰。
10　困滞：处境困窘的人。

戊辰**四年**（公元788年）

春，正月，以刘昌为泾原节度使，李元谅为陇右节度使昌、元谅皆率卒力田。数年，军食充羡，泾、陇稍安。

二月，以诸道税外钱帛输大盈库先是，上谓李泌曰：“每岁诸道贡献，共直钱五十万缗。今岁仅得三十万缗，宫中用度殊不足。”泌曰：“古者天子不私求财，今请岁供宫中钱百万缗，愿陛下勿受贡献。及罢宣索，必有所须，降敕折税，不使奸吏因缘诛剥[1]。”上从之。及元友直运淮南钱帛二十万至，泌悉输之大盈库。然上犹数有宣索，仍敕诸道勿令宰相知。泌闻之惆怅，而不敢言。

司马公曰：王者以天下为家，天下之财皆其有也。乃或更为私藏，此匹夫之鄙志[2]也。然多财者，奢欲之所自来也。李泌欲弭德宗之欲而丰其私财，财丰则欲滋矣。财不称欲，能无求乎？是犹启其门而禁其出也。虽德宗之多僻[3]，亦泌所以相之者非其道故也。

诏葺白起庙，赠兵部尚书咸阳人或上言：“见白起云：‘请为国家捍御西陲。’”既而吐蕃入寇，边将败之。上以为信然，欲于京城立庙，赠司徒。李泌曰：“今将帅立功而陛下褒赏白起，臣恐边臣解体矣。且立庙祈祷，将长巫风。今杜邮有旧祠，请诏葺之，则不至惊人耳目矣。且起列国之将，赠三公太重，赠兵部尚书可也。”上从之。

康熙御批：白起即当褒赠，而因或人虚诳[4]之言，亦非政体。况起之残忍好杀，不可以飨俎豆而风示[5]将帅也明甚。德宗之举有两失矣。

夏，四月，更命殿前射生曰神威军左、右羽林、龙凤、神武、神策、神威，凡十军。

1　因缘诛剥：因缘，凭借。诛剥，勒索剥削。
2　鄙志：恶劣的想法。
3　多僻：多品行不端。
4　虚诳：欺蒙，欺骗。
5　风示：晓谕，教诲。

云南遣使入见。

吐蕃寇泾、邠、宁、庆、鄜州先是，吐蕃常以秋冬入寇，及春，多病疫而退。至是，得唐人，质其妻子，遣其将将之，盛夏入寇，诸州无敢与战者。吐蕃大掠而去。

六月，征阳城为谏议大夫城，夏县人，以学行著闻，隐居柳谷[1]，李泌荐之。

秋，七月，以张献甫为邠宁节度使韩游瓌以病求归，诏以张献甫代之。未至，游瓌轻骑归朝，戍卒裴满等惮献甫之严，率众作乱，奏请范希朝为节度使。都虞候杨朝晟勒兵斩之，而迎献甫。上闻军众欲得希朝，将授之，希朝辞曰："臣畏游瓌之祸而来，今往代之，非所以防窥觎、安反仄也。"上嘉之，擢为宁州刺史，以副献甫。

罢句检[2]诸道税外物元友直句检诸道税外物，悉输户部，遂为定制，岁输百余万缗、斛，民不堪命。诸道多自诉于上。上意寤，乃诏："已在官者输京师，未入者，悉以与民。明年以后悉免。"于是东南之民复安其业。

冬，十月，回纥来迎公主，仍请改号"回鹘"回纥可汗遣其妹及大臣妻来迎可敦，辞、礼甚恭，曰："昔为兄弟，今为子婿，半子也。若吐蕃为患，子当为父除之。"仍请改为"回鹘"，许之。

吐蕃寇西川，韦皋遣兵拒击，破之吐蕃发兵十万，将寇西川，亦发云南兵。云南内虽附唐，外未敢叛吐蕃，亦发兵数万屯泸北[3]。韦皋乃为书遗云南王，叙其归化之诚，转致吐蕃。吐蕃始疑云南，遣兵屯会川[4]，以塞其趋蜀之路。云南怒，归唐之志益坚，而吐蕃兵势始弱矣。皋遣兵拒击，破之于清溪

1 柳谷：古地名，位于今山西省运城市南中条山内。
2 句检：考察。
3 泸北：泸水北岸。
4 会川：古县名，治所位于今四川省凉山彝族自治州会理县西，因"川原并会，政平颂理"而得名。

关[1]外。

十一月，册[2]回鹘长寿天亲可汗，以咸安公主归之。

以张建封为徐泗濠节度使李泌言于上曰：“江淮漕运，自淮入汴，以甬桥为咽喉。地属徐州，邻于李纳。若纳一旦复有异图，窃据徐州，则失江淮矣。请徙张建封镇徐州，割濠、泗以隶之。则淄青惕息[3]，而运路常通，江淮安矣。”上从之。建封为政宽厚而有纲纪，不贷人以法，其下畏而悦之。

横海[4]节度使程日华卒子怀直自知留后。

己巳**五年**（公元789年）

春，二月，以程怀直为沧州观察使怀直请分景城、弓高[5]为景州，请除刺史。上喜曰：“三十年无此事矣。”以徐伸为景州刺史。

以董晋、窦参同平章事李泌自陈衰老，乞更除一相。上曰：“朕深知卿劳苦，但未得其人耳。”因从容论即位以来宰相，曰：“卢杞忠清强介[6]，人言杞奸邪，朕殊不觉。”泌曰：“此乃杞之所以为奸邪也。傥陛下觉之，岂有建中之乱乎？杞以私隙杀杨炎，挤颜真卿于死地，激李怀光使叛，赖陛下圣明，窜逐[7]之，人心顿喜，天亦悔祸。不然，乱何由弭？”上曰：“杨炎以童子视朕，意以朕为不足与言，以是交不可忍[8]，非由杞也。建中之乱，术士豫请城奉天，此盖天命，非杞所致也。”泌曰：“天命，他人皆可以言之，惟君、相不可言。盖君、相所以造命也。若言命，则礼乐、政刑皆无所用矣。纣曰：‘我生不有命在天。’此商之所以亡也！”上因复言：“卢杞小心，朕所言无不从。”对曰：

1　清溪关：古关隘名，位于今四川省雅安市汉源县西南、甘洛县西北交界处桦槁林山一带。其地连山带谷，夹涧临溪，倚险接关，恃为天险。
2　册：册封。
3　惕息：心跳气喘，形容极其恐惧。
4　横海：方镇名，长期领有沧、景、德、棣四州，辖今天津市马厂减河以南，运河以东，山东省津浦铁路线以东，黄河以北及博兴县北部地区。
5　弓高：古县名，治所位于今河北省衡水市阜城县南。
6　强介：强横耿直。
7　窜逐：放逐，流放。
8　交不可忍：相互不能容忍。

“夫‘言而莫予违[1]’，此孔子所谓‘一言丧邦’者也！”上曰：“惟卿则异于彼。朕言当，卿常有喜色；不当，常有忧色。虽时有逆耳之言，而气色和顺，无陵傲[2]、好胜之志，直使朕中怀[3]已尽而屈服，不能不从，此朕所以私喜于得卿也。”

范氏曰：《易》曰：“穷理尽性[4]以至于命。”自君臣而言之，为君尽君道，为臣尽臣道，此穷理也。理穷则性尽，性尽则至于命矣。孟子曰：“莫非[5]命也，顺受其正。”夫顺受其正者，人事也。人事极矣，而后可以言命。故知命者不立岩墙[6]之下，立岩墙之下而死者，人之所取也，非天之所为也。顺其道而死者，天之所为，非人之所取也，故曰“命”。若夫建中之乱，有以取之乎，无以取之乎？若无以取之，则不穷兵[7]，不暴敛，不相卢杞而致乱，乃可谓命也。若有以取之而曰“命”，岂异于纣乎？夫为人君不知相之奸邪，不省己之缺失，而归之术者之言以为命，宜其德之不建，政之不修也。李泌之论，不亦正乎！

既而泌荐窦参通敏，可兼度支、盐铁；董晋方正[8]，可处门下[9]。上皆以为不可。泌疾甚，复荐二人，上遂相之。参为人刚果峭刻[10]，无学术，多权数，每奏事，诸相出，参独居后，以奏度支事为辞，实专大政，多引亲党置要地，使为耳目。董晋充位而已。然晋为人重慎，所言于上前者未尝泄于人，子弟或问之，晋曰：“欲知宰相能否，视天下安危。所谋议于上前者，不足道也。”

---

1 言而莫予违：我讲的话，是没有人敢违背的。
2 陵傲：凌侮轻慢。
3 中怀：内心。
4 穷理尽性：彻底推究事物的道理，透彻了解人类的天性。后泛指穷究事理。
5 莫非：没有一个不是。
6 岩墙：将要倒塌的墙，也借指危险之地。
7 穷兵：滥用武力。
8 方正：人行为、品性正直无邪。
9 门下：即门下省。
10 峭刻：严厉苛刻。

胡氏曰：李邺侯知虑[1]过人，而以窦、董自代，岂固择不如己者以自显乎？抑诚不知也？当是时，忠言深计，焯焯著见[2]，孰居陆贽之先？舍贽而引参，何也？晋在位五年，君德国政，犹前日耳。其言以天下安危，视宰相贤否，则是；以谋议于君前为不足道，则非。谋议固安危之本也，苟一无所谋议，安知所行者何事邪？是直[3]大言，以盖其循默、充位之咎耳。

康熙御批：天下托命于人主，而相职佐君以有为，故朝廷振作，则庆[4]流宗社，泽被烝民，非时命所得而主也。李泌云惟君、相不可言命，确是实理。

三月，中书侍郎、同平章事、邺侯李泌卒泌有谋略而好谈神仙诡诞，故为世所轻。

冬，十月，韦皋遣将击吐蕃，复嶲州。

十二月，回鹘天亲可汗死，遣使立其子为忠贞可汗。

吐蕃寇北庭，回鹘救之北庭地近回鹘，又有沙陀[5]六千余帐与北庭相依，回鹘数侵掠之。至是，吐蕃攻北庭，回鹘大相[6]颉干迦斯将兵救之。

庚午**六年**（公元790年）

冬，十月，回鹘忠贞可汗为其下所杀回鹘忠贞可汗之弟杀忠贞而自立，国人杀之，而立忠贞之子阿啜为可汗。遣其臣梅录来告丧，且求册命。先是，回鹘使者入中国，礼容骄慢。梅录至丰州，刺史李景略先据高坐[7]，梅录俯偻前哭，景略抚之曰："可汗弃代[8]，助尔哀慕。"自是回鹘使至，皆拜景略于

1　李邺侯知虑：李邺侯，即李泌。知虑，智慧和谋略。
2　焯焯著见：焯焯，显著，昭然。著见，清晰可见。
3　直：只，仅仅。
4　庆：吉庆，福泽。
5　沙陀：古部族名，西突厥别部，原名处月，分布在金娑山（今新疆博格多山，一说为尼赤金山）南、蒲类海（今新疆东北部巴里坤湖）东的名为"沙陀"的大沙漠一带，因以为名。
6　大相：回鹘官名，相当于宰相。
7　高坐：坐于上座。
8　弃代：去世。代，世。

廷，威名闻塞外。

吐蕃陷安西颉干迦斯与吐蕃战，不利，北庭、沙陀皆降于吐蕃。安西由是遂绝，莫知存亡，而西州犹为唐固守。

辛未**七年**（公元 791 年）

春，二月，遣使立回鹘奉诚可汗。

诏六军与百姓讼[1]者，府县毋得笞辱初，上还长安，以神策等军有卫从之劳，皆赐名“兴元元从[2]”“奉天定难功臣”，以宦官领之，抚恤优厚。禁军恃恩骄横，陵忽府县。官有不胜忿而刑之者，朝笞一人，夕贬万里。市井富民往往行赂寄名军籍，则府县不能制。至是，又诏军士与百姓讼者，委之府县，小事牒本军，大事奏闻。陵忽府县者，禁身[3]以闻，毋得笞辱。

义武节度使张孝忠卒，以其子昇云为留后。

秋，八月，以陆贽为兵部侍郎，解内职[4]窦参恶之也。

胡氏曰：陆贽自李泌相后，不复谏说，岂帝访问之遗[5]欤？以愚度之，正谓长源[6]周旋二帝间，己为后进，嫌有争能之意耳。或问陆贽何如人也，曰：其孟子所谓“有社稷臣者”欤。不然，道合则从，不合则去，乃天民[7]矣。

吐蕃寇灵州，回鹘击败之。九月，遣使来献俘。

以吴凑为陕虢观察使福建观察使吴凑治有声[8]，窦参以私憾毁之，且言其病风[9]。上召至京师，知参之诬，由是始恶参。以凑为陕虢观察使，代参党李翼。

1 讼：打官司。
2 元从：自始即相随从的人。
3 禁身：囚禁人身。
4 内职：供职禁中、内参机要的朝廷重臣。
5 遗：遗漏，舍弃。
6 长源：即李泌，李泌字长源。
7 天民：指贤者，因其明乎天理，适乎天性，故称。
8 有声：有声誉。
9 病风：患惊风或风痹病。

壬申**八年**（公元 792 年）

春，三月，宣武节度使刘玄佐卒玄佐有威略，每李纳使至，玄佐厚结之，故常得其阴事，先为之备，纳惮之。其母虽贵，日织绢一匹，谓玄佐曰："汝本寒微，天子富贵汝至此，必以死报之。"故玄佐始终不失臣节。及卒，将佐匿之，称疾请代。上遣使问："以吴凑为代，可乎？"监军孟介、行军司马卢瑗皆以为便，然后除之。凑行至汜水。玄佐之柩将发，军中请备仪仗，瑗不许。又令留器用[1]，俟新使。将士怒，拥玄佐之子士宁为留后，劫孟介以请于朝。上问宰相，窦参曰："不许，则汴人将合于李纳矣。"上乃许之。

夏，四月，赐谏议大夫吴通玄死，贬窦参为郴州别驾窦参阴狡而愎[2]，恃权而贪，每迁除，多与族子给事中申议之。申招权受赂，时人谓之"喜鹊"。上颇闻之。申恐陆贽进用，阴与谏议大夫吴通玄作谤书以倾[3]贽。上察知之，贬参，赐通玄死。

以赵憬、陆贽同平章事陆贽请令台省长官各举其属，著其名于诏书，异日考其殿最，并以升黜举者。诏行之。未几，或言于上曰："诸司所举，皆有情故，不得实才。"上密谕贽："自今除改[4]，卿宜自择，勿任诸司。"贽上奏曰："国朝[5]之制，五品以上，制敕命之，盖宰相商议奏可者也。六品以下，则旨授[6]。盖吏部铨材署职[7]，诏旨画闻[8]而不可否者也。开元中，起居、遗、补、御史等官犹并列于选曹。其后幸臣专朝[9]，废公举，行私惠，使周行庶品，苟不出时

1　器用：器皿用具。
2　愎：任性，不接受别人意见。
3　倾：倾轧。
4　除改：免除现职，改任他职。
5　国朝：本朝。
6　旨授：指由尚书省拟奏，圣旨批准。
7　铨材署职：品鉴人才，任命官职。
8　画闻：在诏旨上写一个"闻"字。
9　幸臣专朝：幸臣，宠臣。专朝，独揽朝政。

宰之意，则莫致也[1]。今臣所奏，宣行[2]以来，才举十数，议其资望[3]，不愧班行[4]，考其行能，未闻阙败。而议者遽以腾口[5]，上烦圣聪[6]。道之难行，亦可知矣。请使所言之人指陈其状，核其虚实。谬举者必行其罚，诬善者亦反其辜。若不出主名[7]，不加辨诘，使枉直同贯，则人何赖焉？又宰相不过数人，岂能遍谙多士？理须辗转询访[8]，是则变公举为私荐，情故必多。且今之宰相则往日之台省长官，今之台省长官乃将来之宰相，岂有为长官之时则不能举一二属吏，居宰臣之位则可择千百具僚？物议悠悠，其惑甚矣。盖尊者领其要，卑者任其详，是以人主择辅臣，辅臣择庶长，庶长择僚佐，将务得人，无易于此。夫求才贵广，考课贵精。往者则天欲收人心，进用不次，然而课责[9]既严，进退皆速，是以当代诵知人之明，累朝赖多士之用。然则则天举用之法虽伤易而得人，而陛下慎简[10]之规则太精而失士矣。"上竟追前诏不行。

胡氏曰：陆相所请，简而易用，要而易守。德宗既已听之，又沮[11]于谗言。贽虽再三辨理，终不见听，是宰相不得行其职也。有官守者不得其职，尚当求去，况宰相乎？

既而岭南奏："近日海舶[12]多就安南市易[13]，欲遣判官收市。乞命中使与俱。"

---

1 废公举，行私惠，使周行庶品，苟不出时宰之意，则莫致也：废弃公开的选举，把授官变成私人的恩惠，使宰相奏任官员的办法遍及各级官员，如果不经过现任宰相的同意，就无法做官。
2 宣行：普遍施行。
3 资望：资历和名望。
4 班行：泛指官位或官阶。
5 腾口：张口放言。
6 圣聪：旧称帝王明察之辞。
7 主名：当事者或为首者的姓名。
8 询访：查访。
9 课责：考课督责。
10 慎简：谨慎简选。
11 沮：通"阻"，阻止，终止。
12 海舶：海船，也特指外国海船。
13 市易：交易，贸易。

上欲从之，贽曰：“远国商贩，唯利是求，绥[1]之斯来，扰之则去。广州素为众舶所凑[2]，今忽改就安南，若非侵刻过深，则必招携[3]失所，曾不内讼[4]，更荡上心。况岭南、安南莫非王土，中使、外使悉是王臣，岂必信岭南而绝安南，重中使以轻外使乎？”

平卢节度使李纳卒军中推其子师古知留后。

秋，七月，以司农少卿裴延龄判度支事陆贽请以李巽权判度支，上许之。既而复欲用延龄，贽言：“度支准平万货[5]，刻吝[6]则生患，宽假则容奸。延龄诞妄小人，用之恐伤圣鉴[7]。”上不从。

胡氏曰：德宗与邪而弃正，恶直而喜谗，好佞而悦欺，多疑而与诞。裴延龄兼是四恶，故得行其说。惜乎，陆贽论之不详，去之不力也！过是则姤[8]阴日进，阳道将剥[9]，不可遏矣。论之详，去之力，犹不行焉，奉身而退可也。而贽犹隐忍以居位，再失之矣。

天下四十余州大水溺死者三万余人。

八月，遣使宣抚诸道陆贽以大水请遣使赈抚[10]，上曰：“闻所损殊少，即议优恤，恐生奸欺。”贽奏曰：“流俗[11]之弊，多徇谄谀，揣所悦意则侈[12]其言，度所恶闻则小其事，制备[13]失所，恒病于斯。且今遣使巡抚，所费者财用，所收者人心，苟不失人，何忧乏用乎？”上曰：“淮西贡赋既缺，不必遣也。”

1　绥：安抚。
2　凑：聚集。
3　招携：安抚，招安。
4　内讼：内心自责。
5　准平万货：准平，均等，均衡。万货，大量财货。
6　刻吝：苛刻吝啬。
7　圣鉴：帝王或临朝太后的鉴察。
8　姤：六十四卦之一，巽下乾上。彖曰：“姤，遇也，柔遇刚也。”
9　剥：衰微，减少。
10　赈抚：赈济抚恤。
11　流俗：社会上流行的风俗习惯，多含贬义。
12　侈：夸大。
13　制备：制作准备。

贽曰："陛下息师含垢[1]，宥彼渠魁[2]，惟兹下人，所宜矜恤[3]。昔秦、晋仇敌，穆公犹救其饥，而况帝王怀柔万邦，唯德与义，宁人负我，无我负人。"乃遣中书舍人奚陟等宣抚诸道。

胡氏曰：自汉初有"宁我负人，无人负我"之说，凡尚诈谋、争功利者率用之，终亦自蹈其患，则未有知反其失，如陆相之言者。嗟乎！无我负人，推而大也，忠恕之道也；宁人负我，守而固也，知命[4]之事也。敬舆[5]之学，其真洙泗[6]之徒欤！

韦皋攻吐蕃维州，获其大将。

九月，减江淮运米，令京兆、边镇和籴陆贽言于上曰："边储[7]不赡，由措置失当、蓄敛乖宜[8]故也。今戍卒不隶于守臣，守臣不总于元帅。至有一城之将，一旅之兵，各降中使监临，皆承别诏委任。每有寇至，方从中覆，比蒙征发救援，寇已获胜罢归。吐蕃之比中国，众寡之势不敌，然彼攻有余、我守不足者，彼之号令由将，而我之节制在朝，彼之兵众合并，而我之部分离析故也。此所谓措置失当者也。顷设就军和籴之法[9]以省运，制加倍之价以劝农，此令初行，人皆悦慕[10]。而有司竞为纤啬[11]，不时敛藏[12]，遂使豪家、贪吏反操利权，贱取于人以俟公私之乏。度支物估[13]转高，军城谷价转贵。空申簿帐，伪指囷仓[14]，计其数则亿万有余，考其实则百十不足。此所谓蓄敛乖宜者也。旧制，关

1 含垢：包容污垢，容忍耻辱。
2 渠魁：大头目，首领。
3 惟兹下人，所宜矜恤：对于这些处于下层的人，自当怜悯抚恤。
4 知命：懂得事物生灭变化都由天命决定的道理。
5 敬舆：即陆贽，陆贽字敬舆。
6 洙泗：即洙水和泗水。古时二水自今山东省泗水县北合流而下，至曲阜北，又分为二水，洙水在北，泗水在南，孔子在洙泗之间聚徒讲学，后因以"洙泗"代称孔子及儒家。
7 边储：边防用的储备粮食或物资。
8 蓄敛乖宜：蓄敛，粮食的储藏和征收。乖宜，失当。
9 就军和籴之法：由官府前往军屯处收购粮食的办法。
10 悦慕：爱慕，敬慕。
11 纤啬：计较细微，吝啬。
12 敛藏：收购储藏。
13 物估：物价。
14 空申簿帐，伪指囷仓：凭空编写帐目，虚报粮仓里储存的粮食。

中岁运东方租米，至有斗钱运米斗之言。习闻见而不达时宜者，则以为‘国之大事，不计费损’。习近利而不防远患者，则以为‘不若畿内和籴为易’。臣以为两家之语，互有长短，将制国用，须权重轻。食不足而财有余，则弛财而务实仓廪；食有余而财不足，则缓食而啬用货泉[1]。近岁关辅屡丰，公储[2]委积。江淮水潦，米贵加倍。关辅宜加价以籴而无钱，江淮宜减价以籴而无米，而运彼所乏，益此所余，可谓习闻见而不达时宜矣。今江淮斗米直百五十钱，运至东渭桥，僦直[3]又约二百，而市司估籴[4]三十七钱。耗其九而存其一，馁彼人而伤此农，制事[5]若斯，可谓深失矣。每年江淮运米百一十万斛，至河阴、太原留七十万斛，而以四十万斛输东渭桥。今二仓见米[6]犹有三百二十余万斛，京兆诸县斗米不过直钱七十，请令来年江淮止运三十万斛至河阴，而河阴、太原以次运至京师。其江淮所停八十万斛，委转运使每斗取八十钱于水灾州县籴之，以救贫乏，计得钱六十四万缗，减僦直六十九万缗。先令户部以二十万缗付京兆籴米，以补渭桥之缺数，斗用百钱以利农人；以一百二万六千缗付边镇，使籴十万人一年之粮，余十万四千缗以充来年和籴之价。其江淮米钱、僦直并委转运使折市绫、绢、纯、绵以输上都，偿先贷户部钱。”诏行其策，边备[7]浸充。

冬，十一月朔，日食。

贬姜公辅为吉州别驾　姜公辅久不迁官，诣陆贽求迁。贽密语之曰：“闻窦相奏拟，上有怒公之言。”公辅惧，请为道士。上问其故，公辅不敢泄贽语，以闻参言为对。上怒，贬公辅，遣中使责参。

1　货泉：货币的通称。
2　公储：朝廷的储备。
3　僦直：雇金，赁金。
4　市司估籴：市司，即司市，古代管理市场的官员，又称“市师”。估籴，预估买入价格。
5　制事：处理政治、军事等重大事件。
6　见米：现存的米。
7　边备：边防用的储备粮食或物资。

胡氏曰：公辅之眷眷于迁秩[1]，陋矣。至于黄冠之请，躁动愯詟[2]，所以异于浅[3]大夫者几希。是故君子不可不知道。不知道，则富贵能淫之，贫贱能移之，威武能屈之，虽欲不如是，盖莫能自免也。

十二月，以柏良器为右领军神策大将军柏良器募才勇之士以易贩鬻者，监军窦文场恶之，左迁右领军。自是宦官始专军政矣。

癸酉**九年**（公元793年）

春，正月，初税茶凡州县产茶及茶山外要路[4]，皆估其直，什税一，从盐铁使张滂之请也。滂又奏："税钱别贮，俟有水旱，代民田税。"自是，岁收钱四十万缗，未尝以救水旱也。滂又奏："奸人销钱为铜器以求赢[5]，请悉禁铜器。铜山听人开采，无得私卖。"

胡氏曰：天地生物，凡以养人，取之不可悉也。张滂税茶，则悉矣。夫弛山泽之禁以予民，王政也。必不得已，听商旅贸迁[6]而薄其征，息盗夺[7]，止狱讼，佐国用，其利亦大矣，张滂、王涯岂足效哉？

二月，以张昇云为义武节度使，赐名"茂昭"。

城盐州初，盐州既陷，塞外无复保障，吐蕃常阻绝灵武，侵扰鄜、坊。诏发兵城盐州。又诏泾原、山南、剑南各发兵深入吐蕃，以分其势。城之二旬而毕，命节度使杜彦光戍之。由是灵武、银夏、河西[8]获安。

三月，贬窦参为驩州司马，寻赐死初，窦参恶李巽，出为常州刺史。及参贬，汴州节度使刘士宁遗参绢五十匹。巽奏参交结藩镇，上大怒，欲杀

1 迁秩：官员晋级。
2 愯詟：愯，通"悚"，恐惧。詟，惧怕。
3 浅：肤浅。
4 要路：重要的道路，主要的通道。
5 赢：获利。
6 贸迁：贩运买卖。
7 盗夺：掠夺，侵夺。
8 银夏、河西：银夏，即银州、夏州。河西，方镇名，统凉、甘、肃、伊、西、瓜、沙七州，辖今甘肃省武威市以西和新疆东北部地。

参。陆贽曰："刘晏之死，罪不明白，至使叛臣得以为辞。参之贪纵，天下共知。至于潜怀异图，事迹暧昧，若遽加重辟[1]，骇动不细[2]。"乃更贬参驩州司马，又命理[3]其亲党。贽曰："罪有首从，法有重轻。参既蒙宥，亲党亦应末减[4]。"上从之。既又欲籍其家赀，贽曰："在法，反逆者尽没其财，赃污者止征所犯，皆须结正，然后收籍[5]。今罪法未详，若簿录其家，恐以财伤义。"宦官恨参尤深，谤毁不已，竟赐死于路，窦申杖杀，货财、奴婢悉传送京师。

胡氏曰：世传陆敬舆有憾于窦参，挤而杀之。其说甚怪，此以小人之腹度君子之心者也。以其言观之，岂有是邪？孔子有言："以德报怨。"何以报德？以德报德，以直报怨[6]。贽于参，非以德报怨也，以直行事耳。使参有死罪，贽佐天子用刑赏，称物平施[7]可也。贪不报之名，取忘怨之美，宜死而生之，又安得为直乎？

夏，五月，以赵憬为门下侍郎，与贾耽、卢迈同平章事先是，上使人谕陆贽曰："自今要重之事，勿对赵憬陈论，当密封手疏以闻。"又："苗晋卿往年摄政，尝有不臣之言，诸子皆与古帝王同名，今不欲明行斥逐，宜各除外官。"又："卿清慎太过，诸道馈遗一皆拒绝，恐事情不通，鞭靴[8]之类，受亦无伤。"贽上奏曰："凡臣所奏，惟憬得闻，陛下已至劳神，委曲防护。是于心膂之内，尚有形迹之拘，职同事殊，鲜克以济[9]。恐爽无私之德，且伤不吝之明[10]。且古者爵人于朝，刑人于市，惟恐众之不睹，事之不彰。是以君上行之无愧心，兆庶听之无疑议。凡是谮诉之事，多非信实之言，利于中伤，惧于公

1　重辟：极刑，死罪。
2　骇动不细：对舆论的惊动不算太小。
3　理：治理，管理。
4　末减：从轻论罪或减刑。
5　收籍：没收入官。
6　以直报怨：公正对待自己怨恨的人。直，公正、正直。
7　称物平施：根据物品的多少，做到施与均衡。
8　鞭靴：鞭子和鞋子，亦借指寻常轻贱之物。
9　鲜克以济：很少能够成功。
10　爽无私之德，且伤不吝之明：违背毫无私心的德行，而且损害不吝惜改过的明智。

辩[1]。或云岁月已久，不可究寻[2]；或云事体有妨，须为隐忍；或云恶迹未露，宜假他事为名；或云但弃其人，何必明言责辱[3]。词皆近理，意实矫诬，伤善售奸[4]，莫斯为甚。若晋卿父子实有大罪，则当公议典宪[5]；若被诬枉，岂令阴受播迁？夫监临受贿，盈尺有刑，至于士吏[6]之微，尚当严禁，矧[7]居风化之首，反可通行？贿道[8]一开，展转滋甚，鞭靴不已，遂及金玉。目见可欲，何能自窒[9]于心？已与交私，岂能中绝其意乎？”至是，憬反疑贽排己，置之门下，由是与贽有隙。

韦皋遣兵攻吐蕃，拔五十栅[10]。

董晋罢。

云南王异牟寻遣使上表吐蕃、云南日益相猜。韦皋复遗云南王书，欲与共袭吐蕃，驱之云岭[11]之外，独与云南筑大城于境上，置戍相保，永同一家。至是，异牟寻遣使诣皋上表，请弃吐蕃归唐。皋遣其使者诣长安。上赐异牟寻诏，令皋遣使慰抚之。

胡氏曰：邺侯思捍[12]吐蕃，故力劝德宗与回纥和亲，而招云南、大食、天竺，以分吐蕃之势。此后吐蕃稀为边患，然唐室之祸，乃卒起于云南。以此知中国当以自治为强，于非我族类者，画郊圻[13]，固封守[14]，来则不拒，不来不强，然后不召患于藩篱[15]之外矣。

---

1 公辩：公开论辩。
2 究寻：追查。
3 责辱：斥责羞辱。
4 售奸：施展阴谋诡计。
5 典宪：典章制度。
6 士吏：士人属吏。
7 矧：况且，何况。
8 贿道：贿赂之路。
9 窒：抑止住使不发泄。
10 栅：营寨。
11 云岭：古山名，又称大雪山、雪岭，位于今云南省西北部。
12 捍：抵御。
13 郊圻：都邑的疆界，边境。
14 封守：边防，封疆。
15 藩篱：篱笆，亦比喻门户或屏障。

康熙御批：帝王于要荒之外，非不欲声教遐暨[1]，第未免烦后虑[2]耳。观唐德宗之招云南等部以弱吐蕃，而卒亦为患，可知怀远有道，不必强致[3]之也。

秋，七月，诏宰相迭秉笔[4]，以处政事贾耽、陆贽、赵憬、卢迈为相，百官白事，更让不言。乃奏请依至德故事，宰相迭秉笔，旬日一易。诏从之。其后日一易之。

置欠负耗剩、染练库[5]户部侍郎裴延龄奏："检责[6]诸州欠负钱八百余万缗，收抽贯[7]钱三百万缗，呈样物[8]三十余万缗，请别置库以掌之。"欠负皆贫人无可偿，抽贯钱给用[9]旋尽，呈样、染练皆左藏正物，延龄徙置别库，虚张名数[10]以惑上。上信之，以为能富国而宠之。京城西污湿地生芦苇数亩，延龄奏称咸阳有陂泽[11]数百顷，可牧厩马。上使阅视，无之，亦不罪也。左补阙权德舆奏曰："延龄收常赋支用未尽者，充羡余以为己功。县官市物，再给其直，以充别贮。边军自今春以来，并不支粮。陛下必以延龄孤贞[12]独立，时人丑正[13]流言，何不遣信臣覆视，究其本末，明行赏罚。今众口喧于朝市，岂皆为朋党邪？"上不从。

八月，太尉、中书令、西平忠武王李晟卒。

胡氏曰：晟非特良将，乃贤相也。德宗置之闲处，七年而死。向使陪侍庙堂，参断国政，至于七年，其有益于国，可胜数哉？

1　遐暨：及于远方，到达远方。
2　后虑：考虑以后的事。
3　强致：强行征召。
4　秉笔：执笔。
5　欠负耗剩、染练库：欠负耗剩，保存亏欠租税和消耗所剩熟绢的仓库。欠负，亏欠租税等。染练库，保存着色熟绢的仓库。
6　检责：检查。
7　抽贯：唐代的一种税收，在常赋外，规定每贯钱中抽取若干文。
8　呈样物：进呈上贡样品。
9　给用：供给备用。
10　名数：名目数量。
11　陂泽：湖泽。
12　孤贞：孤高忠贞。
13　丑正：嫉害正直的人。

冬，十二月，宣武军乱，逐其节度使刘士宁刘士宁淫乱残忍，军中苦之。兵马使李万荣得众心。会士宁出畋，数日不返，万荣召亲兵诈之曰："敕征大夫入朝，以吾掌留务，汝辈人赐钱三十缗。"众皆听命，乃分兵闭城。士宁逃归京师。陆贽请："选朝臣宣劳，徐察事情。此安危强弱之几，不可不审。"上欲令万荣知留后，贽复奏曰："万荣鄙躁[1]，殊异[2]纯良，得志骄盈[3]，不悖则败[4]。况苟邀不顺，苟允不诚，君臣之间，势必嫌阻[5]。与其图之于滋蔓，不若绝之于萌芽。且为国之道，以义训人，将教事君，先令顺长[6]。若使倾夺[7]之徒，便得代居其任，非独长乱之道，亦开谋逆之端。但选能臣，命为节度，使奖万荣而别加宠任，褒将士而厚赐资装，揆[8]其大情，理必宁息[9]。"上不从。

范氏曰：以下犯上，以臣逐君，此为国者所深恶，圣王之法，必诛而无赦者也。不惟不讨，而又赏之，使天下皆无君，岂得不逼天子乎？《礼》曰："政不正，则君位危。"为国者必严上下之等，明少长之序，使不相陵越[10]者，盖君欲自安也。唐之人主坏法乱纪，无政刑矣，其何以为天下乎？

甲戌**十年**（公元794年）

春，正月，剑南西山羌蛮来降。

云南击吐蕃，大破之，遣使来献捷韦皋遣其节度巡官崔佐时赍诏诣云南。佐时至，吐蕃使者数百人先在其国。异牟寻令佐时衣牂柯[11]服而入，佐时

1　鄙躁：贪婪狡诈。
2　殊异：极不相同，差异极大。
3　骄盈：骄傲自满。
4　不悖则败：结果不是行为忤逆，就是自取灭亡。
5　苟邀不顺，苟允不诚，君臣之间，势必嫌阻：苟且要求是不合正道的，苟且应允是没有诚意的，势必会使君臣之间生出嫌疑。
6　为国之道，以义训人，将教事君，先令顺长：治理国家的原则是用正道教诲人，要让人事奉君主，先要使人服从长官。
7　倾夺：竞争，争夺。
8　揆：揣测，估量。
9　宁息：安宁，平静。
10　陵越：逾越。
11　牂柯：古代少数民族国名，辖今贵州省东部。

曰："我大唐使者，岂得衣小夷之服？"异牟寻不得已，夜迎之。佐时大宣诏书，异牟寻恐惧失色，歔欷受诏。佐时因劝异牟寻悉斩吐蕃使者，去其所立之号，复南诏旧名。异牟寻皆从之，与佐时盟于点苍山[1]神祠。先是，吐蕃征兵于云南，异牟寻遣五千人前行，自将数万人踵其后，袭击吐蕃，大破之，取十六城，虏其五王，降其众十余万。遣使献捷。

二月，以刘澭为秦州刺史初，刘怦卒，刘济在莫州，其母弟澭以父命召济，而以军府授之。济以澭为瀛州刺史，许他日代己。既而济用其子为副大使，澭怨之，擅通表朝廷，遣兵防秋。济怒，击澭，破之。澭遂将所部诣京师，号令严整，在道无一人敢取人鸡犬者。上嘉之，以为秦州刺史。军中不击柝，不设音乐，士卒病者，澭亲视之，死者哭之。

以李复为义成节度使复辟卢坦为判官。监军薛盈珍数侵军政，坦据理以拒之。盈珍常曰："卢侍御所言公，我固不违也。"

夏，六月，昭义节度使李抱真卒李抱真卒，其子缄秘不发丧，诈为抱真表，求以职事授己。都虞候王延贵素以义勇闻。上知抱真已卒，遣中使第五守进往观变，且以军事委延贵。守进至，谓缄曰："朝廷已知相公捐馆，令王延贵权知军事。侍御[2]宜发丧行服。"缄愕然，出谓诸将曰："朝廷不许缄掌事，诸君意如何？"莫对。缄乃发丧。守进召延贵宣口诏，令视事，趣缄赴东都。寻以延贵为节度使，赐名虔休。

遣使立异牟寻为南诏云南王遣其弟献地图、土贡[3]及吐蕃所给金印，请复号南诏。诏以袁滋为册使，赐以银窠[4]金印，异牟寻北面跪受册印[5]。因与使者宴，出玄宗所赐器物，指老笛工、歌女曰："皇帝所赐龟兹乐，惟二人在耳。"

1　点苍山：古山名，又作玷苍山、灵鹫山，位于今云南省大理白族自治州中部、漾濞江与洱海之间。
2　侍御：即李缄，官任殿中侍御史。
3　土贡：古代臣民或藩属向君主进献的土产。语出《书·禹贡》："禹别九州，随山浚川，任土作贡。"
4　银窠：印文空白处以银为之。
5　册印：册书和印玺。

以儆其不恪，甄恕以勉其自新[1]；行法而暂使左迁，念材而渐加进叙[2]，人知复用，谁不增修？何忧乎乱常，何患乎蓄憾？如其贬黜，便谓奸凶，恒处防闲，长从摈弃，则悔过者无由自补，蕴[3]才者终不见伸。凡人之情，穷则思变，含凄贪乱[4]，或起于兹矣。”上性猜忌，不委任臣下，官无大小，必自选用。一经谴责，终身不收。好以辩给取人，不得敦实之士。贽又谏曰：“登进以懋庸[5]，黜退以惩过，二者迭用，理如循环。故能使黜退者克励以求复[6]，登进者警饬以恪居[7]，上无滞疑[8]，下无蓄怨。”又曰：“明王不以辞尽人，不以意选士，如或好善而不择所用，悦言而不验所行，进退随爱憎之情，离合系异同之趣，是由舍绳墨而意裁曲直，弃权衡而手揣重轻，虽甚精微，不能无谬。”又曰：“中人以上，迭有所长，苟区别得宜，付受当器，及乎合以成功[9]，亦与全才无异。但在明鉴[10]大度，御之有道而已。以一言称惬[11]为能而不核虚实，以一事违忤为咎而不考忠邪，称惬则付任逾涯[12]，不思其所不及，违忤则罪责过当，不恕其所不能，则职司之内无成功，君臣之际无定分矣。”上不听。贽又奏请均节财赋，凡六条：其一，论两税之弊，曰：“旧制，租、调、庸法，天下均一，虽欲转徙[13]，莫容其奸，故人无摇心而事有定制。兵兴以来，版图[14]隳坏，执事知弊之宜革而遂失其原，知简之可从而不得其要，遽更旧法，以为两税，但取大历

---

1 斥远以儆其不恪，甄恕以勉其自新：将臣下斥逐远方，是为了警告他们不敬；甄别并宽恕臣下的过失，是为了劝勉他们重新做人。不恪，不敬。
2 进叙：按等级次第以进职或奖功。
3 蕴：包藏，聚积。
4 含凄贪乱：处境凄苦，便图谋作乱。
5 登进以懋庸：登进，举用，进用。懋庸，褒美有功。
6 克励以求复：勉励自己力求恢复官职。
7 警饬以恪居：告诫自己恭谨地任官办事。恪居，恭谨地治理官事。
8 滞疑：拘泥和疑虑。
9 区别得宜，付受当器，及乎合以成功：恰当地分辨他们的长处，交付的职任能充分发挥他们的能力，等到将大家聚集在一起，就能成就事功。
10 明鉴：明察。
11 称惬：称心快意。
12 逾涯：超过界限，超过他的能力所及。
13 转徙：辗转迁移。
14 版图：疆域，领土。

中一年科率[1]最多者以为定数。夫财之所生，必因人力，故先王之制，赋入必以丁夫为本。不以务穑[2]增其税，不以辍稼[3]减其租，则播种多；不以殖产[4]厚其征，不以流寓免其调，则地着固[5]；不以饬励[6]重其役，不以窳怠[7]蠲其庸，则功力勤。两税之立，惟以资产为宗，不以丁身为本。由是务轻资而乐转徙者，恒脱于傜税[8]；敦本业而树居产者，每困于征求[9]。此乃诱之为奸，驱之避役。创制之首，不务齐平[10]。供应有烦简之殊，牧守有能否之异。所在傜赋，轻重相悬。所遣使臣，意见各异。计奏[11]一定，有加无除。又大历中供军、进奉之类，既收入两税，今于两税之外，复又并存，望稍行均减，以救雕残[12]。”其二，请两税以布帛为额，曰：“谷帛者，人之所为；钱货者，官[13]之所为也。是以国朝著令，租出谷，庸出绢，调出缯、纩、布，曷有禁人铸钱而以钱为赋者哉？今之两税，独以钱谷定税，所征非所业，所业非所征，遂或增价以买其所无，减价以卖其所有，一增一减，耗损已多。望勘会[14]诸州初纳两税年绢布定估[15]，比类当今时价，加贱减贵，酌取其中，总计合税之钱，折为布帛之数。”其三，论长吏以增户、加税、辟田[16]为课绩[17]，曰：“长人[18]者罕能推忠恕[19]之情，体至公之

1　科率：官府于民间定额征购物资。
2　务穑：务农。
3　辍稼：停止耕种。
4　殖产：置产，增殖财产。
5　着固：安置稳固。
6　饬励：激励。
7　窳怠：懒惰，懈怠。
8　傜税：傜役和赋税。
9　敦本业而树居产者，每困于征求：注重农业而置办家产的人们，往往因为赋税而困顿。居产，家产。
10　齐平：整齐。
11　计奏：古代地方官员呈奏朝廷的关于境内政绩的情况汇报。
12　雕残：劫余的百姓。
13　官：官吏。
14　勘会：审核议定。
15　定估：物品的定价。
16　辟田：开垦田地。
17　课绩：考核政绩。
18　长人：为人君长。
19　忠恕：儒家的一种道德规范。忠，谓尽心为人；恕，谓推己及人。

意，以倾夺邻境为智能，以招萃逋逃为理化[1]，舍彼适此者既为新收而有复[2]，倏往忽来者又以复业而见优。唯安居不迁者，则使之日重，敛之日加。请详定考绩，若管内阜殷[3]，税额有余，任其据户口均减，以减数多少为考课等差。其十分减三者为上课，减二者次焉，减一者又次焉。如或人多流亡，加税见户，比较殿罚[4]，法亦如之。”其四，论税限迫促，曰：“蚕事方兴，已输缣税[5]；农功未艾，遽敛谷租。上司之绳责[6]既严，下吏之威暴[7]愈促，有者急卖而耗其半直，无者求假而费其倍酬。望更详定征税期限。”其五，请以税茶钱置义仓以备水旱。其六，论兼并之家私敛重于公税，请为占田条限[8]，裁减租价。事皆不行。

范氏曰：泉货[9]所以权物之轻重，流于天下则为用，积于府库不为利也。盖谷帛出于民，而官不可为也；钱出于官，而民不可为也。取其所有，而与其所无，则上下皆济[10]矣。是故以谷帛为赋，则民不得不耕织以奉公上[11]，此驱之于农桑也。如不取其所有，而取其所无，则民之所有，弃之必贱矣，官之所无，收之必贵矣。谷帛轻，则民为之者少；钱重，则物贱者多。是以利壅于上，民困于下。至于田野荒，杼柚[12]空，由取其所无故也。为法者必使民去末而反本，则富国之道也。

裴延龄以：“官吏太多，自今缺员，请勿复补，而收其俸以实府库。”上

---

1 以招萃逋逃为理化：将招徕和聚集逃亡的人视为治理与教化。招萃，招徕和聚集。理化，治理与教化。
2 复：免征赋税。
3 阜殷：富实繁盛。
4 比较殿罚：考查成绩，居于劣等的惩罚。
5 缣税：丝织品的税收。
6 绳责：督责。
7 威暴：慑服强暴。
8 占田条限：占有土地的限制性条款。
9 泉货：钱币，货币。
10 济：有益。
11 公上：朝廷，官家。
12 杼柚：织布机上的两个部件，即用来持纬（横线）的梭子和用来承经（直线）的筘，亦代指织机。

欲修神龙寺，延龄奏："同州有木数千株，皆可八十尺。"上曰："开元、天宝间，求美材于近畿，犹不可得，今安得有之？"对曰："天生珍材，固待圣君乃出。开元、天宝何从得之？"又奏："检阅左藏，于粪土中得银十三万两，杂货百万有余，请入杂库以供别支。"太府少卿韦少华抗表，称："皆月申见在之物[1]，请加推验[2]。"上不许。延龄由是恣为诡谲，处之不疑。上亦颇知其诞妄，但以其好诋毁人，冀闻外事，故亲厚之。群臣畏之莫敢言，惟盐铁使张滂、京兆尹李充、司农卿李铦以职事相关，时证其妄，而贽独以身当之，日陈其不可用。上不悦，待延龄益厚。贽以上知待[3]之厚，事有不可，常力争之。所亲或规其太锐，贽曰："吾上不负天子，下不负所学，他无所恤！"延龄日短贽于上，赵憬密以贽所讥弹[4]延龄事告之，故延龄益得以为计[5]。上由是信延龄而不直[6]贽。贽与憬约至上前极论延龄奸邪，上怒形于色，憬默而无言。遂罢贽为太子宾客。

范氏曰：延龄之亲宠，陆贽之废黜，赵憬实为之助。憬之罪大矣，必若治之以《春秋》之法，憬其为诛首与？

乙亥**十一年**（公元795年）

夏，四月，贬陆贽为忠州别驾裴延龄谮李充、张滂、李铦党于陆贽。会旱，延龄奏言："贽等失势怨望，言：'天旱民流[7]，度支多欠诸军刍粮。'动摇众心，其意非止欲中伤臣而已。"后数日，上猎苑中，适有军士诉："度支不给马刍。"上意延龄言为信，遽还宫，贬贽为忠州别驾，充、滂、铦皆为诸州长史。初，阳城自处士征为谏议大夫，拜官不辞，人皆想望风采，曰："城

1　月申见在之物：每月申报上奏的现存物品。
2　推验：查究验证。
3　知待：知遇，重视优待。
4　讥弹：指责缺点和错误。
5　计：计划，打算。
6　直：认为……公正。
7　民流：百姓流亡。

必谏诤，死职下。”及至，诸谏官纷纷言事细碎，天子益厌之。而城方与客日夜痛饮，人莫能窥其际，皆以为虚得名耳。前进士韩愈作《争臣论》以讥之，城亦不以屑意[1]。及陆贽等坐贬，上怒未解，中外惴恐，以为罪且不测，无敢救者。城即率拾遗王仲舒、补阙熊执易、崔邠等守延英门，上疏论延龄奸佞，贽等无罪。上大怒，欲罪之。太子为营救，乃解，令宰相谕，遣之。金吾将军张万福闻谏官伏阁，趋往，大言贺曰："朝廷有直臣，天下必太平矣！"遂遍拜城等。万福武人，年八十余，自此名重天下。时朝夕相延龄[2]，城曰："脱以延龄为相，城当取白麻[3]坏之，恸哭于廷。"李繁者，泌之子也。城尽疏[4]延龄过恶，欲密论之，使繁缮写。繁径以告延龄。延龄先诣上，一一自解。疏入，上以为妄，不之省。

范氏曰：论者或讥城以在职久而不言，贽若不贬，则无所成其名矣。是不然，城有待而为者也。遏裴延龄为相，救陆贽将死，终身废放[5]，死无所憾。自古处士之有益于国，如城者鲜矣。后世犹责之无已，其不成人之美亦甚哉！

胡氏曰：阳城贤矣，惜其未尽善也。诸谏官言事细碎，信为有失。城登谏司[6]，至是七年，岂皆无大事可言乎？开悟人君，必有其渐；防遏邪佞，必以其微。陆相见疏，延龄被眷[7]，夫岂一日之积？毫厘不戢，至用斧柯，则其用力多而见功寡矣。故君子以为城未知阴阳消长之义者也。丝纶[8]之言，非可坏之物；天子之廷，非恸哭之地。使上必欲相延龄，先闻此言，逐城而后行之，有何不可？故如城所为，山人、处士疏野[9]之态尔。虽然谠论[10]一发，正气凛然，陆免

1　屑意：介意。
2　时朝夕相延龄：当时，随时都有任命裴延龄为宰相的可能。
3　白麻：用苘麻制造的纸。唐制，由翰林学士起草的凡赦书、德音、立后、建储、大诛讨及拜、免将相等诏书都用白麻纸，因以指重要的诏书。
4　疏：上奏章陈述。
5　废放：废黜放逐。
6　谏司：谏官的职位。
7　眷：器重。
8　丝纶：指诏书。语出《礼记·缁衣》："王言如丝，其出如纶。"
9　疏野：放纵不拘。
10　谠论：正直之言，直言。

于死，裴不果相，其有功于唐甚大，则城亦未可訾[1]也。陆公在翰林谏争，十从六七；自为相，十从三四。故愚惜其去之之晚，有违乎“不可则止”之义也。

五月，以李说为河东留后河东节度使李自良卒。监军王定远奏请以行军司马李说为留后。说深德定远，为请铸监军印，从之。监军有印自此始。定远遂专军政，杀大将彭令茵。说奏其状，定远诣说刺之，说走免。定远召诸将绐之曰：“有敕，以李景略为留后，诸军皆迁官。”大将马良辅觉之，麾[2]众不受。定远走，逾城坠死。

回鹘奉诚可汗死，遣使立怀信可汗回鹘奉诚可汗死，无子。其相骨咄禄辩慧有勇略，自天亲[3]时典兵马用事，大臣、诸酋长皆畏服之，立以为可汗。使来告丧，遣使册立之。

秋，七月，以阳城为国子司业坐言裴延龄故也。

八月，司徒、侍中、北平庄武王马燧卒。

冬，十月，横海军乱，逐其节度使程怀直横海节度使程怀直不恤士卒，出猎数日不归。怀直从父兄怀信闭门拒之，怀直奔京师。以怀信为留后。

丙子十二年（公元796年）

春，正月，以浑瑊、王武俊兼中书令，严震、田绪、刘济、韦皋并同平章事，诸节镇[4]悉加检校官欲以悦其意也。

三月，以李齐运为礼部尚书齐运无才能学术，专以柔佞得幸。每宰相对罢，则齐运进决其议。或病卧家，上欲有所除授，遣中使就问之。

夏，四月，魏博节度使田绪卒绪尚嘉诚公主，有庶子三人，季安最幼，公主子[5]之。绪卒，左右推季安为留后。

---

1 訾：毁谤，非议。
2 麾：指挥。
3 天亲：即天亲可汗。
4 节镇：即节度使。
5 子：收养为子。

以韦渠牟为右补阙上生日，故事，命沙门、道士讲论于麟德殿。至是，始以儒士参之。四门博士韦渠牟嘲谈[1]辩给，上悦之。旬日，迁右补阙。

六月，以窦文场、霍仙鸣为护军中尉初，上置六统军[2]，视[3]六尚书，以处罢镇者[4]，相承用麻纸写制。至是，文场讽宰相比统军降麻[5]。翰林学士郑细奏："故事，惟封王、命相用白麻，今不识陛下特以宠文场邪，遂为著令也？"上乃谓文场曰："武德、贞观时，中人不过员外将军，衣绯者[6]无几。辅国以来，始隳制度。朕今用尔，不谓无私。若复降麻，天下必谓尔胁我为之矣。"文场叩头谢，遂焚之。上谓细曰："宰相不能违拒中人，朕得卿言方寤耳。"是时窦、霍势倾中外，藩帅多出神策军，台省清要亦有出其门者矣。

胡氏曰：人心虽有所蔽，亦有所明。肃宗宠任辅国而惜宰相，嘉裴冕之不从。德宗委信窦、霍而惜白麻，咎大臣之不拒。当是时，苟有贤公卿，诚心足以感格[7]，乘其明而启达之，收还兵柄，不付中人，安知德宗之终蔽哉？陆贽、李泌为议论之臣，李勉、卢翰、刘从一居弼谐[8]之地，皆不闻谏止，安得不均其责乎？

以严绶为刑部员外郎初，上以奉天窘乏[9]，故还宫以来，专意聚敛，藩镇多以进奉[10]市恩[11]，皆云"税外方圆[12]"，亦云"用度羡余"，其实或增敛百姓，或减刻[13]吏禄，或贩鬻蔬果，往往自入，所进才什一二。李兼在江西，有月进；

1 嘲谈：言语讥讽。
2 统军：古官名。唐代禁军左右龙武军、左右神武军、左右神策军各置统军一人，位次于大将军。
3 视：比照。
4 罢镇者：免除节度使职务的。
5 降麻：唐、宋时任免将相，用黄、白麻纸写诏书，宣告于朝廷，谓之降麻，也称宣麻。
6 衣绯者：穿绯色朝服，此处借指高官。
7 感格：感于此而达于彼。
8 弼谐：辅佐协调。
9 窘乏：窘困缺乏。
10 进奉：进献，亦指进献的财物。
11 市恩：买好，讨好。
12 方圆：筹集，筹划。
13 减刻：克扣。

韦皋在西川，有日进。其后常州刺史裴肃以进奉迁浙东观察使。刺史进奉自肃始。宣歙[1]判官严绶掌留务，竭府库以进奉，征为刑部员外郎。幕僚进奉自绶始。

范氏曰：古之人君，或多难以兴国，或因乱而启霸，盖困而后发其智，惧而后征其心，故能有为也。德宗还自兴元[2]，不知其贪以取亡，而惟货之求，其心谬戾[3]亦甚矣哉！

秋，七月，宣武军乱，以董晋为节度使宣武节度使李万荣病，不知事[4]，霍仙鸣荐押牙刘沐为行军司马。万荣子乃为兵马使。上遣中使第五守进至汴州宣慰，军士呼曰："兵马使勤劳无赏，刘沐何人，为行军司马？"沐惧，佯中风舁出。军士欲斫守进，乃止之，遂杀大将数人。都虞候邓惟恭执乃送京师。诏以晋为宣武节度使。万荣卒，惟恭遂权军事，不遣人迎董晋。晋受诏，即与傔从[5]十余人赴镇，不用兵卫。惟恭以晋来速，不及谋，乃率诸将出迎。晋命惟恭勿下马，气色甚和。既入，仍委以军政。初，刘玄佐增汴州兵至十万，遇之厚。李万荣、邓惟恭每加厚焉，士卒骄，不能御。乃置腹心之士，幕于庑下[6]，挟弓执剑以备之。晋至，悉罢之。诏惟恭等各迁官赐钱。惟恭谋作乱，晋诛其党，械惟恭送京师。

八月朔，日食。

以陆长源为宣武行军司马朝议以董晋柔仁，恐不能集事，故以长源佐之。长源性刚刻[7]，多更张[8]旧事。晋初皆许之，案成则命且罢[9]，由是军中得安。

赵憬卒。

1　宣歙：方镇名，领宣、歙、饶三州。
2　兴元：古地名，即兴元府，改梁州置，辖今陕西省汉中市及南郑、勉县、城固等县地。
3　谬戾：悖谬乖戾。
4　知事：主管事务。
5　傔从：侍从，仆役。
6　幕于庑下：在官署的走廊里扎帐篷。
7　刚刻：刚强苛刻。
8　更张：更换琴弦，亦比喻从根本上加以改变。
9　案成则命且罢：结论出来以后，却命令姑且罢除。

九月，以李景略为丰州都防御使初，上不欲生代[1]节度使，常自择行军司马，以为储帅。李景略为河东行军司马，李说忌之。回鹘梅录入贡，过太原，说与之宴。梅录争坐次，说不能遏，景略叱之。梅录识其声，趋前拜之曰："非丰州李端公邪？"遂就下坐。座中皆属目于景略。说益不平，乃厚赂窦文场，使去之。会有传回鹘将入寇者，上以丰州当虏冲[2]，择可守者，文场因荐景略。丰州穷边气寒，土瘠民贫，景略以勤俭率众，二岁之后，储备完实，雄于北边。

裴延龄卒中外相贺，上独悼惜[3]之。

冬，十月，以崔损、赵宗儒同平章事损尝为裴延龄所荐，故用之。

范氏曰：延龄既死，而德宗犹思其人，又用其所荐者为相。使其好贤如此，岂不善哉？夫贤之入人也难，佞之惑人也深，是以鲜有好贤如好佞者也。

十一月，以韦渠牟为谏议大夫上自陆贽贬官，尤不任宰相，自县令以上，皆自选用，中书行文书而已。然深居禁中，所取信者裴延龄、李齐运、司农卿李实、翰林学士韦执谊及渠牟，皆权倾宰相，趋附[4]盈门。实狡险掊克；执谊以文章与上唱和，年二十余入翰林；渠牟形神恌躁[5]，尤为上所亲狎。上每对执政，漏不过三刻[6]；渠牟奏事，率至六刻。语笑款狎，往往闻外，所荐引，咸不次迁擢，率皆庸鄙[7]之士。

1　生代：在节度使活着的时候取代他们。
2　当虏冲：地当回鹘前来的要冲之地。
3　悼惜：哀伤惋惜，多用以对死者。
4　趋附：迎合依附者。
5　形神恌躁：形神，形貌神情。恌躁，轻浮。
6　漏不过三刻：漏壶的刻符不会超过三刻。漏壶，古代计时的器具，也叫漏刻，简称漏，用铜制成，分播水壶、受水壶两部分，播水壶分二至四层，均有小孔，可以滴水，最后流入受水壶，受水壶里有立箭，箭上划分一百刻，箭随蓄水逐渐上升，露出刻数，用以表示时间。
7　庸鄙：平庸鄙俗。

丁丑**十三年**（公元797年）

春，二月，筑方渠、合道、木波[1]三城上以方渠、合道、木波皆吐蕃要路，欲城之，使问邠宁节度使杨朝晟："须几何兵？"对曰："邠宁兵足以城之。"上曰："向城盐州，用兵七万。今三城尤逼虏境，如此何也[2]？"对曰："今发本镇兵，不旬日至，出其不意而城之。虏谓吾众不减七万，不敢轻来。不过三旬，吾城已毕。虏虽至，城旁草尽，不能久留。虏退，则运刍粮以实之。此万全之策也。若大集诸道兵，逾月始至。虏亦集众而来，与我争战，胜负未可知，何暇筑城哉？"上从之。朝晟分军为三，各筑一城。三月，三城成。朝晟军还至马岭[3]，吐蕃始出追之，相拒数日而去。朝晟遂城马岭而还。开地[4]三百里，皆如其素[5]。

以姚南仲为义成节度使以姚南仲为义成节度使。监军薛盈珍曰："姚大夫书生，岂将才也？"判官卢坦私谓人曰："姚大夫外柔中刚，监军侵之必不受，军府之祸自此始矣。"遂潜去。既而盈珍与南仲有隙，幕府多以罪贬，有死者。

吐蕃赞普乞立赞死子足之煎立。

秋，七月，起复张茂宗为左卫将军，尚公主张茂宗，茂昭之弟也，许尚义章公主。未成婚，母卒，遗表[6]请终嘉礼[7]，上许之。拾遗蒋乂上疏曰："古有墨衰以从金革之事者，未闻驸马起复尚主也。"上曰："人间多借吉成婚者，卿何执此之坚？"对曰："婚姻、丧纪[8]，人之大伦，吉凶不可渎[9]也。委巷[10]之家，

1　方渠、合道、木波：方渠，古地名，位于今甘肃省庆阳市环县南方渠镇。合道，古地名，位于今甘肃省庆阳市环县西南合道乡。木波，古地名，位于今甘肃省庆阳市环县东南木钵镇。
2　如此何也：此处《通鉴》为"兵当倍之，事更相反，何也"。
3　马岭：古地名，位于今甘肃省庆阳市庆城县西北马岭镇。
4　开地：开拓疆土。
5　如其素：像他原先预计的那样。
6　遗表：古代大臣临终前所写的章表，于死后上奏。
7　嘉礼：此处专指婚礼。
8　丧纪：丧事。
9　渎：轻慢，不敬。
10　委巷：僻陋曲折的小巷，亦借指民间。

不知礼教，其女孤贫无恃[1]，或有借吉从人，未闻男子借吉娶妇者也。”上不悦，命趣下嫁之期，遂成婚。

范氏曰：德宗即位之初，动必循礼，而其终如此，心无所主故也。委巷鄙慝之礼，法之所当禁也，乃引以为比，苟[2]欲拒谏，不亦惑乎？

九月，卢迈罢。

冬，十月，吴少诚开刀沟[3]吴少诚擅开刀沟入汝，上遣中使谕止之，不从。命兵部郎中卢群往诘之，少诚曰：“开此水大利于人。”群曰：“君令臣行，虽利人，臣敢专乎？公承天子之令而不从，何以使下吏从公之令乎？”少诚遽为罢役。

十二月，以宦者为宫市使先是，宫中市外间物，令官吏主之，随给其直[4]。比岁以宦者为使，谓之宫市。置白望[5]数百人，抑买[6]人物，以红紫染故衣、败缯，尺寸裂而给之，仍索进奉门户及脚价钱[7]。名为宫市，其实夺之。尝有农夫以驴负柴，宦者称宫市取之，又就索门户[8]，农夫曰：“我有父母妻子，待此然后食。今以柴与汝，不取直而归，汝尚不肯，我有死而已。”遂殴宦者。街吏[9]擒以闻，诏黜宦者，赐农夫绢十匹。然宫市亦不为之改，谏官、御史数谏，不听。徐州节度使张建封入朝，具奏之，上颇嘉纳。以问判度支苏弁，弁希宦者意，对曰：“京师游手[10]万家，无土著生业[11]，仰宫市取给。”上信之，故凡言宫市者皆不听。

1　孤贫无恃：孤贫，孤苦贫寒。无恃，没有倚仗。
2　苟：草率。
3　刀沟：古水渠名，位于今河南省漯河市舞阳县东北，东入郾城县界。
4　随给其直：随时支付买东西的费用。
5　白望：唐代宫市使派在市场的采办人员，因他们于市中左右望，白取民物，故称。
6　抑买：强行购买。
7　以红紫染故衣、败缯，尺寸裂而给之，仍索进奉门户及脚价钱：经常用染上红色、紫色的旧衣服和变坏的丝帛，按照尺寸撕下来交给买主，还要勒索所谓进奉门户钱和脚价钱。
8　就索门户：就地索取进奉门户钱。
9　街吏：掌管巡察街道的官吏。
10　游手：闲逛不务正业的人。
11　无土著生业：没有固定的住所和职业。

戊寅**十四年**（公元 798 年）

秋，七月，赵宗儒罢，以郑余庆同平章事。

八月，初置神策统军时禁军戍边者禀赐优厚，诸将多请遥隶神策。其军遂至十五万人。

九月，以于頔为山南东道节度使。

吴少诚反，侵寿州。

贬阳城为道州刺史太学生薛约师事司业阳城，坐言事徙连州。城送之郊外，贬道州刺史。城治民如治家，赋税不登[1]。观察使数加诮让，城自署其考[2]曰："抚字心劳，征科政拙[3]，考下下。"观察使遣判官督其赋，城自系狱，判官大惊，驰谒之。城不复归，判官辞去。又遣他判官往按之，判官载妻子行，中道逸去[4]。

己卯**十五年**（公元 799 年）

春，宣武节度使董晋卒，军乱，杀留后陆长源长源性刻急，恃才傲物，军中恶之。晋卒，长源知留后，扬言曰："将士弛慢[5]日久，当以法齐之耳。"众皆惧。或劝之发财[6]以劳军，长源曰："我岂效河北贼，以钱买健儿，求节钺邪？"军中怨怒作乱，杀长源。监军俱文珍以宋州刺史刘逸准久为宣武大将，得众心，召之。逸准引兵径入汴州，众乃定，遂以为节度使。

以李锜为浙西观察使、诸道盐铁转运使李齐运受李锜赂数十万，荐之于上，故用之。锜刻剥以事进奉，上由是悦之。锜又以馈遗结权贵，恃此骄纵，无所忌惮。布衣崔善贞诣阙上封事，言官市、进奉及盐铁之弊，因言锜不

1　不登：歉收。
2　自署其考：自行题写他的任官考核成绩。
3　抚字心劳，征科政拙：安抚体恤百姓心神劳苦，征收赋税的政绩低劣。抚字，安抚体恤。征科，征收赋税。
4　逸去：逃走。
5　弛慢：懈怠轻忽。
6　发财：发放财物。

法事。上械送锜，锜生瘗之。远近闻之，不寒而栗。锜复欲为自全计，增广兵众，选有力善射者，谓之“挽强”，胡、奚杂类，谓之“蕃落”，给赐十倍他卒。判官卢坦屡谏不悛，与幕僚李守约等皆去之。

范氏曰：德宗本恶崔善贞直言，故使李锜甘心[1]焉。钳天下之口，而长奸臣之威，实朝廷杀谏者，非锜杀告者也。

三月，吴少诚寇唐州。

秋，八月，以上官涚为陈许节度使吴少诚遣兵掠临颍，涚遣大将王令忠将兵三千救之，败没。少诚遂围许州。营田副使刘昌裔募勇士千人，凿城出击，破之。兵马使安国宁谋翻城应少诚，昌裔以计斩之。召其麾下，人给二缣，伏兵要巷[2]，见持缣者悉斩之，无得脱者。

以韩弘为宣武节度使刘逸准卒，军中思刘玄佐之恩，推其甥兵马使韩弘为留后，诏以为节度使。弘将兵识其材鄙勇怯[3]，指顾必堪其事。先是，少诚遣使与逸准约共攻陈、许[4]，使者数辈犹在馆，弘悉驱出斩之。选卒[5]三千击许下[6]，少诚由是失势。宣武军自玄佐卒，凡五作乱，弘召唱者[7]及其党三百人，数而斩之。自是至弘入朝二十一年，士卒无一人敢欢呼于城郭者。

诏削夺吴少诚官爵，令诸道进兵讨之诸军讨吴少诚者，既无统帅，进退不一，自溃于小溵水[8]，委弃器械资粮，皆为少诚所有。于是始议置招讨使。

冬，十二月，中书令、咸宁王浑瑊卒瑊性谦谨，虽位穷将相，无自矜大之色。每贡物，必躬自阅视；受赐，如在上前。上还自兴元，虽一州一镇有兵者，皆务姑息。瑊每奏事不过[9]，辄私喜曰：“上不疑我。”故能以功名终。

1 甘心：快意，纵情。
2 要巷：紧要的街巷。
3 材鄙勇怯：有才与无才，勇敢与怯懦。
4 陈、许：即陈州、许州。
5 选卒：挑选出来的兵卒，精兵。
6 许下：许州城下。
7 唱者：倡议的人。
8 小溵水：古水名，位于今河南省漯河市临颍县西南，东流合于颍水。
9 不过：不被接纳。

庚辰**十六年**（公元800年）

春，二月，以韩全义为蔡州招讨使全义本出神策军，中尉窦文场爱之，荐于上，使统诸军讨吴少诚。十七道兵，皆受节度。

夏，四月，姚南仲入朝义成监军薛盈珍有宠，欲夺节度使姚南仲军政，南仲不从，由是有隙。屡毁南仲于上，上疑之。又遣小吏[1]程务盈奏南仲罪。牙将曹文洽追及于长乐驿[2]，杀之，自作表雪南仲之冤，且首[3]专杀之罪，遂自杀。驿吏以闻，上异之，征盈珍入朝。南仲亦请入朝待罪。上召见，问曰："盈珍扰卿邪？"对曰："盈珍不扰臣，但乱陛下法耳。且天下如盈珍辈何可胜数？虽使羊、杜[4]复生，亦不能行恺悌之政，成攻取之功也。"上默然，竟不罪盈珍，仍使掌机密。盈珍又言："南仲恶政，皆幕僚马少微赞之。"诏贬少微江南官，遣中使送之，推坠江中而死。

范氏曰：德宗之心，常与宦者为一，故虽妄言必听之。疏群臣而外之，故虽有实言而又杀身以明之，亦不信也。是以其害如木之有蠹，人之有膏肓[5]之疾。蠹深则木不可攻，疾久则与身为一，必俱亡而后已。可不为深戒哉？

五月，韩全义与淮西兵战于溵南[6]，大溃全义素无勇略，专以巧佞货赂结宦官，得为大帅。每议军事，监军数十人争论纷然，不决而罢。士卒久屯沮洳[7]之地，天暑病疫，全义不存抚，人有离心。与淮西战，锋镝未交，诸军大溃，退保五楼[8]。

于頔奏贬元洪为吉州长史山南东道节度使于頔因讨淮西，大募战士，缮甲厉兵，聚敛货财，有据汉南[9]之志。诬邓州刺史元洪赃罪，上为之流端州。

1　小吏：小官，小差役。
2　长乐驿：古地名，位于今陕西省西安市东长乐坡下。
3　首：自首。
4　羊、杜：即晋朝的羊祜、杜预。
5　膏肓：古代医学以心尖脂肪为膏，心脏与膈膜之间为肓，合称比喻难以救药的失误或缺点。
6　溵南：小溵水南岸。
7　沮洳：由腐烂植物埋在地下而形成的泥沼。
8　五楼：古地名，位于今河南省周口市商水县西南。
9　汉南：汉水以南地区。

皞复表洪责太重，上复以洪为吉州长史。又怒判官薛正伦，奏贬之。比敕下，皞怒已解，复奏留为判官，上一一从之。

范氏曰：德宗初有削平藩镇之志，其明断似刚，其不畏似勇，然非实能刚、勇也。夫刚有血气之刚，有志气之刚；夫勇有匹夫之勇，有天下之勇。此二者，不可不察也。始盛而终衰，壮锐而老消，血气之刚也；其静也正，其动也健，志气之刚也。血气之刚可挫也，志气之刚不可挫也。不度可[1]而为，不虑后[2]而发，匹夫之勇也；居之以德，行之以义，天下之勇也。匹夫之勇可怯也，天下之勇不可怯也。是故至刚与大勇，人君不可不养也。德宗初欲有为，血气之刚，匹夫之勇也，其出易则其屈必深，其发轻则其挫必亡，是以其终怯畏[3]如此之甚也。

胡氏曰：圣人喜怒，在物而不在己；众人喜怒，在己而不在物。惟喜怒在物，故登十六相，流四凶。若持衡悬镜[4]，若用尺度，轻重、妍媸[5]、长短，我无与焉。是以其德行，其威立，而天下服。惟喜怒在己，故忠贤则恶忌[6]疏斥之，跋扈则畏下抚绥之。宜刚而柔，宜怯而勇。奋然而断，乃不当断者也；惕然[7]而惧，乃不当惧者也。使其知持志[8]之方，义理[9]是凭，岂有此患乎？

徐泗濠节度使张建封卒张建封镇彭城十余年，军府称治。病笃，累表请代。诏以韦夏卿为行军司马。敕下，建封已卒，军士为变，劫建封子愔，令知军府事，杀留后及大将数人，械系监军。上闻之，以李鄘为宣慰使。鄘至，召将士宣朝旨，谕以祸福，脱监军械，使复其位。

---

1 度可：估量是否可行。
2 虑后：考虑后果。
3 怯畏：胆怯，害怕。
4 持衡悬镜：持衡，持秤称物，比喻公允地品评人才。悬镜，比喻肝胆相照，坦诚相见。
5 妍媸：美和丑。
6 恶忌：厌恶猜忌。
7 惕然：惶恐貌。
8 持志：坚持自己的志向。
9 义理：合于一定伦理道德的行事准则。

永州刺史阳履免湖南观察使吕渭奏发[1]履赃贿，三司鞫之，对曰："所敛物已市[2]马进之矣。"诘马主为谁，马齿几何，对曰："马主东西南北之人，今不知所之。按礼，齿路马[3]有诛，故不知其齿。"上悦其进奉之言，免官而已。

以张愔为徐州团练使张愔表求旄节[4]，朝廷不许。加淮南节度使杜佑兼徐泗濠节度使，使讨之。前锋济淮而败，佑不敢进。朝廷不得已，除愔团练使。后名其军曰武宁，以愔为节度使。

以李藩为秘书郎初，张建封之疾病也，濠州刺史杜兼阴图代之，疾驱至府，幕僚李藩曰："仆射疾危如此，公宜在州防遏，来欲何为？不速去，当奏之。"兼错愕，径[5]归。及是，兼诬奏藩摇动军情，上大怒，密诏杜佑杀之。佑素重藩，出诏示之，藩神色不变。佑曰："吾已密论，用百口保君矣。"上犹疑之，召藩诣长安。望见其仪度安雅[6]，乃曰："此岂为恶者邪？"即除秘书郎。

胡氏曰：古今之事一也。观古事而是非明，处今事而得失乱者。何也？有意与无意也。其于涉己不涉己者亦然。李藩从下土来，未有向背，德宗视之，犹日方中也。使虚心平意，照临百官，每每如此，虽不中，不远矣。然非格物致知，何以启进此之途？非强恕[7]求仁，何以克[8]安此之居？故自天子至于匹夫，必明夫《大学》之道而后可也。

秋，七月，吴少诚袭韩全义于五楼。全义大败，走保陈州。

九月，以李元素为义成节度使义成节度使卢群卒。贾耽曰："凡就军中除节度使，必有爱憎向背，喜惧者相半，故众心不安。自今愿陛下只自朝廷除人，庶无他变。"上以为然，故有是命。

1　奏发：上奏揭发。
2　市：买。
3　路马：古代指为君主驾车的马。因君主之车名路车，故称。
4　旄节：镇守一方的长官所拥有的节。
5　径：径直，直接。
6　仪度安雅：仪度，仪容风度。安雅，安闲优雅。
7　强恕：勉力于恕道。
8　克：能够。

贬郑余庆为郴州司马余庆与户部侍郎于頔素善。頔所奏事，余庆多劝上从之。上以为朋比[1]，贬之。

以齐抗同平章事。

冬，十月，赦吴少诚，复其官爵吴少诚引兵还蔡州。先是，韦皋闻诸军讨少诚无功，请："以浑瑊、贾耽为元帅，统诸军。若重烦元老[2]，则臣请以精锐万人下巴峡[3]以剪凶逆。不然，因其请罪而赦之，罢两河诸军，以休息公私，亦策之次也。若少诚一旦为麾下所杀，又当以其官爵授之，则是除一少诚，生一少诚，为患无穷矣。"贾耽言于上曰："贼意亦望恩贷，恐须开其生路。"上然之。会少诚致书监军，求昭洗[4]，监军奏之。诏赦少诚。其后韩全义至长安，窦文场为掩其败迹，上礼遇甚厚。全义称足疾，遣司马崔放入对[5]。放为全义谢无功，上曰："全义能招来少诚，其功大矣。何必杀人，然后为功邪？"

以郑儋为河东节度使上择可以代儋者，以严绶尝以幕僚进奉，记其名，即用为河东行军司马。

1 朋比：结成私党。
2 重烦元老：意为不愿意烦劳资高望重的元老大臣。
3 巴峡：古地名，即巴国三峡的简称，指今重庆市至涪陵区间长江铜锣、明月、黄草三峡。
4 昭洗：昭雪洗清。
5 入对：臣下进入皇宫回答皇帝提出的问题或质问。

卷四十八

起辛巳唐德宗贞元十七年，尽戊戌[1]唐宪宗元和十三年**凡十八年**。

辛巳**十七年**（公元801年）

夏，五月朔，日食。

以高固为朔方节度使朔方节度使杨朝晟防秋于宁州，疾亟，谓僚佐曰："朔方命帅，多自本军，虽徇众情，殊非国体。宁州刺史刘南金练习军旅，宜使摄行军事。比朝廷择帅，必无虞矣。"时李朝寀以神策军戍定平[2]。上遣高品[3]薛盈珍赍诏诣宁州曰："朝寀所将本朔方军，今将并之，以壮军势，以李朝寀为使，南金副之，何如？"诸将皆奉诏。都虞候史经言于众曰："李公命收弓、刀而送甲胄二千。"军士曰："李公欲纳麾下二千为腹心，吾辈妻子其可保乎？"经夜造南金，欲奉以为帅。南金曰："节度使固我所欲，然非天子之命则不可。军中岂无他将？诸军不愿朝寀为帅，宜以情告敕使。若操甲兵，乃拒诏也。"命闭门不内。军士去诣兵马使高固。固逃匿，搜得之。固曰："诸君能用吾言则可。"众曰："惟命。"固曰："毋杀人，毋掠金帛。"众曰："诺。"乃共诣监军，请奏之。众曰："刘君必挠[4]吾事。"诈以监军命召计事，至而杀之。上闻之，追还朝寀制书，复遣盈珍往诇军情。盈珍遂以上旨命固知军事。固宿将，以宽厚得众，前使忌之，置于散地[5]，同列多轻侮之。及起为帅，一无所报复，由是军中遂安。

成德节度使王武俊卒以其子士真代之。

秋，九月，韦皋大破吐蕃于雅州初，吐蕃寇盐州，又陷麟州。敕皋出兵深入吐蕃，以分其势。皋遣将将兵二万分出九道，破吐蕃于雅州。转战千里，

1　戊戌：即公元818年。
2　定平：古县名，治所位于今甘肃省庆阳市正宁县西南。
3　高品：高的官阶或品级。
4　挠：阻碍，搅扰。
5　散地：闲散之地，多指闲散的官职。

凡拔城七、军镇五，焚堡百五十，斩首万余级，围维州及昆明城[1]。

冬，十月，以韦皋为司徒、中书令，赐爵南康王。

壬午**十八年**（公元802年）

春，正月，吐蕃救维州，韦皋击败之，获其将吐蕃遣其大相论莽热将兵十万解维州之围，西川兵据险设伏以待之，虏众大败，擒论莽热，士卒死者太半。维州、昆明竟不下，引兵还。遣使献论莽热，上赦之。

三月，以齐总为衢州[2]刺史，不行浙东观察使裴肃既以进奉得进。总掌后务，刻剥以求媚又过之[3]，擢为衢州刺史。给事中许孟容封还诏书，曰："衢州无他虞，齐总无殊绩，忽此超奖[4]，深骇群情。若有可录，愿明书劳课[5]，然后超改[6]，以解众疑。"诏遂留中。上召孟容奖之。

秋，七月，诏百官毋得正牙奏事嘉王咨议[7]高弘本正牙奏事，自理逋债[8]。诏百官自今毋得正牙奏事，如有陈奏，诣延英门请对[9]。议者以为正牙奏事，所以达群情，讲政事，弘本无知，黜之可也，不当因人而废事。

癸未**十九年**（公元803年）

春，三月，以杜佑同平章事。

迁献、懿二祖于德明、兴圣庙鸿胪卿王权请迁二祖，每禘、祫，正太

---

1 昆明城：古地名，本唐之昆明县，位于今四川省凉山彝族自治州盐源县东北卫城，天宝后地入吐蕃，称昆明城。
2 衢州：古州名，辖今浙江省衢州、常山、江山、开化等地。
3 总掌后务，刻剥以求媚又过之：齐总掌管留后事务，他通过侵夺、剥削财物讨好德宗，比裴肃还过分。
4 超奖：破格奖励提拔。
5 劳课：对官吏劳绩的考核。
6 超改：破格改任。
7 嘉王咨议：即嘉王府的咨议参军。
8 逋债：欠债。
9 请对：古代官吏请求奏对。

祖[1]东向之位，从之。

以李实为京兆尹实为政暴戾，上爱信之。实恃恩骄傲，荐引谮斥[2]，皆如期而效[3]，士大夫畏之，侧目。

夏，六月，以孙荣义为左神策中尉荣义与右神策中尉杨志廉皆骄纵招权，依附者众，宦官之势益盛。

自正月不雨，至于秋七月。

齐抗罢。

冬，十月，崔损卒。十二月，以高郢、郑珣瑜同平章事。

杖监察御史崔薳，流崖州建中初，敕京城系囚，季终[4]委御史巡按[5]，有冤滥者以闻。近岁，北军移牒而已。薳遇下严察，下吏欲陷之，引入右神策军，军使奏之。上怒，杖薳四十，流崖州。

贬韩愈为阳山[6]令京兆尹李实务征求以给进奉，言于上曰："今岁虽旱，而禾苗甚美。"由是租税皆不免，人穷至坏屋卖瓦木、麦苗以输官。优人成辅端为谣嘲之。实奏辅端诽谤朝政，杖杀之。监察御史韩愈言："京畿百姓穷困，今年税物征未得者，请俟来年。"遂坐贬。

甲申二十年（公元804年）

春，正月，以任迪简为天德军防御使初，天德防御使李景略尝宴僚佐，行酒[7]者误以醯[8]进，迪简恐行酒者获罪，强饮之，归而呕血。军士闻之泣下。及景略卒，遂欲奉以为帅。监军以闻，诏从之。

1　太祖：即唐太祖李虎，唐高祖李渊的祖父。
2　谮斥：诬陷排斥。
3　如期而效：在他预计的日期里应验。
4　季终：每个季节结束的时候。
5　巡按：巡行按察。
6　阳山：古县名，治所位于今广东省清远市阳山县东。
7　行酒：依次斟酒。
8　醯：醋。

吐蕃赞普死弟嗣立。

秋，八月，以卢从史为昭义节度使昭义节度使李长荣薨。上遣中使以手诏授本军大将，但军士所附者即授之。时大将来希皓为众所服，中使以手诏付之，希皓曰："此军取人，合是[1]希皓，但作节度使不得。若朝廷以一束草来，希皓亦必敬事。"中使不可，希皓固辞。兵马使卢从史潜与监军相结，起出伍[2]曰："从史请且句当[3]此军。"监军曰："此固合圣旨。"中使因取诏授之，从史再拜舞蹈。希皓亟回，挥同列北面称贺。

范氏曰：藩镇不顺，未必人情之所欲也，由朝廷御失其道，而不能服其心，是以致乱。三军之士岂不恶夫上下之相陵犯[4]，欲得天子之帅而事之哉？废置爵赏，人主之柄也，德宗不有，而推以与人，失其所以为君矣，岂非不能与贤人图事而至此乎？

九月，太子有疾初，翰林待诏[5]王伾善书，王叔文善棋，俱出入东宫，娱侍太子。叔文谲诡[6]多计，自言读书知治道。太子尝与诸侍读论及宫市事，曰："寡人[7]方欲极言之。"众皆称赞，独叔文无言。既退，太子自留叔文，谓曰："向者君独无言，岂有意邪？"叔文曰："太子职当视膳问安，不宜言外事。陛下在位久，如疑太子收人心，何以自解？"太子泣曰："非先生，寡人无以知此！"遂大爱幸，与伾相依附。因言："某可为相，某可为将，幸异日用之。"密结翰林学士韦执谊及朝士有名而求速进者陆淳、吕温、李景俭、韩晔、韩泰、陈谏、柳宗元、刘禹锡等，定为死友。而凌准、程异等又因其党以进，日与游处[8]，踪迹诡秘，莫有知其端者。

范氏曰：天下至大，祖业至重，故古之教太子者，左右前后必皆正人，然

1 合是：当然是。
2 出伍：从队伍中站出来。
3 句当：办理，掌管。
4 陵犯：冒犯，侵犯。
5 翰林待诏：古官名，掌四方表疏批答，应和文章，制诏书敕。
6 谲诡：怪诞。
7 寡人：太子自称。寡人通常为君主、诸侯等的自称。
8 游处：交游，来往。

而犹或不能成德。德宗乃使技艺、博弈[1]之徒侍太子，岂不愚其子乎？盖疑贤者导其子之为非，而不疑于小人，亦不思而已矣。

胡氏曰：小人之有才者，岂无一言之当，一行之美？顾[2]其大本不正，故终归于邪耳。王叔文止太子勿预外事，是也。以此一言，兼取其余，此尧、舜所难，而孔子所改也。叔文诚读书知治道，岂不知进身之礼，乃以弈秋[3]小数待诏供奉也？柳宗元、刘禹锡以是观之，则岂至迷于所从，陷身不义哉？

乙酉二十一年（公元805年）

顺宗皇帝永贞元年。

春，正月，帝崩，太子即位正月朔，诸王、亲戚入贺，太子独以疾不能来，上涕泣悲叹，由是得疾。凡二十余日，中外不通，莫知两宫安否。帝崩仓猝，召翰林学士郑絪、卫次公等草遗诏。宦官或曰："禁中议所立尚未定。"次公遽言曰："太子虽有疾，地居冢嫡，中外属心。必不得已，犹应立广陵王。不然，必大乱。"絪等从而和之，议始定。太子知人心忧疑[4]，力疾出九仙门，召见诸军使，京师粗安[5]。明日即位。时顺宗以风疾失音，宦官李忠言、昭容[6]牛氏侍左右，百官奏事，自帷中可其奏。王伾召叔文坐翰林中，使决事。伾入言于忠言，称诏行下，外初无知者。

范氏曰：昔成王将崩，以元子付之大臣。王崩，太子在内，太保特出而迎之，以显于众。然则古之立君者，惟恐众之不睹，而事之不显也。盖天子者，天下之共主也，故当与天下之人戴而君之，未有窃取诸宫中而立之，出于宦寺、妇人之手而可以正天下者也。先王于其即位也，以礼正其始；于其将没也，以礼正其终。顾命之书，所以为万世法也。后世之君，以富有天下为心，

1　博弈：古代指下围棋，也指赌博。
2　顾：不过。
3　弈秋：春秋战国时鲁国人，善于下围棋。
4　忧疑：忧虑疑惧。
5　粗安：大致安定，大致安好。粗，略微。
6　昭容：皇帝妃嫔称号，九嫔第二。

惟恐失之。大利所在，天理灭焉。故父子相疑，以终事为讳，以后事为忌，是以继承之际，鲜有能正其礼者。德宗将没，不能属宰相以社稷。故太子既立二十余年，而宦者犹有他议，次公等特以草诏得至禁中，遂沮其谋。不然，几有赵高之事。后之人主，岂可不法三代而以唐为永鉴[1]哉?

胡氏曰：顺宗自去年九月风喑[2]，逮今未愈。长子广陵王淳年二十有八矣，英睿之姿，可付大器。德宗于是建为太孙，使摄听断，则神器有托矣。而贪有其位，吝于子孙，眷恋迟留，不肯早决，唐之不乱，亦云幸矣。

范氏曰：德宗享国二十有六年，秕政[3]尤多，而大弊有三：一曰姑息藩镇，二曰委任宦者，三曰聚敛货财。本夫志大而才小，心褊而意忌，不能推诚御物，尊贤使能，以为果敢聪明，足以成天下之务。初欲削平僭叛[4]，划灭[5]藩镇。一有奉天之乱，而心陨胆破，惟恐生事。既猜防[6]臣下，则专任宦者。思其穷窘，则聚敛掊克，益甚于初。自古治愈久而政愈弊，年弥进而德弥退，鲜有如德宗者。是以藩镇强而王室弱，宦者专而国命危，贪政多而民心离。唐室之亡，卒以是三者。其所从来渐矣。

以韦执谊同平章事王叔文专国政，首引执谊为相。己用事于中，与相唱和[7]。

李师古发兵屯曹州时告哀使[8]未至诸道，义成节度使李元素密以遗诏示师古。师古欲乘国丧噬[9]邻境，乃集将士谓曰："圣上万福[10]，而元素忽传遗诏，是反也，宜击之。"遂发兵屯曹州，且告假道于汴。韩弘使谓曰："汝能越吾

1 永鉴：长久鉴戒。
2 风喑：风疾造成失声。喑，嗓子哑，失声。
3 秕政：弊政，有害的政治措施。
4 僭叛：越礼背叛，亦指越礼背叛之人。
5 划灭：废除，消灭。
6 猜防：猜疑防范。
7 唱和：互相呼应、配合。
8 告哀使：古官名，临时设置，唐朝国有大丧时，所遣赴周边各政权及诸道方镇通告噩耗的使者。
9 噬：吞并。
10 万福：多福，祝祷之词。

界而为盗邪？”元素告急，弘曰：“吾在此，公安[1]无恐。”或告曰：“翦棘夷道[2]，兵且至矣，请备之。”弘曰：“兵来，不除道也。”不为之应。师古计穷，且闻上即位，乃罢兵。吴少诚以牛皮遗师古，师古以盐资少诚，潜过宣武界，弘皆留之，曰：“此于法不得以私相馈。”师古等皆惮之。

贬李实为通州长史实残暴掊敛[3]，及贬，市里欢呼，皆袖瓦砾遮道伺之。

以王伾为左散骑常侍，王叔文为翰林学士伾寝陋、吴语[4]，上所亵狎。而叔文自许微知文义，好言事，上以故稍敬之。以伾为散骑常侍，仍待诏翰林。叔文为学士，每事先下翰林，使叔文可否，然后宣于中书，韦执谊承而行之。韩泰、柳宗元、刘禹锡等采听[5]谋议，汲汲如狂，互相推奖，僩然自得，以为伊、周、管、葛[6]复出也。荣辱进退，生于造次，惟其所欲，不拘程式。其门昼夜车马如市。

大赦。罢进奉宫市、五坊小儿[7]先是，盐铁月进羡余，经入[8]益少。五坊小儿，张捕鸟雀于闾里者，皆为暴横以取人钱物，至有张罗网于门，或张井上，近之，辄曰：“汝惊供奉鸟雀。”即痛殴之，出钱物求谢乃去。或相聚饮食于酒肆，卖者就索其直，多被殴詈[9]。或时留蛇一囊为质，卖者求哀，乃挈而去。上在东宫知其弊，故即位首禁之。

以王伾为翰林学士。

追陆贽、阳城赴京师，未至，卒德宗之末，十年无赦，群臣以微谴逐者，不复叙用。至是，始得量移[10]。追陆贽、阳城赴京师，二人皆未闻追诏而

1　安：安心。
2　翦棘夷道：翦棘，斩除荆棘，以喻剪除奸宄。夷道，平整道路。
3　掊敛：聚敛，搜刮。
4　寝陋、吴语：容貌丑陋，口操吴地方言。
5　采听：探听。
6　伊、周、管、葛：即伊尹、周公、管仲、诸葛亮。
7　五坊小儿：唐代宫中设雕坊、鹘坊、鹰坊、鹞坊、狗坊，豢养猛禽及猎犬以备皇帝打猎所用，合称“五坊”。各坊供职者即称五坊小儿。
8　经入：常规赋税收入。
9　殴詈：打骂。
10　量移：多指官吏因罪远谪，遇赦酌情调迁近处任职。

卒。贽之秉政也，贬李吉甫为明州长史。及贽贬，吉甫徙刺[1]忠州。贽门人以为忧，而吉甫忻然以宰相礼事之，贽遂与深交。吉甫，栖筠之子也。韦皋屡表请以贽自代，不从。

胡氏曰：十年不赦，美政也。而德宗之不赦，褊心也。孔子恶似是而非者，谓此类也。

以杜佑为度支等使，王叔文为副使先是，叔文与其党谋得国赋在手，则可以结诸用事人，取军士心，以固其权。又惧人心不服，借杜佑雅有会计[2]之名，位重而务自全，易[3]，可制，故先令佑主其名，而自除为副以专之。叔文不以簿书为意，日夜与其党屏人窃语，人莫测其所为。

范氏曰：杜佑以旧相，不耻与小人共事而为之用，其可贱也夫！

以武元衡为左庶子叔文之党多为御史中丞武元衡薄[4]之。刘禹锡求为山陵仪仗使判官，不许。叔文又使其党诱元衡以权利，不从。由是左迁元衡为左庶子。元衡，平一之孙也。侍御史窦群奏刘禹锡挟邪乱政[5]，不宜在朝。又尝谒叔文，曰："事固有不可知者。"叔文曰："何谓也？"群曰："去岁李实怙恩挟贵[6]，气盖一时，公当此时，逡巡路旁，乃江南一吏耳。今公一旦复据其地，安知路旁无如公者乎？"其党欲逐之，韦执谊以群素有强直名，止之。

立广陵王纯为皇太子初，上疾久不愈，中外危惧，思早立太子。而王叔文之党欲专大权，恶闻之。宦官俱文珍、刘光琦、薛盈珍等疾叔文等，乃启上召学士郑细等入草制。时牛昭容辈以广陵王淳英睿，恶之。细不复请，书纸为"立嫡以长"字呈上，上颔之。乃立淳为太子，更名纯。百官睹太子仪表，大喜相贺，有感泣者，而叔文独有忧色。先是，杜黄裳为裴延龄所恶，留滞[7]台

1 刺：出任刺史。
2 会计：管理财物及其出纳等事。
3 易：为人平易。
4 薄：鄙视。
5 挟邪乱政：居心邪恶，扰乱朝政。
6 怙恩挟贵：倚仗恩宠与尊贵的地位。怙，依靠，仗恃。
7 留滞：停留。

阁，十年不迁。及其婿韦执谊为相，始迁太常卿。黄裳劝执谊率群臣请太子监国，执谊惊曰："丈人甫得一官，奈何启口议禁中事？"黄裳勃然曰："黄裳受恩三朝，岂得以一官相买乎！"拂衣起出。至是，执谊恐太子不悦，故以陆质为侍读，使潜伺太子意，且解之。太子怒曰："陛下令先生为寡人讲经义耳，何为预他事？"质惧而出。质即淳也，避太子名改之。

胡氏曰：陆淳有功于《春秋》，而名在八司马[1]之冠，一何悖哉！盖穷经旨而不归之理义，则经必不明；索理义而不归之于心，则理必不得。心不得理，则心也，理也，经也，犹风马牛之不相及也。然太子所谓讲经何预他事，亦失言也。善讲经义者，必以今世之事参之，然后其合否可断。惟淳学不治心，心不自正，是以罔知[2]所对耳。

贾耽、郑珣瑜病，不视事耽以王叔文党用事，恶之，称疾不出，屡乞骸骨。故事，丞相方食[3]，百寮无敢谒见者。叔文至中书，欲见执谊。直省[4]以旧事告，叔文怒叱之。直省惧，入白。执谊惭赧[5]起迎，叔文就其阁语良久。叔文索饭，执谊遂与同食阁中。杜佑、高郢心知不可而莫敢言，珣瑜独叹曰："吾岂可复居此位？"顾左右取马径归，遂不起。二相皆天下重望，相次归卧。叔文等益无所忌，远近大惧。

范氏曰：贾耽、郑珣瑜为相，碌碌无补，然知其不可，引疾而去，能知耻矣。方之杜佑、高郢，岂不有闲[6]哉？

夏，五月，以范希朝为神策京西行营节度使，韩泰为行军司马王叔文自知为内外所疾，欲夺取宦官兵权以自固，借希朝老将，使主其名，而实以

1　八司马：唐顺宗即位，擢任王叔文、王伾等，实行改革。改革失败后，旧派官僚与宦官对参与其事者皆予斥逐，贬韦执谊为崖州司马，韩泰为虔州司马，陈谏为台州司马，柳宗元为永州司马，刘禹锡为朗州司马，韩晔为饶州司马，凌准为连州司马，程异为郴州司马，时称"八司马"。陆淳时已病死，此或误。
2　罔知：不知道。
3　方食：正在吃饭。
4　直省：中书省值班的官员。
5　惭赧：因羞惭而脸红。
6　有闲：有区别，有差距。

泰专其事，人益疑惧。

以王叔文为户部侍郎叔文为户部侍郎，俱文珍等恶其专权，削去翰林之职。叔文惊曰：“叔文日至此商量公事，若不得此院职事，则无因而至矣。”王伾即为疏请[1]，乃许三五日一入翰林。叔文始惧。

六月，贬羊士谔为宁化[2]尉宣歙巡官羊士谔以事至长安，遇叔文用事，公言其非，叔文怒，欲斩之。执谊不可，遂贬焉。执谊初为叔文所引用，深附之。既得位，欲掩其迹，且迫于公议，故时时为异同。辄使人谢叔文曰：“非敢负约，乃欲曲成[3]兄事耳。”叔文诟怒，不之信，遂成仇怨。

韦皋表请太子监国韦皋上表曰：“陛下哀毁成疾，请权令太子亲监庶政，俟皇躬[4]痊愈，复归春宫。”又上太子笺曰：“圣上亮阴不言，委政臣下，而所付非人，王叔文、王伾、李忠言之徒辄当重任，堕紊纪纲[5]，树置心腹，恐危家邦[6]。愿殿下即日奏闻，斥逐群小，使政出人主，则四方获安。”俄而荆南裴均、河东严绶笺、表继至，意与皋同。中外皆倚以为援，而邪党震惧[7]。

王叔文以母丧去位叔文既以范希朝、韩泰主神策行营，边将各以状辞中尉。宦者始悟兵柄为叔文等所夺，乃大怒，密令其使归告诸将曰：“无以兵属人。”希朝至奉天，诸将无至者。泰驰归白之，叔文计无所出。无几，以母丧去位。韦执谊益不用其语。叔文怒，与其党谋起复，斩执谊而尽诛不附己者。王伾日诣宦官及杜佑，请起叔文为相，总北军，坐翰林中。疏三上不报，知事不济，忽叫曰：“伾中风矣。”遂舆归[8]不出。

横海军节度使程怀信卒以其子执恭为留后，后赐名“权”。

---

1 疏请：上疏请求。
2 宁化：古县名，治所位于今福建省三明市宁化县东。
3 曲成：多方设法使有成就，委曲成全。
4 皇躬：天子的身体。
5 堕紊纪纲：堕紊，毁坏扰乱。纪纲，朝政。
6 家邦：本指家与国，亦泛指国家。
7 震惧：震惊惧怕。
8 舆归：抬回去。

秋，七月，太子监国中外共疾叔文党与，上亦恶之。俱文珍等屡请以太子监国，上许之。

以杜黄裳、袁滋同平章事，郑珣瑜、高郢罢。

八月，帝传位于太子，自号太上皇。贬王伾为开州司马[1]**，叔文为渝州司户**伾寻病死。明年，赐叔文死。

太子即位宪宗初即位，昇平公主献女口[2]，上曰："上皇不受献，朕何敢违？"遂却之。荆南献毛龟[3]，上曰："朕所宝惟贤，嘉禾、神芝皆虚美耳，所以《春秋》不书祥瑞。自今勿复以闻，珍禽奇兽亦毋得献。"

南康忠武王韦皋卒皋在蜀二十一年，重加赋敛，丰贡献以结主恩，厚给赐以抚士卒，士卒婚嫁死丧，皆供其费，以是得久安其位，士卒乐为之用。服南诏，摧吐蕃，府库既实，时宽其民，三年一复租赋，蜀人服其智谋而畏其威。及薨，画像以为土神，祠之至今。

以袁滋为西川节度使西川支度副使[4]刘辟自为留后，表求节钺。朝廷不许，以袁滋为节度使，征辟为给事中。

朗州江涨流万余家。

夏绥[5]**节度使韩全义致仕**全义败于溵水[6]，还，不朝觐而去。上在藩邸，闻而恶之。全义惧，乃请入朝。杜黄裳直令致仕。

罢裴延龄所置别库。

遣使宣慰江淮。

以郑余庆同平章事。

1　开州司马：开州，古州名，辖今重庆市开县地。司马，古官名，即州司马，州衙佐官，位长史下，同掌州衙僚属，纲纪众务。

2　女口：女俘，俘以为奴的女子。

3　毛龟：南朝梁任昉《述异记》卷上："龟，千年生毛。"后因以"毛龟"为长寿的象征。

4　支度副使：古官名。唐朝节度使兼支度使，则置支度副使，以主军资粮仗。

5　夏绥：方镇名，领夏、绥、银三州，辖今陕西省长城、清涧河以北，秃尾河流域以南及内蒙古自治区鄂尔多斯市南部地区。

6　溵水：古水名，源于今河南省郾城县东，自汝水别出，东北流经西华、商水二县，至周口市西北入颍水。

始令史官撰《日历》从监修国史韦执谊之请也。

胡氏曰：李义甫、许敬宗不许史官闻仗后事[1]，姚琦又建[2]令宰相撰《时政记》，今执谊又奏令史官撰《日历》。《日历》云者，犹起草也，将加是正[3]而润色焉尔。夫天下有公是公非，不为言语文字可以变移白黑，故此数人之恶，至今不泯[4]。有志于垂名竹帛[5]者，自修而已矣。

贬韩泰、韩晔、柳宗元、刘禹锡为诸州刺史。

冬，十月，贾耽卒。

葬崇陵[6]礼仪使奏："曾太皇太后沈氏岁月滋深，迎访[7]理绝。按晋庾蔚之[8]议，寻求三年之外，俟中寿[9]而服之。请以大行皇帝启攒宫[10]日，皇帝率百官举哀，即以其日为忌。"从之。

十一月，祔于太庙礼仪使杜黄裳等议，以为："国家法周制，太祖犹后稷，高祖犹文王，太宗犹武王，皆不迁。高宗在三昭三穆之外，请迁主于西夹室。"从之。

贬韦执谊为崖州司马叔文败，执谊亦自失形势，奄奄[11]无气，闻人行声，辄惶悸[12]失色，以至于贬。

贬袁滋为吉州刺史刘辟不受征，阻兵自守。袁滋畏其强，不敢进。上怒，贬之。

以武元衡为御史中丞。

1 仗后事：撤掉仪仗，即散朝以后的事。
2 建：建议。
3 是正：审察谬误，加以订正。
4 泯：消失。
5 垂名竹帛：即名垂青史。
6 崇陵：唐德宗李适的陵墓，位于今陕西省咸阳市泾阳县北安吴村附近。
7 迎访：访求迎回。
8 庾蔚之：东晋南北朝时著名礼学家。
9 中寿：中等的年寿。古时说法不一，有九十、八十、七十、六十等说法。
10 攒宫：帝、后暂殡之所。
11 奄奄：气息微弱貌。
12 惶悸：惊恐。

再贬韩泰等及陈谏、凌准、程异为诸州司马。

回鹘怀信可汗死，遣使立其子为腾里可汗。

十二月，以刘辟为西川节度副使，韦丹为东川[1]节度使上以初嗣位，力未能讨刘辟，故因而授之。谏议大夫韦丹上疏曰："今释辟不诛，则朝廷可以指臂[2]而使者，惟两京耳，此外谁不为叛？"上善其言，以丹镇东川。

以郑细同平章事。

丙戌**宪宗皇帝元和元年**（公元806年）

春，正月，太上皇崩。

刘辟反，命神策行营节度使高崇文将兵讨之辟既得旌节，志益骄，求兼领三川[3]，上不许。辟遂发兵围梓州。推官林蕴力谏辟，辟怒，将斩之，阴戒行刑者，使不杀，但数砺[4]刃于其颈，欲使屈服而赦之。蕴叱之曰："竖子当斩即斩，我颈岂汝砥石耶？"辟曰："忠烈士也。"乃黜之。上欲讨辟而重于用兵，公卿议者亦以为蜀险固难取，杜黄裳独曰："辟狂戆书生，取之如拾芥耳。臣知神策军使高崇文勇略可用，愿陛下专以军事委之，勿置监军，辟必可擒。"上从之。翰林学士李吉甫亦劝上讨蜀，上由是器之。乃削辟官爵，诏崇文与兵马使李元奕、山南西道严砺讨之。时宿将甚众，皆自谓当征蜀之选，及诏用崇文，皆大惊。崇文时屯长武城[5]，练卒[6]五千，常如寇至，受诏即行，器械糗粮，一无所缺。军士有食于逆旅，折人匕箸者，崇文斩以徇。刘辟陷梓州，执东川节度使李康。崇文引兵趋梓州，辟归康以求自雪[7]。崇文以康败军失守，斩之。初，上与杜黄裳论及藩镇，黄裳曰："德宗自经忧患，务为姑息，不生除

1　东川：方镇名，"剑南东川"的简称，辖今四川盆地中部涪江流域以西，沱江下游流域以东，及剑阁、青川等县地。
2　指臂：手指与臂膀，比喻得力的助手。
3　三川：唐中叶后，以剑南东川、剑南西川及山南西道三镇合称。
4　砺：磨。
5　长武城：古地名，位于今陕西省咸阳市长武县西北。
6　练卒：精兵。
7　自雪：洗刷自己的罪责。

节帅[1]，有物故者，遣中使察军情所与则授之，未尝出朝廷之意。陛下必欲振举纲纪，宜稍以法度裁制藩镇，然后天下可得而理也。”上深以为然。于是始用兵讨蜀，以至威行两河，皆黄裳启之也。

范氏曰：藩镇之乱，异于诸侯。诸侯自上古[2]以来有之，皆圣贤之后，王者不得而绝也。唐之藩镇皆起于盗贼，其始也，天子封殖之，又从而姑息之，以至于不可制，人主自取之也。宪宗一裁以法，而莫敢不服。天下之治乱，岂有不由君相者哉？

上尝与宰相论："自古帝王，或勤劳庶政，或垂拱无为，何为而可？"黄裳对曰："王者上承天地宗庙，下抚百姓四夷，夙夜忧勤，固不可自暇逸[3]。然上下有分，纪纲有叙。苟慎选贤才而委任之，有功则赏，有罪则刑，则谁不尽力？明主劳于求人而逸于任人，此虞舜所以无为而治者也。至于簿书、狱市[4]烦细[5]之事，各有司存，非人主所宜亲也。昔秦始皇以衡石程书[6]，魏明帝自按行尚书事，隋文帝卫士传飧[7]，皆无补当时，取讥后世，所务非其道也。夫人主患不推诚，人臣患不竭忠。苟上疑其下，下欺其上，将以求理，不亦难乎？"上深然之。

胡氏曰：黄裳言固要矣，然夙夜忧勤，必有其事。苟无其事，何所忧勤？古之人君，既得贤才布之列位[8]矣，于是朝[9]以听政，则公卿在前，史在左右，谏诤七人，训告[10]教诲，而无怠朝[11]矣；昼以访问，则监于成宪，学于古训，多

1 节帅：即节度使。
2 上古：较早的古代，在我国历史分期上多指夏、商、周、秦、汉这个时期。
3 暇逸：悠闲逸乐。
4 狱市：狱讼以及市集交易。
5 烦细：繁杂琐碎。
6 以衡石程书：用衡器称取所阅疏表奏章。
7 隋文帝卫士传飧：隋文帝议事时侍卫人员只好互传食物充饥。
8 列位：爵位。
9 朝：早晨。
10 训告：教导，训诫。
11 怠朝：懈怠的早上。

识前言往行与万民之疾苦，而无怠昼矣；夕以修令，则思夫应违，虑夫荣辱，慎而后出，而无怠夕矣。而又无淫逸[1]游畋，有铭戒箴谏[2]，又有贤妃淑女，警戒相成，昧爽丕显[3]，坐以待旦，此乃忧勤之事，乃所以端拱无为也。是故勤劳者，非程书、传飧之谓也；无为者，非遗弃万务之谓也。稽《无逸》之言，则人君之法具矣。

三月，夏绥留后杨惠琳拒命，诏河东、天德军讨斩之韩全义之入朝也，以其甥杨惠琳知留后。朝廷以将军李演为夏绥节度使，惠琳勒兵拒之。河东严绶表请讨之，遣牙将阿跌光进及弟光颜将兵赴之。夏州兵马使张承金斩惠琳，传首京师。光进本出河曲步落稽也，后赐姓李氏。

夏，四月，以高崇文为东川节度副使韦丹至汉中，表言："高崇文客军远斗，无所资，若与梓州，缀[4]其士心，必能有功。"故有是命。

策试制举[5]之士于是元稹、独孤郁、白居易、萧俛、沈传师出焉。

胡氏曰：制策[6]亦以空言取人，然其来最古，得人亦多。至于末流，应科者既未必英才，而发问之目往往摘抉细隐[7]，穷所难知，务求博洽之士，而直言极谏之风替[8]矣。要必深诏中外，精求多闻有学行者，勿令先献所业，召至殿庭[9]，而亲策以当世之急务，其言可采，就加任使，则瑰伟[10]之才不困于簸扬[11]淘汰，而国家收多士之实用矣。

以李巽为度支、盐铁、转运使杜佑请解盐铁，举巽自代。自刘晏之后，居职者莫能继之。巽掌使一年，征课[12]所入，类晏之多。明年过之，又一年加

1　淫逸：纵欲放荡。
2　铭戒箴谏：铭戒，在器物上刻写的警戒性文辞。箴谏，规戒劝谏的话。
3　昧爽丕显：昧爽，拂晓，黎明。丕显，大显。
4　缀：维系，连结。
5　制举：又称大科、特科，古代临时设置的考试科目，目的在于选拔各种特殊人才。
6　制策：国家取士的科目之一，将题目书之于策（竹简），考生作答。
7　摘抉细隐：摘抉，发掘，阐发。细隐，细微隐秘之处。
8　替：衰落。
9　殿庭：宫殿阶前平地，亦代指朝廷。
10　瑰伟：性格、才能卓异。
11　簸扬：扬弃，去除。
12　征课：征收赋税。课，征税。

一百八十万缗。

以元稹、独孤郁、萧俛为拾遗稹上疏曰："昔太宗以王珪、魏征为谏官，宴游、寝食未尝不在左右。三品以上入议大政，必遣谏官一人随之，以参得失，故天下大理[1]。今谏官就列朝谒而已。近年以来，正牙不奏事，庶官[2]罢巡对[3]，谏官能举职者，独诰命有不便则上封事耳。君臣之际，讽谕于未形，筹划于至密，尚不能回至尊之盛意，况已行之诰令，而欲以咫尺之书收之，诚亦难矣。愿陛下时于延英召对[4]，使尽所怀。"顷之，复上疏曰："开直言，广视听，理之萌也。甘谄谀，蔽近习，乱之象也。自古人主即位之初，必有敢言之士，苟受而赏之，则君子乐行其道，竞为忠谠。小人亦贪得其利，不为回邪[5]。如是，则上下之志通，幽远[6]之情达，欲无理，得乎？苟拒而罪之，则君子括囊以保身，小人迎合以窃位，十步之事，皆可欺也，欲无乱，得乎？昔太宗初即政[7]，孙伏伽以小事谏，太宗厚赏之。故当时言事者惟患不深切，未尝以触忌讳为忧也。太宗岂好逆意而恶从欲哉？诚以顺适[8]之快小，而危亡之祸大故也。陛下践阼，今以周岁，未闻有受伏伽之赏者。臣等备位谏列，犹且弥年不得召见，而况疏远之臣乎？"因条奏请次对[9]百官、复正牙奏事、禁非时贡献等十事。又劝上以伾、文为戒，早择修正[10]之士辅导诸子，曰："太子、诸王师傅之官，率皆眊聩废疾[11]、休戎罢帅[12]，其它僚属，尤为冗散[13]，搢绅皆耻为之。就使

1 大理：大治。
2 庶官：百官，多指一般官员。
3 巡对：轮流引见，咨询政事。
4 于延英召对：延英，即延英殿。召对，君主召见臣下，令其回答有关政事、经义等方面的问题。
5 回邪：不正，邪僻。
6 幽远：幽居草野之士。
7 即政：执掌政权。
8 顺适：顺从，迎合。
9 次对：轮流召对。
10 修正：遵行正道。
11 眊聩废疾：眊聩，眼花耳聋。废疾，有残疾而不能做事。
12 休戎罢帅：战事完结以后免去武将统帅职务。
13 冗散：多余闲散之人。

得人，亦越月逾时[1]仅得一见，又何暇傅[2]德义，而纳之法度哉？夫以匹士爱其子，犹知求明哲之师而教之，况万乘之嗣，系四海之命乎？”上颇嘉纳其言，时召见之。

郑余庆罢。

尊太上皇后为皇太后。

六月，高崇文破鹿头关[3]，连战皆捷。

秋，七月，诏征蜀诸军悉取崇文处分。

葬丰陵[4]。

八月，平卢节度使李师古卒初，师古有异母弟曰师道，常疏斥在外，不免贫窭[5]。师古私谓所亲曰：“吾非不友也。吾年十五拥节旄，自恨不知稼穑之艰难，况师道复减吾数岁，吾欲使之知衣食之所自来，且以州县之务付之，计诸公必不察也。”及疾笃，师道时知密州，好画及觱篥[6]，师古谓判官高沐、李公曰：“我死，子必奉师道为帅。人情谁肯薄骨肉而厚他人，顾置帅不善，则非徒败军政也，且覆吾族。师道不务训兵理人，专习贱事，果堪为帅乎？幸审图之！”师古卒，二人逆师道，奉以为帅。久之，朝命未下。或请出兵掠四境，高沐固止之，请输两税，申官吏，行盐法，奉表京师。杜黄裳请乘其未定而分之，上以刘辟未平，以师道为留后。

胡氏曰：因几而制，与失几而治，其难易十相倍也。宪宗不用黄裳之良计，他日讨之，劳费为如何？故君子言难平者事也，易失者时也。智者接于事而必平，敏者及于时而不失也。

九月，堂后主书滑涣伏诛涣久在中书，与知枢密刘光琦相结，杜佑、郑絪等皆善视之。郑余庆与诸相议事，涣从旁指陈是非，余庆怒叱之。未几，

1　越月逾时：历经数月的时间。
2　傅：辅助，教导。
3　鹿头关：古关隘名，位于今四川省德阳市东北鹿头山，与白马关相对。
4　丰陵：唐顺宗李诵的陵墓，位于今陕西省渭南市富平县东北。
5　贫窭：贫穷。
6　觱篥：古代管乐器，亦作觱栗、篥、筚篥，用竹为管，用芦苇为嘴，汉代从西域传入。

罢相。四方赂遗无虚日。中书舍人李吉甫言其专恣，请去之。上命宰相阖中书四门搜掩[1]，尽得奸状，赐死，籍没家财，凡数千万。

胡氏曰：宠待宦官，莫甚于德宗，而枢密[2]之名，独见于此，然则宪宗之命也欤？其后至与宰执[3]同奏事，听进止，平者力均，强者权胜。五代因以为二府，使监察宰相，职业紊矣。其必欲稽古建官，以邦禁[4]归之大司马，而罢枢密之职，然后为善也。

高崇文克成都，擒刘辟，送京师斩之高崇文又败刘辟之众于鹿头关。河东将阿跌光颜将兵会崇文于行营，愆期[5]一日，惧诛，欲深入自赎，军于鹿头之西，断其粮道。于是绵江[6]、鹿头诸将皆以城降。崇文遂长驱直指成都，克之。辟奔吐蕃，崇文使高霞寓追擒之。遂入成都，屯于通衢，市肆不惊，秋毫无犯。槛[7]辟送京师，斩其大将邢泚，余无所问。命军府事一遵韦南康故事，从容指挥，一境皆平。初，知邛州崔从以书谏辟，辟发兵攻之，从固守得免。韦皋参佐皆素服请罪，崇文皆礼而荐之，独谓段文昌曰："君必为将相，未敢奉荐[8]。"辟有二妾，皆殊色，监军请献之，崇文曰："天子命我讨平凶竖，当以抚百姓为先，遽献妇人以求媚，岂天子之意邪？崇文义不为此。"乃以配将吏之无妻者。杜黄裳建议征蜀，指授方略，皆悬合[9]事宜。崇文素惮刘澭，黄裳使谓之曰："若无功，当以澭相代。"故能得其死力。及蜀平，宰相入贺，上目黄裳曰："卿之功也。"辟至长安，并族党悉诛之。

征少室山人李渤为左拾遗渤辞疾不至，然朝政有得失，辄附奏陈论。

胡氏曰：孔子曰："不在其位，不谋其政。"故不在其位而为之谋，与居

1 搜掩：搜查隐藏的证据。
2 枢密：国家机密，也是中枢官署的统称，以及枢密使的简称。
3 宰执：指宰相等执掌国家政事的重臣。
4 邦禁：国家的法禁。
5 愆期：延误日期。
6 绵江：即今四川省涪江。
7 槛：以槛车关、载。
8 奉荐：予以推荐。
9 悬合：遥相符合。

其位而不为之谋，皆非也。伊尹之嚣嚣[1]然也，初无毫发[2]当世之念。及其幡然[3]也，乃有尧、舜君民之心。诸葛孔明卧草庐中，不求闻达。及感玄德枉驾，然后许以驱驰。古之达人，心无二用如此。李渤于此尚论景行[4]，岂亦有未详乎？

冬，十月，以高崇文为西川节度使，柳晟为山南西道节度使晟至汉中。府兵讨刘辟还，未至城，诏复遣戍梓州，军士怨怒，谋作乱。晟闻之，疾驱入城，慰劳之，曰："汝曹何以得成功？"对曰："诛反者刘辟耳。"晟曰："辟以不受诏命，故汝曹得以立功，岂可复使他人诛汝以为功邪？"众皆拜谢，请诣戍所[5]。

十一月，以吐突承璀为左神策中尉承璀事上于东宫，以干敏得幸。

回鹘入贡始以摩尼[6]偕来，置寺处之。

丁亥**二年**（公元 807 年）

春，正月，司徒杜佑请致仕上以佑高年重德，礼重之，常呼司徒而不名。佑以老疾[7]请致仕。诏令佑每月一再入朝，因至中书议大政。

杜黄裳罢为河中节度使黄裳有经济大略，而不修小节，故不得久在相位。

胡氏曰：杜遵素[8]颇通馈谢[9]，自其失也。宪宗方欲削平僭乱，无宁舍小以取大，厚赐予之，而资其长算乎？

以武元衡、李吉甫同平章事吉甫谓中书舍人裴垍曰："吉甫流落江淮逾

1　嚣嚣：多言貌。
2　毫发：毫毛和头发，比喻极小的数量。
3　幡然：剧变貌。
4　景行：高尚的德行，亦指景仰。
5　戍所：官员谪戍所住的地方。
6　摩尼：摩尼教的僧人。摩尼教，又称作牟尼教或明教，源自古代波斯祆教。
7　老疾：年老有病。
8　杜遵素：即杜黄裳，字遵素。
9　馈谢：赠礼致谢。

十五年，一旦蒙恩至此，思所以报德惟在进贤，而朝廷后进[1]罕所接识[2]，君有精鉴[3]，愿悉为我言之。”垍取笔疏三十余人，数月之间，选用略尽。当时翕然称吉甫为得人。

胡氏曰：李吉甫不得在端亮[4]之列，然于陆敬舆能忘纤介之憾，于裴垍能输访问之悃[5]，此固君子之高致也。知人之明，虽在裴垍，得人之誉，乃归吉甫。诚率[6]是道而不变，其相业可少訾耶！

夏，四月，以范希朝为朔方、灵盐节度使以右神策、盐州、定远兵隶焉，以革旧弊，任边将也。

李锜反，制[7]削官爵、属籍，发诸道兵讨之夏、蜀[8]既平，藩镇惕息，镇海[9]节度使李锜不自安，求入朝，上许之。锜实无行意，屡迁行期，称疾，请至岁暮[10]。武元衡曰：“锜求朝得朝，求止得止，将何以令四海？”上以为然，下诏征之。锜诈穷[11]，遂谋反，杀留后王澹、大将赵琦，使人杀所部五州刺史，遣兵治石头城。常州刺史颜防斩锜将李深，传檄苏、杭、湖[12]、睦，请同进讨。湖州刺史辛秘亦斩锜将赵惟忠。制削锜官爵、属籍，遣淮南节度使王锷统诸道兵以讨之。

以武元衡为西川节度使，高崇文为邠宁节度使高崇文在蜀期年，谓监军曰：“西川乃宰相回翔[13]之地，崇文岂敢自安？”屡上表称：“蜀中安逸，无

---

1 后进：学识或资历较浅的人。
2 接识：接触并结识。
3 精鉴：明于鉴别，亦指高明的识别力。
4 端亮：端正诚实，正直坚贞。
5 悃：诚恳，诚挚。
6 率：顺着，沿着。
7 制：帝王的命令。
8 夏、蜀：即夏州杨惠琳、蜀中刘辟。
9 镇海：方镇名，统润、苏、常、湖、杭、睦六州，辖今浙江省北部和江苏省长江以南镇江以东地区。
10 岁暮：一年快完的时候。
11 诈穷：诈术穷尽。
12 湖：湖州，古州名，辖今浙江省湖州市、长兴、安吉二县及德清县东部地。
13 回翔：徘徊，流连。

所陈力，愿效死边陲。”故有是命。

镇海兵马使张子良执李锜送京师，斩之李锜遣兵马使张子良等将兵袭宣州。子良等知锜必败，与牙将裴行立同谋讨之，召士卒谕之曰：“仆射反逆，官军四集，其势已蹙，吾辈何为随之族灭？岂若弃逆效顺，转祸为福乎？”众许诺。即夜还趋城[1]，行立应之于内，执锜，械送京师。群臣入贺，上愀然曰：“朕之不德，致宇内数有干纪者，朕之愧也，何贺之为？”宰相议诛锜大功以上亲，兵部郎中蒋乂曰：“锜大功亲，皆淮安靖王[2]之后也。淮安有佐命之功，陪陵享庙，岂可以末孙为恶而累之乎？”又欲诛其兄弟，乂曰：“锜兄弟，故都统国贞之子也。国贞死王事，岂可使之不祀乎？”乃皆流、贬。上御兴安门，引锜面诘之，对曰：“臣初不反，张子良等教臣耳。”上曰：“卿为元帅，子良等谋反，何不斩之而入朝？”锜无以对，乃并其子腰斩之。有司请毁锜祖考冢、庙，中丞卢坦言：“昔汉诛霍禹，不罪霍光。先朝诛房遗爱，不及房玄龄。况以锜为不善，而罪及五代祖乎？”乃不毁。有司籍其家财输京师，翰林学士裴垍、李绛言：“锜割剥六州以富其家，今以输上京，恐远近失望。愿以赐浙西百姓，代今年租赋。”上嘉叹，从之。

卢从史擅出兵屯邢、洺[3]昭义节度使卢从史内与王士真、刘济通，而外献策请图山东，擅引兵东出邢、洺。上召之令还，从史不时奉诏，久之，乃还。上召李绛，语之曰：“朕与郑䌌议敕从史归上党，续征入朝。䌌乃泄之于从史，使称上党乏粮，就食山东。负朕乃尔，将何以处之？”对曰：“审[4]如此，灭族有余矣。然䌌、从史必不自言，陛下谁从得之？”上曰：“吉甫密奏。”绛曰：“搢绅之论，以䌌为佳士，恐必不然。或者同列欲专朝政，疾宠忌前[5]。愿陛下熟察之。”上良久曰：“非卿言，朕几误处分。”上又问曰：“谏官多谤

1　趋城：靠近镇海军城。镇海军城位于润州，即今江苏省镇江市境内。
2　淮安靖王：即唐初开国功臣李神通，唐高祖李渊的堂弟，受封淮安郡王，谥号“靖”。
3　邢、洺：即邢州、洺州。
4　审：的确，果然。
5　疾宠忌前：嫉妒他得到宠信，官位居己之先。

讪无事实，朕欲摘其尤[1]者一二以儆[2]其余，何如？”对曰：“此殆非陛下之意，必有邪臣欲壅蔽陛下之聪明也。人臣死生，系人主喜怒，敢发口谏者有几？就有谏者，皆昼度夜思，朝删暮减，比得上达[3]，什无二三。故人主孜孜求谏，犹惧不至，况罪之乎？如此，杜天下之口，非社稷之福也。”上善其言，谓宰相曰：“太宗以神圣之资，群臣进谏者，犹往复数四，况朕寡昧[4]。自今事有违宜[5]，卿当十论，无但一二而已。”

胡氏曰：宪宗可谓从善如转圜[6]者矣。盖畏德之不美，而治之不成也。其心亦虚，其志方锐，故其从善也易，其中兴也，不亦宜乎！

群臣上尊号。

以白居易为翰林学士居易作乐府[7]百余篇，规讽时事，流闻[8]禁中。上悦之，故有是命。

以普宁公主适于季友山南东道节度使于頔惮上英威[9]，为子季友求尚主。上以普宁公主妻之。李绛谏曰：“頔虏族，季友庶孽，不足以辱帝女！”上曰：“此非卿所知。”頔大喜。上因使人讽之入朝，頔遂奉诏。

范氏曰：为政必可继也。宪宗不爱一女，以悦于頔，天下藩镇，焉得人人而悦之？古之王者，所与为婚姻，必先圣[10]之后，不然甥舅之国也。頔方命不朝，以女妻其子，不亦替乎？

李吉甫上《元和国计[11]簿》总计天下方镇四十八、州府二百九十五、县

---

1 尤：特异，突出。
2 儆：告诫，警告。
3 上达：下情达于君上。
4 寡昧：知识浅陋，不明事理。
5 违宜：不合时宜，不恰当。
6 转圜：转动圆形器物，常用以比喻便易迅速之事。
7 乐府：诗体名，初专指乐府官署所采制的诗歌，后将魏晋至唐可以入乐的诗歌，以及仿乐府古题的作品都统称乐府。
8 流闻：辗转传闻，流播。
9 英威：英勇威武。
10 先圣：先世圣人。
11 元和国计：元和，唐宪宗李纯年号，存续时间为公元 806 至 820 年。国计，国家的经济，国家的财富。

千四百五十三，其凤翔、鄜坊、邠宁、振武、泾原、银夏、灵盐、河东、易定、魏博、镇冀、范阳、沧景、淮西、淄青等十五道七十一州不申户口外，每岁赋税倚办[1]，止于浙江东、西、宣歙、淮南、江西、鄂岳、福建、湖南八道四十九州，一百四十四万户，比天宝税户四分减三。天下兵仰给县官者八十三万余人，比天宝三分增一，大率二户资一兵，其水旱所伤，非时调发[2]，不在此数。

戊子**三年**（公元 808 年）

春，正月，大赦，禁长吏诣阙进奉知枢密院刘光琦奏分遣中使赍赦[3]诣诸道，意欲分其馈遗。翰林学士裴垍、李绛奏："敕使所至烦扰，不若但附急递[4]。"上从之。光琦称旧例，上曰："例是则从之，苟非是，何不改？"中丞卢坦奏弹山南西道节度使柳晟、浙东观察使阎济美违赦[5]进奉，上召坦褒慰[6]之，曰："朕已释之，不可失信。"坦曰："赦令宣布海内，陛下之大信也。晟等不畏陛下法，奈何存小信、弃大信乎？"上乃命归所进于有司。

胡氏曰：柳晟、阎济美之敢违赦令，乃见主心之微，而中其所欲也。使宪宗无悦之之意，则当下诏遣吏考核，以其物代百姓常赋，而严加黜贬[7]，然后足以示惩。今一切不问，而归所进于有司，宪宗之业不终，于此亦可见其微矣。

夏，四月，策试贤良方正、直言极谏举人牛僧孺、皇甫湜、李宗闵皆指陈时政之失无所避，考官杨于陵、韦贯之署为上第，上亦嘉之。李吉甫恶其言直，泣诉于上，且言："湜，翰林学士王涯之甥也，涯与裴垍覆策[8]，而不自言。"上不得已，罢垍，贬贯之巴州刺史，涯虢州司马，于陵岭南节度使。僧

1　倚办：倚以办事。
2　非时调发：非常规的临时征发调用。
3　赍赦：带着大赦的命令。
4　急递：古时的快速驿递，用于传送紧急文书。
5　违赦：违背大赦的命令。
6　褒慰：褒奖慰问。
7　黜贬：贬斥。
8　覆策：试策后，审核对策的内容。

孺等久之不调，各从辟于藩府[1]。

以裴均为右仆射，卢坦为庶子裴均素附宦官，尝入朝，逾位而立[2]，御史中丞卢坦揖而退之，均不从，坦曰："昔姚南仲为仆射，位在此。"均曰："南仲何人？"坦曰："是守正不交权幸者。"坦寻改右庶子。白居易上疏曰："牛僧孺等直言时事而遭斥逐，杨于陵等以收直言而坐谴谪[3]，卢坦以举职事[4]而黜庶子，此数人皆今之人望，天下视其进退以卜时之否臧者也，一旦无罪，悉疏弃之，上下杜口，众心恟恟，陛下亦知之乎？且陛下既下诏征之直言，索之极谏，僧孺等所对如此，纵未能推而行之，又何忍罪而斥之乎？"

五月，沙陀来降，以其酋长执宜为阴山兵马使沙陀劲勇冠诸胡，吐蕃每战，以为前锋。回鹘攻吐蕃，取凉州。吐蕃疑沙陀贰于回鹘，欲迁之河外[5]。沙陀惧，酋长朱邪尽忠与其子执宜谋复归唐，率部落三万而东。吐蕃追之，转战数百合，死者太半，余众万人，诣灵州降。节度使范希朝置之盐州，为市牛羊，广其畜牧，善抚之。诏置阴山府，以执宜为兵马使，每有征讨，用之皆捷。灵盐军益强。

秋，七月朔，日食。

以卢坦为宣歙观察使苏强之诛也，兄弘在晋州幕府，免归。坦奏："弘有才行，不可以其弟故废之。请辟为判官。"上曰："向使苏强不死，果有才行，犹可用也，况其兄乎？"坦到官，值旱、饥，谷价日增，或请抑之，坦曰："宣歙谷少，仰食四方，若价贱则商船不来，益困矣。"既而米斗二百，商旅辐凑，民赖以生。

淮南节度使王锷入朝锷厚进奉，赂宦官，求平章事。白居易言："宰相，

1 各从辟于藩府：分别被藩镇征用为幕府的僚属。
2 逾位而立：在超越自己职位的地方站了下来。
3 谴谪：官吏因犯罪而遭贬谪。
4 举职事：尽职责。
5 河外：黄河以东。

人臣极位，非清望[1]大功不应授。今除锷，则诸镇皆生冀望[2]。与之，则典章[3]大坏，又不感恩；不与，则厚薄有殊，或生怨望。且锷在镇，百计诛求，自入进奉，若除宰相，藩镇效之，竞为割剥，则百姓何以堪之？”事遂寝。

胡氏曰：宪宗以杜黄裳通馈谢而罢之矣，而自纳藩镇之赂，又欲以宰相赏之，则尚何他人之责哉？

以裴垍同平章事上虽以李吉甫故罢垍学士，然宠信弥厚，故未几复擢为相，尝谓之曰：“以太宗、玄宗犹借辅佐以成其理，况如朕不及先圣万倍者乎？”垍亦竭诚辅佐。上尝问垍：“为理[4]之要何先？”对曰：“先正其心。”旧制，民税分上供、送使、留州三品。建中初定两税，时货重钱轻。是后货轻钱重，民所出已倍其初。其留州、送使者，所在又降省估就实估[5]，以重敛于民。垍奏：“请一用省估。其观察使，先税所理州以自给，不足，然后税属州。”由是江淮稍苏[6]。垍器局峻整，人不敢干以私。尝有故人自远诣之，垍厚遇之，其人乘间求京兆判司，垍曰：“公才不称此官，垍不敢以私害公。”先是执政多恶谏官言时政得失，垍独赏之。

范氏曰：古之贤相，不惟以谏争为己任，又引天下之贤者，使谏其君，此爱君之至也。不贤者反是。若裴垍者，可谓忠于事君，而不负相之职业矣。

邠宣公杜黄裳卒。

南诏异牟寻卒子寻阁劝立。

己丑**四年**（公元 809 年）

春，正月，南方旱、饥，遣使宣慰、赈恤宣慰使郑敬等将行，上戒之

1　清望：美好的名望。
2　冀望：希望。
3　典章：法令制度。
4　为理：治理。
5　降省估就实估：降低台省估算的物价，而按照实际的物价征收。省估，台省估算的物价。
6　苏：缓解。

曰：“朕宫中用帛一匹，皆籍其数，惟赒救[1]百姓，则不计费。卿辈宜识此意。”

郑絪罢，以李藩同平章事藩给事中，制敕有不可者，即于黄纸[2]后批之。吏请更连素纸[3]，藩曰：“如此，乃状也，何名批敕[4]？”裴垍荐藩有宰相器。上以絪循默，罢之，擢藩为相。藩知无不言，上甚重之。

胡氏曰：裴垍赏论事谏官，喜批敕给事，此宰相所难能，垍何以能尔？观垍告宪宗正心之言，则知垍之方寸不为利回、不为义疚矣。

三月，以李鄘为河东节度使河东节度使严绶在镇九年，军政一出监军，裴垍请以李鄘代之。

成德节度使王士真卒子承宗自为留后。河北三镇相承各置副大使，以嫡长为之。父没，则代领军务。

闰月，制降系囚，蠲租税，出宫人，绝进奉，禁掠卖[5]上以久旱，欲降德音，李绛、白居易言：“欲令实惠及人，无如减其租税。宫人数广，宜简出之。诸道横敛[6]以充进奉，南方多掠良人卖为奴婢，皆宜禁绝。”上悉从之。制下而雨。绛表贺曰：“乃知忧先于事，故能无忧。事至而忧，无救于事。”

诏赎魏征故第，赐其家魏征玄孙稠贫甚，以故第质钱于人，平卢节度使李师道请以私财赎出之。白居易奏言：“事关激劝[7]，宜出朝廷，师道何人，敢掠[8]斯美？望敕有司以官钱赎还之。”上乃出内库二千缗，赎以赐稠，仍禁质卖[9]。

以王士则为神策大将军士则，承宗叔父也，以承宗擅立，恐祸及宗，与幕客刘栖楚俱自归京师，故有是命。

1　赒救：周济救助。
2　黄纸：写在黄麻纸上的诏书。
3　素纸：白纸。
4　批敕：代皇帝批阅处理奏章和对草拟的制敕签署意见。
5　掠卖：劫掠贩卖人口。
6　横敛：滥征捐税。
7　激劝：激发鼓励。
8　掠：抢。
9　质卖：典押或出卖。

立邓王宁为皇太子李绛等奏曰："陛下临御四年，储闱[1]未立，非所以承宗庙、重社稷也。"故有是诏。

夏，四月，山南东道节度使裴均进银器均有中人之助，于德音后首进银器千五百两。李绛、白居易等言："均欲以此尝[2]陛下。愿却之。"上遽命出付度支。寻密谕进奏院[3]："自今诸道进奉，无得申御史台。有访问者，辄以名闻。"居易复以为言，上不听。

胡氏曰：攻病不去病源，而徒饮药，药不对病，病固自存。任宦官，喜进奉，宪宗之大病也。李绛、白居易于此二者，当朝夕纳诲[4]，必期于格君非心，如晋元帝之覆杯[5]，如苻坚之止猎，终身不为，则天下之治始可望矣。病本不除，今日劝以用贤，用之必不力；明日劝以去不肖，去之必不果。虽目前暂得治安之效，亦终于危乱而已矣。

起复卢从史为金吾大将军上欲乘王士真死除人代之，不从则兴师讨之，以革河北诸镇世袭之弊。裴垍曰："李纳跋扈不恭，王武俊有功于国，陛下前许师道，今夺承宗，沮劝违理，彼必不服。"李绛曰："武俊父子相承四十余年，今承宗又已总军务，一旦易之，恐未即奉诏。又河北诸镇事体[6]正同，必不自安，阴相党助[7]，虽有劝成[8]之请，亦非诚意。盖若所除之人得入，彼固足以为功；若不得入，兴师致讨，彼复潜相交结，按兵玩寇，进退获利，而劳费之病，咸归国家。且今江淮大水，公私困竭，军旅之事，恐未可轻议也。"中尉吐突承璀欲夺垍权，自请将兵讨之。宗正少卿[9]李拭奏："承宗不可不讨。承璀亲信近臣，宜委以禁兵，使统诸军。"上以拭状示诸学士曰："此奸臣也。卿

1　储闱：太子所居之宫，亦借指太子。
2　尝：试探。
3　进奏院：古官署名，唐代藩镇在京置邸，称上都留后院，后改为上都进奏院，为各州、镇官员入京时的寓所，并掌章奏、诏令及各种文书的投递、承转。
4　纳诲：进献善言。
5　覆杯：倒置酒杯，表示决心戒酒。
6　事体：事情，情况。
7　党助：同伙或亲族邻里的帮助。
8　劝成：劝说成功。
9　宗正少卿：古官名，宗正寺次官，亦称宗正寺少卿，通判本寺事务，掌管皇室亲族属籍。

曹记之，勿令得进用。”时昭义节度使卢从史遭父丧，朝廷久未起复。从史惧，因承璀进说，请以本军讨承宗，诏起复金吾大将军。

范氏曰：献宗以李拭逢迎其意，谓之奸臣，可谓明矣。知拭之不可用，岂不知承璀之不可将哉？而必将承璀，是不能以公灭私，以义胜欲也。夫不知其非而为之，其过小；知其非而为之，其过大。己为不正，则邪之招也。君人之道，可不慎其在己者哉？

吐蕃请和，许之。

六月，以范希朝为河东节度使朝议以沙陀在灵武，迫近吐蕃，虑其反复，命悉从希朝诣河东。希朝选其骁骑，号沙陀军，处其余众于定襄川。于是朱邪执宜始保神武川之黄花堆[1]。

毁安国寺[2]碑楼吐突承璀领功德使[3]，盛修安国寺，奏立圣德碑，先构楼[4]，请敕[5]学士撰文，欲以万缗酬之。上命李绛为之，绛言：“尧、舜、禹、汤未尝立碑自言圣德，惟秦始皇刻石高自[6]称述，未审陛下欲何所法？且叙修寺之美，岂有以光圣德耶？”上命曳[7]倒碑楼，承璀言：“楼大，不可曳，请徐毁撤。”上厉声曰：“多用牛曳之！”承璀乃不敢言。凡用百牛曳之，乃倒。

秋，七月，贬杨凭为临贺[8]尉中丞李夷简弹京兆尹杨凭贪污僭侈，贬临贺尉。凭亲友无敢送者，栎阳[9]尉徐晦独至蓝田与别。权德舆谓之曰：“君送杨临贺，诚为厚矣，无乃为累乎？”对曰：“晦自布衣蒙杨公知奖[10]，今日远谪[11]，

1 神武川之黄花堆：神武川，古地名，位于今山西省朔州市山阴县东北。黄花堆，即黄瓜堆，位于今山西省朔州市应县西北黄花岭。
2 安国寺：古寺庙名，位于今陕西省西安市内。
3 功德使：古官名，负责管理僧尼、道士女冠和修建官寺。
4 构楼：建造藏碑的楼宇。
5 敕：皇帝下命令。
6 高自：抬高自己。
7 曳：拖，拉。
8 临贺：古县名，治所位于今广西贺州市八步区东南贺街镇。
9 栎阳：古县名，治所即今陕西省西安市临潼区东北栎阳镇。
10 知奖：赏识赞许。
11 远谪：贬到边远的地方。

岂得不与之别？借如明公他日为谗人所逐，晦敢自同路人乎[1]？”德舆嗟叹，称之于朝。后数日，李夷简奏为监察御史，谓之曰：“君不负杨临贺，肯负国乎？”

九月，王承宗表献德、棣二州，诏以承宗为成德节度使。薛昌朝为保信节度使，领德、棣二州。承宗袭昌朝，执之以归上密问诸学士曰：“今欲用王承宗为成德留后，割其德、棣二州更为一镇，使输二税，请官吏，何如？”李绛等对曰：“德、棣隶成德为日已久，一旦割之，恐其忧疑怨望，复为邻道构扇[2]，万一旅拒[3]，倍难[4]处置。不若使吊祭使以其私谕承宗，令自表请，幸而听命，于理固顺，若其不听，体亦无损。”上又问：“今刘济、田季安皆病，若其物故，又如成德，天下何时当平？议者皆言宜乘此际代之，不受，则发兵讨之，如何？”对曰：“群臣见取蜀、取吴易于反掌，故谄躁之徒争献策画[5]，劝开河北，陛下亦以前日成功之易而信其言。臣窃以为河北之势与二方异。何则？西川、浙西皆非反侧之地，其四邻皆国家臂指[6]之臣，刘辟、李锜独生狂谋，大军一临，则涣然离耳。河北则不然，其将士百姓怀其累代煦妪[7]之恩，不知君臣逆顺之理，邻道各为子孙之谋，亦虑他日及此，万一或相表里，兵连祸结，戎狄乘间，其为忧患，可胜道哉？济及季安物故之际，若有隙可乘，当临事图之。于今用兵，则恐未可。太平之业，非朝夕可致，愿陛下审处之。且今吴少诚病必不起，淮西四旁皆国家州县，不与贼通，朝廷命帅，今正其时。万一不从，可议征讨。故臣愿舍恒冀难致之策，就申蔡[8]易成之谋。脱或恒冀连兵，事未如意；蔡州有衅，势可兴师。复以财力不赡而赦承宗，则恩威两废，不如早赐处分。”既而承宗以未得朝命，颇惧，累表自诉。上遣裴

1　晦敢自同路人乎：我敢自视为与您无关的人吗。
2　构扇：挑拨煽动。
3　旅拒：聚众抗拒，违抗。
4　倍难：困难加倍。
5　策画：谋划，计谋。
6　臂指：形容运用自如，指挥灵便，如臂之使指。
7　煦妪：抚育，长养。
8　申蔡：即申州、蔡州。

武宣慰，承宗受诏甚恭，请献德、棣二州。武复命，以承宗为成德军节度，德州刺史薛昌朝为保信军节度，领德、棣二州。昌朝，王氏婿，故就用之。田季安使谓承宗曰："昌朝阴与朝廷通，故受节钺。"承宗袭执昌朝，囚之。上以裴武为欺罔，又有谮之者曰："武使还，先宿裴垍家，明旦乃入见。"上怒甚，欲贬之。李绛曰："武昔陷李怀光军中，守节不屈，岂容今日遽为奸回？盖承宗始惧朝廷诛讨，故请献二州；而邻道不欲其然，计必有阴行间[1]说，使不得守其初心者，非武之罪也。且今抵武罪，使后奉使者以武为戒，苟求便身[2]，率为依阿两可之言，莫肯尽诚具陈利害，非国家之利也。况垍、武久处朝廷，谙练事体，岂有使未复命，而先宿宰相家乎？此殆谗人中伤之言，愿陛下察之。"上遂不问。

范氏曰：人君之患，在狃于一胜，而欲事所难，不知敌之强弱坚脆，而轻用其武，一战不克，丧威长寇[3]，征伐不息，或起内患，奉天之乱是也。先王内修政事，外攘夷狄，其为之有本末，图之有先后，是以无欲速轻举之悔也。

吐蕃寇振武、丰州。

以许孟容为京兆尹左神策军吏李昱贷长安富人钱不偿，孟容收捕械系，立期使偿，曰："期满不足，当死。"中尉诉于上。上遣中使宣旨送本军，孟容曰："臣不奉诏，当死。然臣为陛下尹京畿[4]，非抑制豪强，何以肃清辇下[5]？钱未毕偿，李昱不可得。"上嘉其刚直而许之，京城震栗。

冬，十月，削夺王承宗官爵，发兵讨之。以吐突承璀为招讨处置等使上遣中使谕王承宗，使遣薛昌朝还镇，承宗不奉诏。制削夺其官爵，以吐突承璀为神策、河中等道行营兵马使、诸军招讨处置等使。翰林学士白居易谏曰："国家征伐，当责成将帅。近岁始以中使为监军，已非令典。自古及

---

1 行间：进行离间。
2 便身：有利于自身。
3 长寇：长贼人气焰。
4 尹京畿：担任京城周围地区的地方长官。
5 辇下：在皇帝车舆之下，代指京城。

今，未有征天下之兵，专令中使统领者也。今神策不置行营节度使，则承璀乃制将[1]；又充诸军招讨使，则都统也。臣恐四方闻之，必轻朝廷；四夷闻之，必笑中国。陛下忍令后代代相传，云以中官为制将、都统自陛下始乎？又恐诸道耻受指麾，心既不齐，功何由立？且陛下念承璀勤劳，贵之可也，富之可也，至于军国权柄，动关理乱[2]。朝廷制度，出自祖宗，陛下宁忍徇彼之欲，而自隳法制、以损圣明乎？”度支使李元素、盐铁使李鄘及许孟容、李夷简、谏官孟简、吕元膺、穆质、独孤郁等亦极言其不可。上不得已，削承璀四道兵马使，改处置为宣慰而已。

范氏曰：宪宗以中官为大将，乱政也。然其臣强谏而力争者，相属于朝，此则治世之事也，亦足以见其贤臣之多矣。天下之祸，莫大于人君之过举而下莫敢言，是以至于亡而不自知也。

胡氏曰：人君欲富其臣，非厚禄不可；欲贵其臣，非高位不可。加厚禄、高位于奄尹[3]，以报其勤劳，先王无是也，居易于是失言矣。盍亦直举太宗故事，与夫中宗、明皇所以隳坏先烈，而甚于德祖[4]，将有弑君亡国之祸者，以告其君乎？宪宗方欲中兴唐室，心虽有蔽，未至于昏，安知其不遂开纳[5]耶？

李绛尝极言：“宦官骄横，侵害政事，谗毁忠贞。”上曰：“此属[6]安敢为谗？就使为之，朕亦不听。”绛曰：“此属大抵不知仁义，不分枉直，惟利是嗜，得赂则誉跖跻[7]为廉良[8]，怫意则毁龚黄[9]为贪暴，能用倾巧之智，构成疑似之端，朝夕左右，浸润以入之，陛下必有时而信之矣。自古宦官败国者，备载

1　制将：主将。
2　理乱：治与乱。
3　奄尹：古官名，原指周代的内宰，后指主管宫廷事务的宦官头目，亦泛指宦官。
4　德祖：疑为唐德宗李适。唐无“德祖”庙号。
5　开纳：广泛采纳。
6　此属：这班人。
7　跖跻：即盗跖与庄跻，古代传说中的两个大盗。
8　廉良：廉洁良善。
9　龚黄：汉循吏龚遂与黄霸的并称，后亦泛指循吏。

方册[1]，陛下岂得不防其渐乎？”

十一月，彰义[2]节度使吴少诚卒初，吴少诚宠其大将吴少阳，名以从弟，出入如至亲。少诚病，少阳杀其子，自摄副使，知军、州事。少诚死，少阳遂自为留后。

云南王寻阁劝卒子劝龙晟立。

田季安取堂阳[3]田季安闻吐突承璀讨王承宗，聚其徒曰：“师不跨河，二十五年矣。今一旦越魏伐赵[4]，赵虏[5]，魏亦虏矣。为之奈何？”其将有超伍[6]而言者曰：“愿借骑五千，以除君忧。”季安欲从之。幽州牙将谭忠使魏，知其谋，入谓季安曰：“如某之计，是引天下之兵也。往年王师取蜀、取吴，算不一失，是皆相臣之谋。今王师越魏伐赵，不使耆臣[7]宿将，而专付中臣[8]；不输天下之甲，而多出秦甲，君知谁为之谋？此乃天子自为之谋，欲将夸服[9]于臣下也。若师未叩赵而先碎于魏，是上之谋反不如下，能不耻且怒乎？既耻且怒，必任智士画长策，仗猛将，练精兵，毕力再举，鉴前之败，必不越魏而伐赵，校罪轻重，必不先赵而后魏矣。”季安曰：“然则若之何？”忠曰：“王师入魏，君厚犒之。而悉甲压境，号曰伐赵，阴遗赵书，使解陴障[10]，遗魏一城，持以奏捷，则魏之霸基安矣。”季安曰：“善！”遂与赵阴计，得其堂阳。

范氏曰：朝廷伐叛讨逆，以一四方，此天下之公义也，必与天下之贤者共为之，克以天下，不克以天下。天子无私焉。宪宗欲自有其功，故任中人而不任将相，是天子与臣下争功也，何其不广哉！且天子之功，在于用人而不自

---

1 备载方册：备载，详细记载。方册，简牍，典籍。
2 彰义：方镇名，即泾原，领泾、原二州，辖今甘肃省清水河中上游流域及泾川、镇原、灵台之泾水上游流域。
3 堂阳：古县名，治所位于今河北省邢台市新河县西北。
4 越魏伐赵：越过魏博去讨伐成德。赵，成德所辖一州，借以代称成德。
5 虏：俘获。
6 超伍：越出队伍或行列。
7 耆臣：老臣。
8 中臣：内臣，宦官。
9 夸服：向臣下夸耀，使他们敬服。
10 陴障：城防。

用，未闻必用家臣，然后功出于已也。宪宗一将承璀，而天下之人已见其情。人君之举动，可不慎哉？

庚寅**五年**（公元810年）

春，正月，卢龙[1]节度使刘济将兵讨王承宗，拔饶阳、束鹿谭忠归幽州，欲激刘济讨赵，会济合诸将言曰："天子知我怨赵，今必命我伐之，赵亦必大备我。伐与不伐，孰利？"忠曰："是必皆将无之[2]。"济怒曰："我与承宗反乎？"命系忠狱，使人视成德之境，果不为备，而诏至，亦止令济护北边。济乃召忠问："何以知之？"忠曰："卢从史外亲燕，内实忌之；外绝赵，内实与之。此为赵画曰：'燕以赵为障，虽怨赵，必不残赵，不必为备。'一示赵不敢抗燕，二使燕获疑天子。此忠所以知天子之不使君伐赵，而赵之不备燕也。"济曰："今则奈何？"忠曰："天子伐赵，君坐燕之甲[3]，不济易水，使潞人[4]得以借口。是燕贮忠义之心，卒染私赵之谤，不见德于赵人，恶声徒嘈嘈[5]于天下耳。惟君熟思之！"济曰："吾知之矣。"乃下令军中曰："五日毕出，后者醢以徇！"时诸军皆未进，济自将七万人独前击赵，拔饶阳、束鹿。

吐突承璀讨王承宗，战不利吐突承璀至行营，威令不振。与承宗战，屡败，大将军郦定进战死，军中夺气。

贬元稹为江陵士曹[6]河南尹房式有不法事，东台监察御史元稹奏摄之，擅令停务[7]，朝廷以为不可，罚俸召还。至敷水驿[8]，有内侍后至，破驿门入，击稹伤面。上复引稹前过贬之。李绛、崔群言稹无罪，白居易言："中使陵辱朝

1　卢龙：方镇名，河北三镇之一，辖今河北省怀来、永清县及北京市房山区以东与长城以南地区。
2　是必皆将无之：天子最终是不会让我们去攻打成德的，成德也不会防备卢龙。
3　坐燕之甲：使整个卢龙的兵马披甲不卧，坐以待敌。
4　潞人：潞州人。
5　嘈嘈：众声喧杂的样子。
6　士曹：古官名，即士曹参军，掌河津及营造桥梁、廨宇等事。
7　停务：停职。
8　敷水驿：古驿站名，即今陕西省渭南市辖华阴市西敷水镇，为唐代长安与洛阳间陆路交通重要驿站。

士，中使不问，而稹先贬，恐自今中使出外益暴横，人无敢言者。又稹为御史，多所举奏，不避权势，切齿者众，恐自今无人肯为陛下当官执法，有大奸猾，陛下无从得知。”上不听。

胡氏曰：良玉不烬，精金[1]不变，人材如是者，千万人而一二尔。礼义以维之，名誉以崇之，扶持成就，如拱把[2]之木，至于合抱干霄[3]者，中人之资也。伐之以斧斤，牧之以牛羊，则虽松柏亦不得遂，况常木乎？元稹论事忠直剀切[4]，一为内侍所辱，宪宗从而重谴之。稹经折挫[5]，不克固守，遂与贤人君子为仇敌。虽稹自毁，亦由宪宗不能长育[6]人材也。乌乎，岂非人君之监[7]欤？

三月，以吴少阳为淮西留后上以河朔方用兵，不能讨少阳，以为留后。时河北用兵久无功，白居易言：“河北本不当用兵。今承璀未尝苦战，已失大将，迁延进退，久未有功。师道、季安元[8]不可保，察其情状，似相计会[9]，各收一县，遂不进军。观此事势，速须罢兵。若复迟延，所费滋多。河北诸将见吴少阳已受制命，必引事例轻重，请雪[10]承宗。章表继来，义无不许。如此，则是与夺皆由邻道，恩信不出朝廷，此臣所为陛下痛惜者也。况今天时已热，兵气相蒸[11]，饥渴疲劳，疾疫暴露[12]，一有奔溃，诸军必摇，西戎北虏，乘虚入寇，兵连祸生，何事不有？万一及此，实关安危，此臣所为陛下深忧者也。”不听。

吐突承璀诱卢从史，执送京师。以乌重胤为河阳节度使卢从史阴与王承宗通谋，上甚患之。会从史遣牙将王翊元入奏事，裴垍引与语，为言为臣

1 精金：精炼的金属，亦指纯金。
2 拱把：径围大如两手合围。
3 合抱干霄：合抱，两臂环抱，多形容树身之粗大。干霄，高入云霄。
4 剀切：切中事理。
5 折挫：挫折，挫败。
6 长育：培育。
7 监：通“鉴”，借鉴，教训。
8 元：本来。
9 计会：计虑，商量。
10 雪：洗刷，昭雪。
11 兵气相蒸：士兵身上的热气互相蒸熏。
12 暴露：露在外面，无所遮蔽。

之义，微动其心。翊元遂输诚[1]，言从史阴谋及可取之状。垍令翊元还本军经营，遂得其都知兵马使乌重胤款要[2]。垍言于上曰："从史必为乱，今与承璀对营而不设备，失今不取，后虽兴大兵，未可以岁月平也。"上许之。承璀乃召从史入营与博，伏壮士擒缚之，驰诣京师。昭义士卒闻之，皆甲以出，乌重胤当军门叱之曰："天子有诏，从者赏，违者斩！"遂皆散。上嘉重胤功，欲即以为昭义帅。李绛以为不可，请授重胤河阳。会吐突承璀奏已牒重胤句当昭义留后，绛上言："昭义五州据山东要害，魏博、恒、幽诸镇蟠结，朝廷惟恃此以制之，诚国之宝地，安危所系也。昨为从史所据，使朝廷旰食，计不获已，诱而执之，已失大体。今又以承璀文牒，差本军牙将为重镇留后，物情顿沮，纪纲大紊。校计利害，更不若从史为之。何则？从史虽蓄奸谋，已是朝廷牧伯；重胤出于列校，以承璀一牒代之，窃恐河南、北诸侯闻之愤怒，耻与为伍。且谓承璀诱重胤，使逐从史而代其位，必将人人自危，万一连表罪状承璀，不知陛下何以待之？不报，则众怒益甚；若为改除，则朝廷之威去矣。"上悦，乃以重胤镇河阳，而徙河阳节度使孟元阳镇昭义，贬从史为驩州司马。

秋，七月，制雪王承宗，复其官爵。加刘济中书令王承宗遣使自陈为卢从史所离间，乞输贡赋，请官吏，许其自新。李师道等亦数上表，请雪之。白居易复奏请罢兵。于是制洗雪承宗，复以德、棣二州与之，悉罢诸道行营。加刘济中书令。

瀛州刺史刘总弑其父济及其兄绲济之讨王承宗也，以长子绲为副大使，掌留务。济军瀛州，次子总为刺史。济有疾，总与判官张玘谋，使人从长安来，曰："朝廷以相公逗留无功，已除副大使为节度使矣。"济愤怒，追绲诣行营。总因进毒杀济，绲至，又杀之，遂领军务。

九月，罢吐突承璀为军器使[3]裴垍言于上曰："承璀首唱用兵，疲弊天

1　输诚：表示诚心。
2　款要：真情。
3　军器使：古官名，军器监长官，领弩、甲二坊。

下，卒无成功。陛下纵以旧恩不加显戮，岂得全不贬黜以谢天下乎？”李绛奏曰：“陛下不责承璀，他日复有败军之将，何以处之？若诛之，则同罪异罚，彼必不服；若释之，则谁不保身而玩寇乎？”上即罢承璀中尉，中外相贺。

以权德舆同平章事上问宰相：“为政，宽、猛何先？”权德舆对曰：“秦以惨刻而亡，汉以宽大而兴，先后可见矣。”上善其言。

冬，十月，以任迪简为义武节度使，张茂昭为河中节度使义武节度使张茂昭请除代[1]，河北诸镇互遣人说止之，不从。凡四上表，上乃许之。以任迪简为义武行军司马，茂昭悉以簿书、管钥授之，遣其妻子先行，曰：“吾不欲子孙染于污俗。”茂昭既去，虞候[2]杨伯玉、张佐元相继作乱，将士共杀之，奉迪简主军务。时府库罄竭，闾阎亦空，迪简无以犒士，乃设粝饭，与士卒共食之。居戟门[3]下经月，士卒感之，共请还府，然后得安。上闻之，命以绫绢[4]十万赐易定将士，授迪简节钺，徙茂昭镇河中。

十一月，贬伊慎为右卫将军金吾将军伊慎以钱三万缗赂中尉第五从直求河中，从直奏之。上贬慎官，坐死者三人。初，慎自安州入朝，留其子宥主留事。会宥母卒于长安，宥不发丧。鄂岳[5]观察使郗士美遣僚属以事过其境，宥出迎。因告以凶问，先备篮舆[6]，即日遣之。

以王锷为河东节度使上左右受锷厚赂，多称誉之。上命锷兼平章事，李藩固执以为不可。权德舆曰：“宰相非序进[7]之官。今锷既无忠勋，朝廷又非不得已，何为遽以此名假之？”上乃止。锷有吏才[8]，工于完聚。范希朝以河东全

1 除代：任命代替自己的人员。
2 虞候：古官名，唐朝方镇皆置，为衙前之职，又称“军候”，并有左、右及马军、步军之分。
3 戟门：立戟为门。古代帝王外出，在止宿处插戟为门。
4 绫绢：绫与绢，亦泛指薄而细的丝织品。
5 鄂岳：方镇名，领有鄂、岳、蕲、黄、安、申等州，辖今湖北省广水、应城、汉川、蒲圻等市县以东，河南省淮河以南，湖南省洞庭湖、汨罗江以北地。
6 篮舆：古代供人乘坐的交通工具，形制不一，一般以人力抬着行走，类似后世的轿子。
7 序进：按规定的等级次第升迁。
8 吏才：为政的才能。

军出屯河北，耗散[1]甚众。锷到镇之初，兵不满三万人，马不过六百匹。岁余，兵至五万人，马有五千匹，器械精利[2]，仓库充实，又进家财[3]三十万缗。上复欲加锷平章事，李绛谏曰："锷在太原，虽颇著绩效[4]，今因献家财而命之，若后世何？"乃止。

裴垍罢为兵部尚书垍得风疾，上甚悼惜之。

十二月，以吕元膺为鄂岳观察使元膺尝欲夜登城，门已锁，守者不为开。左右曰："中丞也。"对曰："夜中谁辨真伪？虽中丞亦不可。"元膺乃还，明日擢为重职。

以李绛为中书舍人上每有军国大事，必与诸学士谋之。尝逾月不见学士，绛等上言："臣等饱食不言，其自为[5]计则得矣，如陛下何？陛下询访理道，开纳直言，实天下之幸，非臣等之幸也。"上遽召对。白居易因论事，言："陛下错。"上色庄而罢，密召绛谓曰："居易小臣不逊，须令出院。"绛曰："陛下容纳[6]直言，故群臣敢竭诚无隐。居易言虽少思，志在纳忠，陛下今日罪之，臣恐天下各思箝口[7]，非所以广聪明、昭圣德也。"上悦，待居易如初。上尝欲近猎苑中，至蓬莱池西，谓左右曰："李绛必谏，不如且止。"绛尝当面谏吐突承璀专横，语极恳切，上作色曰："卿言太过。"绛泣曰："陛下置臣于腹心耳目之地，若臣畏避左右，爱身不言，是臣负陛下；言之，而陛下恶闻，乃陛下负臣也。"上怒解，曰："卿所言，皆人所不能言，真忠臣也。他日尽言，皆应如是。"遂以为中书舍人，学士如故。绛尝从容谏上聚财，上曰："今政令不及两河，河湟沦于左衽，朕日夜思雪祖宗之耻，而财力不赡，故不得不蓄聚耳。不然，朕宫中用度极俭薄，多藏何用耶？"

1　耗散：减少，散失。
2　精利：精良锐利。
3　家财：家庭的财产。
4　绩效：成绩，成效。
5　自为：为自己。
6　容纳：包容受纳。
7　箝口：闭口，谓不言或不敢言。

胡氏曰：三镇不臣，河湟沦陷，诚天子忧责，无乃德有未修，政有未善，君子有未尽用，小人有未尽去乎？四者诚备，非难事也，汲汲聚敛，适为累耳。绛若用是开宪宗，或可少药其惑乎？

辛卯**六年**（公元 811 年）

春，正月，以李吉甫同平章事。

二月，李藩罢为太子詹事上尝与宰相语及神仙，李藩对曰："秦始皇、汉武帝学仙之效，具载前史。太宗服天竺僧长年药[1]致疾。此古今之明戒也。陛下春秋鼎盛，励志太平，宜拒绝方士之说。苟道盛德充，人安国理，何忧无尧、舜之寿乎？"

胡氏曰：李藩之论甚正，而不足回宪宗者，无以易之也。傅说告高宗曰："念终始典于学，厥德修罔觉[2]。"宪宗未尝求贤人，讲经术，则好浮屠、黄老，其势固然也。诚使学为王者事，日月缉熙，彼方知所不足，欲罢不能，异端何自而入耶？

以李绛为户部侍郎宦官恶李绛在翰林，以为户部侍郎，判本司[3]。上问绛："故事，户部皆进羡余，卿独无进，何也？"对曰："守土之官厚敛于人，以市私恩，天下犹共非之，况户部所掌，皆陛下府库之物，给纳有籍[4]，安得羡余？若自左藏输之内藏[5]以为进奉，是犹东库移之西库，臣不敢踵此弊也。"上嘉其直，益重之。

夏，四月，以卢坦判度支或告泗州刺史薛謇有异马不以献，事下度支，使巡官往验。未返，上迟之[6]，使品官[7]刘泰昕按其事。卢坦曰："陛下既使有司

1　长年药：长生不老药。
2　念终始典于学，厥德修罔觉：精力始终在于学问，道德就会不知不觉增进。
3　判本司：主管户部。本司，户部侍郎所在的官署，即户部。
4　给纳有籍：支出与交纳都有帐簿记载。
5　内藏：内库，多指宫内的仓库。
6　迟之：嫌事情办得太慢。
7　品官：唐代对宦官的称呼。

验之，又使品官继往，岂大臣不足信于品官乎？臣请先就黜免[1]。”上乃召泰听还。

五月，以李惟简为凤翔节度使陇州地与吐蕃接，旧常更入攻抄[2]，人不得息。惟简以为边将当谨守备、蓄财谷以待寇，不当睹小利起事。益市耕牛、铸农器以给农之不能自具者，增垦田数十万亩。属岁[3]屡稔，公私有余，贩者流及他方。

六月，诏有司省吏员，并州县，减仕途[4]，均俸给[5]李吉甫奏：“中原宿兵[6]，见在[7]八十余万，商贾、僧、道不服[8]田亩者什有五六，是常以三分劳筋苦骨之人奉七分待衣坐食之辈也。今内外官以税钱给俸者不下万员，天下或以一县之地而为州，一乡之民而为县者甚众。旧制，一品月俸三十缗，职田禄米不过千斛。艰难以来，增置使额，厚给俸钱，大历中，权臣月至九千缗，州无大小，刺史皆千缗。常衮始立限约，李泌稍复增加。然有名存职废，或额去俸存，闲剧之间，厚薄顿异。请敕有司详定省吏员，并州县，减入仕之途，定俸给之数。”于是诏段平仲、韦贯之、许孟容、李绛同详定。于是省并八百八员，诸色流外千七百余人。

秋，九月，梁悦报仇杀人，杖而流之富平[9]人梁悦报父仇，杀秦杲，自诣县请罪。敕：“复仇，据礼经则义不同天，征法令则杀人者死。宜令都省[10]集议闻奏。”职方员外郎韩愈议曰：“律无复仇之条，非缺文也。盖不许，则伤孝子之心，而乖先王之训；许之，则人将倚法专杀，而无以禁止其端。故圣人丁宁其义于经，而深没其文于律，其意将使法吏一断于法，而经术之士得引经

1　黜免：罢免。
2　攻抄：侵扰掳掠。
3　属岁：连续几年。属，连续，连缀。
4　仕途：做官的路。
5　俸给：俸禄。
6　宿兵：驻扎军队。
7　见在：尚存，现今存在。
8　服：从事，致力。
9　富平：古县名，治所位于今陕西省渭南市富平县东北。
10　都省：即尚书省，后亦以指尚书省长官或尚书省政事堂。

而议也。宜定其制曰：‘凡复父仇者，事发，具事申尚书省集议奏闻，酌其宜而处之。’则经律[1]无失其指矣。”于是杖悦一百，流循州。

冬，十一月，弓箭库使[2]刘希光伏诛，以吐突承璀为淮南监军希光受羽林大将军孙瑇钱二万缗，为求方镇，事觉，赐死。事连知内侍省事吐突承璀，出为淮南监军。上问李绛："朕出承璀何如？"对曰："外人不意[3]陛下遽能如是。"上曰："此家奴耳。向以其驱使之久，故假以恩私，若有违犯，朕去之轻如一毛耳。"试太子通事舍人李涉知上于承璀恩顾未衰，乃投匦上疏，称："承璀有功，希光无罪。"知匦使[4]孔戣见其副章[5]，诘责不受，上疏极言："涉奸险欺天，请加显戮。"诏贬峡州司仓[6]。戣，巢父之子也。

胡氏曰：宪宗心实难于去承璀，而言之何其易也？诚以为易者，则前此李绛、白居易之言至矣，何为而不听乎？今能出之，姑以谢刘希光耳。希光受金罪死，承璀与焉，纵不杀之，岂不当配流[7]，而犹得监军，刑法颇矣。然宪宗则既以为重典也，且其言又有失者。夫授以禁兵，出为制将，曷重如之？以是为恩私，可乎？师出无功，使叛臣益肆侮玩[8]，其罪大矣，乃不能诛。至此，然后仅能出之，夫岂不为英明之累哉？

十二月，封恩王等女为县主十六宅诸王既不出阁，其女嫁不以时，选尚[9]者皆由宦官纳赂自达。李吉甫为上言其弊，诏封恩王等六女为县主，委中书、门下、宗正、吏部选门地人才称可者嫁之。

以李绛同平章事李吉甫为相，多修[10]旧怨，上颇知之，故擢绛为相。吉甫

---

1 经律：经籍和刑律。
2 弓箭库使：古官名，多以宦官充任，掌监弓箭的储藏、出纳之事。
3 不意：不料，没想到。
4 知匦使：古官名。武则天垂拱年间置匦四枚，接受四方投书，令正谏大夫、补阙、拾遗一人充使，受理投匦之书信，是为知匦使。
5 副章：奏疏的副本。
6 司仓：古官名，主管仓库。唐制，在县为司仓，在州为司仓参军，在府为仓曹参军。
7 配流：把罪人发配、流放到远地。
8 侮玩：轻慢戏弄。
9 选尚：被选中与公主婚配。
10 修：整治。

善逢迎上意，而绛鲠直，数争论于上前，上多直绛而从其言。由是二人有隙。上御延英，吉甫言："天下已太平，陛下宜为乐。"绛曰："汉文帝时，兵木无刃，家给人足，贾谊犹以为厝火积薪之下，不可谓安。今法令所不能制者，河南、北五十余州。犬戎腥膻[1]，近接泾、陇，烽火屡惊。加之水旱时作，仓库空虚，此正陛下宵衣旰食[2]之时，岂得谓之太平，遽为乐哉？"上欣然曰："卿言正合朕意。"退谓左右曰："吉甫专为悦媚。如李绛，真宰相也。"上尝问："贞元[3]中政事不理，何乃至此？"吉甫对曰："德宗自任圣智[4]，不信宰相，使奸臣得乘间弄威福故也。"上曰："然此亦未必皆德宗之过。朕幼在德宗左右，见事有得失，当时宰相亦未有再三执奏者，今日岂得专归咎于德宗邪？卿辈宜用此为戒，事有非是，当力陈不已，勿畏朕谴怒而遽止也。"吉甫尝言："人臣不当强谏，使君悦臣安，不亦美乎？"李绛曰："人臣当犯颜苦口，指陈得失。若陷君于恶，岂得为忠？"上曰："绛言是也。"吉甫至中书，卧不视事，长吁[5]而已。李绛或久不谏，上辄诘之曰："岂朕不能容受邪，将无事可谏也？"吉甫又尝言于上曰："赏、罚，人主之二柄，不可偏废。今惠泽已深，而威刑未振，中外解惰[6]，愿加严以振之。"上顾李绛曰："何如？"对曰："王者之政，尚德不尚刑，岂可舍成、康、文、景[7]而效秦始皇父子乎？"上曰："然。"后旬余，于頔入对，亦劝上峻刑[8]，上谓宰相曰："于頔大是奸臣，劝朕峻刑，卿知其意乎？"皆对曰："不知也。"上曰："此欲使朕失人心耳。"吉甫失色，退而抑首[9]，不言笑竟日。

胡氏曰：吉甫"太平、为乐"之言，所谓一言而近丧邦者也。夫圣王忧

1　犬戎腥膻：犬戎，对少数民族的蔑称。腥膻，入侵的外敌。
2　宵衣旰食：天不亮就穿衣起来，天黑了才吃饭，形容政务忙碌。宵，夜间。衣，穿衣。旰，天已晚。
3　贞元：唐德宗李适的年号，存续时间为公元 785 至 805 年。
4　圣智：聪明睿智，无所不通。
5　长吁：长叹。
6　解惰：懈怠。
7　成、康、文、景：即周成王、周康王、汉文帝、汉景帝。
8　峻刑：严刑。
9　抑首：俯首，低头。

其所当忧，然后能乐其所可乐。然无疆[1]之恤，亦未尝敢忘也。惟乐是务，则乐未毕而忧及之矣。抑吉甫之言，屈于李绛者五六矣，吉甫既不引退，宪宗亦两存之。盖隐忍耻辱，重失富贵者，固鄙夫[2]容身之术。而知其媚佞[3]，终不憎恶者，亦人主宅心[4]之谬哉！

太子宁卒。

大稔是岁天下大稔，米斗有直二钱者。

壬辰**七年**（公元812年）

春，正月，以元义方为鄜坊观察使义方媚事吐突承璀，李吉甫欲自托于承璀，擢义方为京兆尹，李绛恶而出之。义方入谢，因言："绛私其同年[5]许季同，以为京兆少尹，故出臣鄜坊，专作威福。"明日，上以诘绛曰："人于同年固有情乎？"对曰："同年乃四海九州之人，偶同科第[6]，情于何有？且陛下不以臣愚，备位宰相。宰相职在量才授任，若其人果才，虽在兄弟、子侄之中，犹将用之，况同年乎？避嫌而弃才，是乃便身，非徇公[7]也。"上曰："善！"遂趣义方之官。

夏，四月，以崔群为中书舍人上嘉翰林学士崔群谠直[8]，命："学士自今奏事，必取群连署[9]，然后进之。"群曰："翰林举动，皆为故事。必如是，后来万一有阿媚[10]之人为之长，则下位直言，无从而进矣。"遂不奉诏。

五月，诏蠲淮、浙[11]租赋上谓宰相曰："卿辈屡言淮、浙去岁水旱，近有

1 无疆：无穷，永远。
2 鄙夫：人品鄙陋、见识浅薄的人。
3 媚佞：谄媚巧佞。
4 宅心：用心，放在心上。
5 同年：科举时代同一年考中的人，彼此称为同年。
6 科第：科举制度考选官吏后备人员时，分科录取，每科按成绩排列等第，叫作科第。
7 徇公：为国家利益而献身。徇，通"殉"。
8 谠直：正直，亦指正直的人。
9 取群连署：得到崔群的联合署名。连署，联合署名。
10 阿媚：阿谀奉承。
11 淮、浙：即淮南、浙西、浙东。

御史自彼还，言不至为灾。事竟如何？”绛对曰：“臣按淮、浙诸道奏状，皆云水旱人流[1]，求设法招抚，其意似恐朝廷罪之者，岂肯无灾而妄言灾耶？此盖御史欲为奸谀以悦上意耳。愿得其主名，按致其法[2]。”上曰：“卿言是也。国以人为本，闻有灾，当亟救之，岂可复疑之邪？”因命速蠲其租赋。上尝与宰相论治道于延英殿，日旰，暑甚，汗透御服[3]。宰相求退，上留之曰：“朕入禁中，所与处者，独宫人、宦官耳。故乐与卿等且共谈为理之要，殊不知倦也。”

秋，七月，立遂王恒为太子。

八月，魏博节度使田季安卒魏博牙内兵马使田兴有勇力，颇读书，性恭逊，季安淫虐，兴数规谏，季安以为收众心，欲杀，不果。季安病，军政废乱。夫人元氏立其子怀谏为副大使，知军务，时年十一。召兴为都知兵马使。上与宰相议魏博事，李吉甫请兴兵讨之，李绛曰：“魏博不必用兵，当自归朝廷。”上意以吉甫议为然，绛曰：“两河藩镇之跋扈者，恐诸将权重而谋己，故常分兵以隶之，不使专在一人。诸将势均力敌，莫能相制，虽欲为变，莫敢先发。跋扈者恃此以为长策，然亦必常得严明主帅，能制诸将之死命者以临之，然后粗能自固。今怀谏乳臭子，不能自听断，军府大权必有所归。诸将不服，怨怒必起。然则向者分兵之策，反为今日祸乱之阶矣。田氏不为屠肆[4]，则悉为俘囚，何足烦天兵[5]哉？然彼自列将起代主帅，邻道之所深恶，不倚朝廷之援，则无以自存。故臣以为不必用兵，可坐待魏博之自归也。但愿陛下按兵养威，严敕诸道选练士马，以须[6]后敕。不过数月，必有自效于军中者矣。至时，惟在朝廷应之敏速，中其机会，不爱爵禄，以赏其人，使两河藩镇闻之，恐其麾下效之，以取朝廷之赏，必皆恐惧，争为恭顺矣。此所谓不战而屈人兵者也。”上曰：“善！”

1　人流：百姓流离失所。
2　按致其法：加以查究，依法制裁。
3　御服：帝王所穿用的衣服。
4　屠肆：屠宰场。
5　天兵：朝廷的军队。
6　须：等待。

冬，十月，魏博兵马使田兴请吏奉贡[1]**，诏以兴为节度使**田怀谏幼弱，军政皆决于家僮蒋士则，数以爱憎移易诸将，众皆愤怒。朝命久未至，军中不安。田兴晨入府，士卒大噪，环拜请为留后。兴惊仆，久之，起谓众曰："汝肯听吾言乎？"皆曰："惟命[2]。"兴曰："勿犯副大使，守朝廷法令，申版籍，请官吏，然后可。"皆曰："诺。"兴乃杀蒋士则等十余人，迁怀谏于外，监军以闻。上亟召绛曰："卿揣魏博若符契。"吉甫请遣中使宣慰以观其变，绛曰："今田兴奉其土地、兵众，坐待诏命，不乘此际推心抚纳，必待敕使至彼，持将士表来，然后与之，则是恩出于下，而其感戴之心，非今日比矣。"吉甫素与枢密使[3]梁守谦相结，守谦亦为之言，上竟遣中使张忠顺如魏。绛复上言："朝廷恩威得失，在此一举。时机可惜，奈何弃之？计忠顺之行，甫应过陕。乞明旦即降白麻，除兴节度使，犹可及也。"上欲且除留后，绛曰："田兴恭顺如此，自非恩出不次，无以深慰其心。"上从之。忠顺未还，制命已至，兴感恩流涕，士众鼓舞。

十一月，遣知制诰裴度宣慰魏博李绛言："魏博五十余年不沾皇化[4]，一旦来归，不有重赏过其所望，则无以慰士卒之心，使四邻劝慕。请发内库钱百五十万缗以赐之。"宦官以为太多。上以语绛，绛曰："田兴不贪专地之利，不顾四邻之患，归命圣朝。陛下奈何爱小费而遗大计，不以收一道人心？钱用尽更来，机事一失，不可复追。借使国家发十五万兵以取六州，期年而克之，其费岂止如此而已乎？"上悦，曰："朕所以恶衣菲食[5]，蓄聚货财，正为欲平定四方。不然，徒贮之府库何为？"十一月，遣知制诰裴度宣慰魏博，颁赏军士，六州百姓给复一年。军士受赐，欢声如雷。成德、兖郓使者数辈见之，相顾失色，叹曰："倔强者果何益乎？"度为兴陈君臣上下之义，兴听之，终夕

---

1 奉贡：纳贡，进贡。
2 惟命：听从命令。
3 枢密使：古官名，枢密院主官，负责统帅全国军政。唐后期多以宦官充任，后改由士人担任。
4 皇化：皇帝的德政和教化。
5 恶衣菲食：粗劣的衣食，形容生活俭朴。菲，微薄。

不倦，请度遍行所部，宣布朝命。又奏所部缺官，请有司注拟，奉法令，输税赋。室屋[1]僭侈者，皆避不居。郓、蔡、恒遣游客间说百方[2]，兴终不听。李师道使人谓韩弘曰："我世与田氏约相保援[3]。今兴非其族，又首变两河事，亦公之所恶也，我与成德合军讨之。"弘曰："我不知利害，知奉诏行事耳。若兵北渡河，我则以兵东取曹州。"师道惧，不敢动。

范氏曰：宪宗可谓知所取与[4]，能用善谋矣。然犹不过于一传而复失之。虽穆宗御失其道，亦由人心不固，而王泽[5]易竭也。况不怀之以德，而临之以兵乎？

置振武、天德营田李绛奏："振武、天德左右良田可万顷，请择能吏开置营田，可以省费足食。"上从之，命度支使卢坦经度。四年之间，开田四千八百顷，收谷四十余万斛，岁省度支钱二十余万缗。

吐蕃寇泾州吐蕃数入寇，上患之，李绛言："京西、京北始置神策镇兵，欲以备御吐蕃，使与节度使掎角相应。今则鲜衣美食，坐耗县官，每有寇至，节度使邀与俱进，则云'申取中尉处分[6]'，比其得报，虏去远矣。纵有果锐之将，闻命奔赴，节度使无刑戮以相制，相视如平交[7]，左右前却，莫肯用命。请据所在之地，割隶本镇，使号令齐一，则军威大振，虏不敢入寇矣。"上曰："朕不知旧事如此，当亟行之。"既而神策军骄恣日久，不乐隶节度使，竟为宦者所沮而止。

胡氏曰：宪宗遏光琦遣使，叱承璀撤楼，何其决也。至于分隶神策，乃国计之大者，反为宦官尼止[8]，由不能推其所为也。苟能推之，足以运量[9]四海；

1　室屋：房屋。
2　遣游客间说百方：派遣游说之士，想方设法私下劝说。间说，私下劝说。
3　保援：相互保全，彼此援助。
4　取与：拿取和给予。
5　王泽：君王的德泽。
6　申取中尉处分：需要申报上去，听取中尉的处理。
7　平交：平辈交往，平等之交。
8　尼止：阻止。
9　运量：承载容纳。

不能推之，将其身之不自保，非虚言也。

癸巳**八年**（公元813年）

春，正月，以田融为相州刺史融，兴之兄也。兴幼孤，融长养而教之。兴尝于军中角射[1]，一军莫及，融退而挟之曰："尔不自晦，祸将及矣。"故兴能自全于猜暴之时。

权德舆罢李吉甫、李绛数争论于上前，德舆居中，无所可否。上鄙之，故罢。

赐田兴名弘正。

贬于頔为恩王傅頔久留长安，郁郁不得志。有梁正言者自言与梁守谦同宗，頔使其子敏赂之，求出镇。寻觉其诈，索赂不得，诱其奴肢解之。事觉，頔素服诣阙请罪，左授恩王傅，绝朝谒。敏流雷州[2]。事连僧鉴虚。鉴虚自贞元以来，以财交权幸，受方镇赂遗，厚自奉养，吏不敢诘。至是，权幸争为之言。上欲释之，中丞薛存诚不可。上遣中使诣台宣旨，存诚对曰："陛下必欲释此僧，请先杀臣。不然，臣不奉诏。"上嘉而从之，杖杀鉴虚。

征西川节度使武元衡入知政事。

夏，六月，大水上以为阴盈[3]之象，出宫人二百车。

徙受降城于天德军先是，振武河溢，毁受降城，节度使李光进奏请修城，兼理河防。李吉甫请徙于天德故城，以避河患。李绛、卢坦以为："受降城，张仁愿所筑，当碛口，据虏要冲，美水草，守边之利地。欲避河患，退二三里可也。天德故城僻处确瘠[4]，烽候不相应接，虏忽唐突[5]，势无由知，是无故而蹙国二百里也。"城使周怀义奏利害，与绛、坦同。上卒用吉甫策，以受

1 角射：竞技射击。
2 雷州：古州名，辖今广东省遂溪、湛江以南雷州半岛。
3 阴盈：阴气满盈。
4 确瘠：石多土薄，亦指石多土薄之地。
5 唐突：横冲直撞，乱闯。

降城骑士隶天德军。李绛言于上曰："边兵徒有其数而无其实，将帅但缘私役使，聚其货财以结权幸而已，未尝训练以备不虞，此不可不于无事之时预留圣意[1]也。"受降兵籍，旧四百人，及天德交兵，才五十人，器械一弓而已，故绛言及之。上惊曰："边兵乃如是其虚邪？卿曹当加按阅。"会绛罢相而止。

胡氏曰：吉甫在位七年，言、计鲜效[2]，宪宗忽从其策，何也？李绛忠鲠，至此稍以取厌矣。吉甫媚顺，至此益以取怜矣。不宁惟是[3]，绛谋谟日验，君子怙焉。上始疑其立党，而卢坦、周怀义所见适与绛同，上必曰："是皆为党者也。"故宁失地而不从绛。彼吉甫之计无协同者，上必曰："是孤立无党者也。"故宁违绛而用其策。呜呼，亦可谓不明乎善者矣！明年，绛罢，而吉甫在位终其身，盖兆见于此矣。

秋，九月，吐蕃作乌兰桥[4]初，吐蕃欲作乌兰桥，先贮材于河侧。朔方常潜遣人投之于河，终不能成。虏知节度王佖贪，先厚赂之，然后并力成桥，仍筑月城守之。自是朔方御寇不暇。

冬，十月，回鹘击吐蕃。振武军乱，逐其节度使李进贤振武节度使李进贤不恤士卒，使牙将杨遵宪将五百骑趋东受降城，以备回鹘。士卒还攻进贤，进贤奔静边军[5]。诏以张煦为振武节度使，将夏州兵二千赴镇，诛乱者二百余人。贬进贤为通州刺史。监军骆朝宽坐纵乱者，杖八十，配役定陵。

甲午**九年**（公元814年）

春，正月，李绛罢为礼部尚书上尝谓宰相曰："卿辈当为朕惜官，勿用之私亲故。"李吉甫、权德舆皆谢不敢，李绛曰："崔祐甫有言：'非亲非故，不谙其才。'谙者尚不与官，不谙者何敢复与？但问其才器[6]与官相称否耳。若

1　预留圣意：请陛下预先留意。
2　效：发挥作用。
3　不宁惟是：国家如此不安定。
4　乌兰桥：古桥名，位于今甘肃省白银市靖远县西南黄河上。
5　静边军：唐置，属河东节度使，驻所位于今山西省朔州市右玉县西北右玉城。
6　才器：才能和器局。

避亲故之嫌，使圣朝亏多士之美，此乃偷安之臣，非至公之道也。苟所用非其人，则朝廷自有典刑[1]，谁敢逃之？”上以为然。又尝问绛：“人言外间朋党太盛，何也？”李绛对曰：“自古人君所甚恶者，莫若朋党，故小人谮君子者必曰朋党。盖言之则可恶，寻之则无迹。以此目之，则天下之贤人君子无能免者，此东汉之所以亡也。愿陛下深察之。夫君子固与君子合，岂可必使之与小人合，然后谓之非党邪？”绛屡以疾辞位，至是遂罢。

胡氏曰：宪宗有意于治，事功未半，逸欲[2]渐生，邪说乘之，遂疑君子。初以朋党疑李绛，又以朋党疑裴度，而于程异、皇甫镈则不疑也。所以然者，绛、度数谏，异、镈顺从，是以自陷于党，比[3]而不自知也。太宗以克己纳谏，亲致太平，晚而稍怠，遂疑魏征阿党。宪宗固不能免矣。所以然者，不学故也。太甲师伊尹，成王师周公，武丁师傅说，所学者正心不违理，故无先明后暗、始勤终倦之失也。

以吐突承璀为神策中尉初，上欲相绛，先出吐突承璀为淮南监军。至是，召还承璀，复以为左神策中尉。

范氏曰：李绛可谓大臣矣！不与承璀并立于朝，故言信于君，行信于民。可则进，不可则退。使其君用舍以义，而不以利。不如是，何以为国之重哉？

夏，五月，复置宥州[4]李吉甫奏：“开元中，置宥州以领降户。宝应[5]以来，因循遂废。今请复之，以备回鹘，抚党项。”上从之。先是，回鹘屡请婚，朝廷以费广未许。李绛言：“回鹘凶强[6]，不可无备。淮西穷蹙，事要经营。万一北边有警，则非步、骑数万不足抗御[7]。而淮西遗丑[8]复延岁月之命，为国

1　典刑：常用的刑罚。
2　逸欲：贪图安逸，嗜欲无节。
3　比：亲近。
4　宥州：古州名，辖今内蒙古鄂尔多斯市鄂托克旗、鄂托克前旗及乌海市地。
5　宝应：唐代宗李豫的年号，存续时间为公元762至763年。
6　凶强：凶暴强横。
7　抗御：抵抗和防御。
8　遗丑：残余的丑类。

家费，岂特降主[1]之比哉？”上不听。

胡氏曰：李深之[2]既不见用[3]，奉身而退可也。天子而婿夷狄，虽有故典，若揆以正理，夫岂当赞？而绛恳恳言之，于是昧华夷之辨，失语。默之宜矣。

六月，以张弘靖同平章事。

秋，七月，以岐阳公主适司议郎杜悰翰林学士独孤郁，权德舆之婿也。上曰：“德舆得婿郁，我反不及邪？”先是，尚主皆取勋戚之家。上始命宰相选公卿子弟可居清贯者，诸家多不愿，惟杜佑孙悰不辞，遂以悰尚岐阳公主。公主，上长女，郭妃所生也，有贤行[4]。杜氏大族，尊行不翅数十人[5]，公主卑委怡顺[6]，一同家人礼度[7]，二十余年，人未尝以丝发间指为贵骄[8]。始至，则与悰谋曰：“上所赐奴婢，卒不肯穷屈[9]，奏请纳之，悉自市寒贱[10]可制指者。”自是闺门落然[11]，不闻人声。

闰月，彰义节度使吴少阳卒少阳在蔡州，阴聚亡命，抄掠寿州茶山以实其军。既死，其子元济匿丧，自领军务。初，少阳闻吴武陵名，请为宾友，武陵不答。至是，以书谕元济曰：“人情一也。足下反天子，部曲亦欲反足下，易地而处，则情可知矣。”少阳判官苏兆、杨元卿、大将侯惟清皆劝少阳入朝。元济杀兆，囚惟清。元卿先奏事在长安，具以淮西虚实及取元济之策告吉甫，元济杀其妻子，而以董重质为谋主。李吉甫言于上曰：“淮西非如河北，四无党援。而国家常宿数十万兵以备之，劳费不支。失今不取，后难图矣。”上将

1　降主：下嫁公主。
2　李深之：即李绛，李绛字深之。
3　见用：被重用。
4　贤行：美善的德行。
5　尊行不翅数十人：长辈不下数十人。尊行，长辈。不翅，不仅，不止。翅，通“啻”。
6　卑委怡顺：卑委，谦恭。怡顺，随和。
7　礼度：礼仪法度。
8　以丝发间指为贵骄：因丝毫的嫌隙而指责她恃贵而骄慢。丝发，丝毫，形容细微。贵骄，恃贵而骄。
9　穷屈：屈从，听使唤。
10　寒贱：微贱，谓门第卑下。
11　落然：清净，寂静。

讨之，张弘靖请："先为少阳辍朝[1]赠官，遣使吊赠[2]。待其有不顺之迹，然后加兵。"上从之，遣工部员外郎李君何吊祭，不得入而还。

以乌重胤为汝州刺史李吉甫以为汝州捍蔽东都，而河阳宿兵本以制魏博，今田弘正归顺，则河阳为内镇，不应屯重兵以示猜阻。以乌重胤兼汝州刺史，使徙镇之。加弘正检校右仆射，赐其军钱二十万缗。弘正曰："吾未若移河阳军之为喜也。"

冬，十月，李吉甫卒。

十二月，以韦贯之同平章事。

乙未**十年（公元815年）**

春，正月，吴元济反，制削其官爵，发兵讨之吴元济纵兵侵掠，及东畿[3]。制削其官爵，发十六道兵讨之。又诏鄂岳观察使柳公绰以兵五千授安州刺史李听讨元济。公绰曰："朝廷以吾书生不知兵邪？"即奏请自行，许之。至安州，署听都知兵马使，选卒六千属之，戒曰："行营之事，一决都将。"听感恩畏威，如出麾下。公绰号令整肃，区处军事，诸将皆服。士卒在行营者，厚给其家。妻淫泆者，沉之于江。士卒皆喜，故每战皆捷。公绰所乘马，踶杀圉人[4]，公绰命杀马以祭之。

三月，以柳宗元为柳州刺史，刘禹锡为连州刺史王叔文之党，十年不量移，执政有怜其才，欲渐进之者，悉召至京师。谏官争言其不可，上亦恶之，皆以为远州刺史。宗元得柳州，禹锡得播州。宗元曰："播州非人所居，而梦得[5]亲在堂，万无母子俱往理。"欲请于朝，以柳易播。中丞裴度亦以禹锡

1 辍朝：皇帝停止临朝听政，以示纪念亡人。
2 吊赠：吊唁并赠送财物。
3 东畿：东都洛阳及周围地区。
4 踶杀圉人：踶杀，踢死。踶，踢。圉人，古官名，掌管养马、放牧等事，亦以泛称养马的人。
5 梦得：即刘禹锡，刘禹锡字梦得。

母老为上言，上曰："为人子不自谨，贻[1]亲忧，此则重可责也。"度曰："陛下方侍太后，恐禹锡在所宜矜[2]。"上良久乃曰："朕所言，以责为子者耳，然不欲伤其亲心。"退，谓左右曰："裴度爱我终切。"禹锡得改连州。宗元善为文，尝作《梓人[3]传》，曰："梓人不执斧斤、刀锯之技，专以寻引[4]、规矩、绳墨度[5]材，视制[6]指麾，众工各趋其事，不胜任者退之。大厦既成，则独名其功。犹相天下者，立纲纪，整法度，择天下之士使称其职，能者进之，不能者退之，万国既理，而谈者独称伊、傅、周、召[7]，其百官执事之勤劳不得纪[8]焉。或者不知体要[9]，炫能矜名，亲小劳，侵众官，听听于府庭[10]，而遗其大者远者，是不知相道[11]者也。"又作《种树郭橐驼传》曰："橐驼善种树，其言曰：'凡木之性，其根欲舒，其土欲固，故既植之，勿动勿虑，去不复顾，则其天全而性得矣。他人不然，根拳[12]而土易，爱之太恩[13]，忧之太勤，旦视而暮抚之，甚者爪[14]其肤以验其生枯，摇其本以观其疏密，而木之性日以离矣。虽曰爱之，其实害之，故不我若也[15]。''长人者好烦其令，若甚怜焉，而卒以祸之，亦犹是已。'"

田弘正遣其子布将兵助讨淮西。

盗焚河阴转运院李师道数上表请赦吴元济，上不从。师道使大将将二千人趋寿春，声言助官军，实以援元济也。师道素养刺客、奸人数十人，说师道曰："用兵所急，莫先粮储。今河阴院积江淮租赋，请潜往焚之。因劫东都，

1　贻：遗留。
2　禹锡在所宜矜：刘禹锡也应予以怜悯。
3　梓人：泛指木工、建筑工人。
4　寻引：量度长短的工具，尺度。
5　度：衡量。
6　视制：检视房屋的规制。
7　伊、傅、周、召：即伊尹、傅说、周公、召公。
8　纪：记载。
9　体要：大体，纲要。
10　听听于府庭：听听，斤斤计较，争辩不休。府庭，衙门，公堂。
11　相道：观察、选择道路。
12　拳：通"蜷"，屈曲，卷曲。
13　恩：亲爱。
14　爪：抓，搔。
15　故不我若也：所以人们种树都不如我。

焚宫阙。亦救蔡[1]一奇也。”师道从之，遣攻河阴转运院，烧钱帛三十余万缗、匹，谷二万余斛。人情恇惧，多请罢兵，上不许。

夏，五月，遣御史中丞裴度宣慰淮西行营诸军讨淮西，久未有功。上遣裴度诣行营宣慰，察用兵形势。度还言淮西必可取之状，且曰：“观诸将，惟李光颜勇而知义，必能立功。”既而光颜数败贼军，上以度为知人。知制诰韩愈亦言：“淮西三小州，残弊困剧[2]之余，而当天下之全力，其破败可立而待。然所未可知者，在陛下断与不断耳。”因言：“诸道发兵各二三千人，势力单弱，心孤意怯，难以有功。环贼诸州，壤地[3]连接，村落百姓悉有兵器，习于战斗，识贼深浅，皆愿自备衣粮，保护乡里。若令召募，立可成军。乞悉罢诸道军，募土人以代之。”

胡氏曰：汉元帝、宋文帝、唐文宗虽勤俭愿治，而以优柔不断，反召衰乱，不断之害大矣。锐然而断，如景帝杀周亚夫，东京锢名士，苻坚伐江左，梁武纳侯景，隋文废储后[4]，太宗征高丽，德宗和吐蕃，皆确然[5]必行，莫可回沮[6]，然则断之为害岂小乎？故凡一善之目，或用之而是，或用之而非，无不然者。惟明乎实理[7]，则如冬裘夏葛，各适其宜；苟不明实理，而慕其虚名，未有不失者也。人君欲明乎实理，惟学而已矣。

六月，盗杀中书侍郎、同平章事武元衡，击裴度，伤首上悉以兵事委武元衡。师道客曰：“天子所以锐意诛蔡者，元衡赞之也。请密往刺之。元衡死，则他相不敢主其谋，争劝天子罢兵矣。”师道资给遣之。王承宗亦遣牙将尹少卿奏事，且诣中书为元济游说，辞指[8]不逊，元衡叱出之。承宗又上书

1 蔡：即淮南西道，驻地为蔡州。淮南西道，方镇名，领有申、光、蔡三州，辖今河南省郾城、上蔡、新蔡以西，西平、遂平、确山、信阳以东地。
2 残弊困剧：残弊，残破凋敝。困剧，极端困苦。
3 壤地：国土，领土。
4 储后：储君，太子。
5 确然：信实，正确。
6 回沮：阻拦。
7 实理：真情，真实的情况。
8 辞指：文辞或话语所表达出的含义、感情色彩和风格。

诋元衡。至是，元衡入朝，有贼自暗中射杀之，取其颅骨而去。又击裴度，伤首，坠沟中。京城大骇，于是诏宰相出入加金吾骑士，张弦[1]露刃以卫之。贼遗纸于金吾、府、县，曰："毋急捕我，我先杀汝。"故捕贼者不敢甚急。兵部侍郎许孟容见上言："自古未有宰相横尸路隅[2]而盗不获者，此朝廷之辱也！"因涕泣。又诣中书挥涕言："请奏起裴中丞为相，大索贼党。"于是诏中外搜捕，购赏甚厚。王士则告承宗遣卒张晏所为，捕得鞫之，并出承宗表。诏议其罪。晏等具服，张弘靖以为疑，屡言之，上不听，竟诛之。而师道客潜遁去。

以裴度同平章事度病疮[3]，卧二旬，诏以卫兵宿其第，中使问讯不绝。或请罢度官以安恒、郓[4]之心，上怒曰："若罢度官，是奸谋得成，朝廷无复纲纪。吾用度一人，足破二贼。"遂以度为相。度言："淮西，腹心之疾，不得不除。且朝廷业已讨之，两河跋扈者将视此为高下，不可中止。"上以为然，悉以用兵事委度，讨贼愈急。初，德宗多猜忌，朝士有相过从[5]者，金吾皆伺察以闻，宰相不敢私第[6]见客。度奏："今寇盗未平，宰相宜招延四方贤才与参谋议。"请于私第见客，许之。

范氏曰：德宗禁锢宰相而使之，其宰相亦涂其耳目以容身保位，国之治乱，民之休戚，若不闻见焉。自古以来，未有聋瞽[7]其大臣，而可以为国者也。夫疑之则勿任，任之则勿疑。置相者当择之于未用之前，而不当疑之于既用之后，未有可托天下而不保其不欺君者也。然而人君多悦人之从己，其未用也轻信之，既用也过防之，是以上下相蒙，而政愈乱也。

秋，七月，灵武节度使李光进卒光进与弟光颜友善。光颜先娶，其母

1　张弦：张好弓箭。
2　路隅：路边。
3　病疮：受伤有病。
4　恒、郓：即恒州、郓州。此处代指王承宗、李师道。
5　过从：来往，交往。
6　私第：私宅，私邸。
7　聋瞽：聋盲，借以比喻欺骗，蒙蔽。

委以家事。母卒后，光进乃娶。光颜使其妻奉管钥，籍财物，归于其姒[1]。光进反之曰："新妇逮[2]事先姑，先姑命主家事，不可易也。"因相持而泣。

诏绝王承宗朝贡。

八月朔，日食。

李师道遣兵袭东都，捕得，伏诛李师道置留后院于东都，潜内兵数百人，谋焚宫阙，纵兵杀掠。其小卒诣留守吕元膺告变[3]。元膺发兵围之，贼众突出，望山而遁，都城震骇。时留兵[4]寡弱，元膺坐皇城门，部分指使[5]，意气自若[6]，都人赖以安。东都西南皆高山深林，民不耕种，专以射猎为生，人皆趫勇[7]，谓之山棚。元膺设重购[8]以捕贼。数日，有山棚遇贼，走召其侪，引官军共围，获之。按验，得其魁[9]，乃中岳寺僧圆净，为师道买田伊阙、陆浑山[10]间，以舍山棚而衣食之[11]。捕获，伏诛。党与死者凡数千人。留守将及驿卒数人皆受其职名[12]。元膺鞫圆净党与，始知杀武元衡者乃师道也。元膺密以闻，上业已讨王承宗，不复穷治。

九月，以韩弘为淮西诸军都统初，上以严绶在河东，所遣裨将多立功，故使镇襄阳，且督诸军讨淮西。绶无他材能，但倾府库以赍士卒，赂宦官以结声援，拥众经年，无尺寸功。裴度屡言其军无政，乃以韩弘为诸军都统。弘亦欲倚贼自重，不愿淮西速平。时李光颜战最力，弘欲结之，举大梁城索[13]得一

1 姒：古代称丈夫的嫂子。
2 逮：赶上。
3 告变：报告发生变故。
4 留兵：留守的士兵。
5 指使：差遣，使唤。
6 意气自若：神情自然如常，十分镇静。自若，不改常态，还像原来的样子。
7 趫勇：矫捷勇猛。
8 重购：重金悬赏，重金购求。
9 魁：为首的。
10 陆浑山：古山名，即方山，位于今河南省洛阳市嵩县东北。
11 舍山棚而衣食之：为山棚提供住宿，而且供给衣服与食品。舍，提供住宿。山棚，东都洛阳西南山区的民户，以射猎为生，无定居。
12 职名：职衔。
13 索：搜寻，寻找。

美妇人，容色绝世，遣使遗之。光颜乃大飨将士，谓使者曰："战士数万，皆弃家远来，冒犯白刃，光颜何忍独以声色自娱悦乎？"因流涕，坐者皆泣。乃即席厚赠使者，并妓返之，曰："为光颜多谢相公，光颜以身许国，誓不与逆贼同戴日月，死无贰[1]矣！"

冬，十月，盗焚柏崖仓[2]。十一月，焚献陵寝宫、永巷。

吐蕃请互市，许之。

十二月，河东节度王锷卒锷家奴告锷子稷匿所献家财，上命遣中使检括。裴度谏曰："臣恐诸将率以身后[3]为忧。"上遽止使者，以二奴付京兆，杖杀之。

丙申**十一年**（公元816年）

春，正月，张弘靖罢为河东节度使王承宗纵兵四掠，幽、沧、定[4]三镇皆苦之，争上表请讨承宗，上欲许之。弘靖以为："两役并兴，恐国力不支，请并力平淮西，乃征恒冀。"上不为之止，弘靖乃求罢，从之。

范氏曰：张弘靖言不失职，进退以礼，有大臣之体矣。其后卒舍恒冀，并力淮西，如其所虑。宪宗虽得之于裴度，而失之于弘靖，岂未之思乎？

翰林学士钱徽、知制诰萧俛罢时群臣请罢兵者众，上患之，故黜徽、俛以警其余。

制削王承宗官爵，发兵讨之韦贯之屡请先取吴元济，后讨承宗，曰："陛下不见建中之事乎？始于讨魏及齐，而蔡、燕、赵皆应之，卒致朱泚之乱，由德宗不能忍数年之愤，欲太平之速成故也。"上不听。诸军讨王承宗者互相观望，独昭义节度使郗士美引精兵压其境，大破承宗之众于柏乡[5]。

1　无贰：没有二心。
2　柏崖仓：古仓库名，位于今河南省济源市西南柏崖山上。
3　身后：死后。
4　幽、沧、定：即幽州、沧州、定州。
5　柏乡：古县名，治所即今河北省邢台市柏乡县。

盗断建陵门戟。

二月，吐蕃赞普死新赞普可黎足立。

以李逢吉同平章事。

南诏劝龙晟为其下所杀劝龙晟淫虐不道，其臣王嵯巅弑之，立其弟劝利。

三月，皇太后崩。

夏，四月，以司农卿皇甫镈判度支镈始以聚敛[1]得幸。

五月，李光颜、乌重胤败淮西兵于陵云栅[2]。

六月，唐邓节度使高霞寓大败于铁城[3]时诸将讨淮西者，胜则虚张杀获，败则匿之。至是大败不可掩，始上闻，中外骇愕。宰相入见，将劝罢兵，上曰："胜负兵家之常，今但当论用兵方略，察将帅之不胜任者易之，兵食不足者助之耳。岂得以一将失利，遽议罢兵邪？"于是独用裴度之言，他人言罢兵者亦稍息矣。

秋，七月，贬高霞寓，以袁滋为彰义节度使。

八月，韦贯之罢为吏部侍郎贯之性高简，好甄别流品，又数请罢兵，故罢。

胡氏曰：夫讨不庭、复土宇，是也。而不度可否、难易，必于进取，岂善为师者哉？况当用兵之时，尤欲君子在朝，小人勿用，乃继去二相，而拜李逢吉、王涯，皇甫镈亦以聚敛得幸。譬如方欲决疣溃痈[4]，而已遇酒色之毒，所以四体腹心几完而顿弊欤！

葬庄宪皇后。

九月，饶州大水漂失四千七百户。

1　聚敛：用重税等搜刮民财。
2　陵云栅：古地名，位于今河南省周口市商水县西南。
3　铁城：古地名，位于今河南省驻马店市遂平县西南文城乡。胡三省注："即文城栅，以其坚不可破，故谓之铁城耳。"
4　决疣溃痈：比喻事情的症结得到解决。

李光颜、乌重胤拔陵云栅。

加李师道检校司空李师道闻拔凌云而惧，诈请输款[1]，上以力未能讨，加检校司空。

冬，十一月，以柳公绰为京兆尹公绰初赴府，有神策小将跃马冲其前导[2]，公绰驻马，杖杀之。明日入对，上怒诘之，对曰："京兆为辇毂[3]师表，今视事之初，而小将敢尔唐突，此乃轻陛下诏命，非独慢臣也。臣知杖无礼之人，不知其为神策军将也。"上曰："何不奏？"对曰："臣职当杖之，不当奏。"上退，谓左右曰："汝曹须作意[4]，此人朕亦畏之。"

加李光颜等检校官讨淮西诸军近九万，上怒诸将久无功，命梁守谦宣慰，因留监军。先加李光颜等检校官，而诏书切责[5]，示以无功必罚。

十二月，义成节度使浑镐与王承宗战，大败浑镐与承宗战，屡胜，引全师压其境。承宗惧，潜遣兵入镐境，焚掠城邑，人心始内顾而摇。中使又督其战。镐进战，大败，奔还定州。

以王涯同平章事。

贬袁滋，以李愬为唐邓节度使袁滋至唐州，元济围其新兴栅[6]。滋卑辞以请之，元济由是不复以滋为意。朝廷知之，贬滋抚州[7]刺史，以李愬代之。愬至唐州，知士卒惮战，谓之曰："天子知愬柔懦[8]，故使拊循尔曹。至于攻战进取，非吾事也。"众始信而安之。愬亲行视士卒，伤病者存恤之，不事威严。或以军政不肃为言，愬曰："吾非不知也。袁尚书专以恩惠怀贼，贼易之。闻吾至，必增备。吾故示之以不肃，彼必以吾为懦而懈惰，然后可图也。"淮西

1　输款：投诚。
2　前导：古代官吏出行时前列的仪仗。
3　辇毂：皇帝的车舆，也用以代指京城。
4　作意：小心注意。
5　切责：严厉责备。
6　新兴栅：古地名，一作宜阳栅，位于今河南省驻马店市遂平县西南。
7　抚州：古州名，辖今江西省抚州市临川区、东乡县以南的盱江及宜黄水、宝塘水流域地。
8　柔懦：优柔懦弱。

人轻愬，不为备。

初置淮、颍水运使杨子院[1]米自淮阴溯淮入颍，至项城入溵，输于郾城[2]，以馈淮西行营，省汴运[3]之费七万余缗。

丁酉**十二年**（公元817年）

春，二月，置淮西行县淮西被兵数年，竭仓廪以奉战士，民多无食，采菱芡[4]、鱼鳖、鸟兽，食之亦尽，多降官军。敕置行县以抚之。

三月，淮西文城栅[5]降李愬谋袭蔡州，表请益兵，诏以步、骑二千给之。愬遣十将马少良将十余骑巡逻，遇吴元济捉生虞候[6]丁士良与战，擒之。士良，元济骁将，常为东边患，众请刳其心，愬许之。士良无惧色，愬命释其缚。士良请尽死以报德，愬署为捉生将。士良言于愬曰："吴秀琳据文城栅为贼左臂，官军不敢近者，有陈光洽为之谋主也。光洽勇而轻，好自出战，请为公擒之，则秀琳降矣。"遂擒光洽以归，秀琳果以栅降。愬引兵入据其城。其将李宪有才勇，愬更其名曰忠义而用之。于是军气复振，人有欲战之志。贼中降者相继，愬闻其有父母者，皆给粟、帛而遣之，众皆感泣。

夏，四月，淮西郾城降官军与淮西军夹溵水而军，诸军顾望，无敢先渡。陈许兵马使王沛先引兵渡溵水，于是诸军相继皆渡，进逼郾城。李光颜败其兵三万，杀士卒什二三。李愬分兵攻下数栅。元济以董昌龄为郾城令，而质其母。其母谓昌龄曰："顺死贤于逆生，汝去逆而吾死，乃孝子也；从逆而吾生，是戮吾也。"会官军绝郾城归路，昌龄乃举城降。光颜入据之。元济闻之

1 杨子院：唐盐铁转运使在杨子县所置巡院。杨子县，古县名，治所即今江苏省仪征市。
2 郾城：古县名，治所位于今河南省漯河市郾城县西南。
3 汴运：汴水漕运。
4 菱芡：菱角和芡实。
5 文城栅：即前文"铁城"。
6 捉生虞候：负责捉生的虞候。捉生，从敌占区抓活的敌人。

甚惧。时董重质守洄曲[1]，元济悉发亲近及守城卒诣重质以拒官军。

五月，罢河北行营六镇讨王承宗者，兵十余万，回环[2]数千里，既无统帅，又相去远，期约难一，由是历二年无功。刘总出境五里不进，月费度支钱十五万缗。李逢吉及朝士多言宜并力先取淮西，俟淮西平，乘胜取恒冀，如拾芥耳。上从之，罢河北行营。

胡氏曰：古之人有言："武不可觌，觌武无烈[3]。"《周颂》曰："于铄王师，遵养时晦[4]。"宪宗若能持其志，无暴其气，用张弘靖、韦贯之之言，专意淮西，裴度视师，二相居内，协谋共济，盖不待四年而淮、蔡平矣。然后先之以文诰之辞，申以福极之戒，河北叛臣固将敛衽[5]听命。其有不服，然后武震[6]以慑威之，盖不止成德可平也。发之甚锐，罢之无名，为贼所轻，伤重亦大矣。

李愬擒淮西将李祐愬每得降卒，必亲引问委曲[7]，由是贼中险易、远近、虚实尽知之。厚待吴秀琳，与谋取蔡，秀琳曰："非得李祐不可，秀琳无能为也。"祐有勇略，守兴桥栅[8]，时率士卒刈麦于张柴村。愬召厢虞候史用诚，以三百骑伏林中，诱而擒之以归。将士争请杀之，愬释缚，待以客礼。时时召祐及李忠义屏人语，或至夜分，他人莫得预闻。诸将恐祐为变，多谏愬。愬待祐益厚。士卒亦不悦，诸军日牒愬，称得贼谍者，言祐为贼内应。愬恐谤先达于上，已不及救，乃持祐泣曰："岂天不欲平此贼耶？何吾二人相知之深而不能胜众口也？"乃械祐送京师，先密奏曰："若杀祐，则无以成功。"诏以还愬。愬见之喜，执其手曰："尔之得全，社稷之灵也！"署散兵马使，令佩刀巡警，

1　洄曲：古水名，又称时曲，位于今河南省漯河市沙河与澧河会流处下游一带，因河道迂曲回流而得名。

2　回环：曲折环绕。

3　武不可觌，觌武无烈：武力不可以炫耀，炫耀武力就会没有威严。觌，显示，炫耀。

4　于铄王师，遵养时晦：我王师光芒闪耀，顺应时势，退守待时。铄，闪亮的样子。遵，遵循，按照。时，时势。晦，隐藏。

5　敛衽：整饬衣襟，表示恭敬。

6　武震：武威，武力。

7　委曲：事情的原委，底细。

8　兴桥栅：古地名，位于今河南省驻马店市遂平县东南张柴村东。

出入帐中。或与同宿，密语达曙，有窃听者，但闻祐感泣声。旧军令，舍[1]贼谍者屠其家。愬除其令，使厚待之，谍反以情告愬，愬益知贼中虚实。尝遣兵攻朗山[2]，不利。众皆怅恨[3]，愬独喜，乃募敢死士三千人，号曰突将，朝夕自教习之，使常为行备[4]。

六月，吴元济请降元济兵势日蹙，上表请罪，愿束身自归，诏许之。而为董重质等所制，不得出。

秋，七月，大水。

以孔戣为岭南节度使先是，明州岁贡蚶蛤[5]，水陆递夫[6]劳费，华州刺史孔戣奏罢之。至是，岭南择帅，宰相奏拟数人，上皆不用，曰："顷有谏进蚶蛤者可与也。"乃以戣为岭南节度使。

以裴度兼彰义节度使，充淮西宣慰招讨使诸军讨淮西，四年不克，馈运疲弊，民至有以驴耕者，上亦病之。宰相李逢吉等竞言师老财竭，意欲罢兵，度独无言。上问之，度曰："臣誓不与此贼俱生！今请自往督战。且元济势实窘蹙[7]，但诸将心不一，不并力迫之，故未降耳。若臣自诣行营，诸将恐臣夺其功，必争进破贼矣。"上悦，从之。度奏刑部侍郎马总为宣慰副使，右庶子韩愈为行军司马。将行，言于上曰："臣若灭贼，则朝天[8]有期。贼在，则归阙[9]无日。"上为之流涕，御[10]通化门送之。李逢吉不欲讨蔡，翰林学士令狐楚与逢吉善，度恐其合中外之势以沮军事，乃请改制书数字，且言其草制失辞，

1　舍：提供住宿，留宿。
2　朗山：古县名，治所即今河南省驻马店市确山县。
3　怅恨：惆怅恼恨。
4　行备：出行的准备。
5　蚶蛤：蚶和蛤。蚶，软体动物，有两扇贝壳，厚而坚硬，上有瓦垄状突起，生活在海底泥沙中。蛤，蛤蜊、文蛤等双壳类软体动物。
6　递夫：驿站的役卒。
7　窘蹙：困迫，局促。
8　朝天：朝见天子。
9　归阙：回到朝廷。
10　御：驾临。

罢之。度遂行，以郾城为治所[1]。先是，诸道皆有中使监阵[2]，进退不由主将，胜则先使献捷，不利则陵挫百端[3]。度悉奏去之，诸将始得专其军事，战多有功。

九月，以崔群同平章事，李逢吉罢初，上为广陵王，布衣张宿以辩口得幸。及即位，累官至比部员外郎，招权受赂，逢吉恶之。上欲以宿为谏议大夫，逢吉曰："宿小人，岂得窃贤者之位？必欲用宿，请先去臣。"上不悦。逢吉又与裴度异议，上方倚度以平蔡，乃罢逢吉，而竟用宿。崔群、王涯固谏，不听。宿由是怨执政及当时端方[4]之士，与皇甫镈相表里，谮去之。

李愬攻吴房[5]，入其外城李愬将攻吴房，诸将曰："今日往亡[6]。"愬曰："吾兵少，不足战，宜出其不意。彼以往亡不吾虞[7]，正可击也。"遂往，克其外城而还。淮西将孙献忠以骁骑五百追击其背，众惊，将走，愬下马，据胡床，令曰："敢退者斩！"返旆力战，斩献忠。或劝愬乘胜攻其子城，可拔也，愬不听，引还。

冬，十月，李愬夜袭蔡州，擒吴元济，槛送京师李祐言于李愬曰："蔡之精兵皆在洄曲，守州城者皆羸卒[8]，可以乘虚直抵其城。比贼将闻之，元济已成擒矣。"愬然之。十月，遣掌书记郑澥白裴度。度曰："兵非出奇不胜，常侍良图[9]也。"愬乃命祐及李忠义率突将三千为前驱，自与监军将三千人为中军，田进诚将三千人殿其后。军出，不知所之，愬曰："但东行！"行六十里，夜，至张柴村，尽杀其戍卒及烽子[10]，据其栅，命士卒少休，食干糒，整羁靮，留兵镇之，以断朗山救兵。又分兵以断洄曲及诸道桥梁。复夜引兵出，诸将请所之，愬曰："入蔡州取吴元济！"诸将皆失色，监军哭曰："果落李祐

1　治所：地方长官的官署。
2　监阵：督战。
3　陵挫百端：陵挫，遭挫受辱。百端，想尽或用尽一切办法。
4　端方：庄重正直。
5　吴房：古县名，治所即今河南省驻马店市遂平县。
6　往亡：阴阳家语，凶日名，旧历每月皆有，是日诸多禁忌。
7　不吾虞：不担心我们。
8　羸卒：疲弱的士兵。
9　良图：好办法，良策。
10　烽子：守卫烽火台的士兵。

奸计！”时大风雪，旌旗裂，人马冻死者相望，人人自以为必死，然畏愬，莫敢违。夜半，雪愈甚，行七十里，至州城。自吴少诚拒命，官军不至蔡州城下三十余年，故蔡人不为备。四鼓[1]，愬至，无一人知者。祐、忠义䦆其城[2]以先登，壮士从之。杀守门卒，而留击柝者，使击柝如故，遂开门纳众。鸡鸣，雪止，愬入居元济外宅。或告元济曰：“官军至矣！”元济不信，起，听于廷，闻愬军号令曰“常侍传语[3]”，应者近万人，始惧，曰：“何等常侍，能至于此？”乃率左右登牙城[4]拒战。时董重质拥精兵万余人据洄曲。愬曰：“元济所望者，重质之救耳！”乃访重质家，厚抚之，遣其子传道持书谕重质。重质遂单骑诣愬降。愬攻牙城，烧其南门，民争负薪刍助之。门坏，执元济，槛送京师，且告于裴度。申、光二州及诸镇兵二万余人相继来降。自元济就擒，愬不戮一人，自官吏、帐下、厨厩[5]之卒，皆复其职，使之不疑，然后屯于鞠场[6]以待裴度。诸将请曰：“始公败于朗山而不忧，胜于吴房而不取，冒大风甚雪而不止，孤军深入而不惧，然卒以成功，皆众人所不谕也，敢问其故？”愬曰：“朗山不利，则贼轻我不为备矣；取吴房，则其众奔蔡，并力固守，故存之以分其兵；风雪阴晦[7]，则烽火不接，不知吾至；孤军深入，则人皆致死，战自倍[8]矣。夫视远者不顾近，虑大者不计细，若矜小胜，恤小败，先自挠[9]矣，何暇立功乎？”众皆服。愬俭于奉己而丰于待士，知贤不疑，见可能断，此其所以成功也。

以李鄘同平章事。

---

1 四鼓：更的鼓声敲了四次。古代一个更次敲一次鼓，四鼓大致相当于现在的后半夜两点左右。
2 䦆其城：用锄头在城墙上掘出坑坎。
3 传语：传话。
4 牙城：唐代护卫节度使住宅的内城。
5 厨厩：厨房和马厩。
6 鞠场：古代蹴鞠用的场地，为平坦大广场，三面矮墙，一面为殿、亭、楼、台，可作看台。
7 阴晦：阴沉，昏暗。
8 战自倍：战斗力自然加倍。
9 自挠：把自己搅乱。

裴度入蔡州裴度建彰义节[1]，将降卒万余人入城。李愬具櫜鞬[2]出迎，拜于路左，度将避之，愬曰："蔡人顽悖，不识上下之分数十年矣，愿公因而示之，使知朝廷之尊。"度乃受之。愬还军文城。度以蔡卒为牙兵，或谏曰："蔡人反仄者尚多，不可不备。"度笑曰："吾为彰义节度使，元恶既擒，蔡人则吾人也，又何疑焉？"蔡人闻之感泣。先是，吴氏父子阻兵，禁人偶语、燃烛[3]，有以酒食相过从者罪死。度除其禁，蔡人始知有生民之乐。诏淮西百姓给复二年，近贼四州免来年夏税[4]。官军战亡者，皆为收葬，给其家。

范氏曰：裴度伐叛柔服，使百姓晓然[5]知贼之为暴，而唐之为仁，故其后取淄青如反掌，不惟乘胜用兵之易，盖人心先服故也。岂非待物以诚之效欤？

十一月，帝御门受俘，斩吴元济上御兴安门受俘，以吴元济献于庙社而斩之。初，淮西之人劫[6]于李希烈、吴少诚之威虐，不能自拔，久而老者衰，幼者壮，安于悖逆[7]，不复知有朝廷矣。自少诚以来，遣将出兵，皆不束[8]以法制，听各以便宜自战，人人得尽其才，故以三州之众，举天下之兵，环而攻之，四年然后克之。

范氏曰：人君之御天下，其失之甚易，其取之甚难。以宪宗之明断，将相之忠贤，竭天下之兵力以伐三州，四年而后克，其难如此，则人君岂可不兢兢业业，慎其所以守之者哉？

赐李愬爵凉国公，韩弘等迁官有差愬奏请判官、大将以下官凡百五十员，上不悦曰："愬诚有奇功，然奏请过多，使如李晟、浑瑊又何如哉？"遂留中不下。

1　建彰义节：树起彰义节度使的旌节。
2　櫜鞬：藏箭和弓的器具。
3　禁人偶语、燃烛：禁止人们在道路上窃窃私语，不许在夜间点燃灯烛。
4　夏税：夏季征收的赋税。唐起，历代田赋都分夏、秋两季征收，称为夏税和秋税。
5　晓然：明白貌。
6　劫：威逼，胁迫。
7　悖逆：违反正道，犯上作乱。
8　束：约束。

以宦者为馆驿使旧制，御史二人知驿[1]。至是，诏以宦者为馆驿使。左补阙裴璘谏曰："内臣外事，职分各殊，切在塞侵官之源，绝出位之渐。事有不便，必戒于初，令或有妨，不必在大。"上不听。

以李祐为神武将军。

十二月，赐裴度爵晋国公，复入知政事。

贬董重质为春州司户重质为吴元济谋主，屡破官军，上欲杀之，李愬奏先许重质以不死，乃贬之。

戊戌**十三年**（公元 818 年）

春，正月，李师道奉表纳质[2]，并献三州初，李师道谋逆命[3]，幕僚高沐、郭昈、李公度屡谏之。判官李文会、孔目官林英谮沐，杀之，昈亦被囚。及淮西平，师道忧惧，公度说之，使遣子入侍，并献沂、密、海三州以自赎，师道从之。上遣左散骑常侍李逊诣郓州宣慰。

二月，修麟德殿，浚龙首池，起承晖殿上命六军修麟德殿。龙武统军张奉国、大将军李文悦以外寇初平，营缮太多，白宰相，冀有论谏[4]，裴度言之。上怒，贬奉国等。于是浚龙首池，起承晖殿，土木浸兴矣。

李鄘罢为户部尚书初，吐突承璀为淮南监军，鄘为节度使，性刚严，与承璀互相敬惮[5]，故未尝相失。承璀归，引鄘为相。鄘耻由宦官进，至京师，辞疾，不入见，不视事，固辞相位，至是罢。

以李夷简同平章事。

横海节度使程权入朝权自以世袭沧景[6]，与河朔三镇无殊，内不自安，表

---

1 知驿：掌管驿馆。
2 纳质：送纳人质。
3 逆命：违抗命令。
4 论谏：议论和进谏。
5 敬惮：敬畏。
6 沧景：即横海，方镇名，领沧、景二州，辖今天津市马厂减河以南，运河以东，山东省津浦铁路以东，黄河以北及博兴县北部。

请举族入朝，许之。横海将士乐自擅，不听权去。掌书记林蕴谕以祸福，权乃得出。诏以蕴为礼部员外郎。

夏，四月，王承宗纳质请吏，复献二州，诏复其官爵裴度之在淮西也，布衣柏耆以策干韩愈曰："元济就擒，承宗破胆矣。愿得奉丞相书往说之，可不烦兵而服。"愈白度，为书遣之。承宗惧，求哀于田弘正，请以二子为质，及献德、棣二州，输租税，请官吏。弘正为之请，上许之。弘正遣使送其二子知感、知信及二州图、印至京师。幽州大将谭忠亦说刘总曰："自元和[1]以来，刘辟、李锜、田季安、卢从史、吴元济阻兵冯险[2]，自以为深根固蒂[3]，天下莫能危也。然顾眄之间，身死家覆，此非人力所能及，殆天诛也。况今天子神圣威武，苦身焦思[4]，缩衣节食，以养战士，此志岂须臾忘天下哉？今国兵骎骎北来，赵人已献城十二，忠深为公忧之。"总泣曰："闻先生言，吾心定矣。"遂专意归朝廷。

赐六军辟仗使[5]印旧制，以宦官为六军辟仗使，如方镇之监军无印。及张奉国等得罪，至是始赐印，得纠绳[6]军政，事任专达[7]矣。

五月，以李光颜为义成节度使李师道暗弱，军府大事皆与妻及奴婢、孔目官王再升谋之。其妻不欲遣子入质，乃与二婢说师道曰："先司徒[8]以来，世有此土，奈何无故割而献之？今若不献，不过以兵相加。力战不胜，献未晚也。"师道乃悔，欲杀李公度。幕僚贾直言谓其用事奴[9]曰："若杀公度，军府危矣。"乃囚之。会李逊至，师道陈兵迎之。逊盛气正色，为陈祸福，责其决

1　元和：唐宪宗李纯的年号，存续时间为公元806至820年。
2　冯险：凭借险要的地形。冯，通"凭"。
3　深根固蒂：使根基深固而不可动摇。
4　苦身焦思：形容人为某事忧心苦思。焦，焦急。
5　辟仗使：古官名，监视刑赏，奏察违谬，相当于外征方镇的监军使。
6　纠绳：督察纠正。
7　事任专达：事任，承担职务。专达，不经禀报自行上达。
8　先司徒：即李师道的父亲李纳。
9　用事奴：管家。

语[1]。师道退，与其党谋之，皆曰："第许之，他日正烦一表解纷[2]耳。"师道乃谢曰："向以父子之私，且迫于将士之情，故迁延未遣。今重烦朝使[3]，岂敢复有二、三！"逊察师道非实诚[4]，归言于上曰："师道顽愚反复，恐必须用兵。"既而师道表言："军情不听纳质、割地。"上怒，决意讨之。贾直言冒刃谏师道者二，舆榇谏者一，又画缚载槛车妻子系累者以献[5]，师道囚之。五月，以光颜镇滑州，谋讨师道也。

六月朔，日食。

秋七月，以李愬为武宁[6]节度使。

诏诸道发兵讨李师道。

李夷简罢为淮西节度使上方委裴度以用兵，夷简自谓才不及度，求出镇，故有是命。

胡氏曰：李夷简可谓君子矣，无是己非人之心，于逐杨凭、取徐晦见之，宜其自屈于裴度也。

八月，王涯罢。

以皇甫镈、程异同平章事淮西既平，上浸骄侈，判度支皇甫镈、盐铁使程异晓其意，数进羡余，由是有宠。又以厚赂结吐突承璀，上遂以为宰相。制下，朝野骇愕，至于市道[7]负贩者亦嗤之。裴度、崔群极谏其不可，上不听。度耻与小人同列，求退，不许，乃上疏曰："镈、异皆钱谷俗吏，佞巧小人，陛下一旦置之相位，中外骇笑。况镈在度支，专以丰取刻与[8]为务，中外仰给

1 决语：作出明确的表示。
2 解纷：排解纷乱，排解纠纷。
3 朝使：朝廷派出的使者。
4 实诚：真情实意。
5 画缚载槛车、妻子系累者以献：画了一幅李师道被绑在囚车里、妻子儿女都被绑着的图献给李师道。
6 武宁：方镇名，领徐、泗、濠三州，辖今江苏省长江北灌南、涟水、泗阳以东，安徽省定远、明光、蚌埠以北，怀远、濉溪、萧县以东，兼有山东省郯城、微山、滕州地。
7 市道：市井及道路之人，普通人。
8 丰取刻与：取之于民的多，用之于民的少，多形容残酷地剥削。丰，多。刻，刻薄。与，给予。

之人，无不思食其肉。比者裁损淮西粮料[1]，几至溃乱。程异虽人品庸下，然心事和平，可处繁剧，不宜为相。臣若不退，天下谓臣无耻；臣若不言，天下谓臣负恩。今退既不许，言又不听，臣如烈火烧心，众镝丛体[2]。所可惜者，淮西荡定，河北底宁[3]，承宗敛手削地，韩弘舆疾讨贼，岂朝廷之力能制其命哉？直以处置得宜，能服其心耳。陛下建升平之业，十已八九，何忍还自堕坏[4]，使四方解体乎？”上以度为朋党，不之省。镈自知不为众论所与，益为巧谄以自固，奏减内外官俸以助国用。给事中崔植封还敕书极论之，乃止。时内出积年缯帛，付度支令卖。镈悉以高价买之，以给边军。其缯帛朽败，随手破裂，边军聚而焚之。度因奏事言之，镈于上前引其足曰：“此靴亦内库所出，臣以钱二千买之，坚完可久服。度言不可信。”上以为然。由是镈益无所惮。程异亦自知不合众心，能廉谨[5]谦逊，为相月余，不敢知印秉笔，故终免于祸。其后，上语宰相曰：“人臣当力为善，何乃好立朋党？”度对曰：“方以类聚，物以群分[6]。君子、小人志趣同者，势必相合。君子为徒，谓之同德；小人为徒，谓之朋党。外虽相似，内实悬殊，在圣主辨其所为邪正耳。”

范氏曰：人君赏一人而天下莫不劝，罚一人而天下莫不惧，岂其力足以胜亿兆之众哉？处之中理[7]而能服其心也。苟能服其心，则治天下如运之掌，何征而不克，何为而不成？裴度可谓知言[8]矣。其所以启告人主，岂不得其要乎？

胡氏曰：与君子而小人得间之者，诚不至也。诚之所以不至者，邪汩[9]之

1　粮料：官员的廪禄给养。料，俸禄以外的物品。
2　众镝丛体：乱箭穿过身体。镝，箭头，也泛指箭。
3　底宁：安定，安宁。
4　堕坏：拆毁，败坏。
5　廉谨：廉洁谨慎。
6　方以类聚，物以群分：各种方术因种类相同聚在一起，各种事物因种类不同而区分开。方，方术，治道的方法。物，事物。
7　中理：切合事理。
8　知言：善于辨析他人的言辞。
9　汩：弄乱，扰乱。

也。《易》曰："闲邪存其诚[1]。"闲邪云者，犹置水于器，不可以火投之；宿火于爨[2]，不可以水及之也。持心如此，声色、货利、暴慢、鄙僻[3]无自而入，则正爨、虚明[4]，诚无不存。及其久也，纯亦不已，而天德[5]全矣。后之人君，不知此道。其初信用忠贤，特以意气相合，资之兴事造业。既得所欲，则心无常守，而爱恶移焉。惟迎合希意[6]之小人，乃胶固而不可解。此宪宗所以斥忠贤为朋党，而不知其自陷于小人之党也，岂不为后世之大戒哉？

冬，十月，五坊使[7]杨朝汶伏诛朝汶妄捕系人，责其息钱，转相诬引[8]近千人。中丞萧俛劾之。裴度、崔群亦以为言，上曰："姑与卿论用兵事。此小事，朕自处之。"度曰："用兵事小，所忧不过山东耳。五坊使暴横，恐乱辇毂。"上不悦，退，召朝汶责之曰："以汝故，令吾羞见宰相。"遂赐之死，尽释系者。

十一月，以柳泌为台州刺史上好神仙，诏天下求方士。宗正卿李道古因皇甫镈荐山人柳泌，云能合长生药。泌言："天台多灵草，诚得为彼长吏，庶几可求。"上以泌权知台州刺史。谏官争论奏，以为："人主喜方士，未有使之临民[9]者。"上曰："烦一州之力，而能为人主致长生，臣子亦何爱焉？"由是群臣莫敢言。

胡氏曰：宪宗信方士，求长生，其臣不能反复深切，极论人生不可益、天命不可移、方士不可信之理，而以自古未有方士临民为言，宜其不能开其君之惑也。汉武喜方士，妻之以女矣，岂以古尝有是而可为乎？宪宗徒以强辩压其

1 闲邪存其诚：约束邪念，保持诚实。
2 爨：炉灶。
3 暴慢、鄙僻：暴慢，凶暴傲慢。鄙僻，鄙陋邪僻。
4 虚明：内心清虚纯洁。
5 天德：上天的德行。
6 希意：迎合他人意旨。
7 五坊使：古官名，五坊宫苑使的省称。唐代设雕、鹘、鹞、鹰、狗五坊，专供皇帝狩猎时用，以宦官为五坊使以主管之。
8 诬引：无中生有地攀引他人入罪。
9 临民：治民。

群臣，而不稽其理，曾未几时，金丹所作，躁怒取祸，岂非无穷之永鉴哉？

吐蕃寇夏州。

十二月，田弘正将兵渡河，逼郓州先是，田弘正请自黎阳渡河讨李师道。裴度曰："魏博军既渡河，即当仰给度支。或与光颜互相疑阻，则必益致迁延。与其渡河而不进，不若养威于河北。宜且使之秣马厉兵，俟霜降水落，自杨刘[1]渡河，直指郓州，则贼众摇心矣。"上从之。是月，弘正将魏博全师自杨刘渡河，距郓州四十里筑垒。贼中大震。既而魏博、义成军送所获郓州牙将夏侯澄等四十余人，上皆释弗诛，各付行营驱使，曰："若有父母欲归者，优给遣之。朕所诛者，师道而已。"于是贼中闻之，降者相继。

1 杨刘：古地名，一作阳刘，即今山东省聊城市东阿县东北杨柳乡。唐时有城临河津，为黄河下游重镇。